中山大学哲学名家文集

杨荣国文集

杨荣国 ◎ 著

李锦全　杨淡以 ◎ 编

中山大学出版社
·广州·

版权所有　翻印必究

图书在版编目（CIP）数据

杨荣国文集/杨荣国著；李锦全，杨淡以编．—广州：中山大学出版社，2020.11

（中山大学哲学名家文集）

ISBN 978-7-306-06916-0

Ⅰ.①杨…　Ⅱ.①杨…②李…③杨…　Ⅲ.①哲学—中国—文集　Ⅳ.①B2-53

中国版本图书馆 CIP 数据核字（2020）第 134807 号

出 版 人：王天琪
策划编辑：嵇春霞
责任编辑：靳晓虹　邱紫妍
封面设计：曾　斌
责任校对：麦晓慧
责任技编：何雅涛
出版发行：中山大学出版社
电　　话：编辑部 020-84110771，84110283，84111997，84110771
　　　　　发行部 020-84111998，84111981，84111160
地　　址：广州市新港西路 135 号
邮　　编：510275　　传　　真：020-84036565
网　　址：http://www.zsup.com.cn　E-mail：zdcbs@mail.sysu.edu.cn
印 刷 者：佛山家联印刷有限公司
规　　格：787mm×1092mm　1/16　23 印张　386 千字
版次印次：2020 年 11 月第 1 版　2020 年 11 月第 1 次印刷
定　　价：82.00 元

如发现本书因印装质量影响阅读，请与出版社发行部联系调换

中山大学哲学名家文集

主　编　张　伟

编　委（按姓氏笔画排序）

马天俊　方向红　冯达文　朱　刚　吴重庆

陈少明　陈立胜　周春健　赵希顺　徐长福

黄　敏　龚　隽　鞠实儿

中山大学哲学名家文集

总　序

  中山大学哲学系创办于1924年,是中山大学创建之初最早培植的学系之一。1952年逢全国高校院系调整而撤销建制,1960年复办至今。先后由黄希声、冯友兰、傅斯年、朱谦之、杨荣国、刘嵘、李锦全、胡景钊、林铭钧、章海山、黎红雷、鞠实儿、张伟等担任系主任。

  早期的中山大学哲学系名家云集,奠立了极为深厚的学术根基。其中,冯友兰先生的中国哲学研究、吴康先生的西方哲学研究、朱谦之先生的比较哲学研究、李达先生与何思敬先生的马克思主义哲学研究、陈荣捷先生的朱子学研究、马采先生的美学研究等,均在学界产生了重要影响,也奠定了中山大学哲学系在全国的领先地位。

  日月其迈,逝者如斯。迄于今岁,中山大学哲学系复办恰满一甲子。60年来,哲学系同仁勠力同心、继往开来,各项事业蓬勃发展,取得了长足进步。目前,我系是教育部确定的全国哲学研究与人才培养基地之一,具有一级学科博士学位授予权,拥有国家重点学科2个、全国高校人文社会科学重点研究基地2个。2002年教育部实行学科评估以来,稳居全国高校前列。2017年,中山大学哲学学科成功入选国家"双一流"建设名单,我系迎来了跨越式发展的重要机遇。

  近年来,中山大学哲学学科的人才队伍不断壮大,且越来越呈现出年轻化、国际化的特色。哲学系各位同仁研精覃思、深造自得,在各自的研究领域均取得了丰硕的成果，不少著述产生了国际性影响，中山大学哲学系已逐渐发展成为全国哲学研究的重镇之一。

为庆祝中山大学哲学系复办 60 周年，我系隆重推出"中山大学哲学名家文集"。本文集共六种，入选学者皆为在中山大学哲学学科发展过程中做出重要贡献的学界耆宿，分别为朱谦之先生、马采先生、杨荣国先生、刘嵘先生、罗克汀先生、李锦全先生。文集的编撰与出版，亦为表达对学界前辈的尊重与敬仰。

"中山大学哲学名家文集"的出版，得到中山大学出版社的鼎力支持，在此谨致以诚挚谢意！

中山大学哲学系

2020 年 6 月 20 日

前　言

《杨荣国文集》（以下简称"《文集》"）是杨荣国教授从20世纪40年代初到60年代中期所撰写论著的选录，主要是有关中国哲学思想史方面的研究。由于作者的出身、经历和所受的时代洪流影响，在学术研究的指导思想和进路方面，总会有其自身的特点。所谓知人论世，我们读一位学者的学术论著，如能对作者研究学术的思路历程和治学方法多点了解，对我们读书的收获（无论正面或负面）可能会有点帮助。这篇"前言"，就是希望对杨荣国教授这部《文集》的读者，能够起一点导读作用。

杨荣国教授是湖南长沙人，生于1907年8月。1929年他毕业于上海群治大学教育系，开始投身社会工作。他曾对女儿说："那个时候，想找一份工作真难，去公办的中学教书，需要有门路。而我只能在私立中学转来转去，工资低，讲授的课程还不能让你选。"他毕业后回到长沙的那几年，只是辗转在几间私立中学任教，有时还失业，只好当家庭教师。原来他认为只有教育才能让人有文化，才能使祖国富强，而这段生活经历使他逐步认识到仅靠教育救国是行不通的。

鸦片战争以后，中国逐渐成为半殖民地半封建社会。进入20世纪，中国的国势每况愈下，成为列强宰割的对象，特别是强邻日本，更是想独吞中国。早在国民革命时期，长沙的文化界人士、青年学生就组织过"雪耻会""抗日会"，杨荣国也参加过抵制日货、反对向帝国主义投降等群众运动。"九一八"事变后，中国人民掀起了风起云涌的抗日救亡运动，并在国内各地组织了"救国会"。1935年杨荣国在长沙也加入了"救国会"。

1937年9月徐特立前往湖南组建八路军驻长沙办事处，他一面在国民党和社会上层人物中做统战工作，同时每星期还应邀到抗日救亡团体去演讲，使党的抗日救亡的方针政策更广泛地传播开来。1937年11月，吕振羽、张天翼等人组织成立了"湖南文化抗敌后援会"（简称"文抗会"）。

杨荣国积极参加"文抗会"各种活动，还多次聆听徐特立的报告，并于1938年4月加入了中国共产党。他和当时的进步文化人士一道，所做的学术研究，能引导人民用历史唯物观点辩证地认识我国丰富的历史文化，能提高人民的素质，能鼓起人民战胜强敌的勇气和斗志。当年日寇横行，山河破碎，他们不顾一切困难险阻，选择了文化抗敌的道路，杨荣国在这方面做出了应有的贡献。

杨荣国参加党组织后，加强了对马克思主义的学习。他自述对马克思的《资本论》及列宁的《唯物主义与经验批判主义》等著作都仔细地阅读了。在重庆时，他对毛泽东的《新民主主义论》《在延安文艺座谈会上的讲话》《论联合政府》等著作进行了学习。当时他在重庆搞统战工作，曾向周恩来汇报过工作。恩来同志教导说："如形势不利于搞大规模的公开活动，有研究能力的人，尽可以利用这个形势，坐下来搞点研究，抓紧时间深造。"当时在重庆的一些进步文化人士，如郭沫若、杜国庠、侯外庐等，都抓紧时间研究中国传统思想文化，以增强中华民族凝聚力和弘扬民族精神。

不过对杨荣国学术研究指导思想影响最大的，据说是抗日战争时毛泽东著的《辩证唯物论提纲》，一说这是在延安抗大的哲学讲义，是没有公开发表的油印本。他认为读这本书之后受到了深刻的教育与启示，主要是接受了毛泽东关于"全部哲学史，都是唯物论与唯心论两个互相对抗的哲学派别的斗争和发展史"，"所有哲学学说，表现着一定社会阶级的需要，反映着社会生产力发展的水平和人类认识自然的历史阶段"的观点，并运用史论结合的方法，这些基本上形成他从事学术研究的指导思想。

杨荣国对怎样进行学术研究工作曾有过一番自白，这既是对学生说的，同时也是自己治学经验之谈。下面是他的一段谈话：

"关于研究学术问题，我曾对我的学生说过，'哲学思想史'，是一门'边沿科学'，必须掌握哲学和历史的统一，做到'史论结合，融论于史，以史阐论'，实则是指从事中国哲学思想史的研究必须以马克思主义的唯物史观为指导，把历史和哲学思想有机地结合成一个整体进行研究。只有这样，才有可能真正发掘中国哲学史的发展规律及其内在的联系。我还说过，希望培养出来的青年学生有渊博的知识基础，这是因为知识的关联性大。如马克思的《资本论》是经济学，但又是哲学，也是史学等。由于要渊博，要读前人的书。除了渊博的知识基础外，还要专精独到，有独立研究的能力。要注意搜集资料,进行分类,写成卡片,从而对资料进行分析研究,得出正确的结论。我每天上午写五百字,对写这五百字,是推敲而又推敲的。到下午,则看参考资料。另外要学好外国文、读懂古文、练习好语文,以期写出很好的研究论文来。与此同时,搞学术研究,还要求每个人要有自信,有毅力,坚持到底,就一定能有所成就。"

杨荣国从事学术研究,还注意到哲学研究必须在通俗化、大众化方面下功夫,使难懂的中国古典哲学变成群众易于学习的哲学知识,这是他在治学方法上的一个特点。他在《中国古代思想史》序言中指出:"过去写中国思想史或哲学史的有一个共同毛病,就是征引古书多,使读者难免有佶屈聱牙之感。本书征引古书,勉力译为白话,当可便利读者。"但是要做到这一点亦不容易,如每引证一句古文,要先做仔细的考释,然后才下笔译成白话文,再作"注"和附录原文,以便读者对照阅读,做到通俗而不违背原意。

杨荣国对中国古典哲学的通俗化,在教学过程中受到学生的欢迎。如有位学生来信谈到四十多年前听杨老师讲课的感受,说:"古奥难懂、抽象、枯燥的中国哲学史,他讲起来那么通俗易懂、深入浅出!"他逻辑性强,思路很开阔,分析问题很透彻。如讲墨子"孝的社会化"时,就跟孔子的仁、孝和厚葬久丧等思想对比起来讲,最后指出,墨子"说到孝,不利于人则为非孝。而厚葬久丧是不利于人的,故以此作为非孝之事"。从这里可知,墨子的所谓孝,不是像儒家那么狭义的,而是要把孝导向社会化的道路上。这里已将孔、墨所讲的孝在本质上做了区别,讲得很通俗易懂,很明白。接着他又进一步指出:"这种使孝趋向社会化,从一方面说,固是打击儒家;但从另一方面说,便是打破统治者的血统关系。"这就把哲学思想和当时的政治斗争紧密地结合起来,通过讲授哲学思想很自然地说明当时的政治斗争,哲学思想的阶级性也就很具体地反映出来了,问题分析得甚为精辟透彻。他同时又将马列主义的立场、观点、方法融入哲学史的讲授中,并通过这些史料进一步阐明马列主义的理论。故听杨老师讲课,学生不仅可以学到中国哲学史的科学知识,同时也能受到马列主义的熏陶,这是通过专业知识的学习自然获得的,体现了教学潜移默化的作用。

上面这位学生在追述中,特别提到,杨荣国在讲课中,对孔、墨两家关于"孝"问题的比较评述,很明显他是扬墨而抑孔的。据杨荣国自述,他研究墨子比较早，1939年下半年，在湖南辰溪，他开始运用马列主义研究中国历史与中国思想史。当时他着手写了篇《论墨子》，1940年在桂林，将这篇文章寄到重庆的《理论与现实》杂志发表。接着他又写了《老子》《杨朱》和《王充》，连同《墨子》《荀子》合印成单行本，定名为《中国古代唯物论研究》。现在这本小册子中的文章，已全部收入本《文集》中。

至于杨荣国对孔子的研究，他认为孔子的思想不属于唯物论。1943年他专门对比孔、墨两家思想，另出版了一本《孔墨的思想》。扬墨抑孔是他一贯的做法，可以说是终生不变的。当时对孔、墨的思想评价，重庆的进步文化人士分成两派，郭沫若是扬孔抑墨，杜国庠却相反，最颂扬墨子，并将其作为自己行动的榜样，故郭沫若戏称他为"墨者杜老"。不过两人观点虽不相同，却是"生死交游五十年"的好朋友。侯外庐、杨荣国认同杜老的观点，同时对当时学术争鸣的环境也深有感受。

侯外庐在《韧的追求》中曾追述当时学术争鸣的气氛。他说："学术研究的队伍中，存在观点分歧是在所难免的。重庆时期，就拿史学来说，同是马克思主义的信仰者，彼此的学术观点大相径庭，对具体疑难问题的歧见，更俯拾皆是，就是唯独不存在在自己营垒内部以势压人的过火斗争。""那个时代，凡是没有国民党当局做后台的学者和文化人，生活一概窘迫不堪。但是，正是那个时代的斗争，造就了整整一代人。那个时代是非常出人才的，社会科学领域还特别出成果。"

杨荣国在学术上取得的一些成就，主要是在这个年代通过艰苦奋斗得来的。他曾经说过，自己不是出身于名牌大学哲学系，亦没有受过名师指点，学的是教育，做过几年中学教师，参加革命后做的是抗日救亡宣传工作。研究中国历史和中国思想史时，他自学马克思主义并将其作为指导，通过学术争鸣形成自己的观点。如对孔子思想的评价，他和郭沫若不同，他认为孔子说的"复礼"和"吾从周"，从社会发展的观点来看，这是主张历史的倒退。"文革"时期"四人帮"说什么"批林、批孔、批周公"，这是别有用心之人来影射攻击周总理的；而杨荣国之所以批评孔子说的"吾从周"，并非反对周公本人，更与周总理无关。他认为春秋时代的孔子，主张"复礼""从周"，即恢复到西周社会，那是开历史的倒车，因此提出批评。他对中国古代社会性质和古史分期有自己的看法，认为殷周是种族奴隶制社会，到春秋战国才转向封建制。

我们看杨荣国、侯外庐等人的论著，有一点需要注意：他们基本是个史学家，虽然研究的是思想史，但主要不是研究思想家抽象思维逻辑进程及其理论价值，而是着眼于其在社会发展变化过程中所起到的历史作用。

杨荣国除研究先秦诸子外，对汉、唐、宋、明以至近现代的思想家也都有所论述。本《文集》所收关于韩愈、李翱、周敦颐、邵雍、张载这几篇论文，原是为侯外庐主编的《中国思想通史》第四卷而作，为了统一全书的学术风格，侯编做了较大修改；杨荣国的原作分别在《哲学研究》《历史研究》《理论与实践》和《学术月刊》等杂志上发表。

按照杨荣国的历史主义观点，当社会历史走向新的转折关头，能适应并进而推动时代发展的思想，应当起到进步的历史作用。杨荣国写过一部《十七世纪思想史》，这是指明清之际，史学界认为当时已出现资本主义生产关系的萌芽，因而社会上也已出现早期启蒙思想。杨荣国对顾炎武、黄宗羲及稍后的戴震的思想都做了肯定，本《文集》收入《顾亭林论社会的实践和他的民主主义倾向》《戴东原的哲学思想》两文，可以作为例证。

进入近代，杨荣国对谭嗣同和康有为、梁启超的思想都做了较高评价。他将谭嗣同哲学思想的特点，归结为属于"唯物论体系的'泛神论'的'泛仁论'思想"，是属于"反封建经济与促进资本主义经济的思想"，又是属于"民主主义与改良主义"兼有的政治思想。其总的精神是从反对封建主义中寻求"理性自由的解放"。

在五四运动前后，杨荣国肯定吴虞、李大钊、鲁迅等人反封建的民主革命思想。本《文集》所收录《吴虞的思想》《李守常先生的思想》《鲁迅先生的哲学思想》等论文，就是为这个时期创新思想作历史的见证。

中国是文明古国，中华民族传统思想文化的发展，源远流长，丰富多彩。学者们对此进行研究，由于立场、观点、方法的不同，似难以有共同的结论。杨荣国对中国思想史的研究是有其特点的，可以说是自成一家之言，读者见仁见智，当然可以做出不同评价。不过他认为中国思想史的演变，是随着社会历史的发展而与时俱进的，这似应获得人们的共识。这篇"前言"亦希望对《文集》起点导读作用。

需要稍加说明的是，《杨荣国文集》原收入中山大学建校80周年时出版的"中山大学杰出学者文库"，2004年由中山大学出版社出版。今年是中山大学哲学系复办60周年，系里策划出版"中山大学哲学名家文集"，再将《杨荣国文集》纳入出版。此次编订,删除了原文集的部分篇章,并新增六篇文章,分别为《论孔子思想》《关于孔子的讨论》《墨子思想商兑》《关于"五千言"老子的思想》《庄子思想探微》《从孟子的"民为贵"说起》。《文集》本着尊重历史与作者的原则,除了改正字词上的错误外,尽量保持原貌。

李锦全

2020 年 7 月于中山大学

目 录

关于研究中国思想史诸问题 …………………………………… 1
从历史上看中国思想史之发达 ………………………………… 3
春秋战国时代学术上的"百家争鸣" …………………………… 6
中国古代唯物论研究（节选） ………………………………… 14
孔墨的思想 ……………………………………………………… 35
论孔子思想 ……………………………………………………… 107
关于孔子的讨论 ………………………………………………… 130
墨子思想商兑 …………………………………………………… 134
关于"五千言"老子的思想 …………………………………… 151
庄子思想探微 …………………………………………………… 154
从孟子的"民为贵"说起 ……………………………………… 165
韩愈思想批判 …………………………………………………… 168
李翱思想批判 …………………………………………………… 191
周敦颐的哲学思想 ……………………………………………… 207
邵雍思想批判 …………………………………………………… 220
张载的唯物主义思想 …………………………………………… 238
阳明先生在宋明理学中的地位 ………………………………… 255
顾亭林论社会的实践和他的民主主义倾向 …………………… 258
戴东原的哲学思想 ……………………………………………… 272
洪亮吉的无神论思想 …………………………………………… 285
谭嗣同的思想比较观 …………………………………………… 294
康有为的思想与学术 …………………………………………… 300
梁启超的思想与学术 …………………………………………… 306
王国维的思想与学术 …………………………………………… 311
吴虞的思想 ……………………………………………………… 316
李守常先生的思想 ……………………………………………… 321
鲁迅先生的哲学思想 …………………………………………… 326

学习杜国庠同志研究哲学史的革命精神 …………………… 334
杨荣国学术小传 …………………………………………… 343
杨荣国学术编年 …………………………………………… 347

关于研究中国思想史诸问题

曾经有人问过我关于研究中国思想史的意见。

我简单地答复：研究这门学科是相当麻烦的。

除了要有新的科学方法的知识以外，对于中国经济的历史都要有相当精细的理解。

可是要了解中国经济的历史又不是那么容易的一件事。

比如说：

到现在仍不曾得到完全解决的周代社会经济问题，一个着手研究中国思想史的人，到底把它视作封建制经济，还是奴隶制经济？对于这一点，首先我们不能不弄它个清楚[①]，因为这和思想史的关系太大了，不弄清楚的话，在对于哪一家或哪一派的思想的分析就不免要发生错误。

可是我们又不可以随便去同意人家的意见，若人家以为周代是封建经济，你就跟着说是封建经济，若人家说它是奴隶制经济，你就跟着说是奴隶制经济，这样对你的思想史的研究是很危险的。总之，不管它是封建制经济也好，奴隶制经济也罢，我在着手研究这一时期的思想史的时候，首先对这一时期的经济历史就非下一番研究功夫不可。

这样，我不仅对这一时期的经济获得一个理解，同时在研究它的过程中，对思想史的研究也有更深刻的认识。

中国经济的历史，不仅周代的待研究，就是其他各代的也还待研究。中国不比欧美各国，欧美各国的经济历史，不论用旧的科学方法或新的科学方法，都早已整理出来了，故对思想史的研究早已不成问题。

但中国并没有，别说是新的方法，就是用旧的方法也没有一部完整的经济历史。所以我们研究思想史时感到特别困难，特别非得先对经济历史下一番功夫不可；即使不先下一番功夫，也须得在研究思想史时将其与经济史合并来研究。

[①] 旧时有的词语用法或语法与现今不一，本着尊重作者的原则，保持原貌，尽量不改动。全书同。——编者注

其次，关于中国思想史上的派别、源流和影响的问题。

在春秋战国时代，学术思想发达，有所谓九流十家。其实说来，真正成为大的派别的也只有儒家和墨家；其余各家，如法家和名家，其产生除为其时代所规定以外，也还或多或少地受儒墨两家思想的影响，尤其是法家，表现得最为明显。

宋代的思想，标明为儒，其实除了发挥儒家思想的消极部分以外，还杂了不少道家和佛家思想的成分。又如清朝的思想家，如颜习斋他们，虽也标明为儒家，其实他们的思想中也受了不少墨家思想的影响。所以我在研究思想史时，对于哪一家的思想来源和它的影响不能不有明确的分析。

据《韩非子·显学》说："儒分为八，墨离为三。"意思也就是说，儒家自孔子以后，分成八派；墨家自墨子后，分成三派。因之我们在研究儒墨思想时，也可把他们的思想各归各的一律，儒家是儒家的一律，墨家是墨家的一律。即使是儒家，即使是墨家，他们各自因了后来所分派别的不同，他们各自思想的路向当然也就有别，有的在时代的历程中是进步的，有的是退步的，我们切不可一律看待。犹之乎孟子和荀子，虽同属儒家，但他们各自所代表的思想路向是不同的。

最后，除这以外，就是研究中国思想上的一个特有的问题，这个就是要辨别书的真伪。

中国古代的典籍中，有不少是假的，即使被认为是真的书籍，其中也掺杂了不少假的成分。

《论语》一书，可算是真正的孔门弟子所写作的一部可靠的书籍，但自《季氏》第十六章后，也多有后人掺杂进去的语句。墨子也只有《天志》《明鬼》《兼爱》《非攻》《尚贤》《尚同》和《非命》诸篇为可靠，《庄子》也只有内篇是庄周自己所作。

老子不论其人是在孔子前或孔子后，但《老子》一书确为战国时代作品无疑，因之我们只能把它当作在儒墨两家思想大盛行之后的战国时代的思想来研究。

好在这工作，前人已有宋濂和崔东壁做了一点成绩，近人也有顾颉刚和钱穆尽了不少的力，使我们在这方面获得了不少的方便。当然，也并不是说他们所证的绝对可靠，但至少可供我们作一个参考。

从历史上看中国思想史之发达

中国学术思想发达的时代,大家都说只有春秋战国,史家称那个时代为诸子百家争鸣的时代,但我们要研究的是,那时的学术思想为什么会发达,为什么会有诸子百家的争鸣。

据梁任公氏的研究,说是由于那时蕴蓄的丰富社会的变迁,言论思想的自由,交通的频繁和讲学之风甚盛。是的,他所说的这几点是不错的,但是,我们若反问他一句,当时社会是怎样的变迁,言论思想为什么自由,讲学之风为什么甚盛?梁任公所答复的只是一张白纸。

这就是由于梁氏所把握的只是当时的现象,而不曾把握到发生这一现象的本质。

当时的本质是什么呢?

当时正处在一个古代制经济的时代,奴隶虽被视为生产的工具,但奴隶主和自由民,他们之间可以自由说话,他们之间有着相对的民主。

比如说:

晋襄公听了母亲文嬴的话,把从秦国俘获来的三帅释放了,但先轸走来,听到秦的三帅已经被释放,他便毫不客气地对襄公"不顾而唾"。

又如:

齐宣王召见颜斶,说:"斶前。"但颜斶亦反过来对齐宣王说:"王前。"

即如孟子对齐宣王,王问他关于"贵戚与异姓之卿",孟子可以肆无忌惮地答复,如果国王不听信臣子的规谏,不是臣子自行离去,便是要让国王易位。

我们想,假使他们之间不是可以自由说话,有着民主的话,怎么可以用这样不客气的态度来对一国的国王呢?这在专制主义的官僚社会,君臣之间、主管长官和僚属之间可不可以这样分庭抗礼呢?除了唯命是听之"唯唯"或"是是"以外,我看是什么意见也不敢说出的。

因为在春秋战国时代,奴隶主与自由民之间,有了这样一个前提条件,可以自由说话,可以自由反驳,因之自由研究、自由讲学的风气特别盛行起来。

于是，就有孔子的"贤人七十，弟子三千"；

于是，就有墨家的"徒属弥众，弟子弥丰，充满天下"；

于是，就有孟子的"后车数十乘，从者数百人"。

不仅聚徒讲学的风气这样盛行，而自由讨论也是极平常的事。

从《孟子》书上看，许多和孟子意见极端相反的人士，如许行、宋牼、告子和墨者夷之，不是都和孟子发生过激烈的辩论吗？孟子虽说反对杨墨，骂杨墨为禽兽，但他还是和杨墨及其他派别的人，经常从学术上、政见上做辩论。

又如孔［穿］和公孙［龙］①，为"臧三耳"② 一问题，彼此在平原君家，就有过一番激烈的辩论。

因为自由民之间，有着民主，能够自由发表意见，能够自由讲学，不独学术空气特别浓厚，学术思想为之蓬勃，并且也就有文化中心的形成，如邹和鲁，又如齐之稷下，不都是当时很出名的文化城吗？

然而很不幸的，这一个学术思想热闹的场面，到了秦的专制局面的出现、秦始皇焚书坑儒的政策实行，文化人没有了，文化城毁灭了，学术思想也沉寂了。

到了后来，汉武帝罢黜百家，独尊儒术，于是所有以前春秋战国时代的各种思想学术的派别，除了儒家以外，其他如墨家、道家、法家和名家，而其中尤其是墨家，不独他的思想再没有人继承和阐扬，且很少有人齿及，即使齿及，也不过是如孟轲一样，把他痛骂一顿。比起儒家来，墨家的言论，倒真是一种异端的言论。

他们为什么不齿及墨家，为什么要骂墨家呢？

这是因为到了汉代以后，中国已正式走上封建专制主义的道路，儒家的忠君思想，儒家的"民可使由之，不可使知之"的思想，正合了封建君主的口吻，所以就来"罢黜百家，独尊儒术"。同时他们所阐扬的儒术，也大都为儒家思想中的消极部分，如所谓"忠君""讲礼"，还有所谓子思、孟轲一派的"五行"言论呀，不是范围人心、限制自由，便是使人民愚昧的

---

① "又如孔［穿］和公孙［龙］"，原于"孔"后有一空格，"龙"原作"龙"，据庞朴《公孙龙子研究》和《孔丛子·公孙龙》补改。——编者注

② "臧三耳"原作"臧三牙"，《吕氏春秋·淫辞》同；《孔丛子·公孙龙》作"臧三耳"，杨著《中国古代思想史》第八章第二节《公孙龙的逻辑推理——分多存一》采此，并注"当以'臧三耳'为是"，故改。——编者注

从历史上看中国思想史之发达

迷信部分。至于墨家，他们认为墨家的言论，实在于他们不利：一则墨家反对王公大人使用"骨肉之亲"，且"无故富贵而面目美好者"；二则墨子主张"虽在农与工肆之人，有能则举之，必高予之爵，厚予之禄"，要使得"官无常贵，而民无终贱"；三则他认为"王公大人"之所拥有的贵重的衣服、车马和宫室，都是"厚作敛于百姓，暴夺民衣食之财"；四则墨子反对"不与其劳，获其实，非其所有而取之"的一般坐食者。这许多，在王公大人看来，都是于他们的利益有冲突的，所以他们要禁绝墨家的言论。

这么一来，不独墨家政治思想中的开明部分没有得到发扬，就连他的科学思想，如光学、力学、几何学和经济学的思想也被人所［埋］没了。后来孙诒让作《墨子闲诂》，又经近人加以科学的研究，［才］稍稍为人所注意①。

并且由于专制君主的压制，即使自己的思想是带有墨家的倾向，是受了墨家思想的极强烈的影响的，都不敢公然说出自己的言论是墨家言论，如颜习斋的思想不是带有极浓厚的墨家色彩吗？但他并不说自己是墨家，或是受了墨家思想的影响，而必定要说自己是儒家，并且还要自命为儒家的正宗。为什么这样？就是他们的思想和言论，在君主专制之下，在儒家独尊之下，受了限制。

欧洲思想的发展不是一样的吗？在古希腊罗马时代，正是古代制经济的时代，奴隶主和自由民之间有着言论的自由，所以学术思想蓬勃。然而到了中世纪，这个在历史上公认的黑暗时代，开明的科学的思想便归于毁灭，代之而起的便是专制的迷信的言论。可是，欧洲到了18世纪左右，资本主义抬头，民主又较古希腊罗马时代更进一步，于是开明的、科学的思想又复活，且更加蓬勃起来。

所以从历史上看，落后的迷信的思想只是产生于专制主义的黑暗时代，如果政治上是朝向开明的话，进步的科学的思想是没有不抬起头来的。

由此可见，赛因斯和德谟克拉西两者是分不开的。

---

① "研究［，才］稍稍……"原于"究"之后有两空格，疑于"究"后是逗号，逗号后是"才"字，故补上供参考。——编者注

· 5 ·

春秋战国时代学术上的"百家争鸣"

一、争鸣的社会环境

春秋战国时代是中国学术史上的黄金时代。考其所以为黄金时代，就是大家对学术问题各抒所见，百家争鸣。

当然，那时百家之所以能争鸣，是因为有其可以争鸣的社会条件。

从西周末奴隶大暴动之后，发展至春秋战国时代，由于铁器的使用、生产力的提高，社会急剧地由种族奴隶制向封建制转化。在这一转化的过程中，有氏族贵族走向没落，有奴隶们争取解放，又有新兴的地主和商人阶级地位的日趋上升。这就使得氏族统治大大松弛。因此，原来只是在氏族贵族和氏族成员——自由民之间有着相对的民主，这一来，民主的气氛增强，新兴的势力也稍有资格说话了。如"绛之富商"，他虽"无寻尺之禄"，但是因其富有，而"能金玉其车，文错其服""以过于朝"而"行诸侯之贿"。① 他能"行诸侯之贿"，可见其说话的分量。

也正由于氏族统治走向崩溃，统治者势力减弱，民主气氛较前增强，所以臣子在国君面前，不仅有他一定的说话自由，有时还肆无忌惮地对国君很不客气。

如在春秋时代，晋襄公听了母亲文嬴的话，把从秦国俘获来的三帅释放了。但是，大夫先轸走来，闻知秦的三帅已经被释放，大怒，对襄公便"不顾而唾"。②

在战国时代，比如，齐宣王召见颜斶，便说："斶前！"——叫颜斶到他面前去。颜斶不但不去，反过来，还说："王前！"——叫齐宣王到自己的面前来。③孟子对齐宣王也是如此。王问孟子关于"贵戚之卿"如何，孟子毫无忌惮地答复，国君犯了错，如一再不听臣子的规谏，那么，贵戚

---

① 《国语·晋语》。
② 《左传·僖公三十三年》。
③ 《战国策·齐策》第十一。

之卿便可"易位"——另换一个君王上来。① 再如"范雎至秦",秦王执宾主之礼以接待。秦王为了向范雎请教,还向范雎跪而请曰:"先生何以幸教寡人?"范雎答曰"唯唯",若是者三。最后秦王跽(即长跪)而请曰:"先生不幸教寡人乎?"于是范雎才答话。②

在他们中间,如果不是有着这种民主的气氛,上述种种情况是不可想象的。后来,到了中央集权的封建专制主义时代,缺乏民主气氛,这种情况就不见了,这不是很明显的吗?

一面由于有着一定的民主气氛,大家尚敢于说话;另一面,也正由于社会的急剧变革,学术逐渐普及起来。原来,学术只为官府所有,文化官只能"父子相传,以持(奉也)王公"——教育王公大人的子弟;即使对学术本身,也只能"谨守其数,慎不敢损益"③。到了这时,氏族统治由松弛而走向瓦解,因之学术也由官府走向民间——孔子是最先把学术带到民间的人。由于孔子抱着"有教无类"的主旨,使许多人都受到教育,都有探讨学术的机会,所以学术得到蓬勃发展。

孔子所带的徒弟众多,据记载:"孔子以诗、书、礼、乐教弟子,盖三千焉,身通六艺者七十有二人。"④其后如墨子,也"徒属弥众,弟子弥丰,充满天下"。孟子也有"后车数十乘,从者数百人"⑤。这一来,不仅学术空气更加浓厚,也出现了各种学派。

战国时代,某些较开明的统治阶级,如平原君、信陵君、春申君和孟尝君,他们给有学问有能力的人以优礼,所以许多有学问有能力的人都争往归之,如孔子的后裔孔穿和名家公孙龙,都曾在平原君那里作客。其后吕不韦也是如此,也争取了不少有学问的人在他那里研究学问。

同时,还出现了如邹与鲁以及齐之稷下这样有名的文化中心。

这是当时百家之所以能争鸣的一般社会环境。

二、争鸣中论战的情况

由于探讨学术的人众多,于是大家各从自己的阶级立场出发,对社

---

① 《孟子·万章章句下》。
② 《战国策·秦策》。
③ 《荀子·荣辱》第四。
④ 《史记·孔子世家》。
⑤ 《吕氏春秋·当染》。

会、对自然，提出了种种不同的主张和看法。他们都是"持之有故，言之成理"①的。因此，出现了各种学派，所谓"百家众技，皆有所长"②，各有一套，相互对立。

首先是儒墨的对立。

比如，孔子说以"亲亲"为主的"仁"，墨子便道"无差等"的"兼爱"；儒家主张厚葬久丧，墨家便"以薄为其道"③；儒家"立命"，墨家便"非命"；等等。

值得注意的是，他们的主张虽处于对立，虽各有所不同，但是他们在学术的探讨上，也有各自的优点。比如，孔子重证据，"文献不足"，无以为证，他便不说。不论他所做到的程度如何，在学术的探讨上，他都倡导要"毋意，毋必，毋固，毋我"④——这是个很好的治学态度。墨子重经验，他的"三表法"就是以经验作为认识真理的准则；他虽然非难孔子，但是对孔子"当而不可易者也"⑤，他还是首肯的，并不是一概抹煞的。

孟子是一个主观很强的人，他"辟杨墨"，辟得应不应该，对不对，是另一个问题；他有一点值得学习的，就是对杨朱、墨翟的著作，确实是探讨过一番的，所以他能把杨墨的中心思想提出来——杨子"为我"，墨氏"兼爱"。他抓住对方的中心思想，进行分析批判，这样，就不会是无的放矢。只要评论得对，就容易令人折服。

因为孟子开了这一风气——抓住对方的中心思想和中心论点来做分析批判，所以后来其他各家的互相论难，都是针对对方的中心论点来做分析批判。这个情况，具体表现在《庄子·天下》《荀子·解蔽》和《荀子·非十二子》以及《吕氏春秋·不二》中。特别是《吕氏春秋·不二》和《荀子·解蔽》，前者以一个字概括各家的中心思想——如说老聃贵"柔"，孔子贵"仁"，墨翟贵"兼"和阳生（杨朱）贵"己"，等等；后者则以一个字恰当地批判了对方的思想——如说"墨子蔽于'用'而不知'文'，宋子（宋轻）蔽于'欲'而不知'得'"，"惠子蔽于'辞'而不知'实'，庄子蔽于'天'而不知'人'"，等等。这是当时学术论战中

---

① 《荀子·非十二子》第六。
② 《庄子·天下》第三十三。
③ 《孟子·滕文公章句上》。
④ 《论语·子罕》。
⑤ 《墨子·公孟》第四十八。

的一个特色。

真理是愈辩愈明的。由于当时有些学者抱了实事求是的态度,又能抓住对方的中心思想进行研究讨论,所以真理也就出现。

比如,孔子倡导"天命",而墨子反对。他说:"夫岂可以为其命哉?故以为其力也。"① 于是,到了荀子手里,这道理愈辩愈明白。荀子虽属儒家,理应遵守儒家的意见而相信天命;可是,他在这点上,还是首肯了墨子的意见,并且还比墨子进了一步,不仅不相信天命,甚至认为人们应当"制天命而用之"② ——应当征服天命而为人们所用。

墨子"明鬼"——说是有鬼神。这显然是他达到兼爱的一个手段,可是要说有鬼是令人难以置信的。不仅儒家如荀子,不认为有鬼,说鬼只是人在精神恍惚或失常的时候才会感到像是有,实际上没有,因而反对"营于巫祝,信祆祥"③;法家韩非也是如此,他也反对"事鬼神,信卜巫"④,而倡导"使民以力"⑤;就是墨家后学,对他老师的其他思想,如兼爱的思想和科学的思想,都加以阐扬,唯独对他"明鬼"这一点,连提都没有提。可见真理是愈辩愈明的。

儒和法的对立,主要表现在"礼治"和"法治"之争上。

在春秋时代,一般对新鲜事物感觉很强的政治家,如郑国的子产和晋国的范宣子,他们见到当时社会在急剧变革,有奴隶们的争取解放,又有新兴势力的抬头。在这情势之下,礼治自然是站不住了。于是,他们就要施行法治。只有施行法治,才能解决当时现实发展中的许多问题。可是,公元前536年,当子产在郑国施行法治时,晋国的叔向听到了,他写信给子产,说是这一来,"民知有辟,则不忌于上,并有争心"——会不利于统治。子产坚持他的意见,答复说,"吾以救世",非行不可。⑥到公元前513年,范宣子又要在晋国施行法治,孔子听到也反对,说是这一来,便"贵贱无序"了,又"何以为国"呢?范宣子没有理会。⑦

---

① 《墨子·非命下》第三十七。
② 《荀子·天论》第十七。
③ 《史记·孟子荀卿列传》。
④ 《韩非子·亡征》第十五。
⑤ 《韩非子·六反》第四十六。
⑥ 《左传·昭公六年》。
⑦ 《左传·昭公二十九年》。

就是在战国时代，商鞅在秦国要施行法治时，还和杜挚他们展开过一番激烈的辩论。辩论中，商鞅的道理，就是"治世不一道，便国不法古"。结果，商鞅战胜，秦国于公元前350年厉行法治。①

并且，这一论争不仅是法家战胜了，就是稍后的儒家，如荀子，也给予法治以肯定。他所倡导的"礼"，便和儒家传统的"礼"不同，他的"礼"是带有"法"的意义的。到他的学生韩非便正式倡导法治，并成为法治学的完成者。

倡导"法治"是符合当时现实的发展的，而坚持"礼治"则不是。因此，法治战胜，反对派儒家，如荀子，也不能不在这一真理面前低头而肯定法治。

至于"名"和"墨"的对立，一个是要把具体物概念化，从概念化中否定具体物；一个则要求实事求是，是什么就是什么，不能倒是为非。

比如，公孙龙说"白马非马"。为什么呢？他认为：白是命色的，马是命形的；既然只是白色和马形，怎能说是马呢？

墨者通过正视现实给公孙龙以反击。他从论证中，认为白马是马，骊马（黑马）也是马；因之乘白马即是乘马，乘骊马也是乘马。

墨者的论证是走向真理的途径。

又如，公孙龙和孔穿在平原君家，辩论臧获（仆人）是否有"三只耳"的问题。尽管公孙龙论"臧三耳"论证得头头是道，孔穿说不过他，但是孔穿还是对平原君说，虽然公孙龙说得头头是道，可是硬要说"今谓臧三耳甚难而实非也"，说"谓臧两耳甚易而实是也"②。——不承认公孙龙的论证。

儒家荀子也反对，说名家这班人是"蔽于辞而不知实"③。

给予名家批评的，还有被称为阴阳家的邹衍。他从对名家的批评中，认为学者的立说，应当"抒意通旨"，使人"明其所谓"，而"不务相迷"；像名家的立说，就不能"抒意通旨"，不能"明其所谓"，反而"相迷"，这是很不好的。同时，他还认为，学者们的互相论难，不论是胜了或是败了，都应当抱着这样的态度，就是"胜者不失其所守，不胜者得其

---

① 《商君书》及《史记·商君列传》。
② 《孔丛子·公孙龙》。
③ 《荀子·解蔽》第二十一。

所求，若是，故辩可为也！"① 意思就是学者们的论战都是为了追求真理，故"胜者"固"不失其所守"——所守的对了，也不要骄傲；而不胜者亦应虚心，应认识对方之所以战胜，就是因为对方的立说是真理，既是真理，在自己这方面，就是"得其所求"。这是追求真理的很好的态度。

从上述各家对学术的探讨与论战中，我们可以清楚地认识到，由于他们的探讨和论战，学术的真理性日益鲜明起来。具体的表现是：①由"宿命"而"非命"而"制天命而用之"；②由"有神论"走向"无神论"；③由"礼治主义"走向"法治主义"；④由"似是而非"的理论走向"实事求是"的理论。

加上当时因冶铁事业的发达，生产力抬头，对科学技术的需求日益迫切，这就引导科学思想的开展。墨家本有科学的传统，墨家后学又从各家的论战中，特别是从惠施、公孙龙思想的论战中，使他们的方法论日臻于严密——不仅是运用类比法、归纳法和演绎法，还知道从事物的矛盾中去把握事物的质（所谓"同异交得，放有无"②）。此外，最重要的是在人定胜天的思想指导之下，墨家发现了力学原理、光学原理和几何学原理，形成了一套自然科学理论。

一方面有了科学的方法和理论，另一方面也有了科学的制作。除《考工记》中所载的各种工艺产品外，水利工程方面，更有长足的进展——有李冰的都江堰和郑国的郑国渠。③ 这两大水利工程的建造，自然又引导了社会生产力的进步发达。

于是，我们可说，春秋战国时代的百家争鸣，既提高了学术文化的水平，又促进了社会生产力的发展。

三、我们对争鸣的认识

上述春秋战国时代的百家争鸣，给予我们的认识是：

第一，在各以其学的争鸣中，各人自应坚持各人的中心论点去进行论战；在论战当中，如果发现对方的某些意见确有是处，即使是点滴的，都应坦白承认。孔子是墨子的敌对派，可是墨子对孔子的某些意见，是"当

---

① 刘向：《别录》，见《史记·平原君列传》集解引。
② 《墨经》。
③ 《史记·河渠书》。

而不可易"的，他就承认。这是一个很好的为学态度！如果是"非真理性"的东西，如墨子说到有鬼，不仅当时稍有认识者难以首肯，就是墨家后学也把它摒弃不提。

第二，在论战中，对于对方的中心思想和中心论点，一定要掌握。这样，才不会流于任意谩骂、无的放矢，而达到实事求是；同时，如果所分析批判的是正确的，对方也会乐于接受。

第三，在论战中，固然要坚持自己的主张和看法，待到若干时候，从真理的愈辩愈明中，若对方的主张或看法是正确的，自己就应坦白承认，自己欠正确的地方也可因之而修正。邹衍对当时争鸣的情况，提过这样的意见："故胜者不失其所守，不胜者得其所求，若是，故辩可为也。"这意见，从我们今日看来，亦是参加争鸣所应持的一种态度。

第四，百家争鸣，互相论难，就从争鸣论难中日益接近真理，走向科学，引导科学技术的发达，又从科学技术的发达中进一步提高社会的生产力。所以百家争鸣，既提高了科学水平，又促进了社会生产力的发展。

第五，他们从争鸣论难中所达到的真理性的结论，例如，无神论和人定胜天的思想，都给予后代很大的思想上的影响。王充和范缜的系统的无神论思想正是由这一时代的无神论肇其端。贾思勰之《齐民要术》中所叙述的各种工艺科学，以及张衡和祖冲之的科学发明和科学理论，也是由这一时代的人定胜天思想导其绪。这不是很明白的吗？

但是，今日的时代，较之春秋战国时代有本质上的不同。春秋战国是由奴隶制向封建制过渡的时代，只是新兴阶层在与旧的势力抗争中获得某种程度的民主气息，争鸣只是一定阶层内的争鸣；同时，它是自发的，不是有领导、有鲜明的政治方向和真理方向的，因之，亦不能及时地从辩论中认识真理、肯定真理，并很好地使人们朝着真理的方向前进。

今日则不同，今日是从社会主义革命与社会主义建设中向共产主义过渡的时代，是党领导下的人民民主专政的时代。党为了促使学术文化繁荣与发达，加强社会主义建设，提出了"百家争鸣"的方针，让人民群众自由辩明真理和阐扬真理。所以今日的"争鸣"，不是自发的，而是自觉的，是有领导的，是无产阶级极端坚定的阶级政策，是有政治标准的——这一政治标准就是社会主义与共产主义的标准。阶级政策如此明确，政治标准如此明确，因之，我们今日的"争鸣"，自不应让资产阶级思想自由泛滥，而应通过无产阶级思想和资产阶级思想的争论与批判，以揭露资产阶级的伪科学，阐扬无产阶级的真科学；批判谬误，阐明真理。就这样，从真理愈辩愈明中，促使社会主义与共产主义学术文化的蓬勃开展，使之为社会主义与共产主义服务。

中国古代唯物论研究（节选）

一、荀子

（一）荀子的时代背景

荀卿，名况，赵人，他的生卒年代无从确定。唯据近人的考证，生于公元前310年至公元前230年之间，适当战国末年，那时商业资本和高利贷资本在封建社会里已有高度的发展。如吕不韦，就是那时的大商业资本家，他起初是在赵都邯郸经营商业，后来因商业发达资本益加雄厚，便交通王侯，最后竟能左右秦国的政治。而齐国的孟尝君则是那时有名的高利贷者，他贷款于薛，收利息来维系他门下三千客的生活费用。还有无盐氏，也是出名的高利贷者（那时，称为子钱家，见《史记·货殖列传》），曾贷款给长安列侯封君，利息十倍，因此富埒关中。可见，那时商业高利贷资本是如何发达的了。

商业高利贷资本既这样发达，反映在政治上，便需要政治权力的集中，于是争夺兼并之风益盛，到最后才达到秦的统一。荀卿的哲学思想，虽属儒家系统，但是由于他所处的社会环境，是这种商业资本发达的社会环境，便不能全然是儒家的本来面目，也还具有进步的唯物论观点了。

按，荀子的著作，在汉初有三百二十二篇，刘向去其重复，定为三十二篇，名曰《孙卿新书》。唐朝杨惊作注释时改名《荀子》。据近人胡适之氏的认定，《荀子》三十二篇中，只有《天论》《解蔽》《正名》《性恶》四篇，才是《荀子》的精华，其余二十余篇均系后人杂凑而成，所说颇有见地。

（二）荀子的宇宙观

儒家一直以来都认为天是有意志的，是具有人格的神，可以降吉降凶，可以赏善罚恶。如孔子所谓"子所否者，天厌之，天厌之"；又谓"获罪于天，无所祈也"，又谓"天生德于予，桓魋其如予何"。又如孟子所谓"予之不见鲁侯，天也"；又谓"天不言，以行与事示之"，这都认为"天"是最高主宰的神。但荀子则不然,除了当时商业资本的发达刺激他有着进步的观点外,他同时也受了老子的影响,因为老子以天地之刍狗万物,纯为自然之演化,并无所谓意志存在;所以他也认为"天"并不是神,并没有支配人的力量。至于天上出现彗星、刮大风、下大雹,只不过是自然现象,并没有所谓降凶罚恶的意思在里面。他在《天论》说:

> 星队木鸣,国人皆恐,曰:是何也?曰:无何也。是天地之变,阴阳之化,物之罕至者也;怪之可也,而畏之非也。夫日月之有蚀,风雨之不时,怪星之党见,是无世而不尝有之。上明而政平,则是虽并世起,无伤也;上暗而政险,则是虽无一至也,无益也。

这就是说,日月有蚀,风雨不时,怪星党见(即频见),这都是常有的自然现象,其间并无半点惩罚的意思在内。所以"政平"与"政险",全然与自然的变动无关。"政"本来是"平"时,即常见日蚀、月蚀和怪星也不会有什么大不了。如果"政"本来是"险"时,即经久不见日蚀、月蚀和怪星,也不会有什么益处,并不一定能由"政险"而达于"政平"。

为什么一般的人们,把这种自然的变动,认为是有神,是有意志的呢?他说:

> 列星随旋,日月递炤,四时代御,阴阳大化,风雨博施;万物各得其和以生,各得其养以成,不见其事,而见其功,夫是之谓神。皆知其所以成,莫知其无形,夫是之谓天。唯圣人为不求知天。

这意思就是说,一般人之所以把这一切自然现象,看作神,完全是从它们的功用方面来看的,以为天地运行,能化生万物,似乎有神灵在做主宰,殊不知这是大谬不然的。所以圣人并不把自然当作神来看待。

同时,荀子在这里还表明了这一点,就是把自然现象当作神的作用,因而敬它畏它,全然是蒙昧人的无知、对于自然的不了解所致。

既然认定"天"不是神,是自然,因此他反对对"天"的一切迷信作用。他说:

雩①而雨，何也？曰：无何也，犹不雩而雨也。日月食而救之，天旱而雩，卜筮然后决大事，非以为得求也，以文之也。② 故君子以为文，而百姓以为神；以为文则吉，以为神则凶也。

他认为得雨与不得雨，是纯出乎天体的自然，与祈祷并无任何关系。而其所以遇了旱灾，要向天祈祷的原因，并不因为天是神，一祈祷便可以得雨，只是统治阶级在饥荒的时候为抚慰民心，使民众不至于起来反抗的一种粉饰功夫。

因为天不是神，无意志，故一切贫病祸凶，也并非出自什么天意，天是没有这种能力的，还是纯本乎各人自己之所为。他说："强本而节用，则天不能贫；养备而动时，则天不能病；修道而不二，则天不能祸。故水旱不能使之饥，寒暑不能使之疾，妖怪不能使之凶。"

假如人们不肯自己努力的话，则天亦无法"使之富，使之全，使之吉"的。所以他接着又说：

本荒而用侈，则天不能使之富；养略而动罕，则天不能使之全；倍道而妄行，则天不能使之吉。故水旱未至而饥，寒暑未薄而疾，袄怪未至而凶。

而自然界的现象，只不过是机械似的转动着，是有常行的。人们只要按时操作就是了，天决不会为谁存为谁亡的。他说：

君子敬其在己者，而不慕其在天者，是以日进也；小人错其在己者，而慕其在天者，是以日退也。

从这里，还可知道，如果人们只是一味地迷信着天，而自己不加努力，这样便形成了等待主义。今日等待，明日也等待，不仅不会进步，而且还要退步的。

同时，荀子不但反对敬天、慕天，否认天有支配作用，而且还进了一

---

① 按，王先谦注云：雩，求雨之祈也。
② 按，王先谦注云：得求，得所求也。言为此以示急于灾害，顺人之意，以文饰政事而已。

步,主张去征服天,征服了天来为人类所用。他说:

> 大天而思之,孰与物畜①而制之?从天而颂之,孰与制天命而用之?望时而待之,孰与应时而使之?因物而多之,孰与骋能而化之?思物而物之,孰与理物而勿失之也?愿于物之所以生,孰与有物之所以成?故错人而思天,则失万物之情。

这种叫人去征服天,拿它来作为人类的使用工具,不仅表示荀子认识了自然法则,同时还体现了他的唯物论的科学精神。

荀子不仅否定天是神,有支配人的能力,对于人死为鬼一说,也是不相信的。《解蔽》说:

> 有人焉以此时定物,则世之愚者也。彼愚者之定物,以疑决疑,决必不当。夫苟不当,安能无过乎?夏首之南有人焉,曰涓蜀梁,其为人也,愚而善畏。明月而宵行,俯见其影,以为伏鬼也;仰视其发,以为立魅也;背而走,比至其家,失气而死。岂不哀哉!凡人之有鬼也,必以其感忽之间疑玄之时定之。

这种否定灵魂不灭说,不但荀子是如此,而且是一般无神论者应有的结论。

(三) **荀子的名实论与认识论**

在荀子的时代,一般唯心派的诡辩论者,如宋轻、惠施和公孙龙之徒,强词诡辩,淆乱名实。如在"侮"里面本包含着"辱"意的,而宋轻偏偏说"见侮不辱",这是犯了名不指实的毛病,而以名来乱名;又如山本来是高的,渊本来是低的,而惠施偏偏说"山渊平",这也是名顾不到实;再如"白马"就是"马",和"黄马""黑马"一样,但公孙龙偏偏说"白马非马",这岂不是以名来乱实吗?所以荀子认为他们都是"蔽于辞而不知实",除大声疾呼地反对着他们,批判他们外,并在《正名》里这样说道:

---

① 即把天看做是一种物质。

制名以指实。

名也者，所以期累实也。

故王者之制名，名定而实辨，……故析辞擅作名，以乱正名，使民疑惑，人多辩讼，则谓之大奸。

从这里，我们知道，荀子认为"名"不是像唯心派的诡辩论者一样，由人们主观地来随便派定，来"擅作"的。因为那样由人们主观地"擅作"，不仅不能反映客观的实在，而且还会淆乱听闻，反使人民增加疑惑的。所以荀子的意思，"名"应当是指"实"；换句话说："名"应该由"实"所派定，并不可以由人们任意"擅作"。

这是荀子要正名的理由。

同时，在这里，我们还可知道，荀子虽沿用了孔子"正名"这一术语，然而非孔子所谓的"正名"，他的"正名"是"名闻而实喻"，是具有唯物论基础的。

其次，谈到荀子制名的根据。

他的制名的根据是什么呢？是缘何而制名呢？《正名》说：

然则何缘而以同异，曰：缘天官。凡同类同情者，其天官之意物也同。故比方之疑似而通，是所以共其约名以相期也。形体、色理以目异，声音、清浊、调竽、奇声以耳异，甘、苦、咸、淡、辛、酸、奇味以口异，香、臭、芬、郁、腥、臊、漏、庮、奇臭以鼻异，疾、痒、凔、热、滑、铍、轻、重以形体异，说、故、喜、怒、哀、乐、爱、恶、欲以心异。心有征知。征知，则缘耳而知声可也，缘目而知形可也。然而征知必将待天官之当簿其类，然后可也。五官簿之而不知，心征之而无说，则人莫不然谓之不知。此所缘而以同异也。

这意思就是说，制名的根据，是缘天官。我们要从耳、目、口、鼻、形体（即指触觉）这五种感官中获得知觉，即所谓感性的认识；再由感性的认识而达到理性的认识，即他之所谓"心的征知"，然后才能认识事物的同或异。这同或异的概念，就由名表现出来。

比方就"马"来说：

在人们的眼睛没有见到"马"以前，便没有关于"马"的知觉和

"马"的概念。一旦见到了"马"的形状,便有了"马"的知觉。有了"马"的知觉,来行思维作用,即理会到"马"和牛虽大体相同,但还有不同的地方,就是马无角,牛有角,马走路快,牛走路慢,这样便获得了"马"与牛不同的概念。于是"马"之名便由此而生了。

在这里,荀子不仅由名实论,导出了他的认识论,而且在认识论中统一了感性的和理性的认识,确定了感性认识之根源性(如说,"然而征知必将待天官之当薄其类,然后可也")。所以荀子的认识论,全是基于唯物论的。

然后呢,要使其名副其实,和实相一致,就要有个制名的规范。什么是制名的规范呢?《正名》说:

> 然后随而命之,同则同之,异则异之。单足以喻则单,单不足以喻则兼。单与兼,无所相避则共。虽共不为害矣。知异实者之异名也,故使异实者莫不异名也,不可乱也。犹使同实者莫不同名也。

这就是说,种类相同的事物,则起一个共同的名字,如这是支笔,那也是支笔,便通通叫作笔;如果种类不同的,如这是笔,那不是笔,而是墨,便起着与笔不相同的名字。再如用单名可以通晓的,则用单名,单名不可以通晓的,则用兼名。单名是指示一个概念时所采用的,例如笔;兼名是在同一物件上指示两个概念时所采用的,例如毛笔。

又说:

> 物有同状而异所者,有异状而同所者,可别也。状同而为异所者,虽可合,谓之二实。状变而实无别而为异者,谓之化。有化而无别,谓之一实。此事之所以稽实定数也。此制名之枢要也。

按前三"所"字均作"实"字解。就是说,形状虽同而实质不同的,应起不同的名字,如水与酒,就是形状虽同而实质不同的两种东西。还有形状虽不同,而实质是相同的,如黄牛与水牛,就是一例。至于这两者形状之所以不同,是由演化而来,所以他说"谓之化"。

又说:

> 故万物虽众,有时而欲无举之,故谓之物。物也者,大共名也。推而共之,共则有共,至于无共然后止。有时而欲偏举之,故谓之鸟兽,鸟兽也者,大别名也。推而别之,别则有别,至于无别然后止。

这是说制名有共名与别名之分。如人对于动物是别名,动物对于人则是共名,因为在动物里面,还包括牛、羊、犬、马之类。而动物对于物,范围较大,则是大别名,而物对于动物,则是大共名,因为在物里面,除动物外,还包括植物、矿物之类,至于最小的别名,则是各个的专名,如墨索里尼、希特勒等。

(四) 荀子的性恶论

在战国末年,因为商业资本日趋发达,新兴的封建领主之间的互相吞并,就来得特别激烈,每每为争夺一城一地,被杀的人便盈城盈野。荀子目睹当时的惨状,这种互相倾轧、互相争夺杀砍的情形,不得不否定历来子思、孟轲所主张的性善论,而谓人性为恶。犹之乎17世纪英国唯物论者霍布士一样,他眼见当时的"圈地"惨剧,致把"市民社会"看作"万人对万人的斗争",因而得出了"人与人相遇豺狼"的结论。

人性是怎样的呢?《性恶》和《荣辱》说:

> 今人之性,饥而欲饱,寒而欲暖,劳而欲休,此人之情性也。

> 人之情,食欲有刍豢,衣欲有文绣,行欲有舆马,又欲夫余财蓄积之富也。

从他所说的看来,荀子和杨朱是一样的,都见到了人类的本性是欲望。不仅欲饱、欲暖、欲休,而且还进一步"欲有刍豢""有文绣""有舆马",还"欲夫余财蓄积"。但是杨朱,他见到人的本性是"欲",便主张充分满足人欲,发展人欲,于是达到了和希腊唯物论者伊壁鸠鲁相似的快乐主义的结论。荀子就不是这样的,他见到人的本性是"欲",便认为"欲"是恶的根源。《性恶》说:

> 生而有好利焉,顺是,故争夺生而辞让亡焉;生而有疾恶焉,顺是,故残贼生而忠信亡焉;生而有耳目之欲,有好声色焉,顺是,故

中国古代唯物论研究（节选）

淫乱生而礼义文理亡焉。然则从人之性，顺人之情，必出于争夺，合于犯分乱理而归于暴。……用此观之，然则人之性恶明矣。

"欲"在他认为是恶的根源，故不可顺。于是便进一步主张节性节欲。他在《礼论》说：

礼起于何也？曰：人生而有欲，欲而不得，则不能无求，求而无度量分界，则不能不争。争则乱，乱则穷。先王恶其乱也，故制礼义以分之，以养人之欲，给人之求，使欲必不穷乎物，物必不屈于欲。两者相持而长，是礼之所起也。

这么一来，拿着礼义来范围"人欲"和抑制"人欲"，甚至还把"礼"绝对化起来，看作人伦的和政治的最高准则，是又离开不了儒家的系统，又陷于唯心论之错误。

不过，这里有两点值得注意：

第一，从荀子主张的性恶论中，否定了孟子所谓先天的良知的存在。换句话说，就是不承认人类有什么先验的知识，一切俱是由后天习得经验才有所知的。

从这一点上看，又是基于唯物论的。

第二，荀子认为人类是需要教育的。人的本性既是恶，倘所处的环境又不好，岂不助长了人类的这个恶性吗？犹之乎他在《劝学》所打的一个比喻一样：

南方有鸟焉，名曰蒙鸠，以羽为巢，而编之以发，系之苇苕，风至苕折，卵破子死，巢非不完也，所系者然也。

蒙鸠的巢，是羽、发、苇苕所筑成的，形式虽完善，但建筑不是很坚固，加之所处的位置又不好，是一个当风的地方，大风一来，不免经受不起，便覆巢破卵。所以荀子唯恐人类为环境所影响，而助长了这个恶性，怕像蒙鸠一样，有覆巢卵破之虞，故认定教育是不可缺少的。他在《劝学》说：

> 干越夷貉之子，生而同声，长而异俗，教使之然也。

《儒效》亦说：

> 性也者，吾所不能为也，然而可化也。

《大略》又说：

> 不富无以养民情，不教无以理民性。……诗云："饮之食之，教之诲之。"王事具矣。

因此，从荀子注重教育的这一点上来看，他又和 18 世纪法国唯物论者爱尔法修、拉麦特里和霍尔巴赫诸人所谓"人类依存于教育"的归结是完全一致的。

（五）荀子哲学的总结

综上所论，我们知道荀子是个唯物论者：第一，他否定了天是神，没有任何支配的力量，只认为它是一种自然的物质。第二，他认为"名"应该由"实"决定，不能由人们主观地随便派定；同时，在从他的名实论中所导出来的认识论，确定了感觉为认识之根源。第三，由他所主张的性恶论中，否定了人类所谓先天的良知，一切知识都是由后天所习得的经验才具有的。

虽然荀子具有这几点唯物论要素，可是他还不能算是彻底的唯物论者。为什么呢？

原因就是荀子还不能摆脱儒家的立场，还为儒家的阶级意识所笼罩着。

首先，荀子把儒家的"礼"更加绝对化了。他不仅认为"礼"可以节欲，可以范围人性，而且还由"礼"定出阶级关系来，他在《哀公问》说：

> 非礼，无以辨君臣上下长幼之位也，非礼，无以别男女父子兄弟之亲，婚姻疏数之交也。

中国古代唯物论研究（节选）

《礼论》亦说：

> 君子既得其养，又好其别。曷谓别？曰：贵贱有等，长幼有差，贫富轻重皆有称者也。

因而荀子主张维持着封建的剥削关系，认为这种剥削关系是绝对的。《儒效》说：

> 相高下，视墝肥，序五种，君子不如农人；通货财，相美恶，辨贵贱，君子不如贾人；设规矩，陈绳墨，便备用，君子不如工人；……若夫谲德而定次，量能而授官……是然后君子之所长也。

这么一来，不仅仍然暴露了他的儒家的阶级本质，而且把"礼"当作维持社会秩序的最主要的东西，具有决定的作用，是不啻以人类的观念来规定客观的存在，全然走上了反动的观念论的道路。

所以说，荀卿的思想，有这么一个矛盾，就是他所处的社会环境——商业资本在封建社会内发达的时代，决定了他有着唯物论思想，反映着当时社会进步的力量；然而另一方面，他的唯物论之所以不彻底，就是由于他为儒家的阶级意识所笼罩着。因而在他的政治观点上，仍以"礼"作规范，仍希望圣君贤相来治理国家，是又离开了他的唯物论的立场，而是十足的唯心论调了。这犹之乎马、恩二氏所批评唯物论者费尔巴哈一样，"在费尔巴哈是唯物论者时，历史对于他是不存在的。在他观察历史时，他决不是唯物论者"（马克思），"费尔巴哈作为哲学者，是中途半端的，下半身是唯物论者，上半身是唯心论者"（恩格斯）。这个批评，对于荀子也是很适当的，他的宇宙观是唯物论的，而他的社会观便是唯心论了。

不过，荀卿，虽然在社会的观点上成了个唯心论者，但也还有他进步的地方，还能反映当时进步的倾向。首先，他的思想反映了当时商业资本发达的要求，在政治上，他主张权力集中在中央，因而力主提高君权，《正论》说：

> 天子者，势位至尊，无敌于天下……道德纯备，智慧甚明，南面而听天下，生民之属，莫不振动从服，以化顺之。天下无隐士，无遗

善，同焉者是也，异焉者非也。

一切权力均集中在中央，在天子的手里，凡同焉则是，异焉则非，这和墨子的尚同主张差不多，什么事情，都是"上同于天子"，所谓"上之所是，则皆是之；上之所非，则皆非之"，于是法令政令统一，经营商业的，则大可自由发展了。

其次，荀卿是拥护新兴的封建领主的利益的，所以他反对法先王，而力主法后王，《非相》说：

圣王有百，吾孰法焉？故曰：文久而息，节族久而绝，守法数之有司，极礼而褫。故曰：欲观圣王之迹，则于其粲然者矣，后王是也。彼后王者，天下之君也，舍后王而道上古，譬之是犹舍己之君而事人之君也。故曰：欲观千岁，则数今日；欲知亿万，则审一二；欲知上世，则审周道；欲知周道，则审其人。

按他这里所谓法后王，就是指法今王，意即指当时新得势之诸侯。因为他在这里已明白说出"舍后王而道上古，譬之犹舍己之君而事人之君也"。因而他谓先王圣迹，文久而息，无所可法，最要紧的，还是法后王，因为后王的所行所为，我们即时可以知道与取法，据此可见荀子是如何的拥护新兴封建主，代表着新兴封建主的利益而说话了。

二、王充

（一）王充的时代背景

在前汉中叶，农民们就因为封建地主、商人和官僚的剥削加深，益发穷困，甚至逃亡了。在农民被侵夺土地而主张限田时，董仲舒就把农民被剥削的惨状道出："……富者田连阡陌，贫者无立锥之地，又颛川泽之利，管山林之饶，荒淫越制，逾侈以相高，邑有人君之尊，里有公侯之富，小民安得不困？又加月为更卒，已复为正，一岁屯戍，一岁力役，三十倍于古；田租口赋，盐铁之利，二十倍于古，或耕豪民之田，见税什五。故贫民常衣牛马之衣，而食犬彘之食，重以贪暴之吏，刑戮妄加，民愁亡聊，亡逃山林，转为盗贼……"

董氏这一段话，虽说的是秦代，实系指汉代，所以结尾说"汉兴，循而未改"。

不仅封建地主、官僚对农民加紧剥削,当时的富商大贾也同样对他们施以榨取,实行兼并。晁错在《论贵粟》里面就已谈到:"……而商贾大者积贮倍息;小者坐列贩卖,操其奇赢,日游都市,乘上之急,所卖必倍。故其男不耕耘,女不蚕织,衣必文采,食必粱肉,亡农夫之苦,有阡陌之得,因其富厚,交通王侯,……乘坚策肥,履丝曳缟,此商人之所以兼并农人,农人之所以流亡者也。"

这个矛盾到了前汉末,益加深刻化,后来王莽获得了政权,虽竭力压抑地主和商人,来缓和农民的不平,卒因社会的骚动现象已成,任何良方美计,也无法收拾这个颓势。

自秦以后,所有权力均向中央集中,到汉代而益盛,不仅政治上、经济上(从铸造五铢钱及盐铁烟酒国营即可知道)的权力,中央操之极大,来遂其残酷的榨取,而且为了巩固他的统治地位,在思想方面,亦施行限制,把百家罢黜,而定了这最适合于统治阶级的利益的儒家学说于一尊,把思想统一起来。同时,还御用了一班学者,也即是那时的官僚阶级——如董仲舒、京房、刘向、刘歆、何休、扬雄之流,又把儒家学说穿凿附会,更加神秘化起来,披上了宗教似的外衣,以什么阴阳五行说、神仙说以及谶纬等来注释经书,这不但弄得当时的社会日趋迷信,使人民的理性精神堕落,变得卑怯懦弱,并且把整个思想界也就变得乌烟瘴气了。

但是,随便统治阶层怎样来统一人民的思想,把人民的头脑简单化、迷信化,使之不至于反抗,然而他们卒因土地被剥夺了,实际生活把他们压迫得太甚,即使他们的头脑简单得像傻瓜一样,也不能不有所表示,而群起抗争了。

这就是有名的赤眉之乱。

王充是后汉初年人(生于建武三年,卒于永元中,寿约七十,著有《论衡》八十五篇。至于他家之所以住在会稽的上虞,是因为他的祖父曾在钱塘县经营生业,与当地土豪不对付,结了怨,便把家搬到上虞来了)。恰恰在这次农民大暴动之后,农民生活尚未十分安定的当儿,又适逢思想界仍为这混乱的思想所迷惑的当儿,王充体会了当时农民的社会意识,以批判的态度,来处理思想界的迷妄与怪诞,并暴露着当时社会上的诸矛盾。

（二）王充的宇宙观

在王充那个时代，天人合一的思想非常流行，认为天是和人一样，有口目、有意志的；可以赏善罚恶，随它的意欲可以支配一切。王充对此大肆反对。《谴告》说：

> 夫天道，自然也，无为。如谴告人，是有为，非自然也。

《自然》又说：

> 何以［知］天之自然也？以天无口目也，案有为者，口目之类也。

天不是人，没有口目，无嗜欲，不能谴告人。所有一切认为谴告人的天灾地异的现象，都是自然的变化，并不是天地含有任何赏善罚恶的意志在内。

天不仅不能谴告人，不能赏善罚恶，即是万物的发生，也不像耶稣的宇宙观那样，上天要造出什么，便有什么，一切都是纯出乎自然的。《自然》说道：

> 天动不欲以生物，而物自生，……此则无为也。

这样天全然是无意志的了。然则天的本身到底是什么呢？他在《变虚》这样说：

> 夫天，体也，与地无异。

《自然》也说：

> 使天，体乎！宜与地同；使天，气乎？气若云烟。

王充的意思，认为天不是"体"便是"气"，不是像地球一样的固体便是和云烟一样的气体。总之，天是物质，并不是一个最高主宰的神。

从此，可知王充所谓"气"是指物质。日人佐野袈裟美也说：王充所谓"气"系指物质而言。(《中国历史教程》)

故关于天地的运行、自然的变化，都是由于"气"的本身作用，这是物质的本身作用。《齐世》说：

> 一天一地，并生万物；万物之生，俱得一气。

《自然》也说：

> 灾变时至，气自为之。

人和万物的生出也是一样的。《自然》又说：

> 天之动行也，施气也；体动气乃出，物乃生矣；由（犹）人动气也，体动气乃出，子亦生也。

这样，王充明白地认定：宇宙的本体，不是神，不是有意志的天，而是"气"，是物质。

从他的宇宙观点上看，王充是个唯物论者。

不过，后来王充又认定气禀有厚薄、多少与和偏，因而认定人性的善恶与智愚，均由于所禀的气的厚薄、多少与和偏所致。这又走上了纯自然主义的道路，这待下一节论王充的人性论和命运时再作批判。

（三）**王充的认识论**

在王充的时代，因为阴阳五行说、神仙说和谶纬说之流行，一切都是迷信的。而人们对于外界事物之认识，也认为有神在主宰，都是先验的。所以一班谶纬学者认为人们之认识不是"神知"，便是"先知"。故王充除在《实知》与《知实》中，力辟人类即使号称上智的圣贤，也不能"先知"或"神知"，并在《实知》这样说：

> 实者圣贤不能知性，须任耳目以定情实。

客观的事物是离开人类的意识而独立存在的。王充认为人们之能认识这客观的事物,第一就是凭着人们的感官——耳目口鼻而来的。所以说只有凭着感觉的感官,才能定度那事物之情实,才能知道那一事物之运动法则、性质,以及和他物之关系等,而造出对那事物的一般的概念。

所以他接着又说:

> 不目见口问,不能尽知也。
> 如无闻见,则无所状。

这里所谓"状"是指概念,即经过了一番思维作用。认识的第二阶段,就是要从理性的认识中获得一事物的概念。这在《薄葬》有云:

> 故是非者,不从耳目,必开心意。

所谓"必开心意",就是要从感觉的认识中加上一番理性的作用。

说到这里,王充的认识论,已经进了一步,已经把感性的认识和理性的认识统一起来了。

然而外界事物都是不断地发展着的,人们的认识只是停留在感性与理性的统一的阶段上,还是不够,还是不能抓住那一事物的内在关联和它的规律性。我们为要获得一个事物的本质,要发掘这一事物的深处,我们还得有进一步的作用。所谓进一步的作用,就是实践。因为实践不仅是认识的最高阶段,同时又是认识的源泉,所有的真确的理论都是从实践中产生的。

关于此,王充在《程材》说:

> 才能之士,随世驱驰;节操之人,守隘屏窜,驱驰日以巧,屏窜日以拙,非材顿,知不及也,希见阙为,不狎习也。……齐郡世刺绣,恒女无不能,襄邑俗织锦,钝妇无不巧;日见之,日为之,手狎也。……方今论事,不谓希更,而曰材不敏;不曰未尝为,而曰知不达,失其实也。

故恒女、钝妇对刺绣和织锦之所以做到"能"与"巧"的地步,获得更深刻的认识,就是由于"日为之",由于继续不断的实践所致,假如是"未尝为"的话,也就是不去实践的话,那么,知又安能达呢?知之所以达,就是由于实践呀!

同时,在这里,还说明了这一点,就是王充不承认世界上有所谓天才,即使是恒女、钝妇,只要他们肯干,能实践,任何知识都可以从不断的实践中获得。

(四)王充之史的唯物论思想

如前所述,在西汉末,农民在封建地主、官僚和富商大贾的长期压榨之下,土地是被剥夺了,生活更已无法维持了。所有统治阶层,一向所宣传的、用来范围他们的一切礼节信义,到此已不能发生什么效用了。实际上,他们粮食、衣服都成了问题,已受着了过甚的实际生活压迫,而不得不起来反抗了。

王充见到了这一点,农民之所以流为盗贼不顾礼义而起来抗争,就是为了要获得在社会生存上所必要的东西。故他在《问孔》这样非难孔子道:

> 子贡问政,子曰:"足食足兵,民信之矣。"……子贡曰:"必不得已而去,于斯二者何先?"曰:"去食!自古皆有死,民无信不立。"信最重也。问使治国无食,民饥,弃礼义,礼义弃,信所立?传曰:"仓廪实,知礼节,衣食足,知荣辱。"让生于有余,争生于不足,今言去食,信安得成?春秋之时,战国饥饿,易子而食,析骸而炊,口饥不食,不暇顾恩义也。夫父子之恩,信矣,饥饿弃信,以子为食。孔子教子贡去食存信,如何?夫去信存食,虽不欲信,信自生矣;去食存信,虽欲为信,信不立矣。

"争生于不足"的,生活支持不下去,信义如何守,礼节如何讲?当然顾不到这一切,也只好"易子而食,析骸而炊"了。在这时候,还叫人坚持这一切,这只是儒家骗人的话。聪明的封建领主——汉武帝,就见到了儒家的学说有这类好处,人民被榨取得找不到饭吃,还叫他们去讲礼义信节,叫他们安分守己;事实上,人民衣食无着的话,是不是能守信义而不起来抗争呢?

这是不可能的。

这只是欺骗一时,农奴们——像在西汉末一样——被压榨得太厉害了，终究是忍受不住的。

故王充在这一段话里明白认定人类的行为，是完全由生活来决定。假如像孔子教子贡那样，去食存信，不仅礼义不能顾，信也就无从立。因为信之所以立，就是因为"丰衣足食"呀！

后来他在《治期》上又这样说：

> 夫世之所以为乱者，不以盗贼众多，兵革并起，民弃礼义，负畔其上乎？若此者，由谷食乏绝，不能忍饥寒，夫饥寒并至而能无非者寡，然则温饱并至而能不为善者希。传曰："仓廪实，民知礼节；衣食足，民知荣辱。""让生于有余，争生于不足。谷足食多，礼义之心生，礼丰义重，平安之基定矣。故饥岁之春，不食亲戚；穰岁之秋，召及四邻，不食亲戚，恶行也；召及四邻，善义也。为善恶之行，不在人质性，在于岁之饥穰。由此言之，礼义之行，在谷足也。"

这里更明白地指出：农民之所以起来反抗，有"负畔其上"这样大冒不韪的行为，就是由于饥寒交迫呀！假如"丰衣足食"的话，人民焉得"负畔其上"而不有一般所谓"礼丰义重""召及四邻"的良善行为呢？

因而王充认为地主和农奴两个阶级始终是对立的。《量知》说：

> 贫人好滥，而富人守节者，贫人不足，而富人饶侈。

《艺增》亦云：

> 夫周之民，犹今之民也……遭大旱之灾，贫赢无蓄积，扣心思雨。若其富人，谷食饶足者，廪囷不空，口腹不饥，何愁之有？

故沙发洛夫在《中国社会发展史》上这样评论王充道："王充作为史的唯物论的思想的先驱，断定了人类的行为，直接依存于食粮，依存于生活预算。因此，他揭发了他自己时代的阶级斗争的秘密。"

这是对的。

（五）王充否定灵魂不灭说与倡导无神论

如前所述，王充的时代，是一个神秘思想大流行的时代，一切灾异祸福、吉凶瑞兆之说非常盛行，王充除在《卜筮》《三增》（即语、儒、艺）、《解除》《辨祟》《四纬》《奇怪》《异虚》《福虚》《龙虚》《书虚》《变虚》《感虚》和《道虚》诸篇努力打破这些无稽谬说，使人民能从迷信的观点解放出来以外，对于当时一般相信的死后有灵魂一说也极力地加以摧毁。

《论死》说：

> 世谓：死人为鬼，有知，能害人。试以物类验之，死人不为鬼，无知，不能害人。何以验之？验之以物，人，物也；物，亦物也。物死不为鬼，人死何故独能为鬼？

《死伪》又说：

> 人生万物之中，物死不能为鬼，人死何故独能为鬼？

人既然和其他动物一样，死后不能为鬼，自当没有害人的能力。《论死》这样说：

> 人死不为鬼，无知，不能语言，则不能害人矣。何以验之？夫人之怒也用气，其害人也用力。……今人死手臂朽败，不能持刃；爪牙堕落，不能复啮噬，安能害人？

既无鬼害人，而人之所以对鬼畏惧，认为有鬼，王充的意思，则只不过是人们患病时心理上所起的一种幻影，实际上并不会有什么害人的鬼。《订鬼》这样说：

> 凡天地之间有鬼，非人精神为之也，皆人思念存想之所致也。致之何由？由于疾病。人病则忧惧，忧惧见鬼出，凡人不病则不畏惧，故得病寝衽，畏惧鬼至。……初疾畏惊，见鬼之来；疾困恐死，见鬼之怒；身至疾痛，见鬼之出；皆存想虚致，未必有其实也。

王充认为人之生是由于气聚（前所述，是由于夫妇合气而生），而人之死，只不过气散罢了，哪里复有形体出现？《论死》说：

> 死而形体朽，精气散，犹囊橐穿败，粟米弃出也。粟米弃出，囊橐无复有形，精气散亡，何能复有体，而人得见之乎？

而人的形体最后就腐化为灰土。《论死》说：

> 人死血脉竭，竭而精气灭，灭而形体朽，朽而成灰土，何用为鬼？

这当然也无所谓"鬼"了。

这适如18世纪法国唯物论者拉默特里（Lulen de Lamettrei）所谓：精神是附属于肉体物质、随物质之存殁而存殁；肉体既消解了，精神当也无从存续。故死后并无所谓灵魂存在。

同时，王充还在《讥日》《难岁》等篇努力打破有神论，认为世界上并没有所谓"神"这东西。《论衡·讥日》说：

> 堪与历，历上诸神非一，圣人不言，诸子不传，殆无其实。

又如《难岁》说：

> 岁而有神，日月时亦复有神乎？……论之以为无。

所以王充不仅否定了灵魂不灭说，并且还是一位无神论者。

王充既不承认有所谓鬼神，故对于安慰神灵的宗教似的仪节，如厚葬、久丧和祭祀之类，王充认为这些都是不必要的了。他在《祀义》《祭意》和《薄葬》诸篇连续地发表了他这个意见，并在《祭义》这样说：

> 鬼神未定，厚礼事之，安得福佑而坚信之乎？

这当然是多余之举了。

（六）王充的人性论与宿命论

关于性有善恶的问题，王充在《率性》这样说：

> 夫人之性，犹蓬、纱也，在所渐染而善恶变矣。

《程材》亦说：

> 蓬生麻间，不扶自直；白纱入缁，不染自黑；此言所习善恶，变易质性也。

《率性》又说：

> 譬犹练丝，染之蓝则青，染之丹则赤。十五之子，其犹丝也；其有所渐，化为善恶，犹蓝丹之染练丝，使之为青赤也，青赤一成，真色无异。

王充认为人性本无所谓善恶，其所以有善有恶，则全然是后天习惯的影响、环境的关系，犹之乎一匹白纱，它之变青或赤，只由于沾染所致。

然而人性还不只是由于习惯的影响，并且还为社会的物质生活所规定。他在《治期》说：

> 为善恶之行，不在人质性，在于岁之饥穰。

这是一点儿也没有说错的。

可是王充毕竟因了他的阶级关系。他本身还是一个"坐食阶级"的儒生，一方面虽然认定"性"无所谓善恶，是为社会的物质生活所规定；但在另一方面，他又认为性有善恶，并在《本性》明白地分析"性"有上、中、下——善、善恶混、恶——三品；在他的意思，人性为什么会有上、中、下三品呢？就是由于气禀的厚薄、多少与和偏所致，是先天的关系；这样，不仅是他的学说上的一大矛盾，且走上了纯自然主义的道路。

因而他除承认性有善恶外，还相信命亦有吉凶，并把"性"与"命"联合而谈。《命义》说：

> 夫性与命异，或性善而命凶，或行恶而得吉，操行善恶者性也，祸福吉凶者命也。或行善而得祸，是性善而命凶；或行恶而得福，是性恶而命吉也。性自有善恶，命自有吉凶。使吉命之人，虽不行善，未必无福；凶命之人，虽勉操行，未必无祸。

且王充进而在《逢遇》《骨相》《吉验》《气寿》诸篇连续地发扬他这个宿命论观点，认为人之所以有遇有不遇，禄有贵有贱，寿有长有短，以及人性的善恶、知愚、贤与不肖，都是在父母施气时已经命定了的，绝非人力所可挽回。

王充的唯物论之所以成为非实践的，而是自然主义的唯物论亦出于此。

当然，王充这种自然主义的命运论之倡导，虽说是由他的实际生活所决定，但另一方面也是受了当时流行的黄、老的自然主义的影响。

（七）结论

综上所述，王充是个唯物论者：第一，他认定了宇宙的本体，不是神，不是有意志的天，而是物质；第二，他确定人类的行为，是决定于食粮，决定于生活预算；第三，他以感觉为认识之根源；第四，王充否定了灵魂不灭说并倡导无神论。而他的第四点，是于廓清汉代的一切迷妄思想，尤为一大功绩。

同时，王充除努力打破神仙说和谶纬等谬说外，还建立了科学思想。如他在《说日》科学地来解释天文；又在《雷虚》力辩雷击人，并非有所谓雷神，而系触了电火之类。所以说王充又是唯物论的科学思想家。

不过，王充虽是个唯物论者，但不是个实践的唯物论者。虽说他在认识论中留意到实践的知识，但欠透辟的发挥。而且他后来还相信性有善恶，命有吉凶，结果流于十足的自然主义。

这是王充哲学的一大缺点。

最不幸的是：王充哲学的这个缺点——自然主义的命运论，在后汉和魏、晋间倒大为流行着；而他最进步的唯物论思想，反而没有人继承，没有人去发扬它，简直沉于忘却之渊了。

这也是深为痛惜的！

孔墨的思想

一、孔子的思想

（一）孔子的一生

1. 孔子的简历

孔老先生，大家都知道的人物，大家都称他做孔子，有时又称他做孔圣人。

他名丘，号仲尼。祖先是宋国贵族，① 本是宋国人，到他父亲——鄹叔纥——做了鲁国鄹邑的大夫，才为鲁国人。② 他生于公元前551年，死在公元前479年。③

他家到他手里已是没落，所以他在年轻的时候，做过些被认为下贱的事，帮人家记过账，又帮人家看管过牛羊。④ 他直到五十二岁时才做了鲁国的司寇，做得不怎么得意，三个月便下了台，⑤ 死的时候七十三岁。

2. 杀少正卯和摧毁三都

他做鲁国的司寇，所作所为，就好像周公旦⑥，又严厉，又毒辣。他上台刚满七天，就把鲁国的一位革新派人士，叫做少正卯的捉来杀了。他

---

① 祖先弗父何，宋湣公的儿子，厉公的长兄。他本应当做宋君的，但没有做，便让给他的弟弟了。他的曾孙正考父，辅佐过戴公、武公和宣公。正考父的儿子——孔父嘉——做过宋国的大司马，即《左传·隐公三年》中"宋穆公疾，召大司马孔父而属殇公焉"的孔父。

② 据崔东壁的《洙泗考信录》：鄹，鲁邑，叔其字，纥其名，犹云卫叔封申叔时也。《左传》作鄹叔纥（见《左传·襄公十年》及《左传·襄公十七年》），《史记》作叔梁纥，当以《左传》为是。

③ 生即周灵王二十一年至鲁襄公二十二年，死即周敬王四十一年至鲁哀公十六年。

④ 孔子曾说："吾少也贱，故多能鄙事。"（《论语·子罕》）又孟子云："孔子尝为委吏矣，曰：会计当而已矣。尝为乘田矣，曰：牛羊茁壮长而已矣。"（《孟子·万章》）

⑤ 《史记·孔子世家》云："孔子与闻国三月，齐人闻而惧……于是选齐国中女子好者八十人……遗鲁君……孔子遂行。"

⑥ 从《尚书》中的《康诰》《酒诰》《梓材》《召诰》《洛诰》《多士》和《多方》诸篇看，可知周公旦对付殷民族的手段是如何的厉害与毒辣，他除了把他们当作奴隶使用外，又把他们迁到洛邑，叫他的兄弟——康叔——去看管，不听话的就用严刑来惩罚。

宣布少正卯的罪状是这样的：

（1）聚众结社；

（2）鼓吹邪说；

（3）淆乱是非。①

在这三大罪名之下，他就把少正卯的性命结束了。

可见他对付当时的进步人士是怎样的不留情。

从做鲁司寇下台不久，他又做了件自鸣得意的事。

当时鲁国的新兴力量，如孟孙、叔孙和季孙他们，各自从发展中建立起自己的都城。

比如：

孟孙建筑有成都、叔孙建筑有郈都、季孙建筑有费都。

在奴隶制社会里，都市统治着乡村，有了都市即等于有了一个最高统治权的所在地，即等于另外有了一个独立的国家。古代欧洲的希腊罗马社会就是如此。

现在的鲁国既然多起都市来，那不是就等于多了几个最高统治权的所在地，不就是拆散了国家的统治权吗？

孔老先生老早就对这事感到不舒服，只是没有得到机会把它解决。

后来他联合他的高足——子路——把这事干成了。首先摧毁了叔孙的郈都，接着又摧毁了季孙的费都。他引为遗憾的，就是孟孙的成都，大概是因为孟孙防守得相当坚固吧：没有被摧毁得掉。②

3．为新兴势力所不满

之后，他老先生便到卫国。

---

① 《荀子·宥坐》："孔子为鲁摄相，朝七日而诛少正卯。门人进问曰：'夫少正卯，鲁之闻人也，夫子为政而始诛之，得无失乎！'孔子曰：'居，吾语汝其故。人有恶者五，而盗窃不与焉。一曰心达而险，二曰行辟而坚，三曰言伪而辨，四曰记丑而博，五曰顺非而泽。此五者，有一于人，则不得免于君子之诛，而少正卯兼有之。故居处足以聚徒成群，言谈足以饰邪营众，强足以反是独立，此小人之桀雄也，不可不诛也。'"

② 《左传·定公十二年》云："仲由为季氏宰，将堕三都，于是叔孙氏堕郈。季氏将堕费，公山不狃、叔孙辄帅费人以袭鲁，公与三子入于季氏之宫，登武子之台。费人攻之，弗克。入及公侧，仲尼命申句须、乐颀下伐之，费人北。国人追之，败诸姑蔑，二子奔齐，遂堕费。将堕成，公敛处父谓孟孙：'堕成，齐人必至于北门，且成，孟氏之保障也；无成，是无孟氏也；子伪不知，我将不堕。'冬十二月公围成，弗克。"又《公羊传》载："孔子行乎季孙，三月不违。曰：'家不藏甲，邑无百雉之城。'于是帅帅堕郈，帅帅堕费。"

在卫国住了五年，其间虽一再请人援引，① 想得到卫君的大用，但结果是失望的。

于是想到陈国去。

不料经过宋国时，他又不识相地和他的门下弟子在一棵大树下面练习礼节，宋司马桓魋本来就不满他这一套，现在听到他来到一棵大树下面练习，便叫人把那棵大树砍伐了；孔老先生也就吓得跑了。②

到了陈国，又弄得难为情得很，不仅上上下下都不理他，并且还不给他和他的门下弟子饭吃，使得他们饿了好几天的肚子。③

后来他打定主意，只好经卫回鲁。

当走过卫国时，他又野心勃勃起来，又打算拿一套正名分的办法去主持卫政，④ 大概是遭受了卫国的进步力量的打击，竟又没有用。

4. 最后的企图

且那时的社会正在变动，奴隶制正趋没落，封建制则正在那里开始发芽。⑤

但是，我们的孔老先生，到底是出身于旧的贵族阶级，他非常不甘心旧的社会就这样没落下去，总在想方设法把这一旧的社会维护住。

他的方针，就是——天天讲究正名分，天天讲究习礼仪，想这样，把

---

① 王孙贾（卫大夫）问曰："与其媚于奥，宁媚于灶，何谓也？"子曰："不然。获罪于天，无所祷也。"（《论语·八佾》）又："……于卫主颜仇由。弥子之妻与子路之妻，兄弟也。"弥子谓子路曰："孔子主我，卫卿可得也。"子路以告，孔子曰："有命。"（《孟子·万章》）

② 子曰："天生德于予，桓魋其如予何？"（《论语·述而》）又："孔子不悦于鲁卫，遭宋桓司马将要而杀之，微服而过宋。"（《孟子·万章》）又："孔子去卫过曹，去曹适宋，与弟子习礼大树下，宋司马桓魋欲杀孔子，拔其树，孔子去。"（《史记·孔子世家》）又："孔子过宋，与弟子习礼于树下，宋司马桓魋使人拔其树，去适于野。"（《艺文类聚》引《典略》）

③ "在陈绝粮……"（《论语·卫灵公》）又："君子之厄于陈蔡之间，无上下之交也。"（《论语·卫公》）又："孔子……厄于陈蔡之间，七日不火食，藜羹不糂，弟子皆有饥色。"（《荀子·宥坐》）

④ 子路曰："卫君待子而为政，子将奚先？"子曰："必也正名乎！……"（《论语·子路》）

⑤ 自殷周以来，土地均属王有，所以说"普天之下，莫非王土"；后从西周末起便逐渐向私有方面转化，如当时山林薮泽之列为禁地（据孟子云：文王时是"泽梁无禁"的），就是说后来诸侯们除王田以外的许多荒地——如山林薮泽之类——据为私有了，所以诸侯们把它列为禁地。到春秋时代，就是原来的公室诸侯也没落，大夫陪臣也将土地据为私有，并且到了土地私有现象扩张、公室无法靠耕奴生产来维持生活的时候，于是不得不明白地确定土地的私有，借用抽收租税来维持公室的开支。这是鲁宣公十五年初税亩的基本原因。同时由奴隶生产转变而为抽收租税，也就说明当时社会正由古代制向封建制转化。

一般人仍然分等级地纳入旧的社会圈子,就是说:贵族总是贵族,奴隶总是奴隶。

这一来,就惹起一般有见地的人士对他不满。

比如:

许多有远见的自由民,如长沮、桀溺、晨门、荷蒉之流,他们都骂他不达时务,晓得时势不可挽回,偏要来这样蛮干。①

还有一位文人骂他骂得更不客气,说他四肢既不劳动,五谷也分不清楚。②

意思也就是他只是一个旧社会的帮闲阶级。

有一次:

郑国发生一次奴隶暴动,奴隶们进攻郑国的禁地——萑泽,结果被郑国的一位帮忙者——游吉把这事摆平,并将所有进攻的奴隶都杀光了。

我们的帮闲者听到了,称快似的这样说:

好呀!待遇奴隶们宽了,所以奴隶们才暴动;现在这样严厉处置,真是好呀!③

回到鲁国,忽然听到齐国的陈成子把齐简公杀了,孔老先生马上走去告诉鲁君说:这是怎么样的"犯上作乱"呀!你赶快发兵去讨伐吧!

鲁君大概是估计自己的力量不够,他虽然帮闲似的讨好,但鲁君并没有理会他。④

碰了这么一个钉子,他老先生当然感到不舒服。

于是他老先生只得采取消极的办法,用他的这套守旧的观点,除把所

---

① 桀溺说他:"滔滔者,天下皆是也,而谁以易之?"(《论语·微子》)意即一般趋势如此,非人力所可挽回。晨门的人说他:"是知其不可而为之者与?"荷蒉的人则斥他:"鄙哉!硁硁乎!莫己知也,斯已而已矣。深则厉,浅则揭。"(《论语·宪问》)引诗以说明人们应当随时变化。(《论语·宪问》)这许多话,都是叫孔子识时务,不可例行逆施。

② "子路从而后,遇丈人,以杖荷蓧。子路问曰:'子见夫子乎?'丈人曰:'四体不勤,五谷不分,孰为夫子?'植其杖而芸。"(《论语·微子》)

③ 《左传·昭公二十年》云:"郑国多盗,取人于萑苻之泽。大叔悔之,……兴徒兵以攻萑苻之盗,尽杀之,盗少止。仲尼曰:善哉!政宽则民慢,慢则纠之以猛。……"《韩非子·内储说上七术》中亦云:"郑少年相率为盗,处于萑泽,将遂以为郑祸。游吉率车骑与战,一日一夜,仅能克之。"

④ "陈成子弑简公。孔子沐浴而朝,告于哀公曰:'陈恒弑其君,请讨之!绩显著'公曰:'告夫三子。'孔子曰:'以吾从大夫之后,不敢不告也。'……"(《论语·宪问》)又《左传·哀公十年》亦载此事。

留下来的典籍——如诗之类——编制一番外,还编订了一部正名分的《春秋》,他想这一来,许多他所认为的"乱臣贼子"——实际上是当时的新兴势力,就不敢乱动了,就得规规矩矩,上是上,下是下。①

并且他还招收了许多门弟子,在口头上又把他的这一套讲授给门弟子听,叫门弟子跟着他的方向跑,依照他所讲的来致力复兴运动。

孔老先生的事迹,孔老先生的愿望,就是如此。

(二) 孔子的世界观

1. 他的所谓"道"

当时的贵族和自由民是属于所谓君子的一方面,但奴隶们是属于所谓小人的一方面。

孔老先生对这两方面的情形都看得很清楚。

他知道君子的生活非常优裕;稍有不优裕的,也顶多不过和他的高足——颜回那样,然而颜回尚有陋巷可居,有一箪食可吃,一瓢饮可喝,生活大可以过下去。②

即使生活真有比较难过的,像晋国的冀却缺一样,他享有一部分土地,他可以自由自在地耕作,也可以很自由自在地过活。③

所以君子的心胸可以宽大,对于自己有没有饭吃大可以不必去顾虑。④

所要顾虑的只是"道"。⑤

为什么君子要顾虑所谓"道"呢?

这就关乎小人一方面的问题了。

小人与君子相反。

小人的生活就非常地过不下去,有如牛马,所以不免时常着急,时时

---

① 《孟子·滕文公》云:"世衰道微,邪说暴行有作,臣弑其君者有之,子弑其父者有之,孔子惧,作《春秋》。《春秋》,天子之事也。是故孔子曰:'知我者,其惟《春秋》乎;罪我者,其惟《春秋》乎!'"他意思就是叫人读了这部大著之后,能肃然起敬,不敢向旧社会进攻。

② "子曰:'贤哉,回也!一箪食,一瓢饮,在陋巷,人不堪其忧,回也,不改其乐。贤哉,回也!'"(《论语·雍也》)

③ "臼季使过冀,见冀缺耨,其妻馌之,敬,相待如宾,与之归,言诸文公,……文公以为下军大夫。"(《左传·僖公三十三年》)

④ "子曰:'君子坦荡荡……'"(《论语·述而》)

⑤ "子曰:'君子谋道不谋食;耕也,馁在其中矣;学也,禄在其中矣;君子忧道不忧贫。'"(《论语·卫灵公》)

恐惧；生活上没有君子显得那么安闲，那么想得开。①

于是他们终日只知道怎么样来打生活上的主意；② 打不到手，就不免有点愤愤不平，不说好话。③

就这样还算好的！

倘使生活被逼得太紧，他们就会不老实，④ 就会同流合污成群结党地扰嚷起来。⑤

这一来，君子可就怕了。

他们就不能不来想办法。

君子所顾虑的"道"就是这个"道"。

2. 有"道"与没有"道"

孔老先生怕一般人不明白"道"的意思，便连忙下"道"的定义：

有"道"的话，一切政令、军令均应从天子手里发出；假如不从天子手里发出，而从各个诸侯发出的话，那就是没有"道"。⑥

这可规定得相当明白。

大概后来感到有点与时势不合，硬要做到政令、军令均从天子手里发出颇不容易，于是他不得不退而求其次，对"道"的定义又再规定一番：

有道的国家，政权不能分得做大夫的有份。

有道的国家，人民不得自由集会结社，乱批评当局。⑦

前一条的规定颇为圆滑。就天子来说，或就国君来说，都可以说政权不能分得做大夫的有份。不过，看他说这话的情势，大概是对国君说的。原因就是鲁国的政权在那时已不在鲁君的手里，已逐渐落到进步的大夫手里呀！

后一条的规定甚是具体。

腐朽了的国君政权本来就不稳，就很动摇，如果再加上人民的批评，那还得了吗？马上就要坍台。所以他老先生认为这一条的规定甚是合理。

---

① "子曰：'……小人长戚戚。'"（《论语·述而》）

② "子曰：'……小人喻于利。'"又"……小人怀土……"（《论语·里仁》）

③ "子曰：'君子成人之美，不成人之恶，小人反是。'"（《论语·颜渊》）

④ "子曰：'……小人比而不周。'"（《论语·为政》）

⑤ "子曰：'群居终日，言不及义……'"（《论语·卫灵公》）又谓："……小人同而不和。"（《论语·子路》）

⑥ 孔子曰："天下有道，则礼乐征伐自天子出；天下无道，则礼乐征伐自诸侯出。"（《论语·季氏》）

⑦ 孔子曰："……天下有道，则政不在大夫；天下有道，则庶人不议。"（《论语·季氏》）

本来孔老先生对"人民"的印象就很不佳,他们来说话、来批评;他们配说什么话,配批评什么呢?

孔老先生不是这样说吗:

"人民只可以供驱使,决不可以和他们多啰嗦!"①

和他们多啰嗦,把他们啰嗦得会说话了,他们就会乱批评起来,他们乱批评起来,国君的政权就要遭倾覆呀!他非常痛恨的就是这一着。②

上面只是对什么是"有道"和什么是"没有道"做了一个消极的规定。

当然这还不够,他还有积极和具体的办法:

办法中的一个,前面已略略提到过,就是正定名分;③

另外一个,就是倡导把原有的阶级区分恢复起来。④

当时臣子杀国君,儿子杀父亲的事不是层见叠出吗?

如:

卫臣州吁杀了卫君完;而楚世子商臣杀了楚君頵,不但是臣子杀国君,并且还是儿子杀父亲。⑤ 这许多都是实际例子。

就这样,孔老先生认为非正定名分不可。

他的意思,要从正定名分中来做到:

君是君,臣是臣,父亲是父亲,儿子是儿子。

这才是名分不乱。

像那臣子杀国君,儿子杀父亲,那就是名分乱了。

名分乱了,可就危险。

你仓库里所储存的食米就会靠不住,就分得你吃不到手,所谓"乱臣贼子"就会造起反来呀!⑥

孔老先生怕得很,就赶快写了这部正定名分的《春秋》来。

据说这部大著写出来以后,一般所谓"乱臣贼子"见了都非常害怕,

---

① "子曰:'民可使由之,不可使知之。'"(《论语·泰伯》)
② "子曰:'恶利口之覆邦家者。'"(《论语·阳货》)
③ "……子曰:'必也正名乎!……'"(《论语·子路》)
④ "……子曰:'克己复礼……'"(《论语·颜渊》)
⑤ 前者见《左传·隐公四年》,后者见《左传·文公元年》。
⑥ "齐景公问政于孔子。孔子对曰:'君君,臣臣,父父,子子。'公曰:'善哉!信如君不君,臣不臣,父不父,子不子;虽有粟,吾得而食诸?'(刘宝楠《论语正义》云:仓廪虽多,吾不得食也。)"(《论语·颜渊》)

于是就不敢"犯上作乱"。

又当时还有这样的情形：

像晋国绛地方的商人，原来是奴隶，现在居然富有起来，穿着漂亮的衣裳，坐着顶讲究的车子，好像上流社会的人一般，在政府里与贵族们打交道。①

又孔老先生自己的高足——樊迟，本来是上流社会的人，现在居然要去干下流社会的事，想去学种田和作园。②

孔老先生感到这都不对，这样发展下去，连个贵贱都不分了，成什么体统呢？于是赶快倡导要把原有的阶级区分恢复起来。

孔老先生的说法，就是要"复礼"。

要使君子仍然是君子一团，小人仍然是小人一团，这样才成体统。

孔老先生认定：

君子一团大都很仁爱，但小人就绝没有一个是仁爱的。③ 如果小人混作君子一团，或是君子去与小人为伍，那还了得。

有许多工作，如耕田和作园，这是小人们分内的事，君子们就用不着去动手。因为君子们只要讲礼讲信义，小人们就会规规矩矩替你做，哪要劳君子们来费手脚呢？④

并且他还认为：

对君子们可以客气，可以讲礼；但对小人们就用不着客气，不对的话，只有施行刑罚。⑤

除了这以外，另一件事，就是人们的言语行动也要讲究礼貌。⑥

比如：

对长官说话，要表现得庄严一点，显示你对他的尊敬；对自己的僚

---

① 原来都是"工贾官食"，工奴和商奴均为贵族所蓄养，到后来他们中有不堪贵族之压迫而逃亡，成了自由的商业资本主义，如《国语·晋语》云："夫绛之富商，韦藩木楗以过于朝，唯其功庸少也；而能金玉其车，文错其服，能行诸侯之贿，而无寻尺之禄，无大绩于民故也。"

② "樊迟请学稼，子曰：'吾不如老农。'请学为圃，曰：'吾不如老圃。'樊迟出，子曰：'小人哉！樊须也。……'"（《论语·子路》）

③ "子曰：'君子而不仁者有矣夫，未有小人而仁者也。'"（《论语·宪问》）

④ 孔子答复樊迟的话："上好礼，则民莫敢不敬；上好义，则民莫敢不服；上好信，则民莫敢不用情。夫如是，则四方之民，襁负其子而至矣，焉用稼？"（《论语·子路》）

⑤ "礼不下庶人，刑不上大夫。"（《礼记·曲礼》）

⑥ "子曰：'……非礼勿言，非礼勿动。'"（《论语·颜渊》）

属，就用不着这样，只要你表示一点对他的爱护之意就够了。① 其他如穿衣吃饭乃至于喝酒，都要合于规矩。②

他想：这一切要规定的规定好了，要安排的安排好了，于是天下就可以永远太平起来。

这是孔老先生对于当时世界的看法，换句话说，这就是他的世界观。

（三）安定社会既成秩序的方针

1. 他的号召

当时的中国，不论奴隶也好，土地也好，均属同一血统的宗族所有，所以称作族有的奴隶制国家。③

在这国家里面，除奴隶来自外族原战俘以外，从自由民到贵族都属同一宗族。

因之在用人方面，也就不论那人行不行，能力的好与坏，也是在使用自己族中的人物。

尤其不好的，这种政权日渐没落，但用人行政还不公开，还一贯使用自己的亲属。

就宋国来说：

宋国在宋共公死了以后，不是起用了华元、华喜和公孙师他们吗？但前两位系戴公的后裔，后一位系庄公的后裔，都系贵族。④

偶尔也有不引用自己亲属的，如单献公：

他就是这样的，他就引用过外族人来参政，但结果单献公被襄公、坎公的后裔杀了。⑤

可见不全用自己的亲属是不被许可的。

不过，尽管要用自家人、要用自己的亲属来当政，实际上，当时有不少曾经当权的亲属，还是敌不过时代的激流，最终没落下去了。

---

① "朝，与下大夫言，侃侃如也；与上大夫言，訚訚如也。"（《论语·乡党》）
② 均见《论语·乡党》。
③ 诗云："普天之下，莫非王土；率土之滨，莫非王臣。"又《左传·昭公七年》曰："……封略之内，何非君土？食土之毛，谁非君臣？"
④ 《左传·成公十五年》云："……于是华元为右师，鱼石为左师，荡泽为司马，华喜为司徒，公孙师为司城，向为人为大司寇，鳞朱为少司寇，……二华，戴族也；司城，庄族也；六官者，皆桓族也。"
⑤ 《左传·昭公七年》云："单献公弃亲用羁，冬十月乙酉，襄、顷之族，杀献公而立成公。"

比如晋国：

曾经当权的亲属——乐却等八氏，不是流为奴隶了吗？①

又如孔老先生本人不也是宋国没落了的贵族后裔吗？

有贵族流为了奴隶，也有奴隶从激流中跑出来当了权的。

如齐国的鲍文子，鲁国的婴齐和晋国的州绰与竖头须，他们原来不都是奴隶，后来都得意起来了吗？②

孔老先生看到这情形，认为这样下去不对，贵族们没落，奴隶们倒得意起来，这还成世界吗？这不对，这须得赶快想办法，想什么办法呢？

想来想去，他老先生认为最好还是这样：

从自由民到贵族——这同一血统的属于治人的一团好好团结起来。

于是他提出了一个"仁"的口号。

他想在这一口号之下，号召这治人的一团的加强和巩固。

2."仁"的内容

为什么拿"仁"这个字来作号召呢？

这有他的道理，待我们慢慢来研究。

"仁"这个字，从古义的解释，说是从两个人的意思，从两个人彼此相通的意思。两个人以上就是多数，就是多数人相通、多数人相爱的意思。

所以说"仁"就是"人"呀！③ 大家以"人道"相待。

这样说来，这口号是很好的，大家都能以人道相待，这岂不好吗？

可是不然！

孔老先生这一"仁"的口号还是有一个范围的。

比如他说：

君子的一团大都很仁爱，但小人的一团就绝没有一个仁爱的。④

又说：

---

① 《左传·昭公三年》云："叔向曰：'……栾、却、胥、原、狐、续、庆、伯，降在皂隶。'"

② 《左传·定公九年》："鲍文子……尝为隶于施氏矣。"《左传·成公十年》："婴齐，鲁之常隶也。"《左传·襄公二十一年》："晋之州绰（曾）为隶。"《左传·僖公二十四年》："晋侯之竖头须，守藏者也。"

③ "仁者人也。"（《中庸》）

④ "子曰：'君子而不仁者有矣夫，未有小人而仁者也。'"（《论语·宪问》）

孔墨的思想

仁爱的人必定很勇敢，勇敢的人就不一定仁爱，就是小人。①

又说：

小人们需要讲究仁爱，虽然有时也表示得比需要水火还要厉害；但据我的亲眼所见，小人中只有为了水火而把命送掉了的，但从没有一个是为了仁爱而把命送掉了的，可见小人是天生成的不仁爱的人。②

他这样把谁仁爱谁不仁爱区别了开来。

同时他又这样认定：

那不仁爱的小人是容易为非作歹的。③

这一点，对于君子们的威胁更大。

君子们不能不有所准备。

君子们本来是很仁爱的，现在只要把各自的仁爱心理发挥出来，加强在君子一团里面的彼此之间的亲爱。

君子的一团亲爱精诚了，这血族纽带就维系住了，就对那小人的一团是一个反威胁。

所以当孔老先生的门弟子——仲弓和子贡他们问怎样做到"仁爱"的时候，他一则说：

不论在国君那里做官也好，还是在卿大夫家里做官也好，其原则就是：自己不愿意的东西，不要给别人；不愿意做的事，不要叫别人做。这样，一邦一家就不致招怨你，就可以把这一邦或这一家团结得很好。④

再则说：

住在一个国家里，首先把那一个国家的仁爱的君子们好好团结起来。⑤

这就是通过打出这"仁爱"的口号来团结同一血统的君子们的方针。

他这样想：

团结的工夫做好了，连流落在外的贵戚也毫无遗漏地团结起来了，团结了就是力量，就使得奴隶们再也不敢希图任何侥幸；不但他们不敢希图

---

① "仁者必有勇，勇者不必有仁。"（《论语·宪问》）
② "子曰：'民之于仁也，甚于水火。水火，吾见蹈而死者矣，未见蹈仁而死者也。'"（《论语·卫灵公》）
③ "子曰：'不仁者不可以久处约……'"（《论语·里仁》）
④ "仲弓问仁，子曰：'……己所不欲，勿施于人；在邦无怨，在家无怨。'"（《论语·颜渊》）按注云：在邦即仕于诸侯之邦，在家即仕于卿大夫之家。
⑤ "子贡问为仁？子曰：'……居是邦也，事其大夫之贤者，友其士之仁者。'"（《论语·卫灵公》）

任何侥幸，并且只要君子们团结得很紧，表现得特别亲爱精诚，他们还会被感化，还会安分守己起来呢！①

从自由民到贵族——这同一血统的君子一团团结起来了，奴隶们也安分守己了，于是这社会的既成秩序就可以稳定，天下就可以获得太平呀！

所以孔老先生自命这口号提得很正确！

（四）巩固贵族政权的方法

1. 两个方法

孔老先生明明知道社会上的事物是无时无刻不在变动之中的。

有一天，他站在一条小河边上，见到河水滚滚，流着不息，不觉地感叹道："社会的一切，就像这样不分昼夜地消逝着呀！"②

他老先生怀旧的心理本来就很强，现在见到这情景，不免有些不快，有些恐惧。

然而，怎么办呢？

难道行将要消逝着的东西真的就无复再见它光明的时候，枯萎了的东西真的就无法使之恢复繁荣了吗？

他不相信，他认为下死力也得干一干。

于是他在一方面这样唤醒着时君道：

"要注意呀！臣子杀君，儿子杀父亲，这事并不是今日才起的，老早就在酝酿着，你们须得提防，须得想办法呀！"③

对于鲁国，他当然特别关切，他曾把鲁君政权不稳妥的事特别提出来说道：

"鲁君的政权早就不稳呀！经济权之被剥夺已经有了五代，政权旁落到大夫的手里已经有了四代，这样发展下去，真够危险呀！"④

另一方面，他又对时君提出了两个积极的办法：

一个是所谓忠；

另一个是所谓恕。

---

① "子曰：'……君子笃于亲，则民兴于仁；故旧不遗，则民不偷。'"（《论语·泰伯》）

② "子在川上曰：'逝者如斯夫，不舍昼夜。'"（《论语·子罕》）

③ "臣弑其君，子弑其父，非一朝一夕之故，其所由来者渐矣……"（《周易·坤》）

④ "子曰：'禄之去公室，五世矣；政逮于大夫，四世矣；故夫三桓之子孙，微矣。'"（《论语·季氏》）

翻译成现代语，前一个可以说是归纳法，后一个可以说是演绎法。①

为什么要倡导归纳的方法——忠——呢？

他以为：

天子的权柄之所以旁落在国君的手里，国君的权柄之所以旁落在大夫的手里，就是由于大夫不忠实于国君，国君不忠实于天子。换句话说：也就是大夫的意志和力量不向国君集中，国君的意志和力量不向天子集中，所以才有这样的现象。

如果倡导——忠，讲究这种归纳方法，那么，所有的意志和力量不是无条件地向天子集中了吗？

大家都讲究着——忠，都把意志和力量向着最高的统治者来集中，那所谓叛乱的事就不会有，不仅大夫不会叛国君，国君不会叛天子，最感到安全的，这最下层的奴隶们也就不会反抗，也就可以服服帖帖，被主子们为所欲为地宰割。

这是孔老先生宣传着——忠——的道理。

再说到他倡导这演绎的方法——恕——的理由：

他这样认为：

天子和国君的权柄之所以逐渐旁落下来，主要原因就是他们对从事生产的奴隶们盘剥得太厉害，把奴隶们逼得不成样子，奴隶们没有办法，只有向逃亡的路上走。奴隶们逃亡出来，于是就有进步的势力去笼络他们，如鲁昭公三年：

齐晏婴对晋叔向谈到他齐国衰微的情形时，这样说：公家所逃亡出来的奴隶，都因陈家的笼络和优待而跑到陈家里去了。

晋叔向对齐晏婴说，他晋国的情形也是如此：奴隶们听到公家有所命令，就好像遇了强盗似的飞跑开了。②

---

① "心能推度曰恕，周以察物曰忠。故夫闻一以知十，举一隅而以三隅反者，恕之事也。……周以察物，举其征符，而辨其骨理者，忠之事也。"（章太炎《检论三》）又谓："今世学者，亦有演绎、归纳二途，前者据理以量世，后者论事以成理。其术至今用之，而不悟孔子所言，何哉？"（章太炎《蓟汉微言》）

② 晏婴说："此季世也，吾弗知。齐其为陈氏矣。公弃其民而归于陈氏。……民参其力，二入于公，而衣食其一。公聚朽蠹，而三老冻馁。国之诸市，屦贱踊贵。民人痛疾而或燠休之，其爱之如父母，而归之如流水。欲无获民，将焉辟之？……"叔向曰："然。虽吾公室，今亦季世也。戎马不驾，卿无军行，公乘无人，卒列无长。庶民罢敝而宫室滋侈，道殣相望而女富溢尤。民闻公命，如逃寇仇。栾、郤、胥、原、狐、续、庆、伯，降在皂隶。政在家门，民无所依。君日不悛，以乐慆忧。公室之卑，其何日之有！"（《左传·昭公三年》）

这情形发展下去真的是不得了。

孔老先生感到要挽回这一个颓势，除了宣传归纳的方法——忠以外，公家稍稍给予奴隶们以优待，施给他们一点恩惠也是相当必要的，于是他又倡导着一种演绎的"恕"法。

有一次：

他的高足——子贡对他说：国君对奴隶们多施点恩惠，帮助他们解决困难，这算不算是国君的仁慈呢？

他的答复是：岂止仁慈？简直到了圣的境界，像尧舜圣君都深憾没有做到。①

他这样特别把这一点来奖饰，也就是要激起做国君的特别留意这一点。他是完全从巩固国君政权基础的一点上出发的。

后来他又从这里演绎出一条做人的法则：

一个人要想自己站得住，就要帮助人家也一同站得住；一个人要想自己能通达，就要帮助人家也一同能通达。②

这话说得也实在够漂亮，只是也还是从个人的利益出发；犹之乎他谨戒国君为了巩固自己的政权而不得不对奴隶们施点恩惠。

他这两条法子，分开来看，各有各的功用，实际上是"一而二，二而一"的东西，是紧相联系着的。所谓：

国君施点恩惠给奴隶，奴隶就可以归向于国君。

也就是如他所说的：

国君对臣子以礼相待，做臣子的就可以很忠心地来为国君工作。③

因为他这两条法子是"一而二，二而一"的东西，所以他对他的学生曾参说：

"我们的道理是一贯的。"④

---

① "子贡曰：'如有博施于民而能济众，何如？可谓仁乎？'子曰：'何事于仁，必也圣乎！尧舜其犹病诸！'"（《论语·雍也》）孔注云："君能广施恩惠，济民于患难；尧舜至圣，犹病其难。"

② "夫仁者，己欲立而立人，己欲达而达人，能近取譬，可谓仁之方也已。"（《论语·雍也》）

③ "君使臣以礼，臣事君以忠。"（《论语·八佾》）

④ "子曰：'参乎！吾道一以贯之。'曾子曰：'唯！'子出，门人问曰：'何谓也？'曾子曰：'夫子之道，忠恕而已矣。'"（《论语·里仁》）

2. 所谓忠信

把上面的那两句话换换字面就成了：

主子施恩给奴隶们，奴隶们就会忠实地对主子，也可以说奴隶们对主子有了信任。

如果不这样的话，奴隶们对主子就不会有信任，就不会忠实。

孔老先生不是这样说过吗？

主子要使奴隶们对他产生信赖：

第一，就要使奴隶们吃得饱；

第二，就要有足够的兵器；

第三，就是要使国防巩固，免得遭受强邻的侵略。如果遭受强邻侵略的话，奴隶们就要服兵役，就要牺牲，这个是他们不愿意、他们所深恶痛绝的。

这样做到了，奴隶们自然会对主子产生信赖。①

奴隶们信赖了主子，主子的政权就不会发生动摇，就可以安如磐石，并且还有许许多多想象不到的利益，比如：

你待奴隶们宽厚，奴隶们信赖了你，以后无论你怎样来加重他们的工作，他们也会很辛勤地替你干活，并且还不会有丝毫的怨言。②

反过来，假使你没有取得他们的信赖，那可就不行了。

那你若加重他们的工作，他们就会不耐烦，说你对他们多番剥削，他们就会从你那里逃跑。

即便是你好言说服，他们也会怀疑你，怀疑你在严厉地骂他们呢！

这关键，子夏可算是得了孔老先生的真传，他了解得最清楚。③

本来孔老先生认为奴隶们只可以供驱使，决不可以和他们多啰嗦，让他们有知识。④

现在他们既然对主子有了信赖，能忠实地对主子了。那么，主子不仅

---

① "子贡问政？子曰：足食足兵，民信之矣。……"按《论语正义》云："……平时武事多未讲，车甲朽顿，备防不设，此空有兵籍，实则不足。"

② 子曰："……恭则不侮，宽则得众，信则人任焉，敏则有功，惠则足以使人。"（《论语·阳货》）又"……宽则得众，信则人任焉，……"（《论语·尧曰》）又"子张问于孔子曰：'何如斯可以从政矣？'子曰：'……君子惠而不费，劳而不怨……'"（《论语·尧曰》）

③ "子夏曰：'君子信而后劳其民；未信，则以为厉己也。信而后谏；未信，则以为谤己也。'"（《论语·子张》）

④ "子曰：'民可使由之，不可使知之。'"（《论语·泰伯》）

可以加重他们的工作,并且还可稍稍给他们以教育。①

当然,给他们以教育,并不是灌输他们以高深的学问,只是教训他们如何忠实,不为非作歹罢了。就好像管理耕奴的"田畯"一样,能忠实地为主子服务。②

孔老先生的所谓忠信就是如此。

(五)论灵魂和命运

1. 谈灵魂不灭

人死了,到底还有没有灵魂的存在呢?

孔老先生对于这一点似乎是存疑的。

"关于神奇鬼怪,他是绝口不谈的。"③

所以当子路问起他怎样敬鬼神,他的答复是:

"安置生人的道理还没有弄清楚,哪里谈得上敬奉鬼神呢!"

随后子路又这样问道:

人死后到底是怎样的呢?

他又这样答复:

"在生的事情还没有弄清楚,哪里谈得到死去后呢!"④

对这个问题,子路一再碰着他的钉子。

是不是孔老先生对这个问题真的没有任何理解呢?

这倒并不见得。

如果他真的对这个问题没有任何理解,那他为什么主张:

人们的父亲或母亲死了,不仅丧仪要办得很隆重,尸体要装殓得很好,并且还要呈着哭丧的脸,素衣素食地来孝三年呢?

可见他对这事不但很理解,并且还相信人死后是有灵魂的;不然的话,他为什么要把死了的人安排得这样好,并且还要特别来孝敬呢!

也可见他相信人死后是有灵魂的。

---

① "子曰:'爱之能勿劳乎,忠焉能勿诲乎?'"(《论语·宪问》)

② "……子游对曰:'昔者偃也.'闻诸夫子:'……小人学道则易使也.'……"(《论语·阳货》)又"子曰:'……小人不可大受,而可小知也.'"(《论语·卫灵公》)又《诗经·豳风·七月》:"……田畯至喜."

③ "子不语怪力乱神。"(《论语·述而》)

④ "季路问事鬼神?子曰:'未能事人,焉能事鬼?'曰:'敢问死?'曰:'未知生,焉知死?'"(《论语·先进》)

只是有一点,他虽然相信人死后有灵魂,但有个分别,就是:

他只承认贵族和自由民死了有灵魂;至于奴隶们死了,那是没有灵魂的。

这个,在他的下一个说法就很鲜明地体现了出来。

他说:

"只要贵族和自由民能够好好地孝顺父母,父母在的时候,能够小心谨慎地来侍奉;父母死了,又能很隆重地祭奠,很隆重地埋葬,这样显出你对父母的笃爱。那么,奴隶们见了这情形,当然也就会肃然起敬,即使有反抗的意思,也会消失于无形了。"①

他的学生——曾参,对他的这一番话不但很明白,并且还有相当深的了解,所以他对它作了如下的发挥。

话是这样说的:

"贵族和自由民隆重地祭奠他们的祖先,便可以给予奴隶们一种崇高的旨意,使得他们可以忠厚起来。"②

再明白地说,也就是:

他们对历代亲属灵魂之祭奠,既表示他们的高贵,也表示他们的显赫,而为一般下贱的奴隶们所高不可攀的,奴隶们对之不能不肃然起敬。

这样说来,孔老先生不是很清晰地只承认贵族死了才有灵魂的吗?

所以后来荀卿也这样说:

"那靠劳力来养活自己的耕奴和工奴们,他们死了是不具有立宗庙的资格的。"③

他们死了为什么不具有立宗庙的资格呢?

原因就是他们不像贵族那样在生前有那么高贵的享受,所以死了也就不能成为精英,因之也就没有立宗庙的资格。

2. 命运支配一切

在另一方面,孔老先生又讲究所谓命运支配论。前面曾提起过,他曾经走到宋国:

那宋司马桓魋恨极了他又在那里实习什么礼仪,不是想要杀他的吗?

---

① "子曰:'……君子笃于亲,则民兴于仁;故旧不遗,则民不偷。'"(《论语·泰伯》)按《论语正义》云:"……亲亲以睦,友贤不弃,不遗故旧,则民德归厚矣,是言民化于上也。"
② "曾子曰:'慎终追远,民德归厚矣。'"(《论语·学而》)
③ "……恃手而食者,不得立宗庙。"(《荀子·礼论》)

他逃了出来，对着他的门弟子说：

"上天给予了我这个使命，桓魋不懂，要杀我，但他又能把我怎么样呢？"①

后来他又走到卫国的匡地：

这地方的奴隶大概也听说过，知道他是统治阶级的代言人，不但不满意他，并且还用武力把他围住，他恐慌得不得了。后来他不知怎么的又侥幸地逃出来了，他对着他的门弟子夸着海口道：

"我的天命不该死，匡地的奴隶们把我围住了，又能把我怎么样呢？"②

又有一回这样的事：

鲁国季孙原来为了子路帮鲁有摧毁了他的费都，就很不耐烦子路；不料后来孔老先生的另一位高足——公伯寮又在季孙面前诽谤子路，于是使得季孙对子路就更加不满意，但对公伯寮就特别信赖。

又有一位叫子服景伯的，他也是孔老先生的学生，愤愤然地走来，把这事告诉孔老先生：

"公伯寮这东西，他卖季孙的好，在季孙的面前说子路的坏话，现在弄得季孙不信赖子路，反而信赖公伯寮了。我现在告诉你老人家，你老人家如果认为要惩办公伯寮的话，我可以尽我的力量把公伯寮的头杀来示众。"

孔老先生答复：

"我的维持社会的旧有秩序的主张，行得通固然要靠命运，就是行不通也是命运所在。但我相信命运是叫我行得通的，既叫我行得通，那公伯寮这样来讨好季孙，又有什么效用，他的诽谤能敌得过命运吗？"③

---

① "子曰：'天生德于予，桓魋其如予何？'"（《论语·述而》）
② "子畏于匡。曰：'文王既没，文不在兹乎！天之将丧斯文也，后死者不得与于斯文也；天之未丧斯文也，匡人其如予何？'"（《论语·子罕》）
③ "公伯寮愬子路于季孙。子服景伯以告，曰：'夫子固有惑志于公伯寮，吾力犹能肆诸市朝。'子曰：'道之将行也与，命也。道之将废也与，命也。公伯寮其如命何？'"（《论语·宪问》）按《论语正义》云："……朱子或问以为在隳三都出藏甲之时，说颇近理。当时必谓子路此举，是彊公室，弱私家，将不利于季氏，故季孙有惑志。夫子言道将行将废者，子路隳都，是夫子使之。今子路被黜，是道之将废，而己不能安于鲁矣。然行废皆天所命，若天不废道，虽寮有愬，季孙且不听之；若天未欲行道，此自命所受宜然，非关寮愬。言此者，所以慰子路而止景伯之愤也。"

他从这许许多多的经历中，益发相信人类完全是受着命运支配的。

他由此还得出一些见解：

绅士阶级之所以不乱来，能好好地守着他的本分，就是绅士们怀有三种畏惧心理：

第一，上天命令他过上层社会的生活，他怕上天的命令，当然不再有所奢望。

第二，所有国君都是由上天命定的，他畏惧上天，他就畏惧国君，故对国君只有拥戴，决不敢存丝毫的侮辱心理。

第三，圣人是由上天命定下来代替国君说话的，所以圣人说的话，也就是国君说的话；故对之也只有敬畏，也决不敢有丝毫的违拗。

但下贱的奴隶们就不这样，他们就没有这三种畏惧心理：

你说所谓天命，他们不知道，也更无所谓畏惧。对于贵族阶级，他们非常仇视。对于所谓圣人们的言论，他们认为是在胡说。他们对于这一切，都存着一种藐视玩忽的态度。①

他们为什么会这样呢？

孔老先生并没有明白地说。

只是后来他说了这么一句：

"不知道自己命运所在的，就算不得是绅士阶级呀！"②

他这话是有他的用意的。

这就是：

谨诚着鲁季孙和宋桓魋他们，怕他们不安分守己，利用奴隶们的不满心理，来对公室起反抗，侵夺国君的产业和权柄。

所以就叫他们知道自己所处的命运，是富还是贵，是贫还是贱，是生还是死，换句话说，就是原来上天命定了他们怎样就是怎样。③ 所以他们不要心存妄想，不要本来是一只癞蛤蟆而非分地想去吃天鹅肉，因为那就

---

① "子曰：'君子有三畏：畏天命，畏大人，畏圣人之言。小人不知天命而不畏也，狎大人，侮圣人之言。'"（《论语·季氏》）《论语正义》云："……郑注，大人，谓天子诸侯为政教者，言天子诸侯能为政教，是为贤德之君。程氏瑶祚说：大人，谓当时之天子诸侯也。天子有天下，建立诸侯，与之分而治；君子之畏之者，岂为其崇高富贵哉，位曰天位，事曰天职，则皆天命之所也。在……臣杀君，子杀父，三十有余……亡国五十有余，皆不事畏者也。"

② "子曰：'不知命，无以为君子也……'"（《论语·尧曰》）

③ "子夏述夫子之言：'死生有命，富贵在天。'"（《论语·颜渊》）

不对,那就违反了天命;违反了天命,那就等于丧失了自己应有的身份,就不算是一个绅士阶级。

这是孔老先生苦心孤诣地来倡导命运论的中心意思。

(六) 论人性和他的教育主旨

1. 上流阶级人士的性才是善的

据子贡说:

他的老师说文章方面的事,他听到过,但老师说人性和天道方面的事,他就没有听到过。①

这样说来,好像孔老先生不关怀人性这问题似的。

其实不然,孔老先生是关怀的。

只是孔老先生说这问题,说得比较巧妙,不像孟老夫子说得那么样露锋芒,所以不大为人所注意。

比如说:

"人的天性是很接近的,习惯就隔远了。"②

初读这话,颇有点使人不解。

所谓人性的接近,到底是和善接近,还是和恶接近?所谓习惯的隔远,到底是与善隔远,还是与恶隔远?

但我们仔细一想,也不会不了解。

他的话虽说得那么双关,实际在他的认定:

人的天性是和善接近的,不是和恶接近的;但是习惯则是与善隔远的,不是与恶隔远的。

但我们又想:

他既认定人的天性是与善接近的,那他就无异乎承认人类有一个先验的东西存在于人们的脑海里,这先验的东西是什么呢?就是所谓善,所谓理。

不过也有一个区别,就是:

有的善性多,有的善性少,有的可以说是等于零的。

---

① "子贡曰:'夫子之文章,可得而闻也;夫子之言性与天道,不可得而闻也。'"(《论语·公冶长》)

② "子曰:'性相近也,习相远也。'"(《论语·阳货》)但《论语正义》云:"《论语》言性相近,正见人无有不善;若不善,与善相反,其道已悬绝,何近之有?分别性与习,然后有不善;而不可以不善归性,凡得养失养,及陷溺梏亡,咸属于习也。"

比如：

那些上等的人士，如国君及其他贵族，他们所秉赋的善性最多，理智最丰富，所以他们是支配阶级，支配社会的一切。其次一点的人物，如从贵族堕落下来的平民，① 或从平民升上去的做官的人，也即是管理奴隶的人，② 他们属中等阶级，善性较少，知识也不怎么丰富。孔老先生所说和善性接近的人，大概就指这种人。这种人不能成独立的局面，只是帮助国君及其他贵族来支配一切或统治一切。最下等的就是奴隶，他们可以说全无善性，只具恶念：所以非有上等、中等的阶级对他们鞭策和管理不可。

孔老先生说：

"上等的天才和下等的奴隶，一个绝对的善，一个绝对的不善；一个属支配阶级，一个属被支配阶级：这两个阶级无论怎样也没有法子更改。"③

只有那中等的阶级：

你说他具有善性，可是又没有上流阶级所具有的那么多。你说他不具有善性，可是他又不是下等的奴隶，他也还具有善性。因之孔老先生只说这等人只是和善性接近。

同时这种只和善性接近的人，他摇摆不定，可善可恶。他沾染了下流社会的习惯，就会成为所谓恶人；倘若和上流社会接近，自当就成为所谓好人了。

他的门弟子——子贡，到底是得了孔老先生的真传，所以他说：

"堂堂的绅士阶级是最讨厌和下流社会为伍的，原因就是和下流社会为伍，容易沾染下流社会的坏习惯。"④

---

① 《左传·昭公三年》云：晋国"……栾、郤、胥、原、狐、续、庆、伯，降在皂隶。……"

② 据郭沫若氏的研究："管理奴隶的人除奴隶领主自己的兄弟亲戚外，愈和奴隶层接近的下层管事，照例是由奴隶提升起来的顺民。普通的官僚在古时称为臣宰，在初都只是奴隶的称号。卜辞中屡见以多臣多宰从事征伐，或命臣以众庶从事战争或耕稼的记录，臣宰的初义在殷周还未尽失，愈朝后代走便愈涂上了光彩……"（《群众》九卷二十期）

③ "子曰：'惟上智与下愚不移。'"（《论语·阳货》）《论语正义》云："……至于极善极恶，非复在习；故孔子曰：惟上智与下愚不移。性有善不善，圣化贤教，不能复移易也，是以上智下愚为善恶之分。"

④ "子贡曰：'纣之不善，不如是之甚也，是以君子恶居下流，天下之恶皆归焉。'"（《论语·子张》）

2. 不堪教育的下层阶级

孔老先生说了一句很漂亮的话，使得一般人都感到极大的愉快，几乎都认为他是一位进步的教育家了。

他这话怎么说的呢？

他说：

我们施教给人，不应该分什么阶级，凡愿意来学的，我们总要尽我们的能力来教育他。①

这话真够漂亮。

所以人人听了都很高兴，尤其是一般下层阶级，他们真以为自己要交好运了，可能有机会在大教育家面前受教，这是何等的幸福呀！

可是，孔老先生在另一方面又还说了那样的话：

一则说：

"下层阶级的人只可以供驱使，决不可和他们多啰唆，使他们有认识。"②

二则说：

"奴隶们之所以下贱，之所以属下流阶级，就是因为他们死都不肯学习。"③

三则说：

"奴隶们顶多只可让他们有点技术的常识，决不可以使他们受到高深的教育。"④

总括地说起来，他的话的意思，就是认为奴隶们只是天生成的奴隶，只要他们知道种田、做工和当兵的常识，又能忠实地替主子服务，这就足

---

① "子曰：'有教无类。'"（《论语·卫灵公》）马注云："言人所在见教，无有种类。"
② "子曰：'民可使由之，不可使知之。'"（《论语·泰伯》）《论语正义》云："……郑此注云：民，冥也；其见人道远。由，从也；言王者设教，务使人从之，若皆知其本末，则愚者或轻而不行。……《春秋繁露》深察名号篇：民者，瞑也；民之号，取之瞑也。冥冥皆无知之貌。……《礼·缁衣》云：夫民闭于人而有鄙心，注言民不通于人道而心鄙诈，难卒告谕，即此章之义。"
③ "子曰：'……困而不学，民斯为下矣。'"（《论语·季氏》）《论语正义》云："……因而不学，则蠢然罔觉，斯为材质之最下者，不得为士类矣。"
④ "子曰：'……小人不可大受，而可小知也。'"（《论语·卫灵公》）王注云："……小人之道浅近，可以小了知而不可大受也。"

够了,用不着怎么去教育他们。①

至于那上流阶级就完全相反。

前面说过,他们生来就很善良,就具有很充足的理性,他们不是圣,就是贤,都是绝顶聪明的人物,所以也用不着怎么去受教育。②

只有那中等人物。

他们虽也和善性接近,虽也具有一些智慧,但比起上流阶级来,还是差得很远。

最不好的,倘若他们一旦和下流阶级接近,沾染了下流阶级的恶习,那可不得了,那他们就会和下流阶级一样,什么杀父、杀君和其他叛乱篡夺的事都会干得出来。

所以孔老先生认为这一阶级的人非加以教育不可。③

而孔老先生的学生也就以这一方面的为多。

尤其让他高兴的,他们不像下流阶级,他们缴得起学费,有好的腊肉作为敬礼。

他不是这样说过吗:

只要缴纳学费,有好的腊肉作为敬礼的,他们来读书,我从没有拒绝过,我都一一取录了。④

但那一般下流阶级的人是不是缴得起学费,有好的腊肉作为敬礼呢?

当然不具此资格。

所以孔老先生所收录的学生,差不多都是些中等阶级的人士。

因此,我们就想:

他前面所说的那句漂亮话,什么教育不分阶级,只不过是骗骗人的,事实上他分阶级还分得很清楚。

---

① 孔子骂樊迟为小人,就是因为樊迟要去学农学圃。农圃乃小人的事情,堂堂的君子是不应去学的。又小人除从事生产工作——农圃——以外,还应当有从事战争的知识。所以孔子说:"以不教民战,是谓弃之。"又谓:"善人教民七年,亦可以即戎矣。"(《论语·子路》)

② "子曰:生而知之者上也……"(《论语·季氏》)又说:"惟上智与下愚不移。"(《论语·阳货》)

③ "子曰:'博学于文,约之以礼,亦可以弗畔矣夫!'"(《论语·颜渊》)意即加以教育,不致背叛。他本"博学于文"上面有"君子"二字,据《论语正义》应无此二字。

④ "子曰:'自行束脩以上,吾未尝无诲焉。'"(《论语·述而》)孔注云:"言人能奉礼,自行束脩以上,则皆教诲之。"《论语正义》云:"……束脩,十脡脯也,以非一腿,故须束之。……"

孔老先生谈教育也是一样。

有时虽然也说得很好听，说什么不分阶级一律施教。原来也还有个限制，只有那缴得起学费，办得起敬礼的人士，他才施教。那缴不出学费办不起敬礼的穷措大，大概顶多只可能站在他那好几丈高的宫墙外望，① 想"亲聆教益"那是太奢望了。

3. 教育的科目

孔老先生的教育科目分成了四系：

（1）德行；

（2）言语；

（3）政事；

（4）文学。②

虽然是四系，其中的主旨只有两个：

一个是"克己"；

另一个是"复礼"。③

什么叫作"克己"呢？

就是要克制自己的欲望。

比如：

孔老先生说：

富呀贵呀，都是大家所渴求的。但是，在渴求中，各人要守各人的本分，不能非分地去渴求。非分渴求的话，就是不合道理。不合道理的渴求，自己就应该克制。

贫呀贱呀，都是大家所讨厌的。但在讨厌中，各人也应守各人的本分，不应去妄求富贵。妄求富贵的话，就是不合道理。不合道理的妄求，还不如安守着自己的贫贱。④

他叫人这样来克制自己的欲望是有他的企图的。

---

① "譬之宫墙……子贡曰：'……夫子之墙数仞，不得其门而入。'……"（《论语·子张》）包注云："七尺曰仞。"（《论语·子张》）

② "德行：颜渊、闵子骞、冉伯牛、仲弓；言语：宰我、子贡；政事：冉有、季路；文学：子游、子夏。"（《论语·先进》）《孟子·公孙丑》亦云："宰我、子贡，善为说辞；冉有、闵子、颜渊，善言德行。"

③ 见《论语·颜渊》，孔子答颜渊问仁。

④ "富与贵，是人之所欲也，不以其道得之，不处也；贫与贱，是人之所恶也，不以其道得之，不去也。"（《论语·里仁》）

当时不是有许多新兴的势力,如晋国的六卿、鲁国的三家和齐国的田陈,不都在向他们腐朽的公室进攻吗?又,当时不是有奴隶群不安于自己所受的压迫而向外逃亡①吗?孔老先生认为这许多都不对,进攻的不对,逃亡的也不对,都是不安守自己的本分,不能克制自己的欲望。如果能安守自己的本分,能克制自己欲望的话,哪会非分地进攻,非分地向外逃跑呢?早就如驯羊一般任由主子们宰割。

所以孔老先生认为:

人们不论遭受了怎样的压迫、怎样的困难,即使被弄得流离失所,找不到饭吃,也应当克制自己,把握住自己这一点点的仁爱,不去为非作歹,不去做种种非分的企图。②

孔老先生还说了这么一句话:

说他从没有看见一个好德的人像好色一样的那么好。③

意思也就是要用德育来控制色欲。

不过,他这话是对谁说的呢?

如果是对当时的贵族阶级说的,那倒应该。

因为当时的贵族,如国君他们,娶妻一娶就是九个,④并且还要好男色,像卫君,不是宠爱过弥子瑕⑤吗?像贵族这样荒淫与无耻,倒应该克制克制。

但我们根据《周礼》上所说,贵族们娶妻妾可以娶许多许多,孔老先生是以阐扬《周礼》自命的,难道以阐扬《周礼》自命的人,还会违反

---

① "晋之六卿,乃晋之六族,即范氏、中行氏、知氏、赵氏、魏氏和韩氏,因皆世为晋卿,故称六卿。后范中行和知氏皆灭绝,韩赵魏三氏益强,遂分晋而为诸侯。鲁之三家,即孟孙、叔孙和季孙,因皆桓公之所出,故又名三桓。文公以后日强,昭公欲去之而被逐,三桓由是益盛。齐田氏,原为妫姓,自陈公子完奔齐后,乃称田氏,曰田敬仲。其后子孙世为齐卿,甚强,最后并齐。"(《左传·昭公三年》)晏婴说到齐国的情形:公弃其民而归于陈氏;叔向说晋国的情形也是如此;民闻公命,如逃寇雠。这都说明奴隶群从公室中逃亡。

② "……君子无终食之间违仁,造次必如是,颠沛必如是。"(《论语·里仁》)又谓:"志士仁人,无求生以害仁,有杀身以成仁。"(《论语·里仁》)

③ "子曰:'吾未见好德如好色者也。'"(《论语·子罕》)又谓:"已矣乎!吾未见好德如好色者也!"(《论语·卫灵公》)

④ "媵者何?诸侯娶一国则二国往媵之,以妊娣从。侄者何?见之子也。娣者何?弟也。诸侯一聘九女。"(《春秋公羊传·庄公十九年》)

⑤ 卫灵公幸臣。

《周礼》上的说法吗？①

这可见他老先生的那一番话并不是对贵族阶级而发的，而是对当时的平民阶级而发的。

对当时平民阶级而发，那可就有些不近人情了。比如：

当时的平民群，他们为了国君的私欲，被驱使到战场上。除了在战场上牺牲的以外，即使未牺牲的，也因战争的长延岁月，使得男女双方许久不能会面，人生的情欲毫无，这怎么能叫他们再加克制呢？

这完全是不近情理的，所以老墨说这是"寡人之道"。②

然而孔老先生要以此去教导学生，叫学生们去扩大这种"克己"的宣传。

再看看他的所谓"复礼"的功夫。

这功夫前面已略为提到过，就是叫人一举一动合于规则，纳于规范。

然而怎样做到这一点呢？

他的意思：

第一，就是要多读点古书，多知道点古代的事情，这就可明了古代的规模到底是些什么？他的"博学于文"就是这个意思。③

所以他主张读"书"，又主张读"诗"。

"书"里面所载的，不是古代帝王的治绩，就是古代帝王所发布的统治国家的大道理，于是人们就得必读；读了可以知道怎样修身，知道怎样做个规规矩矩不乱来的人，又可以知道怎样统治国家。

特别是"诗"，它感人最深。

读了它不仅可以了解奉事父亲和国君的道理；倘若用音乐配合起来歌唱，像吴国公子季札聘问鲁国，在鲁国听到了周乐，那真是好极了，真感人最深啊！如果时常这样歌唱的话，真正可以使得一个人不知不觉地聪明而正直起来。④

所以孔老先生这样称赞"诗"道：

---

① 《周礼》一书虽不能认为西周或东周之作品，但其材料多少有一部分可靠。

② 《墨子·节用》云："……且大人惟毋兴师，以攻伐邻国，久者终年，速者数月，男女久不相见，此所以寡人之道也。"

③ 《论语·雍也》。

④ 《左传·襄公二十九年》。

三百篇诗,一句话说完,是没有什么邪念的呀!①

人们的心灵这样纯化起来,那——

第二点,行为的约束,就不会有什么大的问题了。只要对于仪节,随时讲究,随时练习,那人们的举动也就可以自自然然地循规蹈矩。这就是他所谓的"约之以礼"。②

心灵纯化了,行为又约束了,人们当然也很自然地安于旧的社会圈子,那所谓叛乱篡夺的事就不会发生,世界就太平了呀!

孔老先生很高兴地收授门徒,又毫无倦容地把应授的课程讲授给他的门徒听,他的用意也就是要使这旧的社会基础获得巩固。

(七) 漂亮的办法

1. 所谓"足食"

有一天,孔老先生带了他的学生——冉有跑到卫国,观光了一下,便这样说道:

卫国的奴隶群多了起来呀!

冉有说:

多了以后又怎么办呢?

他说:

多了就应该设法去安定他们的生活,使他们稍稍获得温饱。

冉有又说:

使他们获得了温饱又怎么办呢?

他说:

使他们获得了温饱,就应该好好地去管教他们呀!③

孔老先生对当时情形的确看得很清楚。

知道要管教奴隶群忠实地为主子工作,就得使他们穿得暖吃得饱;假

---

① "子曰:'诗三百,一言以蔽之,曰思无邪。'"(《论语·为政》)

② 《论语·雍也》。

③ "子适卫,冉有仆。子曰:'庶矣哉!'冉有曰:'既庶矣,又何加焉?'曰:'富之。'曰:'既富矣,又何加焉?'曰:'教之。'"(《论语·子路》)按《论语正义》引汉荀悦语云:"人不畏死,不可惧以罪;人不乐生,不可劝以善。故在上者,先丰民财,以定其志,是谓养生。礼教荣辱,以加君子,化其情也;桎梏鞭扑,以加小人,化其形也。若教化之废,推中人而坠于小人之域;教化之行,引中人而纳于君子之途,是谓章化。"据此可知孔子之所谓教,只是以"桎梏鞭扑加于小人"之管教而已。至于以前之所谓"博文约礼",据此亦可知只是"引中人而纳于君子之途"而已。非引小人由中人再纳于君子之途明矣。

使不这样的话,他们不仅不会接受你的管教,不会忠实地替主子工作,有时还不免要逃跑呢!像卫国的奴隶群之所以这样多起来,其中当然有的是从战争中所获得的俘虏,有的还不是在别的主子那里得不到温饱而逃跑来的吗?

所以孔老先生和冉有的那一番对话,实际上还是为维护主子而说的。

不过,他这话虽然是维护主子的,但在原则上我们总应该承认这话是对的。

因为生活是人类活动的主旨,只有一天天改善它;假使不能改善,甚至还弄得衣不暖、食不饱的话,那岂止管教说不上,什么事都成问题了。

他这话本来还说得对,可是他在另一个地方又自相矛盾起来。

又有一天,子贡问他怎样主持政务?

他的答复是:

第一,要做到使奴隶群吃得饱;第二,要做到国防能够巩固,才能免受强邻的侵略,免使奴隶群常常要服兵役。这样,奴隶群才会信任主子,主子的政权才可以巩固,你的政务才可以说是主持得好。

这一节话是不矛盾的。

可是当子贡问到他两个"必不得已"的时候,他就矛盾起来了,他不仅说国防可以不必讲究,连奴隶群吃得饱吃不饱也不在乎,就是他们饿死也都可以不管,只要他们盲目地对主子的政权有信任就得了。①

这一来,可就显出了他帮凶的原形。

显出了他原来要奴隶群吃得饱,全然是为了要使得奴隶群信任主子,"吃得饱"是让奴隶群对主子信任的手段,并不是真的为了改善奴隶群的生活,所以连粉饰都无法粉饰的时候,索性连这手段也不要了,干脆就只叫奴隶群对主子绝对地服从和信任。

2. 他的"人之发现"——只是没落了的贵族

有一次,他的学生樊迟这样问他道:

什么才是"仁"呢?

他的答复是:

---

① "子贡问政。子曰:'足食足兵使民信之矣。'子贡曰:'必不得已而去,于斯三者何先?'曰:'去兵。'子贡曰:'必不得已而去,于斯二者何先?'曰:'去食。自古皆有死,民不信不立。'"(《论语·颜渊》)

爱人就是。

樊迟又问：

什么才是"知"呢？

能了解人就是。①

能够爱人，又能够了解人，这就是要把人当作是人。

既把人当作是人，那人就不是超人，也不是非人，这从当时社会变革的过程上讲，不能不说是一种进步：因为素来被认为不是人的，现在也被认作是人，也居然有了人的意义。

然而，我们若仔细来探究孔老先生的所谓"仁"的意义，似乎还没有这么纯粹，似乎并不见得把所有人都当作是人了。

我们知道：

在当时日趋崩溃的奴隶制经济途中，不是有许多原来当权的贵族都没落下来了吗？

比如晋国乐、郤诸族就是。除了这以外，孔老先生自己也不能不说是一个。

依照私有制社会里的常情：

没落下来的人和出身不好的人容易遭受人家的白眼与歧视。

孔老先生属于前一种。

因为孔老先生属于前一种，所以他最关切的也就是前一种，也就是那没落了下来的人。

前已说过，所有当时各国的上层阶级，也即是当时的君子阶级，他们不是和周族属同一氏族，是同一个血统，就是各自有各自独立的同一血统。

孔老先生最关切的只是那没落了下来的人，也就是只关切那原属同一血统的上层阶级的人。

他以为：

当时各国的上层阶级应该团结，即使是被时代所推落下来的人，也不应该对之以白眼，加之以歧视，也应该一律看待，好好地团结起来。

因之他揭出了"仁"。

这"仁"，虽经他解释又说就是"爱人"，但他的所谓"爱"，并不是

---

① "樊迟问仁。子曰：'爱人。'问知。子曰：'知人。'……"（《论语·颜渊》）

如老墨所说的"爱无差等"的兼爱，或是"有差等"的偏爱。

换句话说：他的所谓爱，并非对任何阶层的人都要讲亲爱，而是当作唤起同一血统的上层阶级的人团结的一个口号。

他虽然说：

君子阶级笃爱自己的亲属，则奴隶群也就自然地讲究仁爱了。①

前面已说过：

他这话的意思，也并不是把奴隶群当作是人，给他们以仁爱。只是君子阶级好好地笃爱自己的亲属，则奴隶群也可被激励起而趋于厚道，不致发生叛变。

他接着不是说吗：

流落在野的一班故旧，在朝的能够加以青睐，能够好好地把他们团结起来的话，就可把奴隶群激励起而趋向厚道，就不致使奴隶群有种种不服约束的偷薄行为发生！②

这样说来，孔老先生所揭出的"仁"，虽然也有人的意义，也可反映出在时代变革过程中的"人之发现"。然而，也只是发现了没落了的贵族而已；当时正在创造时代的人，还是从他的眼里滑走了。

3. "好古"的意思

孔老先生的精神，积极也真是积极。

他自己曾这样说：

对于学习，从没有厌足过；对于讲授，从没有疲倦过。并且发愤起来，不仅弄得饭忘记吃，连自己将要老了都不知道。③

他真是把学习当作一件很快乐的事。④

这精神，很难得，值得人们钦佩。

可是，我们应探讨，他们学习的到底是些什么呢？

---

① "君子笃于亲，则民兴于仁。"（《论语·泰伯》）

② "……故旧不遗，则民不偷。"（《论语·泰伯》）此与《论语·微子》"周公谓鲁公曰：'君子不施其亲……故旧无大故则不弃也……'"，文义同。包注云："兴，起也。君能厚于亲属，不遗忘其故旧，行之美者，则民皆化之，起为仁厚之行，不偷薄。"

③ "叶公问孔子于子路，子路不对。子曰：'女奚不曰：其为人也，发愤忘食，乐以忘忧，不知老之将至尔？'"（《论语·述而》）又谓："若圣与仁，则吾岂敢？抑为之不厌，诲人不倦，则可谓云尔已矣。……"（《论语·述而》）

④ "子曰：'学而时习之，不亦说乎？'"（《论语·学而》）

我们知道，他非常"好古"①。

大概所学习的，就是这些古香古色的东西。什么"诗"呀，"乐"呀，"书"呀，"礼"呀，都是古代的一套。②

对于"礼"，据说他小的时候就很讲究。③

后来，不论是"周礼"，还是所谓"殷礼"和"夏礼"，他似乎都花了许多工夫去探求一番。④

但其中他最感兴趣的，当然还是"周礼"。

对于"殷礼"，他也不是兴趣少，大概因为年代较远，不大容易找材料。⑤

周礼，不仅是他当前一代的礼，材料丰富，且经过制礼专家——周公旦，依照殷代的礼制，大大地制作了一番，更显得有规模，孔老先生对之当然更感兴趣。

好笑的是：

孔老先生对这种东西兴趣浓厚，浓厚到每天晚上在睡梦中，都梦见和周公旦会面，梦见和周公旦滔滔不绝地谈论着"礼"。只是到后来，他年纪大了，精力稍衰，才没有再梦见了。⑥

可见他老先生对于"礼"是如何的神往。

礼与乐的关联又很大。

他老先生对礼感兴趣，对乐亦感兴趣。

三百篇诗，他老先生就时常一面自己拉弦，一面自己歌唱，并且还要奏得合乎古代的"韶""武""雅""颂"的音调。⑦

---

① "子曰：'述而不作，信而好古，窃比于我老彭。'"（《论语·述而》）又谓："我非生而知之者，好古敏以求之者也。"（《论语·述而》）

② "子所雅言，诗书执礼，皆雅言也。"（《论语·述而》）又谓："兴于诗，立于礼，成于乐。"（《论语·泰伯》）包注云："兴，起也。言修身当先学诗；礼者，所以立身；乐所以成性。"

③ "孔子为儿嬉戏，常陈俎豆，设礼容。"（《史记·孔子世家》）

④ "子曰：'吾说夏礼，杞不足征也；吾学殷礼，有宋存焉；吾学周礼，今用之，吾从周。……'"（《中庸》）

⑤ "子曰：'夏礼吾能言之，杞不足征也；殷礼吾能言之，宋不足征也；文献不足故也，足则吾能征之矣。'"（《论语·八佾》）

⑥ "子曰：'甚矣，吾衰也，久矣，吾不复梦见周公。'"（《论语·述而》）孔注云："孔子衰老，不复梦见周公；明盛时梦见周公，欲行其道也。"《吕氏春秋·博志》云："盖闻孔子墨翟昼日讽诵习业，夜亲见文王周公旦而问焉。"

⑦ 《史记》云："诗三百篇，夫子皆弦歌之，以求合韶、武、雅、颂之音。"（《论语正义》）

有时人家在拉弦歌唱,他老先生听着高兴,就想来附和,于是请人家:

"再来一个!"①

他在齐国也有过同样的趣事:

他听齐太师拉韶乐,听着高兴,便跟他学着拉,学了三个月才学会。但这三个月的悠扬韶乐,使他简直忘记要吃肉。后来他自己这样说:

"哪知道韶乐的感人有这样的深呀!"②

可见他老先生对于"乐"也是同样神往的。

孔老先生为什么这样嗜好礼乐呢?

这当然并不平常。

孔老先生的政治头脑虽然顽固,但总算是有政治头脑的,他想拿古代殷商和西周一套维系社会人心的道理和方法,用来安定当时变革中的社会。

如前面所说:

他想用"礼"来约束人们的行为,用乐来纯化人们的心灵。于是人们就可回到原来的社会圈子。

孔老先生的意兴,有时也想显出他的无所谓,表示出他的自在逍遥。

像他的学生曾点说到他们自己的志趣:

在正穿夹衣的春光明媚的四月天里,邀五六位志趣相投的朋友,和六七位年轻的小伙子,到沂水地方游泳后,又到附近的云坛去跳跳舞,然后再一路歌声悠扬地走回来。

曾点这样说,孔老先生表示很乐意。③

似乎他也很想"忘怀得失"一般;然而,这不过是他失意时一个想法,实际上,他哪里忘怀得了呢?

他脑子里还充满着安定现实的计划呀!虽然他不可能安定得了。

---

① "子与人歌而善,必使反之,而后和之。"(《论语·述而》)何晏曰:"乐其善,故使重歌,而自和之。"(《史记·孔子世家》)

② "子在齐闻韶,三月不知肉味,曰:'不图为乐之至于斯也。'"(《论语·述而》)《史记·孔子世家》云:"孔子年三十五,昭公奔于齐,鲁乱,孔子适齐,与齐太师语乐,闻韶音。"

③ "'点,尔何如?'鼓瑟希,铿尔,舍瑟而作。对曰:'异乎三子者之撰。'子曰:'子何伤乎!亦各言其志也。'曰:'暮春者,春服既成,冠者五六人,童子六七人,浴乎沂,风乎舞雩,咏而归。'夫子喟然叹曰:'吾与点也。'"(《论语·先进》)《论衡·正义》云:"……暮者,晚也;春谓四月也。……"

好像一般想要拖着时代往后退的人一样，总要这样顽固到底。

二、墨子的思想

（一）墨子的生平

1. 墨子的简历

墨子的名字叫墨翟，他的学生都尊称他为"子墨子"，后来许多人也就称他为墨子，好像称孔丘为孔子一样。

有人说：墨并不是他的姓。

但为什么又叫他作墨翟呢？

据说这和他的出身与意向有关。

古代本来有一种刑罚，叫作墨刑的。就是将犯了罪的人，用刀把他的面额划破，再涂上墨，使面额显出一条条墨痕来。之后便把他作为奴隶使用，做种种的生产工作。①

翟是一种长尾巴的雉鸟。

据说当时在野外做生产工作的奴隶，就用这种鸟的羽毛编织成帽子戴。②

我们考察墨子的身世，他的确是这种人出身。

所以有人说，他是属奴隶群的。③

既然在奴隶群中，他到底是做什么样的生产工作呢？

---

① 江瑔《读子卮言》曾辩墨翟非姓墨。据近人钱穆氏的考证："'盖墨者。古刑名也。'《白虎通·五刑》：'墨者，墨其额也。'《尚书》《周礼》《孝经》《汉书》诸注疏，均以墨为黥罪，刻其面额，捏之以墨。墨家之墨，即取义于斯矣。夫墨尚劳作，近于刑徒。古者身婴重罪，并籍家族为奴。又有无力赎罪，则身没为奴婢。故与僚台仆，成为婴罪之人，而童仆奴隶之名，咸由罪人而立。汉儒解《周礼》亦曰：'今之奴婢，即古之罪人也。'《左传》：'栾、却、胥、原、狐、续、庆、伯，降为皂隶。'此因灭族而没为奴隶也。又言：'斐豹隶也，著于丹书。'此因犯罪而没为奴隶也。奴隶之在古代，盖殊习见，且为社会重要之一部。而墨家则乃以奴隶之为道唱于一世，以与儒术相抗行也。"（《先秦诸子系年》第三十二）

② 钱穆氏考证："翟者，说文：'山雉尾长者。'古之野人，以翟羽为冠饰。知者？《史记·仲尼弟子列传》：'子路性鄙，好勇力，志伉直，冠雄鸡，佩豭豚，陵暴孔子。孔子设礼稍诱子路，子路后儒服委质。则冠鸡羽为鄙人，非儒服可知。翟羽亦鸡羽之类耳。'"其自注云："叶德辉曰：'今汉武梁祠石刻画像，有……子路雄冠佩剑事，冠作雉形。'据此则墨者冠翟，正犹子路野人之雄鸡冠矣。"（《先秦诸子系年》第三十二）

③ "……穆贺……谓子墨子曰：'子之言则诚善矣，而君王，天下之大王也，毋乃曰："贱人"之所为而不用乎！'"（《墨子·贵义》）

他不是会制造能载五十石重的车辖吗?他大概在奴隶群中是个制车的工匠。①

他是什么地方人?这可分两说:

有人说:他是宋国人;也有人说:他是鲁国人。

但据多数学者的研究,还是后一说可靠,他本是鲁国人。②

谈到他生和死的年代,也不能十分确定。

也据钱穆的研究:

他大概生在孔老先生死的前后,约当公元前478年;死在孟老夫子生的前后,约当公元前392年,得年八十岁上下。③

2．思想的转变

墨子既生在讲究周礼的鲁国,又适当周礼经过孔老先生和他的门弟子大肆宣传之后,当然呈现着一种活跃的景象,所以他在少年的时候,不免受了些他们的影响,并且还跟他们学了一套。

后来,他的年岁稍大,知识稍开,深深地感到这样讲究礼节又麻烦、又费事。

最不好的,就是使得奴隶群受害不浅。

比如:

贵族们死了父亲或母亲,把葬仪办得那么隆重,丧事办得那么热闹。然而,这许多的费用到底是哪里来的呢?

那除了对奴隶群加重盘剥外,有什么其他的方法呢?

墨子发现这一套,不但没有用,并且还对大众有害。于是,他马上改弦更张,把这一套舍弃,另外讲究一套与大众有利益的东西。

这个,就是传说他要效法原始时代禹酋长的精神的所在。④

有人说:

---

① "子墨子谓公输子曰:'子之为鹊也,不如翟之为车辖,须臾刘(同邓)三寸之木,而任五十石之重。故所为功,利于人谓之巧,不利于人谓之拙。'"(《墨子·鲁问》)

② 说墨子为宋人,因墨子曾仕宋。据孙诒让墨子后语:实为鲁人。

③ 据钱考:"余考墨子止楚攻宋,在楚惠王四十四年后,五十年前。时墨子年三十余,下逮周安王十年(即公元前三九二年),墨子当死于其时,年寿盖逾八十。上推墨子生年,当在周敬王之末年(周敬王在位四十四年,他在位四十二年时,即公元前四七八年),或犹及孔子之未死也。"(《先秦诸子系年》第三十一)

④ 《淮南子·要略》云:"墨子学儒者之业,受孔子之术,以为其礼烦扰而不说,厚葬靡财而贫民,服伤生而害事,故背周道而用夏政。"

禹酋长曾经为了大家的利益，不辞劳苦，不避风霜，去把河流疏通了一番，结果不是弄得腿胫和腿肚上的小毛都脱落了吗？①

墨子觉得这样很对，便来学习他的这种为大众服务的精神。

他不像孔老先生：

自己硬要摆出上流阶级的派头，讲究些什么穿衣吃饭的一套。② 他是大众化的，布衣草鞋，粗饭淡食，③ 辛勤地为大众服务。④

3. 组织的建立

墨子思想这一转变，当然就和孔老先生成了敌对派，孔老先生是在维护贵族，墨子则反是，他就甘和下层社会为伍，⑤ 来反对贵族。

同时墨子还感到，要反对贵族，也并不怎么容易，非有严密的组织不可。

于是他便建立起组织，把所有的学生都组织起来。

他就是这组织中的领袖，称作"钜子"。

后来继承他在这组织中当领袖的，还有孟胜、田襄和腹䵍他们。⑥

这组织真的相当严密。

我们看他的学生就可以知道：

他的学生，都能吃得苦、耐得劳，并且都不怕危险。

有时墨子叫他们推行工作，他们不管前路有怎样的困难，怎样的刀枪林立，火光冲天，他们总想办法去克服，来完成他所交给他们的任务。⑦

并且组织中的每一个人都能遵守组织中的纪律。

比如，他的组织中有这样一条：

凡信奉墨子的思想，做墨子的学生的，他如果杀了人，就得抵命；伤

---

① "昔者禹之湮洪水，决江河，而通四夷九州也，名山三百，支川三千，小者无数。禹亲自操橐耜而九杂天下之川，腓无胈，胫无毛，沐甚雨，栉疾风，置万国，禹，大圣也，而形劳天下也如此！"（《庄子·杂篇·天下》）

② 孔子之讲究穿衣吃饭，见《论语·乡党》。

③ 墨者"以裘褐为衣，以跂蹻为服"。（《庄子·杂篇·天下》）又，墨子对公上过说："……量服而食……"（《吕氏春秋·高义》）

④ 墨者"……日夜不休，以自苦为极。……"（《庄子·杂篇·天下》）

⑤ "墨子曰：'……若越王听吾言用吾道，翟度身而衣，量腹而食，比如宾萌，未能求仕。……'"（《吕氏春秋·高义》）

⑥ 《庄子·杂篇·天下》："以巨子为圣人，皆愿为之尸，冀得为其后世。"

⑦ "墨子服役者百八十人，皆可使赴火蹈刃，死不旋踵，化之所致也。"（《淮南子·泰族训》）

了人，就得受处分。

腹䵍大概是墨子的三传弟子：

他做了这组织中的领袖——钜子，但他儿子在秦国杀了人，当时秦国的惠王姑念腹䵍只有一个儿子，不想杀。然而，腹䵍为了贯彻墨家的思想与主张，还是很坚持地请秦惠王把他的儿子杀了。①

这是何等大公无私的精神！

我想：

腹䵍如果是接受了孔老先生的家法，他一定就要替他的儿子把这事隐瞒起来，哪里会硬要把儿子拿去正法呢？②

4．反对侵略

墨子对反侵略是很不遗余力的，大概是公元前440年：③

鲁国的建筑师——公输般，跑到楚国，替楚惠王造了一种云梯，预备攻打宋国。墨子听到这个消息，甚为不快！

便立刻从鲁国动身，走了十天十夜，把脚底的皮都走破了，只得撕下自己的衣裳，将脚裹着再走。

就这样赶到了楚国的郢都。

到郢都以后，先把公输般说服，又再去说服了楚王，这样才打消了他们攻宋的主意。④

当墨子将要到楚国去的时候，他想：

万一说服不成，楚王硬要攻打宋国，那又怎么办呢？

这不能不早作准备。

---

① "墨子有钜子腹䵍居秦，其子杀人，秦惠王曰：'先生之年长矣，非有他子也，寡人已令吏弗诛矣，先生之以此听寡人也？'腹䵍对曰：'墨者之法曰：杀人者死，伤人者刑，此所以禁杀伤人也。夫禁杀伤人者，天下之大义也，王虽为之赐，而令吏弗诛，腹䵍不可不行墨子之法，不许。'惠王而遂杀之。子人之所私也，忍所私以行大义，钜子可谓公矣。"（《吕氏春秋·去私》）

② "叶公语孔子曰：'吾党有直躬者，其父攘羊，而子证之。'孔子曰：'吾党之直者异于是。父为子隐，子为父隐，直在其中矣。'"（《论语·子路》）

③ 据钱穆氏考证：墨子止楚攻宋，约当周贞定王二十五年，楚惠王四十五年左右，亦即公元前四百四十四年。（《先秦诸子系年》第四十二）

④ 墨子止楚攻宋，除《墨子·公输》载其事外，《吕氏春秋·爱类》这样说："公输般为高云梯，欲以攻宋。墨子闻之，自鲁往，裂裳裹足，日夜不休，十日十夜而至于郢。……故荆辍不攻宋。"又《淮南子·修务训》亦载此事云："昔者楚欲攻宋，墨子闻而悼之，自鲁趋而十日十夜，足重茧而不休息，裂衣裳裹足，至于郢，见楚王……于是乃偃兵，辍不攻宋。"《墨子·公输》载墨子自齐往楚，实自鲁往楚。

孔墨的思想

于是他便打发他的学生禽滑厘等三百人，携带着守城器械，在宋城上等待着楚兵的到来。①

幸而他去后，一下便把楚王说服了，楚王就没有派兵去攻打。

由是，墨子以为楚惠王这人还算开明，至少还可以说话，就把他的著作献给楚惠王看。

他的意思：

倘使楚惠王读了他的书，同意了他的意见，要请他在楚国工作，他就好好地先把楚国改造一番。

谁知楚惠王这人不但不开明，而且还是个相当顽固的分子。

他口里虽然称赞墨子的书写得很好；但骨子里认为墨子的出身不好，不该是奴隶出身的。

同时墨子这一套思想和主张，又只是于奴隶群有利益，于贵族们没有利益，于是楚惠王便没有叫他在楚国工作。

这意思，墨子本不知道，是楚惠王打发他的臣子——穆贺，去辞退墨子的时候，墨子从穆贺的嘴里探听出来的。②

5. 科学家——墨子

墨子不仅精于工艺，而且他还是一位工艺科学家。

他除制造了许多的兵器外，还利用力学中分力的原理，发明了飞得起的木鸢；③又利用物质的分子力，发明了可以载得五十石重的三寸车辖。④

---

① 《墨子·公输》载："墨子赴楚，使禽子诸弟子三百人守宋"，并持"守圉之器，在宋城上而待楚寇。"

② "子墨子，南游于楚，见楚惠王，献书，惠王受而读之，曰：良书也！不用，使穆贺以老辞。穆贺见于墨子，子墨子说穆贺；穆贺大悦，谓子墨子曰：子之言则诚善矣，而君王，天下之大王也，毋乃曰'贱人'之所为而不用乎？"（《墨子·贵义》）据钱考："余谓墨于止楚攻宋，与其献书惠王，盖一时事。初本为止楚攻宋而来，楚既听其说，乃献书期大用。既不得意，乃遂归鲁。其事至晚，不逾惠王五十年，则差可定也。"（《先秦诸子系年》第四十二）

③ 造木鸢的故事，见《韩非子·外储说左》上。至木鸢之制成，据陈文涛君谓："木鸢当系轻木所制，为后世之纸鸢，鸢之横厉长空，与他种飞鸟姿势大异，盖以翼之斜面，适对风之方向，又垂翼翯以迎风，使生合力以上游，与他种飞鸟以翼打击空气无异：木鸢之制，若亦取象乎此，则当时已明分合力之理矣。"（《先秦自然科学概论》第六）

④ 造车辖之事，见《墨子·鲁问》。至其制成，据陈君云："墨子常称车輗引重之巧，按说文輗，大车辕专持衡者，戴氏震谓：大车鬲以驾牛，小车衡以驾马，辕专持鬲，其关键名輗；輗端持衡，其关键名軏。輗辕所以引车，必施輗軏而后行，輗軏似不过一种栓木。"（《先秦自然科学概论》第六）

因为他有着这种科学的头脑,所以他对于什么事都非常认真,都讲究具体。

有一天,墨子走去问孔学派的儒家:

为什么要有音乐呀?

那人答道:

为了快乐,才有音乐!

墨子说:

你这答复,我不满意!

假使现在我问你:为什么要有屋子?你说:冬天可以避寒,夏天可以避暑,并且有了屋子,男女之间也不至于混杂,能有个分别。你如果这样答复我,我就知道屋子是做什么用的,我就满意!

现在我问:为什么要有音乐?你说:为了快乐,才有音乐。这答复我不满意!这无异乎我问你为什么要有屋子,你说因为要有屋子,所以才有屋子。这话岂不太抽象、太不具体了吗?①

又有一回这样的事:

楚王的臣子——叶公子高问老先生:

主政要主得好,应该怎样?

孔老先生答道:

主政要主得好,远的能够亲近,旧的能够新起来。

后来墨子听到这回事,便认为孔老先生这一答复并不具体。

墨子这样说:

叶公子高固然问也问得不怎么精细,但孔老先生答也答得真抽象。难道叶公子高不知道主政要主得好,是要使得远的能够亲近,旧的能够新起来吗?他所要问的,就是要知道为什么能做到这样子呀!②

孔老先生说话总是这样叫人摸风的,墨子就感到不满!

---

① "子墨子问于儒者曰:'何故为乐?'曰:'乐以为乐也。'子墨子曰:'子未我应也。今我问曰:何故为室?曰:冬避寒焉,夏避暑焉,室以为男女之别也。则子告我为室之故矣。今我问曰:何故为乐?曰:乐以为乐也。是犹曰:何故为室?曰:室以为室也。'"(《墨子·公孟》)

② "叶公子高问政于仲尼曰:'善为政者若之何?'仲尼对曰:'善为政者,远者近之,而旧者新之。'子墨子闻之曰:'叶公子高未得其问也,仲尼亦未得其所以对也。叶公子高岂不知善为政者之远者近之而旧者新之哉?问所以为之若之何也。……'"按叶公楚卿,楚新得蔡地,故使出镇。(《墨子·耕柱》)

当然，墨子是有科学头脑的，对于什么事情都喜欢追问它一个究竟。

孔老先生则反是，他的头脑很顽固，所以最怕面对现实；什么事情只想说个概念式的明了就好，不想怎么样说得具体与仔细。

并且说到工艺一方面的事，孔老先生尤其感到厌恶。

他的学生——樊迟不是问过他关于农艺和园艺方面的事情吗？

他说樊迟就不该问这方面的事，骂樊迟就是个"小人"。①

孔他讨厌技艺，更讨厌技艺的改良与进步。

所以后来孔学派人士作了一个这样的规定：

"凡谈改良技艺来擅惑群众的，应受杀头的处分。"②

可见他们是如何的不求技艺的进步。

他们只愿意为上流阶级捧场，去做那些虚无缥缈的所谓形而上的工夫，决不能像墨子这样，面对现实，去为下流阶级服务，做那些被认作为形而下的实际工作。③

6．墨子的晚年

据说后来墨子到了宋国。

宋昭公因为感激他救了宋国，便给他一个大夫的官职。④

不料，做这大夫官，遭受了宋国保守派——司城子罕的嫉妒，墨子曾一度被囚禁在牢狱里。⑤

不过,这些事迹，也不见得十分可靠，因为没有实际材料作根据，只有后来人对他有这样的传说。

在公元前415年左右，适当鲁国鲁缪公主政，墨子和孔老先生的孙儿——子思都在鲁国，大概两人因为思想和立场的不同，彼此之间没有打过什么交道。⑥

---

① 《论语·子路》。
② 《礼记·王制》："作奇技淫巧以惑众者杀。"
③ "形而上者谓之道，形而下者谓之器。"（《易经·系辞》）
④ 《史记·孟荀列传》载："墨翟为宋大夫。"据钱考：墨子若仕宋，应在他止楚攻宋后，即当宋后昭公四十年左右。
⑤ 《史记·邹阳传》云："宋信子罕之计而囚墨翟。"又据钱考："子罕有二：一在春秋鲁襄公时，一在战国初年，此子罕乃后者。"又谓："邹阳浮辩士，狱中上书，又不能无疏谬造托。宋囚墨翟，仅见称引，恐未必为信史。"
⑥ 鲁缪公重视子思，事见《孟子》。《墨子·鲁问》有鲁君和墨子的谈话，据孙诒让说："以时代考之，此鲁君疑即缪公。"可见墨子和子思这时均在鲁，只是两下没有什么往来。

之后，墨子便到齐国。

适逢齐大王——田和正预备攻打鲁国，墨子便走去谏阻他。①

八十岁左右，他又跑到楚国，住在楚国的鲁阳城。

又适逢楚国的鲁阳文君正计划攻打郑国，他又做了许多的比喻给鲁阳文君听，叫鲁阳文君不要去攻打。②

后来大概墨子也就死在楚国。③

他的著作：

据《汉书·艺文志》上载，有七十一篇，但现今只存有五十三篇；并且在这五十三篇中，还有许多靠不住——是后人所添加的。④

（二）墨子的世界观

1．他对事物的看法

在鲁国南边，住着一个叫吴虑的人，他冬天里烧窑，夏天里种田；他这样生活着，自以为是古代的舜酋长。

有一天，墨子走去访问他。

他见了墨子，劈头一句就这样说：

义呀！义呀，那还用说吗？！

墨子听见，感到不舒服，便反问他一句：

吴先生！你说义呀义呀，是指有能力去帮助人家，还是有财产去分给人家呢？⑤

又有一次，一位孔学派人士，叫公孟子的，对着墨子这样说：

大凡一个君子，必定要说古代的话、穿古代的衣，才算得是一个仁爱的君子。

墨子听了又颇不高兴！

---

① 《墨子·鲁问》。

② 《墨子·鲁问》。

③ 据钱考："今综述墨子生平，南至楚，见惠王，在四十年前。北仕宋昭公，见逐，近六十。其后又居鲁至齐，见田和，已逾七十。重游楚，居鲁阳，则八十外老人，墨子殆终于楚也。"（《先秦诸子系年》第六十一）

④ 墨子书如《亲士》到《三辩》等七篇乃伪作；《经上》《经下》《经说上》《经说下》和《大取》《小取》六篇，据《庄子·天下》乃"别墨"所作。

⑤ "鲁之南鄙人有吴虑者，冬陶夏耕，自比于舜。子墨子闻而见之。吴虑谓子墨子曰：'义耳义耳，焉能言之哉！'子墨子曰：'子之所谓义者，亦有力以劳人，有财以分人乎？'"（《墨子·鲁问》）

他连忙打着比喻给公孟子说道：

箕子、微子和费仲都是商纣王的臣子，都说着同样的语言，那为什么箕子、微子都仁爱，而费仲不仁爱呢？

同样，周公旦和管蔡，他们是兄弟，都穿同样的衣服，为什么说一个好，另一个又不好呢？

据这样，可见一个人仁爱不仁爱和好不好，并不在乎说古代的话，穿古代的衣呀！①

墨子住在楚国的鲁阳。

有一天，鲁阳文君这样对他说：

曾经有一个人对我说起忠臣，叫他伏下就伏下，叫他仰起就仰起；他呆在那里，连一句话也不说，君王呼唤他起来，他便马上答应。这算不算得是个忠臣呢？

墨子听了觉得好笑。

这哪里说得上是什么忠臣呢？

叫他伏下就伏下，叫他仰起就仰起，那只有人们的影子才是这样：人们伏下，影子伏下；人们仰起，影子仰起。

呆在那里，连一句话也不说；呼唤起来便马上答应。那就好像一个钟，不打一声不响，打起来琅琅地响。

假使你的忠臣都是影子和钟，那你要这样的忠臣干什么呢？②

墨子这三段谈话，人们读了虽不免要发笑，但说明了他的一个观念，这个观念就是：

他对一件事情，反对从形式上去探讨，而应该注意它的实际内容。

就说义：要注意义的实际；

说仁：要讲究仁的实在；

说忠：也要注重忠的具体事实。

这样，义、仁和忠，才不是空说，才是真的有内容的。

---

① "公孟子曰：'君子必古言服然后仁。'子墨子曰：'昔者商王纣，卿士费仲，为天下之暴人，箕子微子为天下之圣人，关叔为天下之暴人，此同服或仁或不仁，然则不在古服与古言矣。'"（《墨子·公孟》）

② "鲁阳文君谓子墨子曰：'有语我以忠臣者，令之俯则俯，令之仰则仰，处则静，呼则应，可谓忠臣乎？'子墨子曰：'令之俯则俯，令之仰则仰，是似景也；处则静，呼则应，是似响也。君将何得于景与响哉！'"（《墨子·鲁问》）

同时也就说明:

义、仁和忠都不是产生于人们的头脑,而是产生于人们在社会活动过程中的具体事实。

所以说:

有了"事实",才发生"观念";

有了"内容",才显出"形式"。

这是墨子对当时社会一个基本的看法,也可以说是墨子的世界观。

2. 倡导客观精神

孔老先生一派人,最喜欢凭他们的主观,仁呀义呀的说这个又说那个,把"仁""义"两字说得天花乱坠,好像头头是道。

但对于社会上真实所发生的许多不仁不义的事呢?

他们又好像不会看见似的。

比如:

齐国的陈成子把齐简公杀了,孔老先生只是认为在名分上不应该这样,做臣子的怎么杀起国君来呢?于是便主张鲁君去讨伐。①

他不想想,去讨伐又是对的吗?

你因为一个国君被杀,就要兴兵动众地去讨伐,那就不免有许多人死伤,有许多人受饥饿,并且还要使他们受冻受热,弄得男女双方许久不能会面,② 这难道又是应该的吗?一个国君被杀,你看见;这许多人要被屠杀,要遭受痛苦,那为什么你又没有看见呢?并且齐简公并不是什么好的国君,也是无恶不作的,怎么不该杀呢?怎么要为了他而伤害许多人呢?

因此孔老先生一味地主观行事,对任何事每每只朝一面想,不朝全面看。

墨子便不然:

他不高兴这样不顾实际,不看事物的全面。

他不是曾经这样比喻着说吗?

有一个盲人说:

钜色是白的,黔色是黑的。

就是明眼人听了,也不能说这盲人说错了,的确他是没有错的。

---

① 《论语·宪问》。
② 《墨子·节用中》。

但是我们若真的把钜黔两个颜色，拿给这盲人看，叫这盲人去分别它的白黑，这盲人反而分辨不出来了。

因之墨子这样说：

这盲人分辨不出钜黔的白黑，并不是在名义上不知道，而是在实际上分辨不出来呀！

一般的所谓君子阶级也和这盲人是一样的。

他们天天谈什么仁爱，不也是谈得头头是道吗？就是古代的禹酋长和汤酋长听到了，也不会认为他们谈的怎么不对，还认为他们谈的非常对。

可是不然！

叫他们在实际上去分辨什么是合乎人道的，什么是不合乎人道的，那他们便懵然无所知了。

于是墨子又这样说：

他们分辨不出社会上什么是人道的，什么是不人道的，也并不是他们在名义上不知道，而是不肯从实际上去了解呀！①

墨子这样批判了孔学派的观点之后，作了一个简短的结语。

这结语是这样说的：

人们说的话，顾到了实际的就对，没有顾到实际的就不对；没有顾到实际而要来自以为是的话，那就是瞎说。②

在今日说来，也就是犯了主观的毛病！

（三）墨子了解事物的三条方法

1. 第一个了解事物的方法

墨子的观点，我们知道了。

现在我们再来看看他了解一切事物的方法。

他的方法计有三条：

第一条：

---

① "今瞽者曰：'钜者白也，黔者黑也。'虽明目者无以易之。兼白黑，使瞽取焉，不能知也。故我曰瞽不知白黑者，非以其名也，以其取也。今天下之君子之名仁也，虽禹汤无以易之。兼仁与不仁，而使天下之君子取焉，不能知也，故我曰天下之君子不知仁者，非以其名也，亦以其取也。"（《墨子·贵义》）

② "言足以复行者常之，不足以举行者勿常。不足以举行者而常之，是荡口也。"（《墨子·耕柱》）《墨子·贵义》亦云："言足以迁行者常之，不足以迁行者勿常。不足以迁行者而常之，是荡口也。"

从前人所经历的成果中来了解事物。①

意思就是叫人们去学习前人的经验。

但是不是他认为前人经历的成果都是好的，都应当全部接受过来呢？

那也不是的。

他的意思，如果前人经历的成果是好的、对的，而为今日我们所用得着的，就接受过来；如果是不好的、不对的，而为今日我们所用不着的，当然就应当舍弃不要。

他不像孔老先生：

孔老先生一味地迷信古代，什么事情只称述古代的好，想把这古代的东西无条件地拿来全盘接受，决不需要创造什么新的。②

墨子就从根本上反对这样。

比如，

公孟子对墨子说：

大凡做个君子，只称述古代的好了，自己不必有所创作。

墨子说：

那不对！

我的意思，如果古代的是好的，当然可以称述、可以接受；假使现在有好的，当然就得适应时代，依照现在的做。这样，才可以把事情做得更好。③

又有一次，

彭轻生子这样对他说：

以往的事，我们可以知道；将来的事，就很难了解。

墨子听了，又大不谓然！

连忙比喻道：

假使你的父亲或母亲，在百里以外的地方遭遇了危险。你如果在一天

---

① "言必立仪。言而毋仪，譬犹运钧之上而言朝夕者也，是非利害之辨不可得而明知也。故言有三表。何谓三表？……有本之者，有原之者，有用之者。于何本之？上本之于古者圣王之事……"（《墨子·非命上》）

② "……信而好古……"（《论语·述而》）又"……好古敏以求之者也。……"（《论语·述而》）又"……述而不作……"（《论语·述而》）

③ "公孟子曰：'君子不作，述而已。'子墨子曰：'不然！……吾以为古之善者则述之，今之善者则作之，欲善之益多也。'"（《墨子·耕柱》）

以内赶得及去救，就没有问题；倘若赶不及救的话，那可就危险了。现在这里，有跑得快的车马，也有跑得慢的车马，你要赶去救你的父亲或母亲，你预备选择哪一辆呢？

彭轻生子答复：

那当然坐跑得快的那一辆去。

墨子就说：

啊！既然这样，凭你已有的经验，知道哪一辆可以赶得及，哪一辆会赶不及。那不就是了解了将来吗？怎么说不可以了解呢？①

这样说来，墨子的这一条——接受前人经验的成果的方法，并不是无条件地全部接受，而是批判地部分接受。②

即使他对孔老先生的思想，他虽然不遗余力地攻击和反对，但他也认为并不是一概可以抹煞的。

他曾对人这样表示过：

孔老先生当然也有值得称述的地方，我哪能不称述呢？

这是一种何等的求真理的客观态度。

2. 第二个了解事物的方法

孔老先生一派人有一个这样的认定：

他们认定人类中有天才，并且具有先天的知识；③ 有了先天的知识就可以为所欲为，就可以今日矫正这样，明日订正那样，就可以把整个社会矫正得、订正得符合自己主观的愿望。

比如，

他们见到社会上的名分有所紊乱，不是想来订正一番吗？

意思也就是要把社会订正得符合原来的一套。

又，他们虽也注重学习，但也只不过是学习些古代的"礼"呀"乐"呀之类，来辅助他们作订正社会、矫正社会的规范，并不是想从生活的学

---

① "彭轻生子曰：'往者可知，来者不可知。'子墨子曰：'籍设而亲在百里之外，则遇难焉。期以一日也，及之则生、不及则死。今有固车良马于此，又有驽马四隅之轮于此，使子择焉，子将何乘？'对曰：'乘良马固车可以速至。'子墨子曰：'焉在不知来。'"（《墨子·鲁问》）

② "程子曰：'非儒，何故称于孔子也？'子墨子曰：'是亦当而不可易也。今鸟闻热旱之尤则高，鱼闻热旱之尤则下，当此虽禹汤为之谋，必不能易也。鸟鱼可谓愚知，禹汤犹云因焉。今翟无称求孔子乎？'"（《墨子·公孟》）

③ 孔子承认有"生而知之"，又云"上智与下愚不移"，均见《论语》。

习中去了解社会一般所感觉的实在。

墨子就不是这样的。

他从根本上不承认有所谓的天才,因而也就不相信有什么先天的知识,也更没有想到要把它拿来作矫正、订正等工夫。

所以他的第二条方法,和他的第一条差不多,也是非常客观的。

这方法是这样的:

不承认有先天,只承认有后天,只承认后天的大众一般所感觉的实在才是可信托的实在。①

比如:

大众一般感觉没有命运,只有人力,我们就不应当相信命运,只应当相信人力。②

又:

大众一般感觉侵略不好,需要和平,那我们就应当反对侵略,倡导和平。③

又:

大众一般感觉厚葬久丧是不对的,是浪费财力和物力的举动。我们就只能依从大众一般所感觉的意见,反对厚葬久丧,而实行薄葬短丧。④

总之,墨子对社会的认识,就是以大众一般所感觉的实在作为基准。

大众一般感到有,便是有,感到没有,便是没有;大众一般感觉对,便是对,感觉不对,便是不对。

这样一来,把自己的主观化为大众的客观,让个人来服从大众。

3. 第三个了解事物的方法

墨子的第二个方法:即拿大众一般所感觉的实在,作为真理的标准。

---

① "……于何原之?下原察百姓耳目之实。……"(《墨子·非命上》)又云:"是与天下之所以察知有与无之道,必以众之耳目之实知有与亡为仪者也。"(《墨子·明鬼》)

② "我所以知命之有与亡者,以众人耳目之情知有与亡。有闻之,有见之,谓之有;莫之闻,莫之见,谓之亡。"(《墨子·非命中》)又:"今也,农夫之所以早出暮入,强乎耕稼树艺,多聚升粟而不敢怠倦者何也?曰:彼以为强必富,不强必贫;强必饱,不强必饥,故不敢怠倦。……"(《墨子·非命下》)

③ "今大国之攻小国也;攻者,农夫不得耕,妇人不得织,以守为事;攻人者,亦农夫不得耕,妇人不得织,以攻为事。……"(《墨子·耕柱》)

④ "计厚葬为多埋赋之财者也,计久丧为久禁从事者也。……以此求富,此譬犹禁耕而求获也,富之说无可得焉。"(《墨子·节葬下》)又:"使百工行此,则必不能修舟车为器皿矣。"(《墨子·节葬下》)

因之,他的第三个方法,也就是:

拿这个标准,来建立起一切社会制度。

制度建立起来之后,我们再看:

所建立的一切,对于一般的反映又是怎样的?

换句话说:

这是否符合国家的利益、百官的利益和一般人民大众的利益?①

如果建立的,不符合国家的利益、百官的利益和一般人民大众的利益,那么,所建立的制度就要不得。那是没有依照一般大众所感到的实在作为标准,即使依照了,也不是什么完整的,也不过是部分或是更改过了的。因之,在实际应用时,就见不到对大家有什么利益。

比如说吧:

当时的贵族阶级,墨子称之为王公大人,他们对自己的亲戚,他们即使没有什么功绩,也得赏赐得非常多;

他们为了自己享受,不管国库空不空虚,他们还是要备好的车马、好的皮衣服和其他各色各样的珍珠宝贝;

他们又不管奴隶们怎样受苦,只要为了他们可以享乐,他们还是鞭策奴隶们替他们建造美好的宫室和制作悠扬的音乐;

他们死了,也还有许多的讲究:

他们不仅要有好的棺椁,还要用好的皮衣服来装敛;在生的时候,就讲究建立有亭台楼阁的花园,死了也同样要把坟墓修饰得挺华美。②

这许许多多:

在他们,当然感到极端的愉快;但一般人民大众则只感到很深的痛苦。③

因为他们的快乐是建筑在人民大众的痛苦上的。

于是:

使百官感到不愉快的,就是使他们担负得太多;而使人民大众感到难受的,就是把他们盘剥得太厉害,使得他们要受饿受冻。

百官担负的太多,人民大众又要受饿受冻,这样,还像什么国家呢?

---

① "……于何用之?发而为刑政,观其中国家百姓人民之利。"(《墨子·非命上》)

② "……王公大人……以其极赏,以赐无功;虚其府库,以备车马衣裘;苦其役徒,以治宫室欢乐。死又厚为棺椁,多为衣裘,生时治台榭,死又修坟墓。"(《墨子·七患》)

③ "故民苦于外,府库单(尽也)于内,上不厌其乐,下不堪其苦。"(《墨子·七患》)

既不像国家，也谈不上有国家的利益。

在这情势之下：

还要来讲究什么亲亲呀，还要来制礼作乐呀，厚葬久丧呀，那就真"助纣为虐"，远离了人民大众的利益。

远离了人民大众的利益，人民大众当然感到不高兴。

墨子到底是站在当时人民的立场的。

他认为：一切创制，都要以一般大众所感觉着的实在作为标准，这样，才能中万民之利，拿这个标准，来建立起一切社会制度，才为万民所欢悦。①

4. 对他这三个方法的认识

对墨子这三个了解事物的方法，我们虽然已明了，但我们对它有些什么样的感觉呢？

有人就说：

这三个方法中，第一个方法倒是很好的，人们应批判地接受前人所经历的成果。

稍感有问题的，就是那第二个和第三个。

就拿第二个来说：

拿一般大众所感觉着的实在，作为认识真理的标准。

那么，墨子认为：一般大众感觉有鬼神。②难道真的就有所谓的鬼神吗？

所以这标准也不见得怎么靠得住。

至于第三个：

所有一切创制，均应以一般大众感受到的利益为前提。

这本来是没问题的。

只是墨子认为音乐对于大众一般没有利益，便大肆反对。③难道音乐真的是无用的东西而应当舍弃吗？

这也并不见得。

只要不是"靡靡之音"，倘若是提高民气的音乐，还可以使人感动、

---

① "为宫室，则……必厚作敛于百姓，暴夺民衣食之财……"（《墨子·辞过》）
② 《墨子·明鬼》。
③ 《墨子·非乐》。

受到鼓舞、奋发有为，还应当特别提倡呢！

这样说来，墨子应用这两个方法来说明一切事物，似乎还颇有点问题。

当然，由今日的我们来推想，的确是有问题的。不过，我们若从他的时代想之，也就不会感到有什么问题了。除了他说明有鬼神，我们需另行研究外，他反对音乐，确乎有他的道理。因为当时的音乐，只是贵族的专享品，人民大众被盘剥得衣食都无着落，他们哪里还有分得音乐的份呢！

所以我感到墨子这三个方法，从他的时代上讲，确有他的积极意义，尤其是对当时正流行的许多不正确的意识，做了一番严峻的批判。

比如：

孔学派的人士，对前人所经历的成果，而尤其是西周的，他们主张全盘接受；墨子便不这样，他主张有批判地部分接受。

又，孔学派人士无论做什么事，总喜欢凭主观，他们见到社会的情势已经不是原来的一套，于是就想凭自己老一套的意见把社会安排一番，这样，就是他们所郑重提出的所谓正名分；墨子就不是这样，他是相当客观的，他对社会事物的认识，首先从人们的感官出发，并且他的从感官出发，并不是某个人的，而是大众一般的，而是以大众一般感受到利益和感受不到利益作为标准的，所以和孔老先生不一样。

也可以说：

对于认识社会事物的兴和败，孔学派人士是以当时贵族的立场为主，墨子则反是，他是以当时人民大众的立场为主。

墨子和孔老先生的不同，最基本的地方也就在这一点。

因之，我们了解墨子这三个了解社会事物的方法，我们也应从他的这一基本的立场去了解。

这方法，缺点是有的，但确也不能忽略了这方法在他的时代中的进步意义。

（四）"偏爱""全面爱"与"反侵略"

1. 全面爱的"兼爱"

我们已经知道：

孔老先生为了要团结这同一血统的君子阶级，也即当时已没落的和行将没落的一班贵族，于是便倡导"仁爱"。

这"仁爱"的意思就是"亲亲"，就是孔老先生叫出来团结贵族们的一个口号。

墨子的立场到底不同,他反对这样!

他以为:

人们不应该只看见少数人,不看见多数人;不应该只团结少数人,不团结多数人。

仁爱的意思应当广泛与普遍。

如果仁爱的意思是孔老先生这样狭窄的解释的话,其结果是忽略了多数,成全了少数。

我们看看墨子的意思吧!

墨子这样说:

真正仁爱的人,他的任务:一方面是谋取大众的利益;另一方面是驱除对大众的损害。①

他又说:

他根据以往人的经验,和当前人的事实,要为大众谋取利益,必定要爱大众,要做有利于大众的事。②

他的意思:

如果只爱自己亲属的一方面,不爱大众,结果难免要通过盘剥一般大众,来维持自己一方面的利益。

这样,就会把自己一方面的享受完全建筑在大众的痛苦上。

所以墨子有一番这样的设问:

要爱大众,要做对于大众有利益的事,那是偏爱的人会这样,还是兼爱的人才会这样呢?

他的意思是,应当毫不迟疑地这样答复:

只有那兼爱的人才会这样。③

那偏爱的人,只爱自己的一方面,决不会爱大众。即使偶尔也表示要爱大众,那也只不过是为了巩固自己群体的利益,对大众施舍点恩惠,并不是真诚地去爱大众。

---

① "仁人之事者,必务求兴天下之利,除天下之害。"(《墨子·兼爱下》)
② "姑尝本原若众利之所自生,……必曰从爱人利人生。"(《墨子·兼爱下》)
③ "……分名乎天下爱人而利人者,别与?兼与?即必曰:兼也。……"(《墨子·兼爱下》)

像孔老先生他们谈的所谓"恕道"，不就是"施舍"的意思吗？①

墨子又说：

他根据以往的人的经验，和当前人的事实，他知道：一般大众之所以受到害处，就是因为有人厌恶大众，做了残害大众的事。②

把他这意思反过来，就是说：如果没有人厌恶大众，做了残害大众的事，大众怎么会受损害呢？那他们岂不是和只爱自己群的人一样——既吃得饱又穿得暖吗？

他接着又这样的设问：

那厌恶大众，做残害大众的事，是兼爱的人，还是偏爱的人呢？

他的意思是，也应当毫不迟疑地这样答复：

只有那偏爱的人才会这样。③

因为兼爱的人，对任何阶级的人都爱，尤其是对平民的一阶级，那他怎么会厌恶大众，会做残害大众的事呢？那只有偏爱的人才会这样。

墨子为了爱护当时的大众，于是他一方面反对孔老先生他们的偏爱的仁爱，而另一方面自己便倡导出全面的爱——兼爱。

不过，又有人发出这样的议论：

孔老先生倡导着"仁"，又把"仁"解释说就是"爱人"和"知人"，这样说来，岂不是孔老先生在那时代变革中的"人之发现"吗？

这话我不同意！

孔老先生倡导着"仁"，你就说这是时代变革中的"人之发现"吗？可是，因为他老先生怀有偏见，对于当时真正创造时代的人类，他并没有发现，他所发现的，只是已没落的和正在没落途中的贵族群。

当时真正创造时代的人类，直到墨子提出了不分阶层的兼爱来，才发现的。

所以说，当时真正算得是"人之发现"的，并不是孔老先生，而是墨子。

2. 反对全面爱之一般

墨子倡导这种全面爱的兼爱论，孔老先生一派人大为不满意，认为与

---

① 子贡所称的博施济众（《论语·雍也》），即是恕道。
② "姑尝本原若众害之所自生……必曰从恶人贼人生。……"（《墨子·兼爱下》）
③ "……分名乎天下之恶人而贼人者，兼与？别与？即必曰，别也。……"（《墨子·兼爱下》）

他们的意志太相反了,于是都对墨子下着总攻击。

比如:

孟老夫子就骂墨子,说墨子倡导兼爱,就是"无父"。①

其实墨子是不是真的就"无父"呢?

这恐不见得吧!

我想,墨子只是不和孔学派人士一样,把自己所属阶级的利益摆在第一位;他是把社会全体的利益摆在第一位,所以他倡导兼爱,他说要首先爱大众。

但是,我们不能说他首先爱大众,就说他"无父",他的首先爱大众,也就是为了爱他自己的父亲。

他不是这样说过吗:

我们首先爱了人家的父母,人家也就会爱我们的父母;如果我们不首先去爱人家的父母,并且还厌恶人家父母的话,那人家哪会爱我们的父母呢?也就会同样地厌恶我们的父母了。②

这可见他并不是"无父"的。

他只是没有从自己的方面出发,他是从大众的方面出发。他首先爱大众的父母,当然毫无疑义的,也就会爱他的父母。

又有一次,孟老夫子批评墨子的兼爱,太不讲亲疏和等级的分别。③

我看,这倒不但没有批评得了墨子,反而是恭维了墨子。

墨子的精神正是如此。

稍后,荀卿老夫子也对墨子作过这样的攻击。

他说:

墨翟吧!

他只见到社会上要平等,他没有见到社会上是不能平等的。如果社会一律平等而没有阶级区分的话,那由谁来发号施令,人民又由谁来管

---

① 《孟子·滕文公》。

② "子墨子曰:'姑尝本原孝子之为亲度者;吾不识孝子之为亲度者,亦欲人之爱利其亲与,抑欲人之恶贼其亲与?以说观之,即欲人之爱利其亲也。然则吾恶先从事而得此?若我先从事乎爱利人之亲,然后人报我以爱利吾亲乎?……则必吾先从事爱利人之亲,然后人报我以爱利吾亲也。……'"(《墨子·兼爱下》)

③ 《孟子·滕文公》。

束呢?①

又有一次,荀卿老夫子批评墨子的主张更不客气。

他说:

墨翟这家伙!这样的不讲究亲疏和等级,连个君臣上下都不分,这思想简直太危险了,一般愚笨的奴隶会被他煽动起来呀!②

现在我们不论他们对墨子的批评是怎样,是不是对墨子倡导兼爱的用意真的有所明了,我们都可以不管,只是有一点,我们从他们的批评中,知道了他们所倡导的仁爱只是偏爱,而墨子的兼爱才是无阶级区分的全体爱。

3. 人类爱与反侵略

墨子反对侵略,他将当时侵略者的残暴行为,画成一幅画:侵略者们!

他们非常喜欢靠侵略弱小来养肥自己。

他们发动他们的爪牙,武装他们的奴隶,分水陆两路去进攻那并无过失的弱小国。

他们攻入人家的国境,便尽量发挥他们的兽性,看见长得很好的稻子就割下来,长得很茂盛的树木也砍下来,遇了城郭就破坏,沟池就填塞,祖庙便焚烧,其他牲畜就杀得一只不留。

捉来的俘虏呢?

不驯服的一律杀掉;驯服的,有的用作生产奴隶,有的就用作家内奴隶。③

你看,这是何等惨酷的一幅画面呀!

被侵略的国家是这样,那侵略的国家又是怎样的呢?

那又有什么好处?除了侵略者自身感到有利益外,他国内的勤劳的大众还不是很痛苦吗?

---

① "墨子有见于齐,无见于畸……有齐而无畸,则政令不施。……"(《荀子·集天论》)

② "……而漫差等,曾不足以容辨异,县君臣,然而其持之有故,其言之成理,足以欺惑愚众,是墨翟、宋钘也。"(《荀子·非十二子》)按《荀子·王先廉集解》云:"按《荀子·富国》云:群众未县,则君臣未立也;无君以制臣,无上以制下,即县君臣之义。"

③ "今知氏大国之君,宽彖然曰:'吾处大国而不攻小国,吾何以为大哉?'是以差论爪牙之士,比列其舟车之卒,以攻伐无罪之国;人其沟境,刈其禾稼,斩其树木,残其城郭,以抑其沟池,焚烧其祖庙,攘杀其牺牲。民之格者则劲拔之,不格者则击操而归,丈夫以为仆围胥靡,妇人以为春酉。"(《墨子·天志下》)

平时从事生产工作的是勤劳大众，战时充当士兵的又是勤劳大众。

并且在进行侵略战的时候，冬天呢，就要使他们受寒冷；夏天呢，又要使他们受暑热；春天来发动吧，也不是好，就会使得他们不能耕种；秋天吧，也不成，因为那正是他们收获的时候。①

同时，打起仗来，又使得他们的生活更不安定。

比如说：

没有好的住处，睡眠不会足，饮食又不按时，不是一顿吃得太饱，就是许多时候得不到吃的，饱和饿，不能好好地调节。这样，当然容易生病。所以他们中有许多人，即使侥幸没有在战场上战死，也得在战场上病死。②

假使打仗打得太久，使得妻子和丈夫许久不能会面，这也是有乖人道的！③

墨子，在当时说来，他是最富有人类爱的。

他见到这种征战惨状，当然感到不舒服，所以他拼命地反对侵略。

如齐大王想攻打鲁国，楚惠王想攻打宋国，楚国鲁阳文君想攻打郑国，他都想方设法把他们的侵略欲制止了。④

他有时又怕侵略者不容易被说服，或者一时说服了又怕他们过后不守信用，所以每当他去制止侵略者的时候，他还会去替被侵略的国家做防守的工作。像楚惠王要攻宋，他一面去说服了楚惠王，在另一方面还打发他的学生禽滑厘等三百人，携带了守城的器械，在宋城上守着，等待楚兵的进攻。⑤

这可见他深深知道，要有武装才谈得上和平。

所以他还为被侵略的国家造了不少的守城器械。⑥

同时，他对于肃清自己团体中的侵略主义者也是毫不留情的。

---

① "今师徒唯毋兴起，冬行恐寒，夏行恐暑，此不可以冬夏为者也。春则废民耕稼树艺，秋则废民穫敛。"（《墨子·非攻中》）

② 并且兴师，又使"与其居处之不安，食饭之不时，饥饱之不节，百姓之道疾病而死者，不可胜数"。（《墨子·非攻中》）

③ "兴师以攻伐邻国，久者终年，速者数月，男女久不见，此所以寡人之道也。"（《墨子·节用上》）

④ 齐大王攻鲁及鲁阳文君攻郑，均见《墨子·鲁问》；但楚惠王攻宋，则见《墨子·公输》。

⑤ 《墨子·公输》。

⑥ 《墨子·备城门》以下诸篇。

他有一个学生叫胜绰的,在齐国将帅项子牛那里工作,项子牛三次为齐大王攻打鲁国,胜绰就三次都参加了。墨子听见,就毫不客气,把胜绰从团体中开除了。①

所以墨子对于反侵略,既不遗余力,又不留情面。

(五)反命运与宣传有意志的天、鬼神的用意

1. 他为什么反对命运

原来说过:

子夏为了要使当时的人都能守本分,于是倡导一种命运说,这说的主要意思,就是使被盘剥的人不致起来反抗,一切都为命运所支配。

比如说:

穷人,你想和富人争夺财富吗?

他说:

你用不着!富人的命运好,所以财富多;你的命运不好,所以分财富就没有你的份,你何必白费气力去和富人争夺呢?

贱人,你想和贵人争夺政权吗?

他说:

你用不着!贵人的命运好,所以有管理大众的权柄;你的命运不好,就应该受他们的支配,你何必白费气力去反抗他们呢?

子夏这样说过:

富和贵,都早已由天命定好了的,决非人力所可做到。②

墨子到底是和大众在一起的,他对孔老先生这种说法表示深恶痛绝。

他首先叙述命运说的源流:

命运说,它由古代残暴的统治阶级所倡导出来,又经过助纣为虐的统治阶级的代言人一番阐述,用意就在于欺骗大众、麻醉大众,使大众任由统治阶级蹂躏,都不敢起来反抗。③

---

① "子墨子使胜绰事项子牛。项子牛三侵鲁地,而胜绰三从。子墨子闻之,使高孙子请而退之。……"(《墨子·鲁问》)

② "……富贵在天。"(《论语·颜渊》)又《墨子·非儒下》云:"有强执有命以说议曰:'寿夭贫富,安危治乱,固有天命,不可损益;穷达、赏罚、幸否有极,人之知力,不能为焉。'……"

③ 《墨子·非命下》谓命运说乃"昔者暴王作之,穷人术之,此皆疑众迟朴"。按"疑众迟朴",即"疑众愚仆",也即"驱众愚朴";"朴"系指"质朴之人",即是当时奴隶,和"众"一样。

接着又说：

拿这种命运说来做宣传的，就是要消灭人类的理性，抹煞人类的正义呀！

墨子唤醒当时的大众不要受他们的欺骗。

真的，人类的理性被埋藏了，正义被抹煞了，统治者就更可以为所欲为，就更可以把受盘剥的人永远当作他们的牺牲品，于是被盘剥的人就永远地受着痛苦。

欢喜这样做的，就是要消灭人类。①

今日的纳粹党徒不也欢喜这样做吗？

他们所倡导的虽不是什么命运说，但他们的所谓种族说不也和这差不多吗？都在消灭人类的理性。

他们说：

只有他们德意志民族才是优秀的民族，其余的都是劣等民族，劣等民族是应该为优秀的民族所统治。

于是发动了这次疯狂的世界战争，想把世界都征服起来，都受他们所谓优秀的德意志民族的统治。

这真是荒谬至极。

但命运说也和这有同样的荒谬。

孔学派人士拿这种荒谬的东西做宣传，意在消灭多数人的理性，使多数人永远为少数人牺牲，墨子听了，真忍受不下去了，于是又大声疾呼：

宣传命运说的不是好人呀！②

叫人们好好地提防，不要受他们的麻醉和欺骗。

2. 他的谈上天是怎么一回事

有人这样说：

墨子不相信人类有什么命运在支配，这当然有道理。可是他为什么又相信有所谓上天，有所谓灵魂呢？相信上天，相信灵魂，不就是宗教家吗？只有宗教家才讲究这么多呀！

的确有许多人这样误解墨子。据我看，其实也只是误解而已。

---

① "今用执有命者之言，是覆天下之义；覆天下之义者，是立命者也，百姓之谇也；说百姓之谇者，是灭天下之人也。"（《墨子·非命上》）

② "命者……非仁者之言也。"（《墨子·非命下》）又："……面儒者以（命）为道教，是贼天下之人者也。"（《墨子·非儒下》）

那为什么呢？

首先我们就他的谈上天来说：

他说：

我手里握有"上天的意志"，就好像造车的工人握有一个"规"，造房子的工人握有一个"矩"。那"规"与"矩"是在测量事物的"圆"与"方"，但我握着的"上天的意志"，便是用来测量统治阶级的"仁爱"和"不仁爱"。①

从这一段话看，就可见他并不是真的相信有所谓"上天"。他只是拿"上天"当作某种工具来使用，也就是说，拿"上天"来作为对付统治阶级的手段。

他反对命运，因为命运对大众有害，是欺骗大众和压迫大众的。

反过来，他述说俨然有"上天"这个东西，就是帮助大众对统治者的反欺骗和反压迫。

他下了一个这样的界说：

国土不论大小，都是上天的地方；人不论长幼和贵贱，都是上天的臣子。②

把他这话翻过说，就是：

地方是上天的，应当公有；人民是上天的，应当平等。

在这原则之下，于是：

你想侵略，他说这违反了上天的意志；

你想欺骗大众，他说这违反了上天的意志；

你想打劫弱小，他说这违反了上天的意志；

你瞧不起奴隶，把奴隶不看成人类，他说这违反了上天的意志；

你只顾自己这一群人的利益，不爱大众，不顾及大众的利益，他说这违反了上天的意志。③

---

① "是故子墨子之有天之，辟人无以异乎轮人之有规，匠人之有矩也。今夫轮人操其规，将以量度天下之圆与不圆也……匠人亦操其矩，将以量度天下之方与不方也……故子墨子之有天之意也……将以量度天下之王公大人、卿、大夫之仁与不仁……"（《墨子·天志中》）

② "今天下无大小国，皆天之邑也；人无幼长贵贱，皆天之臣也。"（《墨子·法仪》）

③ "子墨子曰：'天之意，不欲大国之攻小国也，大家之乱小家也，强之暴寡，诈之谋愚，贵之傲贱，此天之所不欲也。……'"（《墨子·天志中》）又："……反天意者，别相恶，交相贼，必得罚。"（《墨子·天志上》）

墨子就握着"上天"这一手段，来打击这班侵略的，欺压大众的，打劫弱小的，把奴隶不看成人类的和只顾自己这一群体的利益的人。

然而这班人是什么人呢？

大众当然不是，他们是被盘剥的，那还不就是盘剥者的统治阶层？也就是墨子所称的"王公大人"之流。

于是我们可以知道：

墨子为了要争取当时大众的解放，拿没有命运只要努力去鼓励；为了要反对当时统治阶层的残暴，便拿上天的意志去恫吓。

这是墨子谈"上天"的主意。

3. 他的谈灵魂又是什么一回事

我们再看他谈灵魂不灭说又是什么一回事。

不过，在没有谈到这之前，我们首先得知道，墨子自己是不是真的相信有所谓的灵魂。

据我看，是并不见得的。

墨子这样说过：

人们用酒食去祭奠鬼神，假使真的有鬼神的话，那人们死去了的父母、兄嫂都可来享受，这岂不很好吗？如果没有所谓的鬼神，那人们所办的酒食，也并不会浪费；自家的亲戚、朋友聚在一起还可以好好地吃一顿，大家也岂不感到很愉快吗？①

从他的这一段话，可见他并不是真的相信有所谓的灵魂。

他自己既然不怎么相信，但为什么又宣传有灵魂呢？

这当然另有原因。

在《左传》上，郑国有一个这样的故事：

郑国的伯有死了，他的灵魂作祟，害死了郑国许多当权人士，让所有郑国人都很恐慌！后来郑子产因事聘问晋国，晋国的赵景子就问他：伯有死了，还有灵魂出来作祟吗？子产答复道：那怎么没有呢？他家三代都在晋国做高官，吃得好，用得好，一切享受都好，当然就很有精爽；并且他

---

① "若使鬼神请（诚也）有，是得其父母姒兄而饮食之也，岂非厚利哉！若使鬼神请亡，是乃费其所为酒醴粢盛之财耳；自夫费之，非特注之污壑而弃之也，内者宗族，外者乡里，皆得而具饮食之；虽使鬼神请亡，此犹可以合欢聚众，取亲于乡里。"（《墨子·明鬼下》）

的族又是大族，向来所凭借的都非常优厚，无疑是会有灵魂出来作祟呀！①

郑子产的这一番话，正说明当时贵族阶级死了，因为他们生前的享用好，吸取的精爽多，所以有灵魂。

至于当时的劳苦大众，他们死后是不是也有灵魂呢？

那当然不会有。

因为他们生前的享用不好，没有吸取到什么精爽呀！

荀卿老夫子不是这样说过吗：

单靠两手的工作来讨一口饭吃的，死了就没有资格进宗庙。②

意思也就是，荀卿认为他们死后不会有灵魂，故不得有灵魂的享受，不得进宗庙。

墨子见到：

贵族死了说有灵魂；劳苦大众死了便说没有灵魂，这未免太看不起劳苦大众，把劳苦大众太不当人了。于是他为帮劳苦大众，替劳苦大众争取平等，便宣传着说都有灵魂。

并且他还从事实上，得知灵魂的有与没有，他从劳动大众那里获得了一个证明。就是一般劳动大众感到他们是有灵魂的呀！③

因之，劳动大众感到有，他也认为是有，但他对灵魂并不是真的相信。

墨子的所谓灵魂不灭说就是如此。

（六）墨子的教育方针

1. 人的天性无所谓善恶

关于人的天性，到底是善呀，恶呀，善恶都具有呀，还是无所谓善恶呀，墨子是不大喜欢这样谈的，所以从他的作品里也就找不到了。

---

① "郑人相惊以伯有。曰：'伯有至矣！'则皆走，不知所往。铸刑书之岁二月，或梦伯有介而行，曰：'壬子，余将杀带也！明年壬寅，余又将杀段也！'及壬子，驷带卒，国人益惧！齐燕平之月壬寅，公孙段卒，国人愈惧！……子产曰：'鬼有所归，乃不为厉。……'及子产适晋，赵景子问焉，曰：'伯有犹能为鬼乎？'子产曰：'能！人生始化曰魄，既生魄，阳曰魂；用物精多，则魂魄强；是以有精爽，至于神明。匹夫匹妇强死，其魂魄犹能凭依于人，以为淫厉，况良宵……敝邑之卿，从政三世矣……其用物也弘矣，其取精也多矣，其族又大，所凭厚矣。而强死，能为鬼，不亦宜乎？'"（《左传·昭公七年》）

② "恃手而食者，不得立宗庙。"（《荀子·礼论》）

③ "……天下之所以察知有与无之道者，必以众之耳目之实知有与亡为仪者也；请（诚也）惑（或也）闻之见之，则必以为有。"（《墨子·明鬼下》）

不过，他虽不明显地谈，但他对这问题还是有他的看法的。

他不是有个这样的意思——叫人们对于所处的环境，要持谨慎的态度吗？①

这就有意思呀！

这意思就是他认为环境移人的力量很大，一个人如果和好的人处在一起，当然容易变成好人；倘使和坏的人处在一起，不免就要变成坏人了。所以他叫人持谨慎的态度。

我们从他这意思中，了解墨子对人性是什么样的看法。

这看法很明显，就是他认为人性的本身并无所谓善恶，善恶是由于后天的环境。

同时在《墨子·大取》也有一段话提到人性。

《大取》虽不能说是墨子本人的作品，但起码是他后来的同志们所写的东西，总是他思想的一脉流传。②

那段话的大致意思是这样的：

残暴的人的性格并不是什么天生成的，他之所以坏，所以不好，完全是沾染了社会上的种种恶习。③

这话更明显地表现出：

墨子不相信人的本性是善，也不承认人的本性是恶，他认为人类之所以有善有恶，那全然是因为后天所沾染的习惯好不好！

---

① 《墨子·所染》，意即叫人慎于所染。按此篇因与《吕氏春秋·当染》同，多人认为非墨子本人所作。不过，墨子曾见染丝而叹，当为事实。除了《墨子·所染》与《吕氏春秋·当染》有记载外，《淮南子·说林训》亦云："墨子见练丝而泣之，为其可以黄可以黑。"

② 《大取》《小取》《经上》《经下》《经说上》《经说下》等六篇，据《韩非子·显学》及《庄子·天下》，系后来的别墨所作。

③ 原文云："为暴人语天之为是也；而性为暴人歌天之为非也。诸陈执既有所为，而我为之陈执，执之所为，固吾所为也。"按张纯一注云："陈执，谓遍计陈迹而成执，即所染之异名，犹习惯然。……言暴人之所为，非天使然，由本有习气种子，蒙润缘生现行也。人间世一切陈执，既有先我为之者，故我亦习染而为之。诸陈执之所为，固吾所为之前因也。"原文又云："若陈执未有所为，而我为之陈执，陈执固吾所为也。"张又注云："此言新熏种子，以我之所为，不必皆本于陈执，若陈执未有所为者，亦且自我为之成陈执。则吾习染之所为，又后人陈执之前因也。"原文又云："暴人为我，为天之（志也），以人非为是也，而性。"张又注云："言天下所以多暴人者，皆由自执陈，陈之我见，及世间陈陈相因，遍计起执诸邪见，熏习而成。惟知为我，非天使为是暴人也，非其性本于天然也。……盖暴人之性，本无善恶；非无善恶，非关于天，大旨已见。"（《墨子集解》）

所以他说：

人们对社会上的习惯的沾染，要谨慎呀！

2. 教育主旨——注重个性与实践

现在我们再来看看墨子的教育方针：

他不承认人们的天性有所谓善恶，事实上也就是他不承认有所谓绝顶聪明的人和极端愚蠢的人。

换句话说：也就是他否定有所谓的天才和奴才。

他以为人们的天性都是一律的：好像要染的丝一样，它本身无所谓青黄色，直到受染以后，是青色就是青色，是黄色就是黄色。①

只是有一点，墨子虽不承认人性有善恶，但他对各人的差异性还是承认的。这也好像染丝一样，丝的本身虽不具有什么青黄色，但这丝适宜于染青色还是黄色，它的属性的差别还是有的。

因之墨子的教育方针：

第一，就是主张发挥各人的个性。

比如就争取奴隶大众解放的这一件义事来说：

他说：

我们为了要达到这一目的，就应当分工合作，看各人适合做什么就做什么：能辩论的就辩论，能讲说的就讲说，能做实际工作的就做实际工作。

就好像筑墙一样，能筑的就筑，能灌土的灌土，能锄土的锄土，各人发挥各人的所长来干。②

又有一回这样的事：

墨子有几位学生想和他学射箭。

墨子大概知道他们学射箭的能力都不是很强，这样答复着说：

"你们要衡量自己的能力，可以学什么才学什么呀！……怎么学习文道的来练习武术呢？"③

---

① "子墨子见染丝者而叹曰：'染于苍则苍，染于黄则黄；所入者变，其色亦变。……'"（《墨子·所染》）

② "子墨子曰：'譬若筑墙然，能筑者筑，能实壤者实壤，能顾者顾，然后墙成也。为义犹是也，能谈辩者谈辩，能说书者说书，能从事者从事，然后义事成也。'"（《墨子·耕柱》）

③ "二三子有复于子墨子学射者。子墨子曰：'不可！夫知者必量其力所能至而从事焉。……今子非国士也，岂能成学又成射哉？'"（《墨子·公孟》）

第二，墨子注重实践的教育。

比方说，

他驳斥告子时就这样说：

"主持政务的，口里说了，手里也要这样做；像你这样，口里说而自己并不照着做，不肯去从事实践，那又怎么行呢？……"①

他感到实践教育的重要，一则由于他原来是奴隶，受到当时社会上许多实际的教育；二则他认为也只有从实际的教育中才能获得对社会真正的认识。

他所举的那个例子，那盲人分辨不出白黑，为什么分辨不出白黑呢？就是盲人所了解的白黑，并不是自己从实践中了解到的！②

因为他注重实践的教育，故对书本上的教育并不怎么重视。

有一件这样的事。

有一次，墨子带上了几车书跑到卫国去。

他的学生弦庚子见着，感到很奇怪，为什么墨老师到这里来带上这么多书呢？连忙问墨老师道：

"墨老师，您前次对公尚过这样说，我们只要能从实际中了解事物的是和非就够了，不一定要怎么来读书。那现在您带这么多书来，是为什么呢？"

墨子答道：

"……我所听到的，对同一事件的目标，当中有了解清楚的，但也有为传闻所误，了解不清楚的，所以带些书来，以备参考和研究。公尚过他很精明，对同一事件的目标，大致上他都了解，所以用不着要他再在书本上花功夫。你何必对这事感到奇怪呢？"③

这就可见，墨子对从事书本上的研究感到并不必要，只是对事物了解不清楚的人，以之来作参考。

----

① 墨子斥告子曰："政者，口言之，身必行之；今子口言之而身不行，是子之身乱也。……"（《墨子·公孟》）

② 即《墨子·贵义》"今瞽者曰：'钜（皑）者白也，黔者黑也。'虽明目者无以易之，兼白黑使瞽取焉，不能知也。故我曰：'瞽不知白黑者，非以其名也，以其取也。'"一段。

③ "子墨子南游使卫，关中载书甚多。弦唐子见而怪，曰：'吾夫子教公尚过曰，揣曲直而已！今夫子载书甚多，何有也？'子墨子曰：'……翟闻之，同归之物，信有误者，而民听不钧，是以书多也。今若过之心者，数逆于精微，同归之物，既知要矣，是以不教以书也。而子何怪焉！'"（《墨子·贵义》）

（七）墨子的经济主张

1. 倡节俭

当时一般的贵族，就是墨子所称呼的"王公大人"，他们对物质生活不都是非常讲究、穷奢极侈的吗？

拿他们所住的宫室来说：

像晋国既筑有"铜鞮之台"，又筑有"虎祁之宫"；① 楚国既筑有"灵台"，又筑有"章华之宫"；② 又如吴国，吴王夫差不也筑有"姑苏之台"③吗？此外，筑台筑囿圃的还不知多少，真是举不胜举。

并且他们所筑的台和宫室都很讲究，据墨子所说，那不仅粉饰得漂亮，并且还雕刻得漂亮！④

这许多，不是要花费大量的人力和财力吗？

同时还据墨子的叙述：

贵族所穿的衣服，都是用锦缎制成，上面绣着很好看的文采；

他们所吃的食物，大都为山珍海味，并且还蓄养了很好的厨子，像易牙一样的技术，来烹饪；

他们所乘坐的车马，也不仅装饰得漂亮，并且也雕琢得漂亮。⑤

这一切的一切，据墨子所知道的，都是从盘剥人民大众中得来，都是人民大众的血汗。⑥

假使这情形，再发展下去，当时一般人民大众又怎么受得了呢？

于是墨子针对时病，在经济的消费方面，特别倡导"节用"。

对于饮食呢？

只要吃得饱，稍有营养，能够使得身体健康，使得耳聪目明就可以了，不一定要有特殊的讲究。⑦

---

① 《左传·昭公八年》。
② 《晏子·春秋》云："昔者，楚灵王作灵台，三年未息也；又为章华之宫，五年未息也。"
③ 墨子谓："吴王夫差筑姑苏之台，七年不成。"
④ "当今之主，其为宫室……以为宫室台榭曲直之望，青黄刻镂之饰。"
⑤ "当今之主，其为衣服，……以为锦绣文采靡曼之衣……今则不然，厚作敛于百姓，以为美食刍豢，蒸炙鱼鳖……人君为饮食如此，故左右象之，是以富贵者奢侈，孤寡者冻馁。"（《墨子·辞过》）
⑥ "当今之主，……必厚作敛于百姓，暴夺民衣食之财……"（《墨子·辞过》）
⑦ "饮食之法曰：足以充虚继气，强股肱，耳目聪明，则止。不极五味之调。……俛仰周旋威仪之礼，圣王弗为。"（《墨子·节用》中）

衣服呢？

也是一样的。

冬天里，只要穿得暖；夏天里，只要穿得轻快，也不一定要讲究什么"锦绣文采"。①

至于住的地方，只要能避风寒雨露，能打扫清洁就很好，也不一定要住什么高楼大厦。②

死了人，也不应大肆铺张，什么"厚葬"呀，"久丧"呀，都不必要；只要有棺木能埋葬就得了。③

他这话都是对当时的贵族们说的。

同时他还有这样的意思，主持政务的人，今后要做到：

第一，要使人民的生活过得下去，能达到"穿得暖，吃得饱"的标准。

第二，政府里花费许多钱，来做一项事业，但必定是要对人民有利的；如果对人民没有利益的话，就不应该做。

他还说：古代的圣王做事都是符合这标准的。④

2. 论力作分工与人口

我们再进而看看墨子谈生产诸问题。

当时不是已有铁器的发现吗？⑤

这很好，这可以使得社会的生产力发达。

当时不是已允许土地可以为人民私有了吗？⑥

这很好，已获得自由的人民有了新的希望，今后人民大众只要自己肯努力，也可以富有起来。

同时，对于那尚未获得自由的人民也是一种强烈的刺激；这刺激，就是他们要争取自己的自由，要来实现他们富有的幻想。

---

① 衣服之法曰：冬服绀緅之衣轻且暖，夏服绤绤之衣轻且清，则止。（《墨子·节用》中）

② "宫室之法……其中可以圉风寒，上可以圉霜雪雨露，其中蠲洁可以祭祀……"（《墨子·辞过》）

③ 《墨子·节葬下》。

④ "古者圣王制为节用之法曰……凡足以奉给民用则止；诸加费不加于民利者，圣王勿为。"（《墨子·节用中》）

⑤ 据《国语·齐语》云："美金以铸剑戟，试诸狗马；恶金以铸钼夷斤欘，试诸壤土。"按，恶金即是指铁。《管子·小匡》亦有此记载。

⑥ 鲁宣公十五年初税亩的开始，即是正式承认人民土地私有的开始。

可是在这前提之下，孔老先生倡导起命运来。人民要想"富贵利达"吗？奈何你们早就处于被盘剥的命运！拿这话打破了人民对富有的希望与幻想。

墨子听到，这不对！这样，岂不使人民大众永远不得翻身了吗？便连忙大声疾呼，对大众这样说：

怎么说有所谓命运支配了你们呢？只要你们肯努力呀！①

于是墨子一面作这样倡导：

只要自己肯劳作，就可以获得人生幸福，除非自己不劳作。②

这话说得很有力量。

另一面墨子又作这样的反对：

那不劳作的坐食阶级，你们——大众，可以反对呀！③

不过，又有一点，在劳作中还得分工。

比如筑墙：

能筑的就筑，能灌土的就灌土，能锄土的就锄土。这样分起工来，不仅使得工作敏捷，并且还可以做得很精致。④

于是墨子这样说：

在生产部门中，我们得分工，车工是车工，皮工是皮工，陶匠是陶匠，梓匠是梓匠，这样，大家各尽所能，岂不是很好吗？⑤

此外，墨子感到还有个问题。

当时一般贵族，不是娶了不少姬妾？像齐桓公，晋厉公和吴王夫差他们，所娶的姬妾就不少：⑥ 他们有这么多姬妾，人民大众中有的一个都没有，这不仅是不近人情，最重要的是对当时人口这一问题有极大的影响。

又当时因为战争很多，这不论侵略的一方和被侵略的一方，双方死的人都不少，这对人口不也有极大的影响吗？

---

① "夫岂可以为其命哉！固以为其力也。"（《墨子·非命下》）又："天下皆曰其力也，必不能曰我见命焉！"（《墨子·非命中》）

② "赖其力者生，不赖其力者不生。"（《墨子·非乐上》）

③ "不与其劳，获其实，非其所有而取之……上得则罚之，众闻则非之。"（《墨子·天志下》）

④ "譬若筑墙然，能筑者筑，能实壤者实壤，能欣者欣，然后墙成也。"（《墨子·贵义》）

⑤ "凡天下群百工：轮车、鞼鞄，陶冶、梓匠，使各从事其所能。"（《墨子·节用中》）

⑥ 《史记·齐世家》："齐桓公……好内，多内宠。"又《左传》载："晋厉公侈，多外嬖。"又："吴王夫差……宿有妃嫱嫔御焉。"

墨子认为这在经济的生产上不利，尤其是新的技术——铁器——正在生产各部门中使用的时候。① 如果人口缺少，这多么不便于生产，是多么不好的一件事呀？

于是他提出一个疑问，就是：

怎样增加人口呀？

比如说：

贵族娶姬妾，不是千数，就是百数，这样，使得人民中男的找不到老婆，女的就为贵族所蓄养，也找不着人生幸福，男女双方都把这青春时光耽误了，怎么能不影响到生育，怎么能不影响到人口问题呢？② 所以墨子为了增加人口，对这事是反对得不遗余力。

至于侵略战争，使得人口减少，他攻击得特别厉害。

他为了要增加人口，除了反对这许多事之外，还有他积极的办法。

并且，这办法也不是他独创的，他一面根据当时的事实，一面根据一般人的意见，比如说，齐桓公就下过这样的命令：男子二十必须娶妻，女子十五必须嫁人。③ 稍后越王勾践也下过这样的命令，稍不同的，就是他规定：女子十七岁不出嫁，就必须处罚她的父母；男子二十岁尚不娶妻，也必须处罚他的父母。④ 墨子根据这个，也提出了一般的办法，就是：

男子二十岁必须成家；女子十五岁必须嫁人。

这样提出之后，他又申明：

大家要知道，我这样提出，并不是为了要人民早早地建立起家室，而是为了鼓励人口的增加呀！⑤

（八）墨子的政治主张

1. 选贤能

当时各国政府里用人，不都是使用自己的亲属吗？

---

① 据《国语·齐语》云："美金以铸剑戟，试诸狗马；恶金以铸𨨏夷斤欘，试诸壤土。"按，恶金即是指铁。《管子·小匡》亦有此记载。

② "当今之君，其蓄私也，大国拘女累千，小国累百，是以天下之男多寡无妻，女多拘无夫，男女失时故民少。"（《墨子·辞过》）

③ 《韩非子·外储说古》："齐桓公下令于民曰：'丈夫二十而食，妇人十五而嫁。'"

④ 《国语·越语》云："女子十七不嫁，其父母有罪；丈夫二十不娶，其父母有罪。"

⑤ "昔圣王为法曰：丈夫年二十，毋敢不处家，女子年十五，毋敢不事人。……此不惟使民蚤处家而可以倍与？"（《墨子·节用上》）

像墨子的母国——鲁国，鲁公所用的大臣，如孟孙、叔孙和季孙他们，不都属桓族的后裔吗？都是属自己一家的人。①

即使偶尔有较开明的君主，如晋国的单献公，曾经使用外族人来担任职务，结果他的本族人把他杀了。②

这可见使用外族人是不大被允许的。

因之各国的用人，总是使用自己的亲属。并且如墨子所说，他们还不管自家人是跛子、哑人、聋人，还是盲人；又不管这班人的心术如何，品行如何，即使贪赃枉法，无所不为，他们还是照样使用，也不怕人民的责难和非议。③

这样，弄得真正为国家出了力做了事的人，并没有得到一点赏赐，得到了赏赐的反而是一班混蛋。反过来，那有真凭实据的贪了赃枉了法的人，照理应当受严厉处分，但他们仍得以逍遥法外；而在不知不觉间，那社会上所公认的好人倒反而受了罪。

是非黑白这样颠倒，一般人民哪能不心灰意冷，社会风俗哪能不败坏呢？④

墨子见到，这不对！

政治不能这样腐败，应当赶快想办法。

于是他提出了"尚贤"。

尚贤，就是不论他是亲的或疏的，贵的或贱的，有钱的或没有钱的，也不管他是居在城市里的自由民或是在野外耕作的奴隶，也不管他在职业上是耕田的也好，做工的也好或是经商的也好，只要他有能力，真正能干得起事，不贪赃，又不枉法，这样，就要推举他出来，就要给他高的位置。

---

① 《左传》。
② 《左传·昭公七年》。
③ "王公大人骨肉之亲，跛、瘖、聋、瞽，暴如桀纣，不加失也。"（《墨子·尚贤下》）
④ "是故以赏不当贤，罚不当暴；其所赏者已无故矣，其所罚者亦无罪，是以使百姓皆攸心解体，沮以为善。"（《墨子·尚贤下》）

并且他在他的位置上，真正干得有成绩的话，政府里就要给他赏赐。①

墨子认为：

如果当时各国，在用人方面，都能这样以贤能来做标准的话，那岂独是当权的永远不会是一班贵族，吃苦的永远不会是勤劳大众，就是政治方面也从此获得清明了呀！⑥

2. 民主之路

墨子还有个这样的意思：

他主张人们的思想和行动都应当向最高当局去取法。②

他为什么要这样呢？

他以为：大家都从最高当局取法，大家就不会有什么意见和冲突，就可以达到全面的爱的目的。

他的立意是好的，只是他的方式错了。

他应当说：人们的思想和行动应该向人民取法，就是从人民群众中来教育自己，也就是他所说的"下比"。

这样就对了。

他那样的方式就不免使人感到有点不民主。

其实他是不是民主呢？

我们看，他是民主的！

第一，他认为所有行政官吏，不论是最高当局也好，僚属也好，均应当由人民选举或推举出来。③

第二，如果行政官吏，如他所说的正长之类，不是由人民选举出来的，而是由贵族无聊的引用那不能为人民办事的自己的亲属，那人民就会从那人的治理下面，逃的逃，躲的躲，哪里还会向他来取法呢？

---

① "逮至远鄙郊外之臣，门庭庶子，国中之众，四鄙之萌人，闻之皆竞为义。……故古者圣人之为政，列德而尚贤，虽在农与工肆之人，有能则举之，高予之爵。重予之禄，任之以事，继予之令。……故当是时，以德就列，以官服事，以劳殿（定也）赏，量功而分禄，故官无常贵而民无终贱。有能则举之，无能则下之，举公义，辟私怨，此若言之谓也。"（《墨子·尚贤》）

② 《墨子·尚同》诸篇。

③ "……是故选择天下贤良圣知辩慧之人，立以为天子，……"（《墨子·尚同中》）又："己（按即民字）有善，傍荐之。"（《墨子·尚同中》）又："有善，则傍荐之。"（《墨子·尚同上》）

墨子认为这是不会也是不应该的。①

第三，就取法国君来说：

他认为做国君的虽多，但仁爱的很少；如果是不仁爱的话，那又怎么取法呢？②

这又可见他的对上取法也不是什么绝对的。

总括墨子这三点意思，墨子的思想并非不民主，并且还相当民主呢！

---

① "今王公大人之为政则反此，政以为便譬（按即嬖字），宗于父兄故旧，以为左右，置以为长正，民知上置正长之非以治民也，是以皆比周隐匿，而莫肯尚同其上。"（《墨子·尚同中》）

② "当皆法其君奚若？天下之为君者众而仁者寡，若皆法其君，此法不仁也，法不仁不可以为法。"（《墨子·法仪》）

附：编者按

（一）《读书与出版》1946年第3期对《孔墨的思想》一书的介绍

孔墨的思想
（杨荣国著　生活书店发行）

对孔家与墨家学说的估价，在抗日战争时期学术界中曾引起过一番争论。郭沫若先生对于这问题的意见在《十批判书》的《孔墨的批判》一篇中说得非常清楚。郭先生认为，在从奴隶社会到封建社会的变革过程中，"孔子的立场是顺乎时代的潮流，同情人民的解放的，而墨子则和他相反"。但别的学者，如翦伯赞先生和《孔墨的思想》一书的作者杨荣国先生的看法则恰恰与郭先生的相反。杨荣国先生在这本书中认为，孔子生在"奴隶制正趋没落，封建制则正在那里开始发芽"的时代，而孔子的立场则是："出身于旧的贵族，他非常不甘心旧的社会就这样没落下去，总在想方设法把这一旧社会维护住。"至于墨子呢，他"和孔老夫子成了敌对派，孔老先生是在维护贵族，墨子则反是，他就甘和下层社会为伍，来反对贵族"。

当然不能把郭先生的意见和复古派的歌颂孔孟并为一谈，郭先生是企图从封建专制时代的儒家的烟瘴下恢复孔子思想在当时时代中的真实的地位。当然也不能以为翦、杨诸先生的意见就是把墨家的思想看作完整的革命思想，他们也是企图把墨家在当时时代中的本色揭露出来。

这一个争论在学术界中可说并没有十分展开，所以也未得到一致公认的结论。现实的许多迫切需要人们去解决的问题使得学术界不可能多花精力在这类问题上。但这显然不是一个小问题，这里不仅是有关在三千年来的历史上极有影响的两大学派的估价问题，而且是从这一问题上接触到如何总结中国的思想史，如何评价历史上的种种思想学派的根本问题。

杨荣国先生这本书可以代表对于这问题的一方面的意见。又因为这是用很通俗的笔调所写，对于所引用的古典文献都翻译成了白话，所以极便于初学者。我们并不以为，现代青年绝对不必要去接近中国古代的思想，不过一方面，我们应该训练批判的眼光，以避免笼统地接受，另一方面还要能减少文字上的困难，以免花太多的精力而影响对新知识的接受。因此，本书引证古籍一律译为白话的办法是值得采取的。本书是根据一定的批判标准而写出来的，假如拿来和郭先生的著作并读，同时研究各种不同的意见，一定大有助于我们训练自己的独立进行批判的能力。

（二）杨荣国教授于1941年至1946年在四川做了些什么的自我述说

关于《孔墨的思想》一书诞生的前后，杨荣国教授写了些什么文章，在他留下的手迹中，他这样写道：

1941年至1946年在四川。

这时对马克思的《资本论》及列宁的《唯物论与经验批判论》等著作，做了仔细的阅读，对毛主席的《新民主主义论》《在延安文艺座谈会上的讲话》及《论联合政府》等光辉著作，个人进行了学习。

这时在写作方面：

为《读书月刊》（读书生活社出版）写了篇《鲁迅先生的人生观》（此文未找到——编者按）。为《中苏文化》写了篇《鲁迅先生的哲学思想》（此篇文章已登载在《杨荣国教授学术论文选》，中山大学出版社2002年版——编者按）。

为"新知书店"写了本《清代思想史》，约三十万字，但送审时，为国民党反动派的审查机构所扣。（其中只有清初部分留有底稿，当时他生活十分困难，无钱买稿纸。这是在中华人民共和国成立后他对他的子女说的——编者按）故改名为《中国十七世纪思想史》，交重庆的东南出版社出版，送审时虽被通过，但有被改的地方。这书论述了王船山、顾炎武、颜习斋、黄宗羲等人的思想。总的缺点是缺乏深入的分析批判，还有过高评价的地方。此书在出版前，曾将其中的《王船山》一章抽出来，发表在《群众》上。

为左恭主编的《中山文化》写了《大众诗人白居易》（见《杨荣国文集》中山大学出版社2004年版——编者按），写了《戴东原的哲学思想》（见《杨荣国教授学术论文选》——编者按）、《章实斋的史学思想》（此文未找到——编者按）。

为沈志远主编的《大学》（在成都出版）写了《康有为的"泛仁论"和他的"孔教大同主义"》（见《杨荣国教授学术论文选》——编者按），还为该刊写过一两篇有关这方面的文章，题目是什么，我忘了。

当时郭沫若写过一篇《论墨子》，他认为墨子是反动的，我则与之辩论，认为墨子是进步的，由是打过笔墨官司。（此处意即百家争鸣，百花齐放之意。——编者按）所写文章是在《群众》上发表，当时《群众》是由乔冠华主编，我署名为"扬天锡"（此文见《杨荣国教授学术论文选》——编者按）。

为章伯钧主编的《中华论坛》写过一篇《谭嗣同仁学思想》（见《杨荣国教授学术论文选》——编者按）。

为《民主世界》写过一篇《从孟子"民为贵"说起》（见《杨荣国教授学术论文选》——编者按）。该文原意是：讽刺当时国民党之不民主。此外还写过一两篇，题目已忘。

为章伯钧主编的《青年学习》写过一篇《关于研究中国思想史诸问题》。

还在东北大学教书时，写了本《孔墨的思想》，之后由胡绳拿到香港生活书店出版。

为《新华日报》写过一篇《关于继承墨学遗产》，此外还写过二三篇，题目是什么，我已忘了。

"什么题目，我忘了。"
……

从杨荣国教授的述说中，我们看到，在那极其艰苦的岁月里，他那坚强的意志，顽强地学习、严肃地对待学术研究的精神，是值得后人学习的。

论孔子思想

关于孔子（公元前551年—公元前479年）的思想，我过去的看法是：在当时由种族奴隶制向新的封建制的转化过程中，孔子的思想基本上是维护种族奴隶制的。① 现在我还是如此看法。兹就如下的几个方面再作进一步的探讨。

一

首先我们来探讨一下孔子在当时的政治态度到底是怎样的。

当时因社会的变化、新兴势力的抬头，致某些种族奴隶制国家被迫进行若干改革，不得不从礼治而逐渐向法治的道路上走，于是公元前536年，有郑人的铸刑书（《左传·昭公六年》，以下引《左传》只注年号）——这是法治的萌芽。继此之后，公元前315年，又有晋人的铸刑鼎——"著范宣子所为刑书"。对于晋人的铸刑鼎，孔子曾有所表示。他说：晋国应该遵守其先祖唐叔所传下来的法度。那法度使民"能尊其贵"，而贵又"能守其业"，于是"贵贱不愆"。现在要丢弃"此度""而为刑鼎"，这么一来，"民在鼎矣"，又"何以尊贵"呢？而贵又"何业之有"？"贵贱无序"又"何以为国"？所以晋国非亡国不可。（《昭公二十九年》）

鲁国的季孙、叔孙和孟孙三家，继公元前562年"三分公室"之后（《襄公十一年》），于公元前537年又"四分公室"，他们适应当时新的形势，把公室中分到的奴隶予以解放，田土便采取租佃的方式租给了被解放了的耕奴来进行生产。（《昭公五年》）这一来，生产的积极性提高，生产力也就提高了；因之，既有利于军事，又有利于军需。这办法，季氏施行较早，在三分公室时就施行了。所以说"季氏世修其勤"，受到人民的爱

---

① 拙作《中国古代思想史》，生活·读书·新知三联书店1954年版，第84—112页。

戴(《昭公二十五年》)。发展至公元前484年,季孙听了冉求的建议:佃耕田土多少,便出多少军赋——包括人力与物力。这从当时来说,自亦是比较合理的建议。可是季孙打发冉求去访问孔子,孔子反对!他一再强调要"度于礼",不能违反周公的制度。他说,如果"不度于礼",硬要违反周公制度的话,那你自己去干,又何必来访问我呢?(《哀公十一年》《国语·鲁语下》)但施行的结果,粮足兵足,确比旧制度好。孔子急得没办法,怪了冉求,说冉求变样了,叫门弟子对他"鸣鼓而攻之"(《论语·先进》)。

当时种族奴隶制国家是城市国家,一个国家只能有一个控制全国经济的城市,不仅多都等于多国,就是都大亦不行,所谓"大都耦国,乱之本也"(《闵公二年》)。可是由于新兴势力的抬头,本来是"家不藏甲,邑无百雉之城"的(《公羊传·定公十二年》),如今是"家藏甲",而"邑有百雉之城"了。如鲁国叔孙便筑有郈都,季孙筑有费都,孟孙筑有成都——这是他们的保障。孔子有见及此,深恐于公室不利,便唆使子路用计隳毁,结果除孟孙成都外,季孙的费都和叔孙的郈都都被隳毁了;且隳毁费都时,孔子还亲自出马,费了不少气力。(《定公十二年》)

齐国的陈恒(即田常,亦即陈一田成子),由于他"浚修厘子(田厘子乞)之政,以大斗出贷,以小斗收",所以受到人民的爱戴,人民歌颂他:"妪乎采芑,归乎田成子。"但另外,齐简公则待人民不好,骄奢淫逸,而"日与妇人饮"。陈恒为了对人民负责,于公元前481年把齐简公杀了。① ——这应当说,是杀得应该,但孔子在鲁国听到这消息,很不高兴,连忙走去告诉鲁哀公,请鲁哀公下讨伐令,并且说:"陈恒弑其君,民之不与者半,以鲁之众,加齐之半,可克也!"(《哀公十四年》)就是从孔子口可以中知道,以齐国之大,而有一半人民拥戴陈恒,这就不简单!可知陈恒确实待人民好,说明孔子的请伐是没有理由的。

"公山不狃(《论语》作弗扰)不得意于季氏",当时彼此政见不同。曾经有一回这样的事:阳虎因仲良怀不给玉器——玙璠,便要逐仲良怀,公山不狃则说:"彼为君也,子何怨焉?"——他是为了国君而不给玉器呀,你怎么要逐他呢?(《定公五年》)可知公山不狃是张公室的,故"欲废三桓之适(嫡也)",因而捉了季桓子,但季桓子因计得脱。此事不果,

---

① 《史记》卷四十七《田敬仲完世家》第十六。

公山不狃便于次年（公元前501年）"以费畔季氏，使人召孔子，孔子循道弥久，温温无所试"——打算去，并且说："盖周文武起丰镐而王，今费虽小，傥庶几乎！"又说："夫召我者，岂徒哉！如用我，其为东周乎！"① 其后虽不曾去，但他要去的意思是很明显的，打算和公山不狃一道通过张公室挽回种族统治的颓势。

至佛肸以中牟畔，中牟为晋国范中行氏的辖邑，佛肸在那里当邑宰，因见范中行氏"反易天明"，"欲擅晋国，而灭其君"（《哀公二年》），为维护晋公室起见，久有意畔离范中行氏，公元前490年，赵简子向范中行氏进攻，夺取中牟，佛肸感到问题更大，于是便以中牟畔。而孔子之所以响应佛肸之召，亦有和佛肸同样的意思，就是如果赵简子进攻得逞，韩赵魏三分晋地之势便成。那还得了吗？故拟去协助佛肸挽回这一颓势。子路之所以不让孔子去，不是因其他，而是因为孔子曾经说过"危邦不入，乱邦不居"（《论语·泰伯》）的话，怕孔子去了，弄得不好，遭受危险。而在孔子一方面，认为在这紧要关头，不能老是待着不动，应该要行己之道，有所作为。② 虽然他最终没有去，但他要去的政治态度是很明显的。

以上这许多史实，都是当时社会从种族奴隶制向封建制转化的过程中所反映在政治上之荦荦大者，是带有若干关键性的意义。而在这许多关键性的变化当中，孔子的政治态度很明显，他是在竭力维护当时走向没落的种族奴隶制，从而反对一切适应新形势的变化与改革，力图参与维护种族奴隶制的一切活动。

孔子曾一再表示：在礼制上，周是最完备的，因之"吾从周"（《论语·八佾》）。又说："如有用我者，吾其为东周乎！"（《论语·阳货》）——要把东周的颓势挽回过来，回复到西周种族统治的局面。同时，他嫉视新兴势力，嫉视新兴势力的所谓"越礼"的行动。如季氏祭泰山，他认为无资格，叫冉求去制止；季氏用"八佾舞于庭"，他气得更厉害，大声疾呼地说，季氏的这种僭越行为，"是可忍也，孰不可忍也！"（《论语·八佾》）这一切，均说明孔子的政治态度是如何的保守。

---

① 《史记》卷四十七《孔子世家》第十七。
② 《史记》卷四十七《孔子世家》第十七。又见《论语·阳货》。

二

孔子的中心思想是"仁"。

我过去曾说过：孔子之"仁"的内涵颇多，包摄了孝、悌、忠、恕、礼、智、勇、恭、宽、信、敏、惠；而以"孝""悌"为仁之本，以维护种族统治的所谓"礼治"，达到"克己复礼"的目的。①

至孔子之所以倡导"仁"，和"仁"之包摄之多，从包摄之多中而以"孝""悌"为仁之本，以期于"复礼"。这不是偶然的，而是有他的渊源的。明确地说，这是当时守旧派的意识形态，是当时守旧派意识形态的集中表现。

比如说：

早在孔子出生以前，公元前582年，晋国范文子称楚囚为君子，理由是：楚囚答话，"言称先职"，说明他的"不背本"（孝）；奏"乐操土风"，说明他的"不忘旧"；"称太子"，表明他的"无私"（克己）；而"名其二卿"，亦即"尊君"之意；等等。这一切，从思想的规范说，人之"不背本，仁也；不忘旧，信也；无私，忠也；尊君，敏也"。而具有如此的思想规范，它的作用，那便是"仁以接事，信以守之，忠以成之，敏以行之"，因之"事虽大必济"（《成公九年》），可以达到巩固种族奴隶制的目的。

公元前566年，晋国韩献子告老，拟荐韩穆子为公族大夫。穆子谦让，推荐其弟宣子，并云宣子与晋国贤人田苏游，田苏称美宣子"好仁"，说他有"德"，而又能"正直为正，正曲为直"——此三者备，所以说"参和为仁"。因之，最好用宣子。这就是说，要使种族统治之臻于永固，应当用氏族贵族中之"好仁"者为公族大夫。（《襄公七年》）

按此即是孔子答复"樊迟问仁"，要"举直错诸枉"之所本。（《论语·颜渊》）

又公元前561年，晋国魏绛辞谢晋厉公所"赐乐之半"时这样说道：

---

① 拙作《中国古代思想史》，生活·读书·新知三联书店1954年版，第93—107页。

夫"乐以安德",应当是"义以处之,礼以行之,信以守之,仁以厉之",而后"可以殿邦国,同福禄"(《襄公十一年》)。这就是说,为乐的旨意,在"和其心",因之应当与"义""礼""信""仁"诸思想规范结合起来,以达到"殿邦国"的目的。故魏绛最后说,书所谓"居安思危",因为"思则有备,有备无患"(《襄公十一年》)。借此警告晋厉公,晋国的政权并不是怎么巩固的,就是为乐,亦应以上述的思想作规范。

又公元前554年,"卫石共子卒,悼子不哀",于是孔成子就说"是谓蹷其本,必不有其宗"(《襄公十九年》)。因为"孝"是"仁"的根本,"不孝"便是拔掉了这根本。根本一拔,就会有颠覆宗族的危险。

孔子出生后,公元前540年,晋国叔向于称赞鲁叔弓知礼时这样说:"忠信,礼之器也;卑让,礼之宗也;辞不忘国,忠信也;先国后己,卑让也。"(《昭公二年》)忠信为礼之器,能忠能信,便是对礼治的维护;卑让为礼之宗,能卑让故能克己复礼。贵族间都能忠信卑让,自可张公室;公室张而种族统治亦于焉永固。所谓"服于有礼,社稷之卫也"(《僖公三十三年》),亦即此意。

而子所谓"上好礼,则民易使也"(《论语·宪问》),所谓"上好礼,则民莫敢不敬;上好义,则民莫敢不服;上好信,则民莫敢不用情"(《论语·子路》),亦是从体会上述的意旨中获得的归结。

又公元前537年,晋国女叔齐于批判鲁昭公不知礼时,对"礼"与"仪"的划分作了分析:认为鲁昭公所知道的,只是仪式;而不是礼。因为"礼,所以守其国,行其政令,无失其民者也"。现在鲁国的情况是:"政令在家(在大夫手里),不能取也;有子家羁(庄公玄孙懿伯),弗能用也",且弄得"公室四分,民食于他"。懂礼的话,就不会弄到如此地步。所以说鲁昭公所知道的只是些简单的仪式。(《昭公五年》)

其后,公元前517年,郑国子太叔亦谈到"礼"与"仪"的区别,认为所谓揖让周旋只能说是仪式,而不是"礼"。因"礼"乃"上下之纪,天地之经纬也,民之所以生也"(《昭公二十五年》),有它的不可逾越的实际内容,是种族统治的规范。孔子所谓"礼云,礼云,玉帛云乎哉?"亦即此义。以上就是孔子的中心思想——"仁"和"仁"之内涵的渊源所在。

而"仁"之总的含义:当时氏族贵族已日趋没落,要挽救他们的没落,所以说"为仁者,爱亲之谓仁"。又因为当时是氏族贵族专政的国家,要挽救他们日趋没落的统治，所以又说"为国者，利国之谓仁"（《国语·晋语一》）。至于氏族贵族中的所谓叛逆者——"亡人"，因不孝于氏族以致叛逆，故"亡人无亲"；而"亡人"要回到氏族中来，要"有亲"，就要"当信行仁道"，所谓"信仁以为亲"（《国语·晋语二》及韦昭注）。

由是而知，氏族贵族之言"仁"，只局限在氏族贵族的范围内，而"民不与焉"（《礼记·大传》）。

孔子的"仁"包摄之多，亦体现了"参和为仁"的旨意。

本此旨意，孔子要把思想规范的各个方面参和起来，以完成"仁道"。所谓"恭则不侮，宽则得众，信则民任焉，敏则有功，惠则足以使人"（《论语·阳货》），以及为人能守孝悌，便不会犯上作乱（《论语·学而》），等等，每一思想规范都是"仁"之一部分。参和起来，便是"仁"之整体，便是整个的"仁道"。

"仁"之包摄虽多，虽包摄了思想规范的各个方面，但作为"仁"之基本内核的是"孝""悌"，所谓"孝悌也者，其为仁之本欤！"（《论语·学而》），所谓"孝子不匮，（不竭也）永锡尔类（族类）"（《诗经·大雅·既醉》《隐公元年》《成公二年》），所谓"惟孝，友于兄弟，克施有政"（《论语·为政》《周书·君陈》）。而"克施有政"之具体表现，就是与"孝"密切联系的"忠"，所以说"忠，社稷之固也"（《成公二年》）。由是而巩固氏族贵族的统治。

作为"仁"之基本内核的"孝""悌"，其主旨在巩固统治者氏族。统治者氏族获得巩固，自然"民德之归厚"而不致犯上作乱（《论语·学而》），不致有"筚门闺窦之人，而皆陵其上"（《襄公十年》）的情况发生。因此早在公元前660年，晋国狐突针对当时晋国"乱本成矣"的情势，就曾强调，要以"孝而安民"（《闵公二年》）。以"孝而安民"，使种族统治的秩序井然，故说"孝，礼之始也"（《文公二年》）。这是礼治的最先一着，以之达到维护"刑不上大夫，礼不下庶人"（《礼记·曲礼上》）的"礼治"的目的。而孔子以"孝""悌"为"仁"之本的旨意亦就是如此。

而"孝"之具体表现，除了"生事之以礼，死葬之以礼"外，还要"祭之以礼"（《论语·为政》）。我们知道，对祭祀之特别重视，殷周已然，所谓"祀，国之大事也，而逆之可谓礼乎？"（《文公二年》）——是不能有所违逆而应当郑重其事。不仅如此,就是做其他的事,亦应当和承接大宾、祭祀祖先一般的尊重,所以说"出门如宾,承事如祭"——这是"仁之则也"(《僖公三十三年》)。而"仁之则",亦即以"孝思维则"(《诗经·大雅》),自然被奴役的人民不敢怀叛意而趋向厚道,所谓"祀乎明堂,而民知孝"(《礼记·乐记》)就是此意。而孔子之答复仲弓问仁,说"出门如见大宾,使民如承大祭",就是"仁"的具体表现(《论语·颜渊》)。他这话,是当时氏族贵族的意识形态之具体体现,是他们思想的再版——这不是很显然的吗?

公元前 530 年,楚灵王在乾溪,和子革谈话,企图打周天子的主意——求周之鼎,实际上有取周而代之之意。结果被子革讽刺了一顿,弄得楚灵王"馈不食,寝不寐,数日"而"不能自克"。孔子听到楚灵王打主意的消息,便认为这是对礼治的破坏,说道:"古也有志,克己复礼,仁也。"楚灵王若能"克己复礼","岂其辱于乾谿"(《昭公十二年》),这说明孔景答复颜渊问仁,说"克己复礼为仁"(《论语·颜渊》)——这话原是"古也有志",并非孔子的创作。同时,也说明"克己复礼为仁",就是当时种族奴隶制国家的社会道德,是在维护种族统治的所谓"礼治"。而孔子之阐述,亦是在维护这日趋于没落的种族统治,在维护这由它(种族奴隶制)所规定的所谓"礼治"。

从以上得知,孔子所倡导的"仁","仁"之内涵和为"仁"之目的,是当时统治层维护其统治的最为重要的思想规范,从思想渊源说,许多都是"古也有志"的,只不过在这种族统治发生的危机当中,提得更为突出而已,目的是引起种族统治者的注意。而孔子从体验中把它益为体系化,使其成为著名的"仁"的学说。

孔子的"仁"包摄之多,在于"仁"在体系中,以"仁"为中心,阐明"仁"与"仁"的内涵之间的互相关联不可或缺:所谓"知及之,仁不能守之,虽得之,必失之;知及之,仁能守之,不庄以莅之,则民不敬;知及之,仁能守之,庄以莅之,动之不以礼,未善也"(《论语·卫灵公》)。它们之间,倘有所缺,则不能很好地达到维护种族统治的目的。

另一面,最为重要的是,明确规定了"孝""悌"是"仁"之本。它的目的,则在"克己复礼",使"天下归仁焉"(《论语·颜渊》)。——本质地说,就是使天下复归于西周的局面。同时,他还肯定地说:"如有王者,必世而后仁。"(《论语·子路》)——只要花三十年以努力,即可达到"仁"之目的,而恢复西周的局面。

至"仁"与"正名"的关联:

孔子曾经说过"名失则愆"(《哀公十六年》)——如"名不正",则秩序紊乱。按这话,亦是当时统治层的普遍意见:所谓"名不可废"(《昭公二十年》)、"名之不可不慎也"(《昭公三十一年》)等等。孔子又曾说过"名以出信"(《成公二年》),按这话自亦是鲁申□所谓"名生为信"(《桓公六年》)。既"名以出信",则"信"为"仁"之内涵之一。同时当时统治层还这样说:"夫名以制义,义以书礼,礼以体政,政以正民,是以政成而民听,易则生乱。"(《桓公二年》)又说:"动无令名,非知也。"(《定公四年》)按"义""礼""正""知",亦均为"仁"之内涵。而又提出"令名"为"德之舆","德"又为"国家之基"。故有"令名"即"有基",而"有基"则"无怀"(《襄公二十四年》)。由是说来,孔子所倡导的"正名",除了反映当时统治层的意旨外,还是"仁"的功夫之具体的体现,就是在施行"仁道"。所以孔子说:"名不正,则言不顺;言不顺,则事不成;事不成,则礼乐不兴;礼乐不兴,则刑罚不中;刑罚不中,则民无所措手足。"(《论语·子路》)即从"正名"中维护日趋于紊乱的"刑不上大夫,礼不下庶人"的统治局面——因"正名"而"复礼",使"天下归仁焉"。

具体的例子:

公元前607年,晋国赵穿杀了晋灵公,可是太史书曰"赵盾弑其君"以示于朝;赵盾不服,太史便述说其理由道:"子为正卿,亡不越竟,反不讨贼,非子而谁?"其后孔子听到这事,便说:"董狐,古之良史也,书法不隐。"(《宣公二年》)这就是"正名"的表现之一。而这种种表现,亦就是在施行所谓"仁道"。

孔子曾经说,"我欲仁,斯仁至矣"(《论语·述而》),则所谓"仁,自是主体的产物",而"正名"又是"我欲仁"之具体表现之一,是以主体的观念来规定客观的存在。于是,孔子的"仁"是主观观念论;而"仁"又是孔子的中心思想,亦即说明孔子的思想是主观观念论。

孔子又曾这样说:"君子而不仁者有矣夫,未有小人而仁者也。"(《论语·宪问》)前者是"上智",后者是"下愚"(《论语·阳货》);前者是"生而知之",后者是"民斯为下"的"困而不学"(《论语·季氏》);前者是种族统治者,后者是被奴役的人民。被奴役的人民,固然是瞑然罔觉，不通仁道；种族统治者则生来就具有"仁道"（少数或个别之不仁，只是"亡人无亲"，而非生来不仁，且可"信仁以为亲"），是先验的。亦就是说，他们之"仁"，并非来自后天的客观，而是来自先天的主观，是主观的产物。从这里，亦可看出孔子之"仁"是主观观念论。同时，还表明孔子的"仁"是种族统治者的专有品，是为他们服务的。

这里有两个问题：

一是孔子说："泛爱众，而亲仁。"（《论语·学而》）——这"众"字的含义。

本来以"众"字作为奴隶的含义，在西周已存在，但后来已逐渐为"民"或"庶人"所代替。孔子谈礼制时亦提到过"众"，他说："麻冕，礼也；今也纯（丝），俭，吾从众。拜下，礼也；今拜乎上，泰也，虽违众，吾从下。"（《论语·子罕》）"礼"是"不下庶人"的，这里所提到的"众"，显然不是指庶人，而是指当时的士大夫阶级。又据《礼记·曲礼》："在夫死众。"郑玄注云："众谓君师。"又《曲礼》："典司五众。"郑玄注云："众谓君臣也。"而孔子于答复子贡问仁时，曾明白地这样说："居是邦也，事其大夫之贤者，友其士之仁者。"（《论语·卫灵公》）这就是为"仁"，就是"仁道"。这一段话，是"泛爱众，而亲仁"的最好注脚。所以孔子之言"众"，是指士大夫，指士大夫之多数。"泛爱众，而亲仁"，意即在士大夫之间泛爱虽多，但士大夫可能有如"亡人"般的不仁者，而应当亲近的是仁者。同样，他之所谓"众恶之，必察焉；众好之，必察焉"（《论语·卫灵公》），自是对居官之为士大夫所好所恶，自己应当有所省察。

至于"博施于民，而能济众"（《论语·雍也》），前一句很明显，指的是被奴役的人民；后一句中的"众"则不是指一般人民，而是指卿大夫阶级。如公元前585年晋师侵蔡，碰到楚兵，多数人主张开战，但三卿主张退回。有人对统帅栾书说："圣人与众同欲，是以济事，……子之佐十一人，其不欲战者三人而已，欲战者可谓众矣。"但栾书却答复说："善钧从众，夫善，从之主也，三卿为主，可谓众矣，从之不亦可乎？"结果退兵。（《成公六年》）这里"众"就不是指一般人民，而是指三卿。按三卿意见办事，就是"从众"。由此可见，孔子之所谓"济众"，是指要救济那许多遭受患难或被沦落之氏族贵族，而不是一般的人民群众。

一是所谓"四海之内，皆兄弟也"（《论语·颜渊》）——这"兄弟"

的范围。

富辰有一段话说得最为明白。他说:"昔周公吊二叔之不成,故封建亲戚,以蕃屏周,管蔡郕霍鲁卫毛聃郜雍曹滕毕原酆郇,文之昭也;邗晋应韩,武之穆也;凡蒋邢茅胙祭,周公之胤也。召穆公思周德之不类,故纠合宗族于成周,而作诗曰:'常棣之华,鄂不韡韡,凡今之人,莫如兄弟。'其四章曰:'兄弟阋于墙,外御其侮。'如是则兄弟虽有小忿,不废懿亲。今天子不忍小忿,以弃郑亲,其若之何?"(《僖公二十四年》)詹桓伯亦云:"文武成康之建母弟,以藩屏周,亦其废队(坠也)是为。"(《昭公九年》)由是而说明"四海之内"的"兄弟",并不包括被奴役的人民,而是统治者姬姓氏族或与姬姓氏族有血缘关系的其他统治者氏族的成员。所以《礼记·大传》说:"圣人南面而听天下,所且先者五,民不与焉:一曰治亲,二曰报功,三曰举贤,四曰使能,五曰存爱。"——五者都只是有关于统治者氏族内部,与被奴役的人民无关。而子夏对司马牛述说孔子的话:"君子敬而无失,与人恭而有礼,四海之内,皆兄弟也,君子何患乎无兄弟也!"(《论语·颜渊》)"礼不下庶人"的"敬而无失,与人恭而有礼",就是君子范围以内,都是兄弟。益知"四海之内"的"兄弟",系属统治者氏族,如所谓"卫之政,兄弟也"(《论语·子路》)。

以上说明孔子倡导"仁",并非是"人之发见"。他所发现的只是统治者氏族,统治者氏族中之没落者。

三

关于"天命",孔子这样说:"不知命,无以为君子也。"(《论语·尧曰》)又说:"君子有三畏,畏天命,畏大人,畏圣人之言;小人不知天命而不畏也,狎大人,侮圣人之言。"(《论语·季氏》)

按"天命"为殷周种族统治的官方思想,所谓"天命玄鸟,降而生商"(《诗经·商颂·玄鸟》),"先王有服(事也),恪谨天命"(《尚书·盘庚上》),所谓"有命自天,命此文王"(《诗经·大雅·文王》),"天乃大命文王,殪(灭也)戎殷,诞受厥命"(《周书·康诰》)。但发展至西周末,由于社会变革——种族统治动摇,人们对"天命"的信念亦动摇,所谓"天命靡常"(《诗经·大雅·文王》),"天命不彻"(《诗经·小雅·十月之交》)——认为"天命"靠不住。人们甚至说"下民之孽,匪降自天,噂沓背憎,职竞由人"(《诗经·小雅·十月之交》)——认识到人民受的罪孽,哪里是什么天命,还不是人为所致,还不是统治者的残酷压迫所致吗?

到了春秋时代,上述情势更变本加厉,"弃礼违令"(《昭公十二年》)的事不一而足,"民闻公命,如逃寇雠"(《昭公三年》)的事层见叠出,甚至到了"民各有心,何上之有"(《昭公四年》)的地步。即在统治层,有的人亦发出了"天命不佑"(《昭公元年》)的感叹。所谓有心者——即当时的守旧派见到这情势,便从反对"不知命"中倡导"君能制命为义,臣能承命为信"(《宣公十五年》)的观念。公元前606年,楚庄王向周天子打发来劳问的王孙满"问鼎之大小轻重"——同周天子打主意。王孙满力辟其说"周德虽衰,天命未改",故"鼎之轻重,未可问也"(《宣公三年》)。就这样止住了楚王,叫他不必有此野心。实质上,这是社会变革反映的政治变化,无关乎所谓"天命",无所谓"天命"之改与未改。

孔子根据当时统治层中守旧派思想的反映,对"天命"之所以动摇,得出了如下的归结:"小人不知天命而不畏也,狎大人,侮圣人之言。"如所谓"筚门闺窦之人,而皆陵其上"(《襄公十年》),所谓"盗憎主人,民恶其上"(《成公十五年》),甚至"弑父与君"(《先进》)亦层见叠出。"不畏天命"而"狎大人",从孔子看来,是已臻于极致。至于"圣人之言",据皇侃(488—554)疏云:"谓五经典籍,圣人遗文也。"(《论语集解义疏》卷八)当时对圣人典章制度之侮慢,如:本来"先王议事以制",是"不为刑辟"的,原因是"惧民之有争心"。可是公元前536年,郑人不顾"先王"之"议事以制",竟妄为"刑辟"——铸起了刑书来。晋国的守旧派叔向知道了,大为不满,马上写信给郑子产,说这一来"民知有辟",则不忌于上,并有争心——怎的不依先王的典呢?(《昭公六年》)又如晋国不"守唐叔之所受,以经纬其民",于公元前513年"铸刑鼎",孔子知道了,叹息着说:"晋其亡乎,失其度矣。"(《昭公二十九年》)而鲁国季孙亦是如此,他于公元前484年,不顾"周公之典"而欲行田赋,孔子认为这亦是"不度于礼"——违反了周公所建立的制度。(《哀公十一年》)所有这一切,置先王典籍于不顾而任意改弦更张,就是有意与圣人为难——对圣人言行之侮慢。

就是孔子本人亦曾遭受同样的待遇。他自己虽自谦说："若圣与仁，则吾岂敢。"但他的门弟子，早已奉之如日月（《论语·述而》《论语·子张》）——自然是圣者。可是他就先后遭受了长沮、桀溺、荷蓧丈人（《论语·微子》）以及鲁之叔孙武叔（《论语·子张》）的慢侮与訾毁——特别是荷蓧丈人骂他"四体不勤，五谷不分"，来谈什么"长幼之节""君臣之义"这一套废话呢？所以孔子之说"小人不知天命"，以至"侮圣人之言"，从另一方面说，也是他身受其感。

按"子罕言利，与命与仁"（《论语·子罕》），关锋、林聿时两同志肯定了王滹南、史绳祖的解释，应当是"子罕言利，从命从仁"①，这是对的。然而我们应当注意的是：当时由于"天命"思想动摇，致对"天命"之倡导，不易为人心所维系，故"从命"已逐渐向"从仁"方面转化，要为"从仁"所代替。

如所谓"命，天也"（《定公四年》），故"君能制命为义"，而"臣能承命为信"（《宣公十五年》），所谓"守命共时之谓信"（《僖公七年》），所谓"违命不孝"（《闵公二年》），所谓"君令而不违，臣共而不贰"，是"礼之善物"，是"先王所禀于天地，以为其民也"（《昭公二十六年》），故不能"弃礼违命"（《昭公十三年》），而"君能制命为义"，说明"命"已由所谓客体精神而主体化，这是一；同时值得注意的，把"命"和"义""信""孝""礼"相联系，这说明单言"命"不行了，而必须把"命"和"信""义""孝""礼"诸思想规范密切地结合。明确地说，就是要把"命"和"仁"联系起来，把"从命"说成是"从仁"，而"从仁"亦即是"从命"，由是而之以"从仁"代"从命"，以达到"克己复礼""天下归仁焉"的目的。

按这样讲，"从仁"即是"从命"，就是所谓客体精神（命）之复归于主体观念（仁），而认以直言主体观念（仁）之为喻。

孔子言"从命"不及言"从仁"之多且详，和他以"仁"为主旨[所谓"仁以为己任"（《论语·泰伯》）、"用其力于仁""志于仁"（《论语·里仁》）]，其义是相同的，就是认为"从仁"即是"从命"，故不多言命。孟子谓"仁之于父子""义之于君臣""礼之于宾主""知之于贤

---

① 见《哲学研究》1961年第四期《论孔子》。

者"等等,是"命也,有性焉",可是"君子不谓命也"(《孟子·尽心章句下》),亦是深体此旨的说法。

所以孔子说:"君子思不出其位。"(《论语·宪问》)又说:"富与贵,是人之所欲也,不以其道得之,不处也;贫与贱,是人之所恶也,不以其道得之,不去也。"(《论语·里仁》)又说:"富而可求也,虽执鞭之士,吾亦为之;如不可求,从吾所好。"(《论语·述而》)这一切就是"从仁"——做到要"造次必于是,颠沛必于是"而"无终食之间"的违背。如果"去仁"的话,那么,作为君子又怎能"恶乎成名"呢?(《论语·里仁》)由是而知,他的"从仁",实又寓有"知命"之意。但他不直言是"知命",而是说这是"仁者安仁"(《论语·里仁》),目的在于贯彻他的"老于仁"——是以"仁"为其主旨。

他之所以以"仁"为主旨,是因为"惟命不于常""不知天命而不畏也",故言"从命"很难维系人心;而"从仁"的话,因"爱亲之谓仁""利国之谓仁",倒可以通过巩固统治者氏族来达到巩固统治的目的。所以他说:"如有王者,必世而后仁。"

四

富辰于谏周襄王时说:"尊贵、明贤、庸勋、长老、爱亲、礼新、亲旧。"倘能如此,"则民莫不审固其心力,以役上令"。而于"明贤",他说:"狄,豺狼之德也";而"郑未失周典,王而蔑之,是不明贤也"。[①]

晋文公复国后的布置,除"正名育类"之外,首要的,便是"昭旧族,爱亲戚,明贤良,尊贵宠,赏功劳,事耆老,礼宾旅,友故旧"。于是旧族中胥、籍、狐、箕等十二族"实掌近官";而"诸姬之良,掌其中官(内官)",有亲戚关系的"异姓之能,掌其远官"。[②]

周初之封国,首先是"封建亲戚,以藩屏周"(《僖公二十四年》),诸侯之国亦是如此。所以"明贤",主要的是明统治者氏族之贤,其次是

---

① 《国语·周语》中,其事亦见《左传·僖公二十四年》。
② 《国语·晋语四》。《左传·僖公二十四年》有记载,但不详。

明与统治者氏族有亲戚关系的"异姓之贤",这是周典。"周之东迁,晋郑是依;子颓之乱,又郑之繇定"(《国语·周语中》),故郑"未失周典"。晋文公复国后之人事安排,亦是遵照周典。

公元前564年,秦景公预备伐晋,乞师于楚,楚子许之,但子襄认为不可,理由是"晋君类能使之,举不失选,官不易方"(《襄公九年》)——就是晋君能选氏族中之贤良以加强统治。

"昔武王克商,光有天下,其兄弟之国十有五人,姬姓之国者四十人,皆举亲也!其举无他,唯善所在,亲疏一也。"晋国魏献子(魏舒)于公元前514年当政后亦是如此,能举氏族中之贤良者秉政。孔子听到,便称许他,说他"近不失亲,远不失举,可谓义矣"。"其举贾辛",是先赏王室之功,亦是忠于王室之具体表现。(《昭公二十八年》)

由是而知,孔子的"举贤才"(《论语·子路》)和"选于众"(按,"众"字前已说明),目的都是想使"不仁者远矣"(《论语·颜渊》)。这就是所谓"明贤"——明统治者氏族之贤与有亲戚关系的"异姓"之贤。如此,方能为氏族尽孝悌,以孝悌为本。所以《礼记·大传》指出:"举贤""使能"而"民不与焉"——不包括被奴役的人民在内。而"君子笃于亲,则民兴于仁;故旧不遗,则民不偷"(《论语·泰伯》),于是"上下之纪"(《昭公二十五年》)井然,种族统治永固。

当时的情况,由于社会的急激变革,致"公室将卑""宗族枝叶先落",晋国有栾、郤、胥、原、狐、续、庆、伯,降在皂隶(《昭公三年》),而王室不仅已卑,且"旧官百工(百官)之丧职秩者"更不知多少(《昭公二十二年》),至"三后之姓,于今为庶"(《昭公三十二年》),这是当时大家所熟知的。

晋国郤氏"降在皂隶"以前,① 晋文公时代,郤芮因拟弒文公而为秦伯所诱杀(《僖公二十四年》),故其家曾一度沦落,其子郤缺在冀地方服农役。之后,"白季使过冀",见郤缺在那里锄土,妻子送饭,夫妇恭敬有礼,"相待如宾",白季便邀郤缺"与之归"。回到晋国后,白季告知文公,说郤缺夫妇相敬如宾,这是好的表现,"能敬必有德","德以治民",请用郤缺吧!文公说:"其父有罪,可乎?"白季答复:"舜之罪也殛鲧,其举也兴禹;管敬仲,桓之贼也,实相以济。"有什么不可呢?于是文公

---

① 按,郤氏之亡,见《左传·成公十七年》。其族属之"降在皂隶",亦当在此时。

便以却缺为下军大夫。(《僖公三十三年》)

却缺虽在服农役,但不是当时的一般的被奴役的农人,而是破落的贵族。白季之举他,乃是因为见他夫妇相敬如宾。这说明他到底是"犹秉周礼"的贵族,是贤才,是仁人,故力主晋文公复用他。而孔子之"举贤才"和"选于众",其义亦在此,亦是要选举破落的氏族贵族中的贤者能者。这是明贤而不是尚贤。

孔子不是提出要"举逸民"吗?按,"逸民",就是当时在社会发展的过程中遗佚了的氏族贵族,如"伯夷、叔齐"和"虞仲"等皆是(《论语·微子》)。其中虞仲(即仲雍)是泰伯之弟,因不得立而与泰伯一同逃至荆蛮。所以孔子倡导"举贤才""举逸民"是主要所在,有如白季之举却缺者。而他之以"仁"为其主旨,其义亦在此。所以他之言"仁",并非人之发现。

且孔子之"举逸民",是和"举灭国,继绝世"并提的(《尧曰》)。在当时社会变革的过程中,除了有贵族被"降在皂隶"外,还有所谓"春秋弑君三十六,亡国五十二",世族〔按世族亦即官族,所谓"官有世功,则有官族"(《隐公八年》)〕之破落或绝灭者不知多少,所谓"周之子孙在汉川者,楚实尽之"(《定公四年》)。这一切,均说明种族统治已日趋没落。孔子为维护其统治,所以要"兴灭国,继绝世,举逸民",他说这样才可使"天下之民归心焉"——使人心知所归向。这是孔子"明贤"的实质。同时,这种"明贤",亦即是在行"仁道",是"求仁而得仁"(《论语·述而》)的具体表现之一。

五

现在我们看看孔子的反对派——墨子。

"墨子贵兼"(《吕氏春秋·不二》)——倡导"爱无差等"(《孟子·滕文公上》),这是他的思想中心。

由于"墨子贵兼",故反对"君子必古言服,然后仁"(《墨子·公孟》第四十八),其实质就是反对据周典来衡量"仁",以周典作为"仁"

的标准。① 因之墨子说,"今天下之君子之名仁也,虽禹汤无以易之";但"兼仁与不仁,而使天下之君子取焉,不能知也"。(《墨子·贵义》)而之所以"兼仁与不仁"不能认识,并非"以其名也",而是"以其取也"——由于所取的不一样。如孔子所取的,就是"亲亲有术(杀也),尊贤有等"(《墨子·非儒下》),如此,便有所偏,便不能如实地认识到"仁与不仁"。要能如实地认识到"仁与不仁",就应当以兼易别,应当兼爱。而兼爱的话,就应当"勿有亲戚弟兄之所阿"(《墨子·兼爱下》),而不是"亲亲有术";就应当"有力者疾以助人,有财者勉以分人,有道者劝以教人"(《墨子·尚贤下》),而不是"治亲""报功""举贤""使能""存爱"而"民不与焉"。这才是"仁"的具体表现。所以墨子说"兼即仁矣义矣"(《墨子·兼爱下》)。按墨子这话,在实质上,是反映了当时进步势力的要求,反映了当时进步势力反对种族统治,争取政治、经济和文化权利的具体要求。同时,也说明了孔子的"仁"是维护种族统治的,而墨子的"兼爱"是与孔子的"仁"针锋相对的。

孔子从命,墨子则非命。

墨子说:"命者,暴王所作,穷人所述,非仁者之言也。"如果要真正行义的话,决不可以不反对命(《墨子·非命下》)。按说"命"为穷人(穷,凶也,意即穷凶极恶之人)所述,所谓"穷人",自是指儒者——孔子。墨子在驳孟子时曾指出,儒"以命为有",故认"贫富寿夭",以为命定而"不可损益","此足以丧天下"(《墨子·公孟》第四十八),此是其明证。

墨子又说:"执有命者不仁,故当执有命者之言,不可不明辨。"(《墨子·非命上》)值得注意的是,墨子一再把"有命"与"不仁"联系而言,这是针对孔子的"从命"与"从仁",以"从仁"为主旨而发。另一面,墨子的"非命",是与"兼爱"联起来的,是为"兼爱"的主旨服务的。要贯彻"兼爱",就不能不"非命"。如果种族统治的所谓"礼治"被认为是天经地义的,是命定了的,则"无以易之";而"无以易之"(《墨子·兼爱下》),又怎么能达到"勿有亲戚弟兄之阿",达到"有力者疾以助人,有财者勉以分人,有道者劝以教人"这一"兼相爱,交相利"的目的呢?故应当"非命"。应当使大家认识到"夫岂可以为命

---

① 《墨子·公孟》第四十八,墨子批判公孟子:"子法周而未法夏。"

哉？故以为其力也"。只有"力"才可以"使饥者得食，寒者得衣，劳者得息"，才"以为强必富，不强必贫"，"强必贵，不强必贱；强必荣，不强必辱"。(《墨子·非命下》)同时，促使种族统治者知道，他们"亡失国家，倾覆社稷"，并非"命固失之"，而是自己"罢（疲）不肖，为政不善"(《墨子·非命上》)——残酷地压迫剥削人民所致。

为了"贵兼"，贯彻"兼以易别""非命"，必得宣示"执有命者不仁"。这说明他的"非命"是为"兼爱"的主旨服务的，是和孔子的"知命"之为"仁"针锋相对的。

孔子"明贤"，墨子则"尚贤"。

墨子之尚贤主张很明确：一面反对"其所富，其所贵"，皆"王公大人骨肉之亲，无故富贵，面目美好者也"(《墨子·尚贤下》)；一面倡导"不辨贫富贵贱远近亲疏，贤者举而上之，不肖者抑而废之"(《墨子·尚贤中》)，"虽在农与工肆之人，有能则举之，高予之爵，重予之禄，任之以事，断予之令"(《墨子·尚贤上》)，虽是贵族，如果"不肖"，必"抑而废之，贫而贱之，以为徒役"(《墨子·尚贤中》)，从而达到"官无常贵，民无终贱"(《墨子·尚贤上》)的目的。

他这话，即是对"明贤"思想的批判，是对"为仁者，爱亲之谓仁"思想的批判。

同时，这也说明了墨子的"尚贤"和他的"非命"一般是在贯彻"兼爱"的主旨，从解除旧有思想的束缚中打破氏族贵族的专政，以有利于进步势力的发展。

虽然墨子思想中也有若干消极面和不彻底性，但从以上的简要分析中，我们明显地看到：墨子以"兼爱"为中心，"非命"与"尚贤"贯彻了"兼爱"的主旨，为"兼爱"致力。这与孔子以"仁"为中心，"知命"与"明贤"贯彻了"仁"的主旨，为"仁"致力，何其针锋相对！从墨、孔的敌对中，我们对孔子"仁学"思想的实质，可获得进一层的认识。

孔子思想与时代相背离，不但从他的反对派墨子的针锋相对的批评中可以见到，从当时社会发展趋势看也很明显。如刘向在《战国策》序文中谈到春秋后的社会变化时说："仲尼既没之后，田氏取齐，六卿分晋，道德大废，上下失序"，"上无天子，天无方伯"。顾炎武（1617—1682）在考察周末风俗时，亦指出这时之变化，所谓"春秋时犹尊礼重信，而七国则绝不言礼与信矣;春秋时犹尊周王,而七国则绝不言王矣;春秋时犹严祭祀重聘享,而七国则无其事矣;春秋时犹论宗姓氏,而七国则无一言及之矣"。(《日知录》卷十三)这一切属于"仁"之内涵的观念形态的东西之所以不被尊崇与重视,说明在新兴势力的发展中种族统治已日趋瓦解。这也说明墨子对孔子的批判倒是切合当时社会发展实际的。

六

墨子虽是孔子的反对派,但另一方面也承认孔子有"当而不可易者",故墨子对他仍有所称述。(《墨子·公孟》第四十八)

当然,孔子也有他积极的一面。

孔子从郯子学礼后这样说道:"天子失官,学在四夷,犹信。"(《昭公十七年》)他这话,说明由于社会的急激变革,种族统治日趋崩溃,原来学在官府的局面也发生了变化。原来文化官吏掌握了官府的学问是"谨守其数,慎不敢损益",只能"父子相传,以持(奉也)王公"(《荀子·荣辱》),到此时,他们没落了,学术文化也随之下来了。孔子为殷宋后裔,亦是氏族贵族中之没落者,故自云:"吾少也贱,故多能鄙事。"(《论语·子罕》)

孔子的门弟子,据说有三千,不论是否具有此数,总之是不少;其成绩被认为优异者都有七十二人。以这样多的人,对殷周学术的传播与阐述、学术文化的普遍下移,作用是不小的,这是孔子极大的功绩。

同时,他自己钻研古代文献极用功,且从钻研与学习中,提出了一些好的经验和方法,如:

"学而时习之"(《论语·学而》)——学了要勤加复习,只有这样才可从"日知其所亡"中"月无忘其所能"(《论语·子张》)。

要做到"学"与"思"的统一,所谓"学而不思则罔,思而不学则殆"(《论语·为政》)——学了要开动脑筋想想,找出其中的道理。可是单纯思索又不行,而应该多学,以具有丰富的智识。如学"诗",可以"多识鸟兽草木之名"(《论语·阳货》),因此而占有大量的资料,从对资料的刻苦钻研与深思熟虑中,发现其中的道理。所谓"多闻,择其善者而从之"(《论语·述而》)。

要说明问题,就要有大量的文献作为根据,如他说:"夏礼,吾能言之",可是"杞不足征";"殷礼,吾能言之",可是"宋不足征"。其"不足征"就是由于杞、宋两国所保存的文献不足;若足的话,自可从文献中找到说明,获得透辟的理解。(《论语·八佾》)

至于为学的态度,要诚恳,应"知之为知之,不知为不知",这才有所知(《论语·为政》),而不应强不知而为知——不懂装懂。他自己就是如此。当时有一种这样的情况,就是"盖有不知而作之者",他说"我无是也"(《论语·述而》)。孔子除了自己"学不厌",还"诲人不倦"(《论语·述而》),并且在"诲人不倦"当中,因材施教。就是同一问题,针对不同的对象,从各个方面围绕中心进行解答。归趋既一致,收效便大,能解决问题。如他答复门弟子之问仁,就是很明显的例证。

由是而知,孔子的治学与施教,态度是严肃认真的,方法是实事求是的。他之所以"学不厌,诲不倦",之所以"博学而笃志,切问而近思",是因为"仁在其中"。他想寻求他的所谓"仁道"(《论语·子张》);而寻求"仁道",又是为了复礼。所谓"博学于文,约之以礼"(《论语·雍也》)。他这一学习内容与目的,自应予以批判,但是在教与学上,这种态度与方法,还是值得人们学习的。这是他思想中主要的积极的一面。

孔子思想之另一积极面,就是在政治上思想上虽然维护种族统治,但在种族统治走向崩溃的过程中,他也见到了若干历史发展的秘密。例如除了"必不得已"的情势之外,他认为只有"足食足兵"才可使"民信"(《论语·颜渊》),因之一再地说"所重民食"(《论语·尧曰》),要"因民之所利而利之"(《论语·尧曰》),要"博施于民"(《论语·雍也》),等等。"足食"之后,再继之以教,所以说"既富矣,又何加焉,曰教之"(《论语·子路》)。这一切都是带有历史的唯物论倾向的言论,是可取的。

又,他经常教人要勇于改过,所谓"过则勿惮改"(《论语·子罕》),他自己亦以此为忧,深恐"闻义不能徙,不善不能改"(《论语·述而》)。

他对自己的过失,亦从不加掩饰,他曾愉快地说:"丘也幸,苟有过,人必知之。"(《论语·述而》)"正"与"错"自有时代的原则标准,孔子的所谓原则标准是与他所在时代的发展相背离的,但他这种勇于改过的精神还是值得人们学习的。

又，他和自然界接触，见到了若干真理。如他在川上，见到川流不息的现象，认识到"逝者如斯乎，不舍昼夜"（《论语·子罕》）——事物就是这样日夜不停地变化着的！他说："天何言哉，四时行焉，百物生焉，天何言哉？"（《论语·阳货》）这话虽系有所感而发，且不甚纯粹，但也总算是对天体的自然运行获得了一些理解。

以上是孔子思想中的积极面。

孔子死后，他的思想通过门弟子的传播与阐述，分为八派——所谓"儒分为八"："有子张之儒，有子思之儒，有颜氏之儒，有孟氏之儒，有漆雕氏之儒，有仲良氏之儒，有孙氏（即荀卿）之儒，有乐正氏之儒。"（《韩非子·显学》）但影响最大而又有著作传世者，唯两派。一派是"孟氏之儒"，即孟轲——他是子思的门徒，接受了子思派的思想，一般称为思孟学派；另一派则为"孙氏之儒"，即荀卿一派。

孟子的思想，通过子思而承接了孔子思想中整个消极部分。他肯定孔子论"性相近"是近于善中而倡导性善论，是以"善"为性，而以"善"为性亦即以"仁"为性，这样，便对"仁"之为先验的主体的产物做了进一步的肯定，所以说"仁，人心也"（《孟子·告子上》）。于是只要把这一主体的"仁"发挥出来就很好，而无视外界，无所谓外界事物，所以说"万物皆备于我矣"（《孟子·尽心上》）。就这样，他把孔子的主观唯心论思想发挥到了极致。同时，他对"仁义之为亲亲"亦做了进一步的阐扬，所谓"仁之实，事亲是也；义之实，从兄是也"（《孟子·离娄上》），所谓"未有仁，而遗其亲者也；未有义，而后其君也"（《孟子·梁惠王上》）——以之来加强统治者氏族的团结，维护种族统治。而他的所谓"仁政必自经界始"（《孟子·滕文公上》），亦是此意，即匡正那许多已被破坏了的方块田制，以维护那"无君子莫治野人，无野人莫养君子"（《孟子·滕文公上》）的种族奴隶制局面。

而荀子则从发扬孔子思想的积极部分中，对孔子思想的消极部分做了若干修正和改造。

荀子的"不为尧存，不为桀亡"的"天行有常"的思想（《荀子·天论》），对孔子的"天何言哉，四时行焉，百物生焉，天何言哉"的看法，做了新的解释，这是很大的关键。由于这，他在时代的影响下，对孔子的"天命"思想亦做了彻底的批判和改造，认为与其"大天而思之"，"孰与物畜而制之"；与其"从天而颂之"，"孰与制天命而用之"（《荀子·天论》）——认为人不应相信有所谓天命的支配；倒过来，应相信自己可以支配天命。人是有力量的，所以人应当相信自己的力量，应当"敬其在己者，而不慕其在天者"，这样才可以日进（《荀子·天论》）。他这话，是戡天主义，是人之发现，反映了新兴封建势力的要求，鼓舞了奴隶们之争取解放。所以说"涂之人"可以由"贱而贵"，"胥靡之人"可以由"贫而富"（《荀子·儒效》）。由是而知，真正的人之发现，并非孔子，而是荀子。

同时，我们知道，孔子倡导"仁"，是为了"复礼"——回复那日趋破坏的"刑不上大夫，礼不下庶人"的所谓"礼治"。

而发展至荀子，由于时代的推进，这一旧的"礼治"，已难为人所理喻，因之荀子给"礼"以改造，而认为：礼者，在于"养人之欲，给人之求"，故要"使欲必不穷乎物，物必不屈于欲"，"两者相持而长"；所以说"礼者，养也"。又说："礼者，断长续短，损有余，益不足，达敬爱之文，而滋成行义之美。"（《荀子·礼论》）意即礼是在使人民生计能获得解决。要解决，就必得"断长续短"，必得"损有余，益不足"——使财产重新分配。只有这样，才可"使欲必不穷乎物""物必不屈于欲"，不致有的一无所有，有的坐享其成、任意挥霍。

另一面，"虽王公士大夫之子孙，不能属于礼义，则归之庶人"；而庶人之子孙，如果他"积文学，正身行，能属于礼义，则归之卿相大夫"。（《荀子·王制》）于是上下关系根本改变。旧"礼治"是"刑不上大夫，礼不下庶人"的，现在则不论何人，凡"以善至者，待之以礼；以不善治者，待之以刑"（《荀子·王制》）——"礼治"走向合理化。所以荀子的"礼"带有极浓厚的"法"的意味。

其实，被荀子改造过的"礼"，实质上就是法，这一点他亦明白提过，如说："礼者，法之大分，群，类（《方言》云："齐谓法为类也。"）之纲纪也。"（《荀子·劝学》）又说："故非礼，是无法也。"（《荀子·修身》）说明"礼"与"法"实质上是一致的。

由是说来，荀子对孔子的"礼"做了改造，使孔子的"礼"适应新的封建势力的要求，为封建的统治服务。

同样的，随着荀子对孔子"礼"的改造，孔子的人伦思想与道德规范，如"不可废也"的"长幼之节""君臣之义"（《荀子·微子》）等等，也一同成为被改造了的"礼"的内涵，与被改造的礼相适应。如说

"礼者""人伦尽矣"(《荀子·儒效》),又说"礼者,人道之极也"(《荀子·礼论》),把伦理道德与被改造的"礼"结合起来,认为能尽斯礼就达到了道德人伦之极致。于是这种种现实形态原本是为种族奴隶制服务的,至是转而成为封建制的伦理道德。① 同时,荀子从阐扬孔子思想的积极面中,阐述了孔子的为学与做人(《荀子·劝学》),孔子所手订的《诗》《书》《易》《礼》《春秋》,则通过他的"善为"② 而获得了广泛的传播。③ 于是说来,孔子成为中国封建制时代的圣人,和荀子的努力是分不开的。

汪中(1744—1794)说:"盖仲尼既没,六艺之学,其卓然著于世用者,贾生(贾谊)也。"而贾谊为"荀氏再传弟子"④。其使儒术尊崇于封建制时代之董仲舒,他治《公羊春秋》,亦曾"作书美荀卿"⑤。益知孔子思想之成为封建时代的哲学,实为荀子之力。王先谦(1842—1917)曾说:"荀子论学论治,皆以礼为宗,反复推详,务明其指趣,为千古修道立教所莫能外。"⑥ 他这话当是对荀子思想深有体会的讨论。

另外,封建势力取得政权以后,为有利于其统治,阐扬孔子思想消极部分的孟子思想被吸取,是可以理解的。如董仲舒以荀子思想为内核,其论人性说,"生之自然之资,谓之性;性者,质也。诘性之质于善之名"是不中肯的。且"民之号取之瞑也,使性而已善,则何故以瞑为号"呢?故须"待觉教之然后善"⑦。同时,他亦吸取了子思、孟轲的思想,如以相生克之五行而附会于政治。⑧ 至孟子思想之被重视,是唐韩愈以后、宋以来的事。

---

① 《荀子集解·考证》上谢墉,《荀子笺释序》:"小戴所传三年问,全出礼论篇。乐记乡饮酒义所引,俱出乐论篇。聘义子贡问贵玉贱珉,亦与法行篇大同,大藏所传札三本篇,亦出礼论篇,劝学篇即荀子首篇,而以宥坐篇未见大水一则附之,哀公问五义,出哀公篇之首,则知荀子所著载在二戴记者尚多,而本书或反缺佚。愚窃尝读其全书,而知荀子之学之醇正,……洵足冠冕群儒,非一切名法诸家所可伺类共观也。"由此可见为后世封建制服务的"礼",其中不少是出自荀子。
② 《荀子集解·刘向叙》。
③ 汪中:《述学补遗·荀卿子通论》云,"荀卿之学出于孔氏,大有功于诸经"。
④ 汪中:《述学》内篇卷三《贾谊新书序》。
⑤ 《荀子集解》。
⑥ 《荀子集解》。
⑦ 《春秋繁露》卷十《深察名号》。
⑧ 《春秋繁露》卷十三《五行相胜》第五十八及《五行相生》第五十九。

然宋儒之言性虽主孟氏，如钱大昕（1728—1804）所说，"必分义理之性与气质之性而二之，而戒学者以变化气质为先，盖已兼取孟荀二义，而所谓变化气质者，实暗用荀子化性之说，是又不可不知也"①。同时荀子所云："人心譬如盘水，正错而勿动，则湛浊在下，而清明在上，则足以见须眉而察理矣；微风过之，湛浊动乎下，清明乱于上，则不可得大形之正也；心亦如是矣，故导之以理，养之以清。"（《荀子·解蔽》）此亦是宋儒分别性为义理与气质二者之所本。而荀子所谓"君子养心莫善于诚，致诚则无它事矣"（《荀子·不苟》），所谓"夫此顺命以慎其独""不诚则不独"（《荀子·不苟》），凡此皆荀子思想中之消极面，亦是宋儒言"诚"、言"慎独"之所出。

所以我认为孔子的思想，是通过荀子而在封建制时代起了作用。孔子因而成为封建社会的圣人，他的思想便转而为封建统治服务。

另外，亦必须指出：随着中国封建社会的发展，以孔子为圣人则一，但解释何以为孔子的思想则不一。这是由于封建社会发展的各个时期的特点不同，对孔子思想做了不同的阐释所致。

---

① 《潜研堂文集》卷二十七《跋〈荀子〉》。

关于孔子的讨论

近几年来，对孔子思想的讨论，在原讨论的基础上，又推进了一步，成绩是显著的！

这是由于大家在党的教育下政治理论水平不断提高。由于党的"百家争鸣"方针进一步贯彻，致讨论日趋热烈，讨论的内容也较前深入，大家从研究中既能发现些问题，又能提出些不同意见，彼此启发，作深一层的研究、讨论。

成绩的具体表现：

首先就是大家对孔子思想的探讨，在不同程度上，运用了阶级分析的科学方法，致讨论逐渐深入，也提出了若干新的意见。虽然，对孔子思想的实质如何，目下尚未能取得一致的意见，但通过阶级的分析，提高了对孔子思想的认识，孔子思想的各个方面大都显露出来了。这有助于对孔子思想做进一步的研究，做全面而确切的评价。

关于孔子的中心思想，过去有不同的看法，根据最近的讨论，孔子的中心思想为"仁"，大家看法比较一致。对"仁"的思想实质如何，虽还有异议，但大家根据资料，又进一步做了阶级分析，致对"仁"的思想看得较为清晰，便利于问题的解决。还有，对孔子的教育思想，通过讨论，大家也比较少有异议。虽然，对孔子整个思想实质的看法不同，对他的教学内容，尚有不同意见，但对他的教学方法，大家比较肯定，且认为带有若干唯物论倾向。

至于不够的地方，大家在讨论中，对原来讨论的基础未能予以足够的重视。如孔子思想中，那些值得研究的问题曾由谁提出来过，进行过一些分析，可供讨论参考，甚或值得做进一步争论；又有谁曾经把孔子的某一思想或语句有过新的看法或做了新的解释，值得重新提出，做进一层的分析研究。这些，都是我们对讨论的基础应予重视的地方。

其次，最主要的，一位思想家，他的思想，可能初看起来显得纷乱，难以见到思想实质；但如能耐心而仔细地分析，应该说是可以看出思想实质、思想体系的。恩格斯曾经说过："更高级的思想体系，即更加离开物质经济基础的思想体系，则采取了哲学和宗教的形式。在这里，观念跟自己的物质存在条件的联系，越来越混乱、越来越被一些中间环节弄模糊了。然而这联系仍然是存在着。"① 因之，对孔子思想的研究，不应该寻章摘句，枝节而抽象地说是进步或保守；而应该通过阶级分析，研究他的思想体系，分析他的思想实质。只有这样，才能见到孔子思想之所以然。这一点，我认为似应多加注意！

孔子之所以值得人们研究讨论和给予很好的总结，一方面是因为我们要认识他为什么是中国封建制时代的圣人、他的思想的各个方面和思想实质到底是怎样的，从而取其精华，去其糟粕；另一方面，是由于他的影响很大，从中国封建制时代至中国沦为半殖民地半封建社会，一直有着他的深刻影响。其间虽经五四时代，大打"孔家店"，但他的影响还是不小，读经尊孔，时有所闻，有的还以之建立什么本位文化，有的则建立什么新儒家体系，花样不少。这一切，在当时的情况下，自是可以理解的；但说明他的影响，通过对他的思想的讨论而加以总结，这对我们提高思想认识，有很大的帮助。

我们从研究讨论中，给孔子做出适当的评价，这对开展在他以后的思想家的研究讨论，给予总结，自亦较为方便。

至于今后的讨论应如何进一步展开，下列几个方面，似有研究的必要。

首先，关于西周以至春秋战国时代的社会性质如何仍然是一个问题，各家对孔子评价不一致，这个问题未能获得解决，是一个关键。这问题前几年史学界曾有所讨论，后来也断断续续地讨论过，但仍未能取得一致的意见。而参加讨论孔子思想的同志，对这问题虽曾有所涉猎，但未能多花功夫来作探讨。所以我认为在探讨孔子思想的同时，对他所处的时代的社会性质仍有进行研究之必要。

其次，在对孔子思想研究方面：

第一，继续以《论语》为中心，结合经籍和其他可靠资料，做深一层的阶级分析和体系化的探讨。

除此以外，要深切地了解孔子思想，对孔子以后的儒家各派的思想作些探讨，实有必要，以期能更全面地了解孔子。比如，孟、荀二氏虽同以孔子为圣人，但他们两家思想各不相同，且荀子对孟子在某些方面还进行

---

① 《马克思恩格斯文选》（两卷集），第一卷，人民出版社1958年版，第395页。

过批判。孟子思想是为谁服务的？荀子思想又是为谁服务的？为什么他们同属儒家、同以孔子为圣人，而主张各异？

具体地说：

关于人性论。孔子只说"性相近也，习相远也，惟上智与下愚不移"，并未明言人性是善或是恶；可是孟子道人性善，荀子则与之相反而言人性恶。其后，顾炎武由于从孔子的"性相近也，习相远也"两句话中，体会不出孔子是说性善，于是就说，孔子所说的"人之生也直"，就是孔子说人性善（《日知录》卷七"性相近也"条）。但是不是如此呢？亦自难肯定。

孔子"畏天命"，孟子把天命与性善结合了起来；荀子言性恶，与孟子相反，故就要"制天命而用之"。两家同宗孔子，阐扬孔子的思想，而所言各异。

当然，据韩非子说，到了战国时代，"儒分为八"。虽同宗孔子，但有八派之多。八派之见和孔子虽有相同处，但许多是不同的——与孔子思想有出入。而八派中有著作传世的，只有思孟与荀子两个学派，其余少有材料可考。所以探讨孔子思想的同时，对孟、荀两派的思想也应有所探讨。

第二，我们还应做进一层的考虑，孔子作为中国封建制时代的圣人，他的思想在封建制社会中到底起了哪些实际的支配作用？这对我们了解孔子思想的实质，以及他之所以成为封建制时代的圣人有帮助。

就封建制时代的思想统治来说，作为"名教"的"三纲五常"思想是起了实际的支配作用的。

以言"三纲"：孔子的正名，是要"君君，臣臣，父父，子子"，故讲求"长幼之节，君臣之义"，中经荀子，而发展至董仲舒，才形成所谓"王道之三纲"，所谓"不教之名，民莫能当善"（《春秋繁露·深察名号》），于是"名教"的"三纲"便由是而确立；至后汉白虎观会议，又进一步予以严密化。可是，虽然如此，但在隋唐以前，作用是肯定的，但似尚未十分深入人心；十分深入人心是在北宋以后。于是"正名"而成为天经地义的所谓"名教"。

以言"五常"：孔子的"仁"学思想，包摄有"义""礼""智""信"——虽不名为"五常"，但包摄有此思想。其后予此思想以体系化的，就是思孟学派，所谓"按往旧造说，谓之五行""子思倡之，孟轲和之"（《荀子·非十二子》）。于是五常与五行、性与命便混而为一，中经邹衍、董仲舒而益臻于严密，发展至宋儒便更进一步绝对化。

中国历代的封建政治，一般所体验出来的，是阳儒阴法的政治。这话有一定的道理。

这就有关"礼"的思想的问题。

孔子的"礼云礼云，玉帛云乎哉"的"礼"，发展至荀子，而成为"礼者，法之大分，类之纲纪也"（《荀子·劝学》）的"礼"——即"礼"表"法"里的政治思想。通过董仲舒，他认为"执法者司寇"的责任，在于分别"亲有尊卑，位有上下"，使"各司其事"。（《春秋繁露·五行相生》）因之，他之所谓"礼"，是"继天地，体阴阳，而慎至容（主客），序尊卑贵贱大小之位，而差外内远近新故之级者也"（《春秋繁露·奉本》），成了他的礼法政治，为历代封建统治者所实际运用。这就是一般所谓阳儒阴法的政治。

关于"中庸"的思想。

孔子说"中庸之为德也，其至矣乎！民鲜能久矣"，这一"中庸"的思想，发展至"礼记中庸"而臻极致。历代封建统治者都以之作为缓和阶级矛盾的政治理论基础，这是很显然的。

联系以上的诸思想，再回过头来看看孔子的思想，这样结合起来进行分析研究，是否有助于对孔子思想的全面认识？有助于总结孔子的思想？我看，可以考虑。

说明之一，以上所涉及的，孔子以后的儒家思想，与孔子思想有相当大程度的出入；而这种出入，是随着中国封建社会发展的特点不同，对孔子思想做了不同的阐述所致。

说明之二，孟、荀二派虽同属儒家，同宗孔子，但他们的思想不仅与孔子思想不大一致，而且他们彼此之间在思想的许多方面也是对立的！因之，为便于弄清孔子的思想，对他们的思想在当时所起的作用如何，是为谁服务的，自应有所考虑！

说明之三，以上只是些有关如何继续讨论孔子的意见，不能说我对孔子及与孔子有关的诸问题的看法就是如此。我只是为了纪念这一位中国封建制时代的圣人，这位伟大的思想家，为了对他的思想加以很好的总结，进而提高我们的思想认识，自应进一步展开对孔子的讨论。

墨子思想商兑

最近从《群众》八卷十五期上读到了郭沫若先生的一篇论文：《墨子的思想》。郭先生从他写《中国古代社会研究》起，就认定墨子为反革命派，不过那时他还没有把它具体化；在这篇文章里，就正式把他所认为的墨子反革命的意识逐一提出来了。

郭先生是我一向敬佩的一位前进学者，他不独有划时代的历史著作，还有使人不能忘怀的奋斗的生活，一二十年来都为全国青年所景仰。因而我们在追求真理的过程中，当应多向郭先生学习。若有意见，也不妨坦白地向郭先生提出；尤其是有许多意见和郭先生的相反时，更不妨提出来，以就正于郭先生。

关于墨子的思想，我不大同意郭先生的意见。

郭先生在他此文中，谓"墨子始终是一位宗教家，他的思想充分的带有反动性——不科学，不民主，反进化，反人性，名虽兼爱而实偏爱，名虽非攻而实美攻，名虽非命而实皈命"。同时他又根据《鲁问》上"凡入国必择务而从事焉"一段，认为《墨子》一书中较为完整保存着墨子思想真相的，只有下列的十篇：（一）《尚贤》，（二）《尚同》，（三）《兼爱》，（四）《非攻》，（五）《节用》，（六）《节葬》，（七）《天志》，（八）《明鬼》，（九）《非乐》，（十）《非命》（每篇中有的分上、中、下三篇），并认定这十篇就是墨子的十诫。其余各篇，只是后来的附益或者发展。这十篇是否为墨子的十诫，我们暂不去管他，这里姑就这十篇的内容来说。

首先我们得了解清楚，墨子到底是一个怎样的人？有人说他是"工农革命的代表"。这个，郭先生反对；我在三年前所写的一篇论墨子哲学思想的文章上也反对过，因为那时（春秋战国时代）连资本主义的影子都看不见，哪里来的工农阶级的代表？这当然不是的。但郭先生又走上与此极端相反的一途，认为墨子是一位宗教家，这个，我也不能同意。墨子虽然主张天志与明鬼，但决不是一位宗教家。他原本是当时的"贱人"，属于奴隶之类。《墨子·贵义》说：

> 子墨子南游于楚，见楚献惠王。献惠王以老辞，使穆贺见子墨子，子墨子说穆贺，穆贺大说，谓子墨子曰："子之言则成善矣，而君王，天上之大王也，毋乃'贱人之所为而不用乎？'"

大概后来他获得解放，取得了自由民身份。所以得"修先圣之术，通六艺之论"（《淮南子·主术训》）。我们看《墨子·鲁问》所说就可以知道：

> 鲁之南鄙人有吴虑者，冬陶夏耕，自比于舜。子墨子闻而见之。吴虑谓墨子曰："义耳义耳，焉用言之哉！"子墨子曰："子之所谓义者，亦有力以劳人，有财以分人乎？"吴虑曰："有。"子墨子曰："翟尝计之矣。翟虑耕而食天下之人矣。盛，然后当一农之耕，分诸天下，不能人得一升粟；籍而以为得一升粟，其不能饱天下之饥者，既可睹矣。翟虑织而衣天下之人矣。盛，然后当一妇人之织；分诸天下，不能人得尺布；籍而以为得尺布，其不能暖天下之寒者，既可睹矣。翟虑披坚执锐救诸侯之患矣。盛，然后当一夫之战；一夫之战，其不御三军，既可睹矣。翟以为不若诵先王之道，而求其说，通圣人之言，而察其辞，上说王公大人，次说匹夫徒步之士。王公大人用吾言，国必治；匹夫徒步之士用吾言，行必修。故翟以为虽不耕而食饥，不织而衣寒，功贤于耕而食之，织而衣之者也。故翟以为虽不耕织乎，而功贤于耕织也。"

他虽成了"诵先王之道，通圣人之言"的士人，取得了这城市国家里的自由民的身份，但不一定就要自侪于王公大人之列来与贱人作对。相反的，他反而自侪于贱人之一国，来进行贱人的解放。如他说："若越王听吾言，用吾道，翟度身而衣，量腹而食，比如宾萌，未敢求仕。"（《吕氏春秋·高义》）故他的思想虽不能说怎么彻底，其主张虽有矛盾与不够，但在当时讲来，还的确是最进步的意识，最了解当时社会改造的基点所在。

因此，我对郭先生对墨子思想的看法，不能不有所分辩：

第一，他是科学的。

关于《经上》《经下》《经说上》《经说下》四篇，郭先生认为只是些初步的科学思想,似乎不必拿来撮拾,我们也就把它压下不说。不过,对他的科学思想,我们仍然不能抹煞。

因为他有科学的思想,甚至可以说是一位科学家,所以他对任何事物,都要追根究底,问它一问"为什么",并不像那不科学的儒家只要知其然就算了。《墨子·公孟》说:

> 子墨子问于儒者曰:"何故为乐?"曰:"乐以为乐也。"子墨子曰:"子未我应也。今我问曰:'何故为室?'曰:'冬避寒焉,夏避暑焉,室以为男女之别也。'则子告我为室之故矣。今我问曰:'何故为乐?'曰:'乐以为乐也。'是犹曰:'何故为室?'曰:'室以为室'也。"

他不独对事物要追根究底,要问他一个"为什么",并且还要严整地论证事物的科学方法(《经上》《经下》《经说上》《经说下》的且不说)。他这种科学方法,是为他同时的诸家所没有的,即有之也不见得怎么完整。大概中国最先谈得上有较完整的科学方法论的,以他为第一人。

《墨子·非命》上说:

> [言]必立仪。言而毋仪,譬犹运钧之上而立朝夕者也,是非利害之辨不可得而明知也。故言必有三表。何谓三表?子墨子言曰,有本之者,有原之者,有用之者。于何本之?上本之于古者圣王之事。于何原之?下原察百姓耳目之实。于何用之?废以为刑政,观其中国家百姓人民之利。此所谓言有三表也。

这三个法则,都是把经验当作真理的标准。上本之于古者圣王之事,就是本着前人所经历的成果,作为真理的标准。下原察百姓耳目之实,就是把一般感觉的经验,作为真理的标准。发而为刑政,观其中国家百姓人民之利,就是以一般的利欲上的感觉作为真理的标准。即发以为刑政,百姓人民感觉是福利的,就是善,否则便是恶,便不能认作是时代真理。

他的这种三表法,不论在我们看来,尚有哪样的缺点与不足;但在他那个时代,能把经验作为真理的准则,就不能不说是在人们对客观社会的认识上,放了一线科学的曙光。这非一切宗教家的盲从与迷信可比。

因为如此，所以他特别注重实验，注重实验的知识，决不以空谈为然。《墨子·贵义》说：

> 今瞽者曰："钜者白也，黔者黑也。"虽明目者无以易之。兼白黑，使瞽者取焉，不能知也。故我曰："瞽不知白黑者，非以其名也，以其取也。"今天下之君子之名仁也，虽禹汤无以易之。兼仁与不仁，而使天下之君子取焉，不能知也。故我曰："天下之君子不知仁者，非以其名也，亦以其取也。"

瞽者与君子之不知"黑白"，与"仁与不仁"，并非在名义上，而是在实际上。是由于缺乏实际的知识、缺乏实践所致。《墨子·非攻》下又说：

> 则是有誉义之名，而不察其实也，譬犹盲者之与人同命黑白之名，而不能分其物也。则岂谓有别哉！

反对徒"誉义之名，而不察其实"，这是何等注重实际的知识呀！假如他不具有缜密的科学头脑，哪里会这样踏实！他又说：

> 言足以复行者常之，不足以举行者勿常。不足以举行而常之，是荡口也。（《墨子·耕柱》）

> 言足以迁行者常之，不足以迁行者勿常。不足以迁行而常之，是荡口也。（《墨子·贵义》）

这意思就是说：所有的道理——自然科学的或社会科学的，都要能拿进实验室，都要能实验（迁行），都要能为实际所用。只有这样，才算是真理。这正是科学家的精神和态度。

且墨子曾制造能飞的木鸢（《韩非子·外储说左上》），能制造载重五十石的三寸车辖（《墨子·鲁问》）以及各种兵器（观《墨子·备城门》以下诸篇即知），假如不是一位科学家，他的工艺，又曷克臻此？

至于墨子之所以谈"天志"与"明鬼"，则有两方面的意义。

一方面是在进行反对"王公大人"及建立"兼爱"的社会的一点上，增强一般"贱人"对这一改造工作的勇气。意思就是告诉他们，只要努力干，天与鬼神都是帮助我们来赏善罚暴的。至于他告曹公子（《墨子·鲁问》），告跌鼻（《墨子·公孟》），告这一般有知识的人就不然了，就不以为鬼神是绝对的，它所给予人的祸福，只不过是如"百门而闭了一门"而已，渺小得很。

另一方面则有兼爱与平等的意义。

《墨子·天志中》说：

且夫天子之有天下也，辟之无以异乎国君诸侯之有四境之内也。今国君诸侯之有四境之内也，夫岂欲其国臣万民之相为不利哉？……夫天之有天下也，将无已（以）异此。

《墨子·法仪》说：

今天下无小大国，皆天之邑也；人无幼长贵贱，皆天之臣也。

这意思就是说：人在天底下都是平等的，人们应当相亲相爱，不应该谁压迫谁。所以诸凡大国攻小国，大家攻小家，强暴弱，诈谋愚，贵傲贱，都是压迫人的举动，失了天赋平等的意义。故为天所不欲。

《墨子·明鬼》也有平等的意思在里面。因为在当时只认为"王公大人"死了才能为鬼，"贱民"死了是不得为鬼的。故他的《墨子·明鬼》，借以表明贱民死了也一样地为鬼。关于只认为"王公大人"始能为鬼，我们看《左传·昭公七年》所载就可略知梗概：

郑人相惊以伯有，曰："伯有至矣！"则皆走，不知所往。铸刑书之岁二月，或梦伯有介而行，曰："壬子，余将杀带也！明年壬寅，余又将杀段也！"及壬子，驷带卒，国人益惧。齐、燕平之月壬寅，公孙段卒，国人愈惧。……子产曰："鬼有所归，乃不为厉。……"及子产适晋，赵景子问焉，曰："伯有犹能为鬼乎？"子产曰："能！人生始化曰魄。既生魄，阳曰魂。用物精多，则魂魄强。是以有精爽，至于神明。匹夫匹妇强死，其魂魄犹能凭依于人，以为淫厉。况

> 良霄我先君穆公子之胄，子良之孙，子耳之子，敝邑之卿，从政三世矣。……其用物也弘矣，其取精也多矣，其族又大，所凭厚矣，而强死，能为鬼，不亦宜乎？"

据子产的话，"王公大人"因在生时用物弘，取精厚，故死了能为鬼；而一般"贱民"不具有此资格。《墨子·明鬼》的另一义，也就是打破这种等级关系，谓无论何人死了皆得为鬼，即贱民的父母兄妹死了，也同样为鬼，能享祭祀（《墨子·明鬼下》）。因此，"深谷博林幽间无人之所"，皆得有鬼（《墨子·明鬼下》）。

其实墨子本人是否真的相信有鬼，还不一定。他曾这样疑惑地说："若使鬼神请（作"诚"字解）有，是得其父母姒兄而饮食之也，岂非厚利哉！若使鬼神请亡，是乃费其所为酒醴粢盛之财耳。自夫费之，非特注之污壑而弃之也，内者宗族，外者乡里，皆得如具饮食之。虽使鬼神请亡，此犹可以合欢聚众，取亲于乡里。"（《墨子·明鬼下》）

第二，他是民主的。

在墨子的那个年代，一般王公大人可谓专横已极。如《左传·昭公七年》载"单献公弃亲用羁"，其结果都不免为襄顷之族所杀。同情"贱民"解放的墨子看了当然过意不去，所以他一面反对王公大人专政，一面力主平民参政。

他反对王公大人专政道：

> 今王公大人其所富，其所贵，皆王公大人骨肉之亲，无故富贵、面目美好者也。今王公大人骨肉之亲，无故富贵面目美好者，焉故必知哉？若不知，使治其国家，则其国家之乱，可得而知也。（《墨子·尚贤下》）

> 逮至其国家之乱，社稷之危，则不尚贤使能以治之；亲戚则使之，无故富贵，面目佼好者则使之。夫无故富贵，面目佼好则使之，岂必智且慧哉？若使之治国家，则此使不智慧者治国家也。国家之乱，既可得而知矣！（《墨子·尚贤中》）

"王公大人"一味地引用无能的亲戚来执政，使得国家紊乱，故他主张选举平民中之有才能者来参政，以求得政治上的清明。《墨子·尚贤上》说：

> 故古者圣人之为政，列德而尚贤，虽在农与工肆之人，有能则举之，高予之爵，重予之禄，任之以事，断予之令。……故当是时，以德就列，以官服事，以劳殿赏。量功而分禄，故官无常贵，而民无终贱。有能则举之，无能者下之，举公义，辟私怨，此若言之谓也。

"无能则下之"，就是有罢官权呀！所以"官无常贵"。"有能则举之"，就是有选举权呀！所以"民无终贱"。因而，虽在"农与工肆之人"，只要有才能，可以胜任，就举他出来；如果无能力，或干事不行，即使他为"王公大人骨肉之亲"，也毫不客气地罢黜。这是何等的德谟克拉西的政治呀！要说墨子不民主，真是难以说上。

不过，墨子所主张的选举方式是很不够的，他并没有主张实行由下而上的真正的民选，而是推荐或傍举。如他说"下有善，则傍荐之"（《墨子·尚同上》），"已（按即民字）有善，傍荐之"（《墨子·尚同中》），还是一种推荐贤能的荐举方式。当然，就当时的社会情形而论，能够荐举就是最民主的了，因为那时还只是城市支配乡村的社会呀！我们是不能架上现代的眼镜来看，来任作批评的。

至于墨子之因此主张尚同，也不过是为了实行兼爱。因为他以为由推荐或傍举出来的正长、乡长、国君和天子，都是真有才干的好人，可以为人民取法；人民若取法，就可以达到这一古人都兼爱的目的。他并不是在那里主张专制独裁。你看，如果是由"王公大人"和他们的亲戚来把持政权，不能好好地为人民服务，他又反对尚同了。《墨子·尚同中》说：

> 今王公大人之为政则反此，政以为便嬖①，宗于父兄故旧，以为左右，置以为正长，民知上置正长之非正以治民也，是以皆比周隐匿，而莫肯尚同其上。

所以他的尚同，并不是绝对的，而是有条件的。是说由人民所推荐或

---

① 按，即嬖字。

傍举出来的真有才干的良好的正长，人民方肯尚同。

《墨子·法仪》又说：

> 当皆法其君奚若？天下之为君者众，而仁者寡；若皆法其君，此法不仁也，法不仁不可以为法。故父母、学（师也）、君三者，莫可以为治法。

这里更可见他的"法君"，即他的尚同，决不是绝对的。

虽然如此，但拿"尚同"来达到"兼爱"，是无法实现目的的。这是他施行的方式不对，他应该主张人人都受集体主义的教育，这方是办法。所以他应该主张"下比"。

第三，他并不反对进化。

在墨子那个时候，一般王公大人奢侈已极。他们"苦于厚作敛于百姓，赏以赐无功；虚其府库，以备车马衣裘奇怪；苦其役徒，以治宫室欢乐。死又厚为棺椁，多为衣裘。生时治台榭，死又修坟墓"（《墨子·七患》）。并且他们"其为宫室，则……必厚作敛于百姓，暴夺民衣食之财，以为宫室台榭曲直之望，青黄刻镂之饰"（《墨子·辞过》）。这样，当然会弄得"故民苦于外，府库单（尽也）于内，上不厌其乐，下不堪其苦"（《墨子·七患》）。所以墨子针对时弊，反对奢侈，力主节用。我们不能因为他力主节用，就认为他是因陋就简，就是阻挠进化，其实不然。他是主张以一般老百姓的生活水准提高为前提的。《墨子·非乐上》说：

> 是故子墨子之所以非乐者，非以大钟、鸣鼓、琴瑟、竽笙之声，以为不乐也；非以刻镂文章之色，以为不美也；非以刍豢煎炙之味，以为不甘也；非以高台厚榭邃野之居，以为不安也。虽身知其安也，口知其甘也，目知其美也，耳知其乐也，然……不中万民之利。是故子墨子曰："为乐非也。"

这就是说：虽知道乐，知道美，知道甘，知道安，但因为一般老百姓的生活还没达到这个样子，所以他反对。他是以一般老百姓的水准为水准，而不是以王公大人的水准为水准的。

《说苑·反质》有这么一段话：

> 禽滑厘问于墨子曰："绵织缔绔，将安用之？"墨子曰："恶！是非吾用务也。……今当凶年，有欲予子随侯之珠者，不得卖也，珍宝而以为饰；又将予子一钟粟者。得珠者不得粟，得粟者不得珠，子将何择？"禽滑厘曰："吾取粟耳，可以救穷。"墨子曰："诚然，则恶在事夫奢也！长无用，好末淫，非圣人之所急也。故食必常饱，然后求美；衣必常暖，然后求丽；居必常安，然后求乐。为可长，行可久，先质而后文，此圣人之务。"

据这段话，益发知道墨子并非违反进化规律，反对生活水平提高。他是要一般老百姓达到最低生活水准后，再求进一步的发展。他自己已有明白的表示："先质而后文。"我们哪里能说他质而不文呢？

因为他要把一般老百姓的生活水准逐渐提高，所以他一方面反对"王公大人"奢侈，反对他们"厚措敛乎万民"，反对他们"暴夺民衣食之财"；另一方面，又叫老百姓努力从事生产，以时生财。《墨子·七患》说："为者寡，食者众，则岁无丰。故曰：'财不足则反之时，食不足则反之用。故先民以时生财。'"又注重他们在生产上的分工，《墨子·节用》中说："凡天下群百工：轮车、鞼匏、陶冶、梓匠，使各从事其所能。"

这些，都是逐渐提高老百姓生活的办法呀！

第四，他并不反人性。

墨子并非不近人情，他是最近人情的。他的近人情，就在于要使大家的生活都能获得满足，而不是只让某一小部分人"不与其劳，获其实，已非其所有而取之故"（《墨子·天志下》）和"此掌不从事乎衣食之财，而常食乎人者也"（《墨子·非乐上》）。

他反对侵略，认为侵略不近人情，只图个人欲望之满足，而忽略了百姓人民的痛苦，是最不义之举。所以他说："情欲得而恶失，欲安而恶危，故当攻战而不可不非。"（《墨子·非攻中》）又说："且大人惟毋兴师以攻伐邻国，久者终年，速者数月，男女久不见，此所以寡人之道也。"（《墨子·节用上》）如果是寡情的人，肯说这样的话吗？

墨子倡兼爱，主张爱无差等，难道还会反对情欲的正常发展吗？当然不会。他说"必去喜、去怒、去乐、去悲、去爱，而用仁义"，就是要去除人们情欲上的偏私。因为"王公大人"的情欲有所偏私，致使一般老百姓的要求无法获得满足，而"王公大人"的情欲不能普遍施展，就不能达到仁爱的目的。像"攻伐",像"蓄私",像"厚措敛乎万民",像"暴夺民衣食之财",都是情欲之私呀!所以墨子几句"必去……"的话,是针对"王公大人"之情欲上的偏私而发的,并非在那里主张绝情欲,并非反人性。

至于他之主张早婚、奖励生育,也不能说是反人性,是尽力帮助统治者。他是眼见当时的国君互相攻伐和荒淫无耻,弄得人口减少,生产降低,形成社会上的严重危机,才提出早婚和奖励生育的意见的。目的是增加人口,发展生产,来挽救这一危机。

第五,他的兼爱并非偏爱。

因为墨子所谈的是兼爱而不是偏爱,所以许多人都骂他,尤其是儒家。首先如孟子骂他"无父",骂他"爱无差等";后来荀子也骂他"有见于齐,无见于畸;……有齐而无畸,而政令不施"(《荀子·天论》),又骂他"……慢差等,……不足以容辨异,……足以欺惑愚众"(《荀子·非十二子》)。我想,如果墨子是主张偏爱的,他让多数的不安乐者去爱少数的安乐者,那么儒家的这些先生们就不会这样骂他了,不仅不会这样骂他,反而会特别欢迎他,还会对他这样说:"老墨!你也和我们一样,都是维护王公大人、维护他们的既成秩序的呀!那我们应该好好携起手来!"

不仅如此。倘使墨子真的主张偏爱,他为什么反对"别"?为什么要拿"兼以易别"(《墨子·兼爱下》)?为什么要把少数安乐者的不法行为如"蓄私"呀,"厚措敛乎万民"呀,"暴夺民衣食之财"呀等等,向外暴露而不"隐恶扬善"?他这样不"隐恶扬善",难道不知道会有恶果产生吗?这样会使多数的不安乐者知道他们今日之所以不能安乐的原因。到了这一步,无论墨子做什么样的宣传,如何叫他们去爱那少数的安乐者,他们也不会去爱的了。岂独不爱,或许还会造反呢?我们看一般法西斯主义的宣传员,是不是肯把希特勒、墨索里尼的残暴行为向外暴露呢?如果这样,还会有人去相信他们,做他们的走狗,替他们当炮灰吗?

郭先生说墨子承认既成秩序。我又想,墨子如果承认既成秩序,为什么非礼(他骂儒家繁衍饰礼乐以淫人)?为什么反对"亲亲有术,尊贤有等",反对"言亲疏尊卑之异"?又为什么反对"王公大人"呢?因为不承认,所以他才主张兼爱,主张爱无差等,藉以打破既成秩序,使"王公大人"不常贵,老百姓不终贱。

第六,他的非攻并非美攻。

墨子的非攻,不是美攻,不是"替侵略者制造和平攻势的烟幕",故他反对大国攻小国,把侵略的大国面孔描绘给小国看。《墨子·天志下》说:

> 今……大国之君宽然曰:"吾处大国而不攻小国,吾何以为大哉?"是以差论爪牙之士,比列其身车之卒伍,以攻罚无罪之国;入其沟境,刈其禾稼,斩其树木,残其城郭,以御其沟池,焚烧其祖庙,攘杀其牺牲。民之格者则劲拔之,不格者则系操而归,大夫以为仆圉、胥靡,妇人以为舂酋。

这简直是今日法西斯的狰狞面貌了。

另外,他又为小国打算,叫他们做防守之道,以防止大国的侵略。比如,他止楚攻宋(《墨子·公输》),他"裂裳裹足,日夜不休"地赶到楚国,劝了公输盘,又劝楚王,请他们不要攻宋;又怕侵略者不守信义,还是来攻宋,故叫他的"弟子禽滑厘等三百人",携带他的"守圉之器,在宋城上而待楚寇"。又如,他劝卫国的公良桓子畜士,就是因为卫国处于大国齐晋之间,容易遭受他们的侵略,故叫他畜士以为之备。(《墨子·贵义》)他在《墨子·备城门》以下十四卷各篇中所讲求的,都是守御之术。岂有一位"替侵略者制造和平攻势烟幕"的人,还来为小国打算,叫它们防备侵略,为它们研究"守御之术"的!

所以墨子的非攻,正像当初苏联的武装和平。苏联一面和世界各国订立和平条约,建立起友好关系;另一面,又恐怕有人如德国法西斯野兽一样,不讲信义,破坏和平,故不得不建立起坚固的国防。不然的话,苏联今日早就为野兽希特勒暗算了。

至于郭先生所引《墨子·耕柱》"君子无斗"一段,郭先生认为这一段所谈的"无斗",等于剥夺了被侵略者的武器,我以为不然。所谓"君子"不能说是属于被侵略者群的。子夏之徒,都是君子之类,他们认为狗猪犹有斗,君子当然更有斗;君子又是属于安乐者群,那他们自身不是侵略者,就是侵略者的帮凶。倡导兼爱平等的墨子听了当然过意不去,不得不骂他们"言则称于汤文,行则譬如狗猪",是言行不一致的东西。这正说明儒家是维护"王公大人"的,是"王公大人"的帮凶;墨子反对他们,正说明墨子是同情贱人,帮助不安乐者群的。

第七,他的非命并非皈命。

儒家因为要维护"王公大人"的统治,所以拿"命"来麻醉一般的所谓贱人穷人。贱人,你说要贵吗?他说你的命该如此。穷人,你想要富吗?他说你的命该如此。总之,他拿"命"来压服你,不使你起来和"王公大人"对抗。所以有命者的说法,就是命运支配了你,"虽强劲何益哉?"(《墨子·非命上》)

而墨子则不然,他是同情并帮助贱人解放的,所以他非命。他认为贱人只要身体力行,努力干,虽贱,亦可为贵,所以说"民无终贱"。他以为"命",乃是"暴王所作,穷人所术"(《墨子·非命下》)。如果"执有命者之言,是覆天下之义。覆天下之义者,是立命者也,百姓之谇(悴也)也。说(喜也)百姓之谇者,是灭天下之人也"(《墨子·非命上》)。这意思就是说,如果立命,就会使百姓心悴,因为这要使他们永远不能翻身,永远做"王公大人"的牛马。让他们做牛马,使他们心悴,就无异乎是消灭他们!而儒者拿"命"来"以为道教",叫老百姓安贫乐道,也是在残害天下的老百姓。(《墨子·非儒下》)故墨子说"执有命者不仁"(《墨子·非命上》)。

所以墨子的非命,无论如何不是叫老百姓皈命,而是叫老百姓违命。只要他们"不怠于从事"而肯努力,他们也可以堂堂正正地来做人,他们也可以凭着自己的才能而被荐举出来参政!

《墨子·天志》与《墨子·明鬼》,前已说明,其主旨是在为贱人争平等,并不是以之作权威来压服一般贱人。

现在谈墨学衰绝的原因。郭先生说"一是由于墨家后学多数逃入了儒家道家而失掉了墨子的精神,二是由于墨家后学过分接近了王公大人而失掉了民众的信仰",我认为二者都不是。

第一,墨家后学逃入儒家或道家并非事实。郭先生首拿《亲士》《修身》二篇为证,殊不知此二篇已成为公认的伪书,并不足为证。前一篇乃道家后学所杂凑而成的作品,故多道家语。后一篇乃儒家后学的作品,如汪中说:"其言淳实,与曾子立事相表里,为七十子后学所述。"(《墨子序》)梁任公、胡适他们均认为此三篇(包括《墨子·所染》)全无墨家口气,纯出伪托。唯其如此,它们不但不能证明墨家后学逃入道家和儒家,反而证明道家和儒家的后学走向了墨道。方授楚君曾说得甚为详细:

虽然，墨学非真能亡也。其直接影响而发为行动者，有许行及任侠一派。而其《墨子·尚同》重功利，见取于法家；《墨子·节用》平等，见取于道家；儒家受其影响则尤深。《荀子·儒效》，分俗儒、雅儒、大儒三等，其论俗儒曰："略法先王而足乱世术，缪学杂举，不知法后王而一制度，不知隆礼义而杀诗书。其衣冠行伪，已同于世俗矣，然而不知恶；其言议谈说，已无以异于墨子矣，然而明不能别。……是俗儒者也。"岂唯俗儒如此？孟子荀卿想可谓雅儒或大儒矣，然司马迁非谓其"猎儒墨之遗文，明礼义之统纪"耶？儒家受墨家影响之深，非可尽指，尤以《易传》之《文言》，《礼记》之《大学》与《礼运》大同之说，最为彰显。王夫之曰："一圣人死，其气化为数十贤人；孰谓墨子禽滑厘诸人之学，一朝而斩焉以尽，澌焉以亡也耶！"（《墨学源流》）

如禽滑厘，本来是子夏的弟子，而走向墨家，为墨家巨子。此尤为最显著之明证。

至于《经上》《经下》《经说上》《经说下》《大取》《小取》六篇，前四篇有谓墨子自著，早在晋鲁叔时胜在他的《墨辩注叙》上就这样说："墨子著书作《辩经》以立名本。惠施、公孙龙祖述其学，以正刑名显于世。孟子非墨子，其辩言正辞则与墨同。"这里，不仅明明说出惠施、公孙龙一班所谓名家是祖述墨子的经学，并不是墨家后学受了名家的影响而成《墨经》；且说出儒家孟子都受了墨子不小的影响。这与司马迁所谓孟子他们"猎儒墨之遗文，明礼义之统纪"正同。有的又谓《墨经》即非墨子自著，但亦系墨家后学所著，决与所谓名家无关。此在章士钊所著《名墨訾应考》中言之綦详。章氏的意思，名家是名家，墨家是墨家，二者不能混为一谈，即惠施、公孙龙亦不得称为"别墨"。那么，这样就两无关系、互不发生影响了。我们也不得说《墨经》是墨家后人承受了名家的影响而成的。所以不论前说对、后说非，或后说对、前说非，均足以证明前六篇无论如何不是受了名家的影响所写成的作品。

至于郭先生的第二说，亦不能成立。当时各家争鸣，大家都想自己的主张获得实现，故都接近"王公大人"，都做上层的工作。而墨家所不同的，也是最为进步的，就是如墨子所说："上说王公大人，次说匹夫徒步之士。"（《墨子·鲁问》）不独做上层工作，还兼做下层工作。比如行

"义"吧,他主张各阶层都要宣传,要"逮至远鄙郊外之臣、门庭庶子、国中之众、四鄙之萌人闻之,皆竞为义"(《墨子·尚贤上》)。这一段话,据钱穆《先秦诸子系年考辩》第三十二注云:"《墨子·尚贤》以国中之众与四鄙之萌人分言。国中之众者,居于都,古谓之百姓。四鄙之萌人居于野,古谓之民,民犹奴隶也。"可见他对唤起民众的工作是何等注重,与儒家的"民可使由之,不可使知之"便完全两样了。后来他的弟子虽有一部分仍在做上层工作,但对下层工作也还是没有忽略的。比如许行,据钱穆的考证,为墨子的再传弟子,他(是时已有六七十岁)带了几十位徒弟,都衣褐捆履织席以为食,跑到滕国,对滕文公说:"愿受一廛而为氓。"都愿在他国做奴隶,从事奴隶生产,和奴隶们接近。这又可见墨家的进步精神,为了主张的实现,他们是什么都不顾的。因为他们肯努力从事下层活动,后来荀子还这样骂:"以是县天子,一四海,何故必自为之。自为之者,役夫之道也,墨子之说也。"荀子这样骂他,可见那时墨家后学之从事下层活动是怎样地使儒家感到威胁。可惜中国人写历史,所写的都是帝王家谱,只写上层,忽视下层;加之写的人又大都为儒家学者,对墨家不免歧视。故关于墨家后学之下层活动的情形少有记载,这不是无因的。

这样说来,墨家自始至终不曾忘怀下层活动,是和民众相接近的。故桓宽《盐铁论·褒贤》第十九所载墨家曾参加陈涉、吴广的革命活动,是很可靠的。至于《史记》所载,仅有儒家参加,这是由于司马迁是儒家学者,素来把儒家捧得厉害,把墨家也抹煞得厉害,且还有援墨入儒之嫌。如墨家本为当时一大派别,能与儒家争雄者唯墨,而司马迁不为墨子立传。其故意抹煞墨家,于此可见。从《儒林传》上那一段文字看来,把儒家之参加陈、吴革命写得那么有力,那么活灵活现,那是司马迁要确定儒家一开始就是反秦的,以提高儒家在汉朝的地位,借以求得汉帝对儒家之特别信任。因而我想,参加陈吴革命的,儒家或许根本没有份,只有墨家;而《盐铁论》把儒家也列入,当是受司马迁那段文字的影响所致,桓宽本人或许只知道有墨家参加。

第二,墨家在秦时虽有一部分在做上层工作,但决不及儒家之盛。儒家活动的结果,还争得一个李斯做了始皇帝的宰相,在秦国施行阳法阴儒的统治二十余年。于此可见,儒家一贯维护"王公大人",哪里会来参加陈吴的革命行动呢!

关于儒家之专肆上层活动,因而得意的情形,梁任公有一段极精密的历史叙述。他说:

当孔子之在世,其学未见重于时君也。及魏文侯受经子夏,继以段干木、田子方,于是儒教始大兴于河西。文侯初置博士官,实惟以国力推行孔学之始,儒教第一功臣,舍斯人无属矣。其次者为秦始皇,始皇焚坑之虐,后人以为故孔教,实非然也;始皇所焚者,不过民间之书、百家之语,所坑者不过咸阳诸生侯生、卢生等四十余人,未尝与儒教全体为仇也;岂惟不仇,且自私而自尊之。其焚书之令云:"有欲学者,以吏为师。非禁民之学也,禁其于国立学校之外有所私业而已。所谓吏者何?则博士是也。秦承魏制,置博士官,伏生、叔孙通、张苍,史皆称其故秦博士;盖始皇一天下,用李斯之策,固已知辨上下、定民志之道,莫善于儒教矣。然则学术统一与政治统一,同在一时,秦皇亦儒教之第二功臣也。汉高早年最恶儒,有儒冠者辄溲溺之,其吐弃也至矣;而郦食其、叔孙通、陆贾等,深自贬抑,包羞忍垢以从之,及天下既定,诸将争夺喧哗,引为深患,叔孙通及乃缘附古制,为草朝仪,导之使知皇帝之贵,然后信孔学之真有利于人主;陆贾献《新语》,盖知马上之不可以治天下,于是过鲁以太牢祀孔子,喟然兴学,以贻后昆。汉高实儒教之第三功臣也。"(《饮冰室文集》卷二学术类《中国学术思想变迁之大势》)

任公的这一段谈话,首先说明儒家因了上层的活动得力,从魏文侯时起,就得意起来,就获得政治上的支持;中间经秦到汉,而势力益加扩充,这样,当然使得其余各家都站立不住。其次说明秦所焚书,官府书并不会烧,烧的大都是民间的诸子百家书籍,这可见对其他各家的思想排斥得厉害。所以秦虽未明白地定儒术于一尊,但因了李斯之大用,事实上,儒术已统治天下。墨家为儒家劲敌,当然不为所容,自无疑义。到了汉代,所用博士都还是故秦的,更可见秦时儒术之盛。这样,墨学由于政治上的压力一天天地加大,即使它是相当有组织的,也不能不走上衰亡的道路。

到了汉代,儒术更加获得政治上的支持,已明定儒术于一尊,于是其余各家都相率走上下坡路。至于墨家,因上层活动之路已断,便流为所谓游侠，在闾巷乡里中，专门从事下层的活动，联络民众，以为对抗。这以武犯禁就是他们对抗之具体表现。所可惜的，由于他们的组织力还是薄弱，也由于那时的统治力量相当强，故不能好好活动起来。

附：《群众》杂志第二十、二十一期合刊（1943年）编者的话

本刊十五期发表了郭沫若先生论《墨子思想》一文，当时我们就提出"希望今后在我们篇幅许可的范围之内，能够继续发表一些对于这一问题抱有不同见解的文章"。郭先生的文章发表后，我们就陆续收到了一些商兑的文章。现在我们发表了杨天锡先生与筱芷先生的两篇文章，一则就教于郭先生，二则把这一问题向读者诸君提出公开讨论。天锡先生和筱芷先生的论点虽不同于郭先生，但在求真理的基本立场上，三位先生是一致的。凡严格地遵守这一基本立场，有真知灼见，论点不重复，言之有物，立论有根据的，本刊无不乐于发表。在这里我们唯一要提请大家注意的是：一、为了把问题的讨论深刻化，势不得不涉及春秋战国时代中国社会性质的问题，就思想论思想，就墨子论墨子，是得不出科学的结论来的。因此我们希望参与讨论的诸君能把问题向这一方面发展。二、本刊不是一本纯粹研究性的刊物，因此发表这一类文章的篇幅有限，希望赐稿诸君注意。

关于"五千言"老子的思想

"五千言"老子的思想,是唯物论,还是唯心论?哲学界正展开讨论。要弄清这个问题,首先要研究"五千言"中所谈的"道"到底是什么,是物质,还是精神?我过去认为"五千言"中的"道"是后者而不是前者,现在也还是这样看。①

《庄子·天下》著者所概括的"五千言"的中心思想是:它所守的是"雌"(柔弱之意),是"辱"(不洁之意);所取的是"后",是"虚",是"曲",是"无为"……这一切都说明了"五千言"中消极退让的思想、"无为"的思想。而《庄子·天下》著者给予"五千言"的总的评语是:"以本为精,以物为粗。"这里值得注意的是"物"与"本"。这"本"是什么?以"物"为"有"的话,这"本"就是"无",就是精神的东西——"虚无"。以"虚无"为本,而"物"自是末,自是这精神的东西——"虚无"所派生的。本体为"元",故"无"是精,而这非本体的"有"——物质自是粗了。由是而知,"五千言"中"其中有精"一语,这"精"字,指的是"无",而不是"有",不是所谓物质。

《吕氏春秋·不二》则以一字予"五千言"思想以概括,说是老聃贵"柔",这和它概括孔子的思想是"仁"、墨子是"兼"(爱)、关尹子是"虚"是一样的,虽只一字,却概括了一家思想的整个内容。"五千言"的中心思想就是"柔",它是"道"的本体。

《荀子·天论》亦以一字予以概括,说"老子有见于诎,无见于信"——这"诎"字即是屈曲的"屈"字,而"信"字即是"伸"字,就是说老子只见到"屈"的一面,而没有见到"伸"的一面。《庄子·天下》概括老子思想,亦指出了"曲",这说明他们的看法一致。

这是当时人们对"五千言"老子思想的看法。

而这些看法,不论说它所贵的是"柔",所守的是"雌"、是"辱"也好,所取的是"后"、是"虚"、是"曲"、是"诎"也罢,其归结,

---

① 拙作《中国古代思想史》,生活·读书·新知三联书店1954年版,第257-271页。

都是消极退让，都是"无"，都是"无为"。明确地说，就是不要对现世界有积极的影响。因为不论积极于新世界的创造也好，积极于旧世界的维护也好，都是有所作为。有作为就有斗争，为了避免斗争，还是听其自然吧！所以要"无为"，"无为"倒"无不为"。

至于它的"道德自然"一语，这"自然"并不能理解为自然界的自然，而是自自然然的自然，是"无为"。比如：它的"希言自然"一语，这"希"字作"无"字解，"希言自然"即"无言自然"，即以"无为"言"自然"。以"无为"言"自然"，则"自然"即"无为"。如暴风骤雨，有所为似的，却不能持久。人亦如此。所以应当"无为"，"无为""故能长生"。推而至于它的所谓"百姓皆谓我自然"，所谓"以辅万物之自然而不敢为"，这"自然"，都是"无为"的意思。

所以司马迁对"五千言"老子思想所下的评语是："贵道虚无。"① 这评语是正确的！

"道"不是自然界的自然，不是物质；而是"无"，而是"无为"这一精神的东西。它是"先天地而生"，而又"独立而不改，周行而不殆（危殆之意）"的。简明地说，它是客体的独立存在。于是说来，这是客观唯心论。

因此，"五千言"中又说："道生一，一生二，二生三，三生万物。"意即由这一客体精神的东西，而生出数的概念的东西，从而产生出万物——这物质的东西。但这物质的东西，最后仍"复归于无物"，仍复归于这一独立存在的客体精神。

至于那些以为"五千言"老子的"道"具有物质性的，除了由于误解"道法自然"一语以外，又每每以"有物混成，先天地生"两语作为论证。其实这话很明白，就是：

有一种存在着的东西，它是先天地而生的。这"物"字并不是指物质，它与天地相对，倒指的是精神。人又每每以"道之为物"一段作为论证，其实这段话也很明确，翻成现代语就是："道"——这东西，它是恍恍惚惚的！由于它的恍惚，好像其中有物，又好像有物的形象（在"五千言"中另一个地方已明确地说，"无状之状，无物之象，是谓惚恍"），其实，它是窈冥不可得而言的"精"——这"虚无"（"以本为精"，"本"

---

① 《史记》卷六十三《老庄申韩列传》。

即"无"），这一精神的东西，倒是真切的、可信验的！

这样说，这"物"字指的亦不是物质。因此"五千言"中的所谓"道"并不具有任何的物质性，不能说它是唯物论。同时，主要的是，研究一家思想是唯物论还是唯心论，应当从那家的思想全貌来看，而不是一个字、一句话地看问题，研究"五千言"老子的思想自也是如此。

"五千言"老子的思想有它积极的一面，这就是它有原始的辩证法。

在"五千言"中，充满了对立的概念。例如："无—有""损—益""曲—全""枉—直""洼—盈""敝—新""少—多""后—先""下—高""废—兴""与—夺""易—难""细—大""雌—雄""黑—白""辱—荣""死—生""歙—张""此—彼""薄—厚""华—实""愚—智""贱—贵""阴—阳""拙—巧""讷—辩""寒—躁""静—动""出—入""牝—牡""壮—老""祸—福""怨—德""利—害""抑—举""不敢—敢""柔弱—刚强"和"不足—有余"等。这一切对立的概念，自是当时社会变革——在由种族奴隶制向封建制变革的过程中，被压迫阶级对压迫阶级的斗争，进步阶级对反动阶级的斗争，以及统治阶级之间的斗争，在"五千言"老子思想中的反映。因而他知道"有无相生，难易相成"以及"祸兮福所倚，福兮祸所伏"的辩证的道理，他知道从矛盾变化中来验证一切。这是他积极的一面。

只是，他虽见到当时社会的诸矛盾，见到"损不足以奉有余"以及"高下相倾"的矛盾情况，但他害怕斗争，认为"夫为不争，故无尤（尤即罪过的意思）"，因而反对斗争，强调要"使民不争"。所以他虽认识了社会诸矛盾的存在，但不是在斗争中求得矛盾的解决，而是采取消极退让的办法，所谓"夫惟不争，故天下莫能与之争"，以求得矛盾的解决。这正是没落阶级的思想意识。而他的"贵道虚无，因应变化于无为"①的主义，是这种消极退让的没落思想之体系化。

总的说来，"五千言"老子思想中具有原始辩证法，这是可贵的，但他的思想体系是客观唯心主义的，他解决矛盾的办法是不对的，都应予以批判。

---

① 《史记》卷六十三《老庄申韩列传》。

庄子思想探微

一

关于庄子的思想是唯心论还是唯物论,目前哲学界正在展开热烈的讨论。过去我的意见是:庄子的所谓自然的观点,实际上就是离开了时空的超现实的观点。①

我们知道,空间、时间是物质存在的形式;要超越时空,即是否定时空是物质存在的形式。时空既非物质的存在形式,自亦无所谓物质,无所谓物质世界。于是,所谓世界,只是人们的主体观念,只是观念的世界。庄子的所谓"道"就是如此。

荀子说"庄子蔽于天而不知人"(《荀子·解蔽》),近人罗根泽批评荀子对庄子的这一评论是很大的错误,因为《庄子·大宗师》明白地说:"庸讵知吾所谓天之非人乎?所谓人之非天乎?"可见他是主张天人不分的。② 由是而知,庄子的所谓"天",并非真的是指自然界;而是指人的主体观念。

庄子否定时空,否定世界之物质性,在知识论方面,亦不承认和不相信客体的知识,不认为有认识客体知识之必要。因为人们自有先验的知识,这就是人们所固有的"纯粹经验",它是唯一的实在。③

荀子为庄子思想的假象所迷惑,故说"庄子蔽于天而不知人",而未能透过庄子所言天的表面见到庄子言天的本意。他的本意和荀子所评论的相反,是"蔽于人而不知天"——只见到人的观念的世界而不承认世界的物质性。所以评论庄子思想最恰当,真正握住了庄子思想实质的,不是荀子,而是《庄子·天下》。这一篇,据近人马叙伦研究,说是"非庄子不

---

① 拙作《中国古代思想史》,生活·读书·新知三联书店1954年版,第239页。
② 罗根泽:《诸子考索》,人民出版社1958年版,第306页。
③ 拙作《中国古代思想史》,生活·读书·新知三联书店1954年版,232页。

能为"①；我看，倒不一定。不过，这是一篇评介当时学术思想，特别是道家各派思想实质的极有价值的学术论文。它若不是庄子自作，便是庄子的嫡系门徒所作。

这篇论到庄子的思想时，首先这样说：寂漠无形，变化无常，死与？生与？天地并与？神明往与？芒乎何之？忽乎何适？万物毕罗，莫足以归；古之道术有在于是者，庄周闻其风而悦之。

按这一段话确是概括了庄子思想的全貌。

如《庄子·逍遥游》，庄子以"小年""大年"作论，说小年吧，有"朝菌不知晦朔，蟪蛄不知春秋"；说大年吧，如"楚之南有冥灵者，以五百岁为春，五百岁为秋"，还有如"上古有大椿者，以八千岁为春，八千岁为秋"。——小年大年矛盾如此之大，其他一切事物亦莫不然。事物矛盾之大，表明了事物的变化之大；并且如此变来变去，变化至伊于胡底呢？想来自是很可怕的！假如像众人般以此为意的话，那岂不可悲吗？

在《庄子·齐物论》中有关庄子的言论，亦表述了类似的感慨，认为"一受其成形，不亡以待尽，与物相刃相靡"，而又"其行尽如驰"，"莫之能止"，这难道不可悲吗？并且"终身役役，而不见其成功，苶然（疲困貌）疲役，而不知其所归"，这难道不大可哀吗？

再如《庄子·养生主》，庄子表示："吾生也有涯，而知也无涯。"如果"以有涯随无涯"（《庄子集释》），致生命于穷促，那是危殆极了！又如果"已困于知而不知止"（《庄子集释》），并且反为知役，那是更加危殆了！由于事物的变化莫测，如《庄子·人间世》所谓"夫风波易以动，实丧易以危"，这情况，如果"其求实无已"——对现实作无底止的追求，那只会"形就而入，且为颠为灭，为崩为蹶"。同样地，如果"心和而出，且为声为名，为妖为孽"，岂不可哀吗？怎样如"古之至人，先存诸己"，由是而达到真人的境地，那才适意呢！

这种论调，《庄子·德充符》亦有所致意，如认为"穷达贫富，贤与不肖，毁誉饥渴寒暑"——这许多社会的与自然的矛盾变化，如此"日夜相代"而又相煎相迫，致疲于奔命而不能究其所自始，又如何是了呢？想来想去，只有忘怀于这客观事物的矛盾变化，而"游心乎德之和"，驰骋于心灵的世界，才可"以其心"而得其常心。

---

① 马叙伦：《庄子天下篇述义》，龙门联合书局1958年版。

《庄子·大宗师》的思想亦是如此。

庄子在这篇中分析事物有古今、生死、将迎和成毁——是有矛盾的；有矛盾，也就有变化。怎样超出这矛盾，超出他的所谓世俗之矛盾？他认为，只有"彼以生为附赘悬疣，以死为决疣溃痈。夫若然者，又恶知死生先后之所在？假于异物，托于同体，忘其肝胆，遗其耳目，反复终始，不知端倪，芒然彷徨乎尘垢之外，逍遥乎无为之业，彼又恶能愦愦然为世俗之礼，以观众人之耳目哉？"就这样，从超乎尘垢中驰骋于心灵的世界这一主体的世界。（按，庄子所谓"忘其肝胆，遗其耳目"，就是认为客体的物质世界只是主观世界的渣滓，故用不着通过感官而获得认识，无须有感性的知识——它是靠不住的！靠得住的，倒是主体的纯粹经验，纯粹经验之活动。就是说，作为客体的物质世界并非实在；主体的纯粹经验，纯粹经验的世界，倒是实在的。）

以主体的纯粹经验为实在，于是就无所谓世俗的矛盾与变化。一切如一，就是主体的纯粹经验。所以他说："故其好之也一，其弗好之也一，其一也一，其不一也一。"

对客体的物质世界之矛盾变化，庄子感到可怕，于是他从无视客体的物质世界中，给予客体的物质世界以否定。他要使客体的物质世界之"名实不入"，所以他在《庄子·应帝王》中认为，"为天下"，就会使"名实入"；"名实入"，就有烦恼、有忧悸。因而他反对"为天下"。"为天下"就无异乎承认客体的物质世界。所以他要从驰骋主观世界中，"与造物者为人"，要"……乘夫莽眇之鸟①以出六极之外，而游无何有之乡，以处圹埌之野"。怎的要"以治天下"以"感予之心"呢？因为"为天下"，就会使客体的物质世界作用于人们的感官，就会感染到物质世界之无穷尽的矛盾变化所引起的烦恼与忧悸，就会影响到自我生存、自我认识和自我的精神陶醉。

从以上内篇六篇以及内篇《庄子·齐物论》中有关庄子的言论来看，《庄子·天下》所阐述庄子思想之首段，确是概括了庄子思想的全貌。这非对庄子思想有深切研究与认识者不能道。

接着《庄子·天下》又说，庄子是"以天下为沉浊，不可以庄语"

---

① 按，《庄子集释》疏云："若其息用归本，厌离世间，则乘深远之大道，凌虚空而灭迹。"所以这所谓"莽眇之鸟"，实质上是指精神的东西。

的。按这话有两方面的意思：一是认为所谓客体的物质世界只是主体的精神世界之渣滓，是龌龊的，不应予以理会，亦无足道。其实质，就是给予客体的物质世界以否定。一如成玄英疏所说："宇内黔黎，沉滞暗浊，成溺于小辩，未可与说大言。"①——意思就是说，当时一般"沉滞暗浊"的"黔黎"，计较世俗的小利害、小是非，故不足与言他的所谓大道，他们（黔黎）同样地也只是主体的精神世界之渣滓，是卑贱的、龌龊的、渺不足道的！因之，他在另一方面，"以卮言为曼衍，以重言为真，以寓言为广"——意思系指能枝蔓其辞、似是而非、不着边际地以轻蔑讥讽的语气与论调来对待这所谓的现世界②——客体的物质世界，从而驰骋于他的主体的精神世界，目空一切地"以谬悠之说，荒唐之言，无端崖之辞"纵谈恣论，肆无忌惮，无所可否，随意所之，唯精神是适。这样，"上与造物者游，而下与外死生无终始者为友"③。

于是主体的精神世界便和神仙世界相通，且从相通中归趋于神仙世界，归趋于有意志的天。④——这就是庄子思想的归结。庄子这种思想的产生，也不是什么偶然的！

当时社会处于急激变革中，种族奴隶制日形衰落，新的封建势力日益抬头，新旧势力的斗争，以及奴役和反奴役的斗争益趋激烈，在这种情势之下，那反映新兴力量的思想意识者，自是以愉快的心情、战斗的姿态，从各方面对旧的势力进行战斗。相反的，反映了那垂死的种族奴隶制的思想意识者，便悲观失望，怕见和不忍见社会矛盾，企图泯灭社会矛盾，作到"恶知死生先后之所在"（《庄子·大宗师》），而"复通为一"（《庄子·齐物论》）。故扬雄指出："作此者，其有惧乎？"⑤怕见和不忍见社会进步，企图予以抹煞乃至否定。对现实感到悲观失望，便置现实于不顾，而力图求得精神上的安慰。表现在哲学观点上，便是否定客观的物质世界，而以主体的精神世界为唯一的实在。庄子的思想就是这种社会没落者的思想意识的集中表现。

---

① 《庄子集释》卷十。
② 王先谦云："因世人不可与庄语，故以此三言为说。"（《庄子集解·天下篇注》）
③ 按《大宗师》云："与造物者为人。"《在宥》云："睹无者天地之友。"《刻意》云："精神四达并流，上际于天，下蟠于地。"
④ 按，《天地》云："千岁厌世，去而上仙。"
⑤ 《扬子法言·君子》第十二。

所以，主体的纯粹精神、纯粹经验，就是庄子的所谓"道"，它是唯一的实在。它本身是"有情有信"的。"有情"故能"明鉴洞照"，"有信"自可"趣机若响"（《庄子·大宗师》成玄英疏）。它不假于外物，无须求得对外物之认识；它能"生天生地"，又能"神鬼神帝"（《庄子·大宗师》）。于是说来，庄子的这种思想是极端的主观唯心论。

庄子自己说："夫道不欲杂，杂则多，多则扰，扰则忧，忧而不救。"（《庄子·人间世》）成玄英疏云："夫灵通之道，唯在纯粹。必其喧杂则事绪繁多；事多则心中扰乱；心中扰乱则忧患斯起。"其实质的意思，就是怕见和不忍见当时社会的激烈斗争，怕见和不忍见当时旧势力的没落和新势力的成长，见了就会引致"心中扰乱""忧患斯起"。因而倡导"道不欲杂，道贵纯粹"，以主体的纯粹经验为道。因此，在另一面反对"以目见"，而只"以神遇"，"官知止（废也）而神欲行"（《庄子·养生主》）；反对"徇耳目内通，而外于心知"（《庄子·人间世》），认为只有"自事其心者"才能"哀乐不易施乎前"（《庄子·人间世》），总的说来，就是不承认感性知识，而只承认主体的纯粹经验，纯粹心灵之活动。

又从表面上看，庄子像是"虚而待物"（《庄子·人间世》）；其实不能，他的一切都是为了个人。他不敢面对现实，否定感性的知识，就是怕因此而导致忧患，怕"忧而不救"。如他认为"名也者，相轧也；知也者，争之器也。二者凶器，非所以尽行也"。（《庄子·人间世》）怕因政治上、理论上的斗争而伤神、伤脑筋，因而不能"保身"，不能"全生"，不能"尽年"。（《庄子·养生主》）

同时，他为了"终其天年"，而自甘居于不材，求"无所可用"（《庄子·人间世》）。总的说来，如他自己所说，就是要"先存诸己"（《庄子·人间世》），就是要"我"字当头，这是十足的唯我论。我们知道，唯我论是一切主观唯心论者的必然归结，庄子是主观唯心论者，故唯我论自是他的必然归结。

关于《庄子·天下》，梁任公说："批评先秦诸家之书，以此篇为最古"，"不独以年代之最古见贵而已"，"尤有两特色：一曰保存佚说最多"，"二曰批评最精到且最公平，对于各家皆能撷其要点，而于其长短不相掩处，论断极平允"，应"为研究先秦诸子学之向导"。[①] 梁任公所评论

---

① 《饮冰室专集》之七十七《庄子天下篇释义》。

的，堪称允论，我同意他的看法。我还认为《庄子·天下》对道家各派之分析，十分准确，道家各派之分野所在，一读即明。把《庄子·天下》对道家各派的分析，来和他们的原著或散见于其他子书中的有关言论相对照，便知他们的思想确是如《庄子·天下》所分析的相同，这难道不是很显然的吗？若无此篇，则我们要找出道家各派之间的分野所在，至少是相当费气力的一件事。幸而有了这篇，不仅道家其他各派的思想实质为我们所掌握了，而且其中影响较大的庄子思想的实质亦让我们有了极为清晰的了解，使我们不致和其他道家的思想相混淆，不致鱼目混珠。把以上《庄子·天下》所概括的庄子思想，和庄子的内篇结合起来看，庄子的思想实是如以上所分析的，是主观唯心论。《庄子》内篇七篇，其中六篇较可靠；只有《庄子·齐物论》属慎到的思想，过去我是如此看，现在亦无改变。① 除了其他理由外，《庄子·齐物论》的主要思想和《庄子·天下》所评述慎到的思想，大体一致，这是一点。而且，陆德明（556—627）《经典释文》卷二十六《齐物论》第二"夫道未始有封"下注云："崔（譔）云：《齐物》七章，此连上章，而班固说在外篇。"据此可知，《庄子·齐物论》中许多章原属外篇，亦表明《庄子·齐物论》原为外篇，它可能就是慎到的十二篇之一，只是编庄子的学人结合了一些庄子的言论，把它拉进来，混成为《庄子》内篇七篇了。实质上这篇并不纯粹是庄子的思想。

由于庄子的思想是颓废、消极、夸大不实而又一切从自我出发的，所以晋人王坦之（330—375）对之就有所批判，不论其批判的旨意如何，从他所批判的理由来看，他对庄子思想的实质和危害性，是见到了的。他在所著《废庄论》中强调指出："庄生作而风俗颓，礼与浮云俱征，伪与利荡并肆"，其影响所及，就是"人以克己为耻"，此皆由于"其言诡诡，其义恢诞"所致。概括他所批判的，就是认为庄子的思想是"纯任主观，唯我是适"。故其归结，他认为如此的思想是"利天下也少，害天下也多"②，危害性是很大的！至于说庄子思想对当时为司马政权服务的名教思想起了若干破坏作用，虽是如此，但只是消极的而非积极的，只是形式的而非实质的。如戴逵（336—395）所指出的，只是"捐本徇末""舍实

---

① 拙作《中国古代思想史》，生活·读书·新知三联书店1954年版，第七章。
② 王文"多用庄语"，见翁注《困学纪闻》卷十，以下见《晋书》列传第四十五本传。

逐声"而已。(《晋书》列传第六十四《戴逵传》)

二

两晋南北朝之崇拜佛教的僧徒,喜以庄子的思想来阐明佛教的理论,如晋竺法雅(佛图澄的弟子)之"以经中事数拟配外书,为生解之例,谓之格义"①,这不是偶然的。这是因为老庄思想,和当时研究中的"般若"皆空说极为类似,都否定客体的物质世界,不以客体的物质世界为实在。二者思想实质一致。所以他们依附老庄思想以宣扬佛教教义,以扩张佛教在中国的势力。

如晋高僧支道林(313—366)的即色义说:"夫色之性也,不自有色;色不自有,虽色而空。故曰色即为空,色复异空。"② 按所谓"色"系表示物质。在支道林来看,般若的所谓色即是空,虽不是直接把"色"(万物)的实在予以否定,但我们决不能把我们所认识的物相看作是万物的真正的本体本性,看作实在,因为诸法(万物)无时无刻不在那儿变化,故我们决不能把一时的样相看作是诸法的实相。因之,我们不应空执着这一时的样相,而应放开眼界,如庄子一般逍遥于玄虚之境。这不是以《庄子·逍遥游》来解释佛教教义,来阐明《般若经》的主观唯心论思想吗?这里还应指出,支道林造《即色论》成,曾示及王坦之,王坦之表示:"既无文殊(按,即文殊师利),谁能见赏?"实际上就是表示不同意,表示反对。王坦之的《废庄论》,可能就是针对支道林的《即色论》而发。③

至于近代,章炳麟之《齐物论释》,亦多引佛理以作说明。

其释《庄子·齐物论》"咸其自取"一节云:"自取者,摄大乘论无性释曰:于一识中,有相有见,见分俱转,相见二分,不即不离,所取分名相,能取分名见;于一识中,一分变异似所取相,一分变异似能取见。"

---

① 《高僧传》卷四《高邑竺法雅四》。
② 《世说新语》卷上之下《文学》第四,宋刘义庆注。
③ 《世说新语》。

此即以佛教唯识宗释庄子语,并针对《庄子·知北游》所谓"物物者与物无际,而物有际者,所谓物际者也,不际之际,际之不际者也"解释说:"物,即相分;物物者,谓形成此相分者,即是见分。相见二分,不即不离,是名物物者与物无际;而彼相分自现方圆边角,是名物有际;见分上之相分,本无方隅,而现有是方隅,是名不际之际;即此相分方隅之界,如实是无,是名际之不际。"① 其后梁任公便以桌子为例说:"桌子可谓之无,何以故?以物质本无客体的存在故。亦可谓之有,何以故?识有则桌子有故。"② 意思就是:客体的物质世界是不存在的,它之所以存在,只是我之主体的感觉的缘故。这是十足的主观唯心论。章炳麟和梁任公以佛教唯识宗来解释庄子,就是因为两者的本体论是一致的,都是因厌离世间的思想所由导致的主观唯心论。

近人马叙伦谓:"庄子学说,似受印度哲学之影响颇深。"③

语气虽未十分肯定,但已从考证中作了两者思想上的论证,这也不是偶然的!如说《庄子·逍遥游》中鲲与鹏,即是喻染污心与清净心;鲲化为鹏,即喻染污心转为清净心。按染污心之转为清净心,即是从否定被感知的物质世界中转入纯粹经验之主体世界。这就是转妄为真——被感知的物质世界是妄,转入的纯粹经验之主体世界是真。转妄为真故逍遥。其实质就是主观唯心论思想。庄子的超现实超感觉的主体的纯粹经验的思想和印度哲学中的某些宗派确有基本一致之处,故马叙伦认为庄子的思想受印度哲学的影响,虽不一定是事实,却不能说无因。

三

按《文选》注引《淮南王庄子略要》曰:"江海之士,山谷之人,轻天下,细(小也)万物而独往者也。"司马彪曰:"独往:任自然,不复

---

① 章炳麟《齐物论释》第一章第一节。
② 《饮冰室专集》之四十《老孔墨以后学派概观——庄子》。
③ 马叙伦:《庄子天下篇述义》,龙门联合书局1958年版。

顾世也。"① 这一段引文，清人俞正燮说是淮南本之五十二篇入秘书雠校者。② 我看当是淮南王安《庄子略要》一篇之概述庄子思想者。据《汉书补注》："沈钦韩曰：本传云，外书甚众。高诱序，刘向校定撰具，名之《淮南》。又有十九篇者，谓之《淮南外篇》，与此三十三篇不同，盖其后或有缺矣。《文选》注引淮南庄子后解，疑即外篇。"是则《庄子略要》当系淮南之一篇，惜今不存。这一段引文的内容，和《庄子·逍遥游》中所谓"予无所用天下为"和"孰弊弊焉（经营貌）以天下为事"的思想实相一致——都是一种厌离世间的思想。司马迁所述庄子之不屑为楚相的思想亦是如此，亦是"轻天下"。《庄子·天下》所详述的，如说庄子"以天下为沉浊"，亦是"轻天下"，"不复顾世"；说庄子"不傲倪（睥睨也）于万物"，就是"细（小也）万物"而愿"独往"——要驰骋于主观世界，要"独与天地精神往来"。在实质上，就是要否定那被感知的客体的物质世界，而只承认主体世界之所谓纯粹经验为唯一的实在。就是这么回事。由此可知，汉代人所认识到的庄子思想的实质，和《庄子·天下》所评介的并无二致。

至于说司马迁为什么没有提到《庄子》的内篇，而只提到外篇的《胠箧》和杂篇的《渔父》《盗跖》，是否司马迁只认这几篇是庄子的作品？我看不是。司马迁所见到的《庄子》，当是汉志的五十二篇，所以他指出"故其著书十余万言"，并对这十余万言作了内容的概括，就是"大抵率寓言也"。亦即《天下》所指出的"以寓言为广"。而他特别提到《渔父》《盗跖》和《胠箧》，是因为他在前一段论述老子时，曾指出当时"世之学老子者，则绌儒学，儒学亦绌老子"。而《渔父》《盗跖》和《胠箧》，正是"世之学老子者，则绌儒学"。为了"诋訾孔子之徒"中"以明老子之术"而提到这几篇，这并不能说司马迁肯定这几篇是庄子的作品。接着司马迁指出"畏累，虚亢、桑子之属，皆空语无事实"，且都是对"儒墨"的"剽剥"（攻击），并说这也是"当世宿学不能自解免"的情况。从这些话看，司马迁对这若干篇不是无所疑，倒是有些意见的。宋

---

① 见《文选》卷二十六谢灵运《入华子岗是麻源第三谷》一首注；又见卷三十一江文通之《许征君询》一首注；又见卷四十五陶渊明之《归去来》一首注，又见卷六十任彦升之《齐竟陵文宣王行状》一首注。

② 俞正燮《癸巳存稿》卷十二庄子，司马彪注集本跋说《淮南王略要》是庄子篇名，非也。

代苏轼之疑《渔父》《盗跖》诸篇之非庄子思想固是卓见，说司马迁"知庄子之粗"则不一定是中的之论。①

同时，司马迁对庄子思想还做了总的评价，这就是"其言汪洋自恣以适己"。这话若以哲学术语来表达，就是说庄子思想是主观唯心论，是唯我论。这能说司马迁是"知庄子之粗"吗？不仅不能说是粗，倒要说他对庄子的思想是深有体会的，不然便不能做出如此恰当的概括。另外，这可能和他的家学渊源有关，因他父亲司马谈是崇尚道家学问的。南宋之朱熹说庄子"他只在僻处自说，然亦只是杨朱之学"（《朱子语类》卷六十一），亦指出了庄子是和杨朱一般的唯我论。近代如蔡元培亦有如此看法，他说"……为我之正旨，庄周书中，随在可指。如许由曰：'予无所用天下为。'连叔曰：'……孰弊弊焉以天下为事……'其他类是者，不可以更仆数，正孟子所谓拔一毛而利天下不为者也"②。蔡元培认定庄周即杨朱，这当不是事实；而指出庄子是和杨朱一般的唯我论，则是确乎无可疑义。

本来汉志五十二篇，郭象早已指出其中许多"妄窜奇说"。唐陆德明亦谓，由于"后人增足"，故"渐失其真"，其中甚至有"言多诡诞，或似《山海经》、或类占梦书"者（陆德明《经典释文序》）。这种伪造假托的情况，在战国秦汉比较普遍。如魏曹冏作《六代论》，曹冏本人并不"文高名著"，但又"欲令书传于后"，便假托"文高名著"的曹植所作。晋武帝对曹志说这不足奇怪，"古来亦多有是"（《晋书》列传第二十《曹志传》）。由是而知，五十二篇之庄子多后人增足自不用说。其间虽经崔撰、向秀和郭象先后以意去取，存三十三篇，但到底是"以意去取"，未予严格考订，所以外杂诸篇虽保存有若干庄子的言论，但仍多后人增足或假托者。③ 陆德明说，"其内篇众家并同"（《经典释文序》），说明内篇比较可靠，但《庄子·齐物论》一篇，据班固说原亦属外篇，可能是崔撰、向秀或郭象"以意"归为内篇的。

至外杂诸篇中，亦有带有唯物主义思想的倾向者，如《庄子·至乐》所谓"名止于实，义设于适"；《庄子·知北游》所谓"人之生，气之聚

---

① 《东坡集》卷十二《庄子祠堂记》。
② 蔡元培：《中国伦理学史》，商务印书馆1937年版，第47页。
③ 《焦氏笔乘》卷二外篇杂感多假托条。

也，聚则为生，散则为死"，从而肯定"通天下一气耳"的思想；等等。又有科学的思想，如《庄子·外物》所谓"木与木相摩则然（燃），金与火相守则流，阴阳错行，则天地大骇（动也），于是乎有雷有霆"，属于电信方面的思想；《庄子·徐无鬼》所谓"以德分人谓之圣，以财分人谓之贤；以贤临人未有得人者也，以贤下人未有不得人者也"属于平等待人的思想；等等。我们知道，儒家荀子是受道家思想影响；但是，道家亦"采儒墨之善"①。上述带有进步倾向的思想，决不能归为庄子的思想。我认为那属"采儒墨之善"者——系采儒墨中荀子与墨者思想的战国末或秦汉间道家宋轻、尹文②一派后学的思想。根据《庄子·天下》，宋尹一派道家，是"愿天下之安宁，以活民命"的，他们对为当时社会现实服务还具有相当高的积极性，他们"称黔首为先生"，而"自谓为弟子"。《庄子集解》说"先生恐不得饱，弟子虽饥，不忘天下"，于此可见。

　　总的说来，《庄子·天下》不论为庄子自作抑或他的门徒所作，都是当时最好的一篇学术评介。我们研究庄子乃至其他道家各派的思想，自应根据它和结合他们的可靠原著进行研究。特别是研究庄子，如果离开了它，恐不易获得比较准确的结论。而庄子思想之为主观唯心论、唯我论，根据以上的分析，自可概见。而佛家利用之以为格义，以扩充自身的势力，也不是偶然的。

---

① 《史记·太史公自序》。
② 今本《尹文子》系伪托，尹文的"明见侮不辱"，见《吕氏春秋·正名》。

从孟子的"民为贵"说起

从孟轲老夫子的性善论上看,他虽然是一个观念论者,可是由于他处在一个奴隶制行将解体的时代,同时又由于受当时正流行的墨家思想的影响(他虽然攻击墨家不遗余力,但受墨家思想的影响颇深,犹之乎宋儒们虽然在口头上反诘佛老,其实他们的思想也包含了不少佛老思想的成分),所以他在当时的儒家中具有一个特色,就是在政治论上还是有一些民主意识。

首先他提出了一个"民为贵"的口号。

当时的老百姓不是被盘剥得"老弱转乎沟壑,壮者散而之四方"吗?他的这一口号的提出,就是叫当时的贵族者们,不要太把老百姓当牛马作牺牲品了,要知道老百姓才是一个国家里面的主人翁,他们才真正可贵!没有他们,就没有你们这班所谓贵族,同时也没有你们那只具有"代耕"意义的"禄"。没有了这样的前提,你们怎么能擅作威福,反来"残民使逞"呢?你们本来没有什么贵重,为什么反把贵重的老百姓拉下,自己高高在上呢?

孟老夫子认为这不对,便提出了这一"民为贵"的口号。

于是他对当时的时君说:

你"好货"吧!这很好!只要你能像古代"公刘好货"一样,做到"居者积仓,行者裹囊",使所有的老百姓都有饭吃,那么你"好货"不独无妨,并且还是好事。

你"好色"吧!这也很好!只要你能像以前的"大公好色"一样,做到"内无怨女,外无旷夫",男女老百姓都能及时获得很好的终身伴侣,那么你"好色"不但无妨,并且还是好事。

不过有一点,就是你"好货",你一个人肥胖起来,你一个人"庖有肥肉,厩有肥马",你一个人"仓廪实,府库充",还有黄金存在外国;而大家都"有饥色",到处都是"饿殍"。这样地把你的幸福建筑在多数人的痛苦之上,那可不成!

"好色"也一样。如果只是你一个人金屋藏娇,蓄有众多的妻妾,而大家都单身，过着鳏夫寡妇的生活，那也是岂有此理！

比如"好乐"，养成音乐化的人生，这当然很好。但如果只是你们一小部分人在养成音乐化的人生，有"钟鼓之声，管籥之音"听，老百姓不能享乐，那他们听见了，就会"举疾首蹙额而相告曰：吾王之好鼓乐，夫何使我至于此极也，父子不相见，兄弟妻子离散"！

你好田猎，这也并无不可。但如果老百姓不能参加，像齐宣王的园囿一样，警卫森严，老百姓进都进不得，那他们必苦"闻王车马之音，见羽毛之美"，也会"举疾首蹙额而相告曰：吾王之好田猎，夫何使我至于此极也，父子不相见，兄弟妻子离散"！

孟老夫子在这里说明了什么呢？

说明了：少数人的生活可以过得优裕，但应以多数人的生活过得优裕为前提。如果大家的生活都过得很痛苦，而某一小部分人反获得特别优裕的享受，那就是不合理！

这种不合理现象产生的原因，就是在政治上不能"民为贵"致使在经济上也不能"民为贵"。

经济上既不能"民为贵"，那老百姓的生活成问题；老百姓的生活成问题，他们说不定就会"放僻邪侈，无不为己"。所谓"三天没饭吃，看你做贼不做贼"，被逼得没有办法，他们便只好出此下策，走上这么一条路。

然而当他们被逼走上这么一条路的时候，这班无人性的"始作俑者"便又加他们以罪名，把他们"从而刑之"，这不是张网罗来作弄他们吗？张网罗来作弄老百姓，这成了什么样的暴君政治呢！

孟老夫子认为当时这种暴君政治，以及从这种暴君政治所酿成的人民生活之痛苦，实在是一种不良的现象，于是主张在经济上"制民之产"，使人民的生活能够获得解决，能够"仰足以事父母，俯足以畜妻子"，能够"乐岁终身饱，凶年免于死亡"，然后再加老百姓以教育——"驱而之善"。如果老百姓被盘剥得"仰不足以事父母，俯不足以畜妻子，乐岁终身苦，凶年不免于死亡"，这时"救死惟恐不赡"，你还对他们宣传什么与现实无补的礼义，叫他们"规规矩矩，安分守己"，那也真是太离谱了。

同时，孟老夫子又认为如果政治上不行"民为贵"的民主政治，而是行那天天"兴甲兵，危士臣，构怨于诸侯"的法西斯政治，那它（指法西斯政治）杀人，就与直接拿刀杀人没有什么区别了。因为这种专制独裁政治，其结果定要造成社会上一方面"庖有肥肉，厩有肥马"，另一方面"民有饥色，野有饿莩"的恶劣现象。社会上既然"民有饥色，野有饿莩"，那不是独裁政治的后果吗？无怪乎孟老夫子要说这是"率兽而食人"了。

"率兽而食人"，就不是"人的世界"！因此孟老夫子把那种残害老百姓的魔王，像桀和纣，都不看成是什么"人民领袖"，只是"一夫"或"独夫"。而那帮助他们的统治，帮助他们"辟土地，充府库"的，孟老夫子认为是"民贼"。在孟老夫子看来，既然这种"民贼""独夫"把老百姓当"土莽"，老百姓就该把他当"寇仇"，就不能让他久于其位。要像人民驱逐周厉王而拥戴共伯和一样，变他们的置，易他们的位。

当然，孟老夫子的忧民意识是有限度的，更谈不上有多么彻底，但从上面的这一点意思看，确有他的精义在。

韩愈思想批判

首先让我们回顾一下唐代安史之乱前后的社会经济情况。

唐武德七年（624）李唐统治者施行了源自北魏的均田制。① 虽然由于到了李唐时，李唐掌握的土地益发不够多，故施行的益加不彻底，但总是施行了的。

这个制度的实施，在于把农民束缚在土地上，鞭策他们生产，提高农业的生产力，从提高农业生产力中来巩固统治者的经济权力，从而巩固统治者的政治权力。虽是如此，但在隋末统治者大肆浪费民力、破坏经济生产，引起阶级矛盾尖锐化、人民群起反抗的情势下，这一均田制的实施，对于收拾人心、缓和阶级矛盾和提高农业生产力，确起了一定的作用，这也是不容置疑的。

一面是农业生产力提高；另一面，因隋末运河的开辟，使得水路交通便利，如王谠所说：当时"东南郡邑无不通水，故天下货利，舟楫居多。转运使岁运来二百万石输关中，皆自通济渠入河而至也"②。加上国际路线大通，陆路从敦煌可达中亚，海路经南洋可达波斯及阿拉伯，因而工商业呈繁荣的景象。在这一点上，韩愈亦有所反映，所谓"四海日富庶，道途隘蹄轮，府西三百里，候馆同鱼鳞"③。说明工商业发达，故沿途旅店有如鱼鳞一样多。而商人从经营工商业致富中又购买土地，进行土地兼并，所谓"良田收百顷，兄弟犹工商"④；同时，贵族官僚又倚势掠夺和霸占，致"开元以来，不为版籍"，除"丁口转死"外，"田亩换易，贫富升降，悉非向时"⑤。这样，均田制便逐渐破坏，又经过安史之乱，更

---

① 《旧唐书·食货志上》："武德七年，始定律令，以度田之制，五尺为步，步二百四十为亩，亩百为顷。丁男、中男给一顷，笃疾废疾给四十亩，寡妻妾三十亩，若为户者加二十亩。所授之田，十分之二为世业，八为口分。世业之田，身死则承户者便授之；口分则收入官，更以给人。"又据《唐会要》卷八三《租税上》："（武德）七年三月二十九日，报定均田赋税。"

② 《唐语林》卷八。

③ 《韩昌黎集》卷四《酬裴十六功曹巡府西驿涂中见寄》。

④ 《云溪友议》卷下。

⑤ 赵翼：《廿二史札记》卷二十"间架除陌官市五坊小使之病民"条。

破坏无余了。所以陆贽指出"今制度驰紊，疆理隳坏，恣人相吞，无复畔限"①。可是在"田亩换易，贫富升降"当中，除了农民对地主的矛盾日趋尖锐以外，皇室贵族、豪门大姓和商人、新土地所有者之间，亦呈对垒状态——换句话说，这就是身份性地主与非身份性地主之间的矛盾。反映在政治上，就是认为"朝廷显官，须公卿子弟为之"，至于所谓"寒士"，虽有过人之才，但因为不"熟朝廷间事、台阁仪范、班行准则"，是以不能胜公卿之任。②后者是接近于平民的；前者不仅与平民无缘，且因安史以来，大阉实际掌握了军政大权，故对大阉多所依附，只是"班行备员"③，所谓"痴书生何敢杖杀禁军大将？"④他们联合起来，欺压平民——包括商人和新土地所有者，"横征百出"，"肆毒于外"。⑤不仅有超经济剥削的间架、除陌等税，更有由宦官所控制的欺压平民的所谓"宫市"。

另外，均田制的破坏，使政府所掌握的土地越来越少，经济控制的权力也越来越弱，而在这制度破坏的过程中，形成了为地主所领有的大小庄园。这一来，自然便利了地方势力的发展，而形成地方藩镇在表面上受中央领导、在实际上掌握一切权力的割据局面。当时，一个地方的节度使，不时地和中央相对抗，在他的区域内，他有土地，有人民，有甲兵，有财赋；⑥有时，他还"自署文武将吏，不供贡赋"⑦，甚至"父死子握其兵而不肯代，或取舍由于士卒，往往自择将吏，号为留后"⑧。这局面是十分严重的。

同时，随着割据局面的形成，中央对地方的用兵，地方对中央的反抗，赋役频繁。当时度牒为僧者可以免除赋役，于是许多人为了规避"王徭"而出家。"户有三丁者，必令一丁往落发"⑨；有资产有土地的，为了

---

① 《陆宣公集》卷二十二。
② 见《旧唐书》卷十八《武宗纪》"会昌四年"末段及王若虚《滹南遗老集》卷三李德裕语。
③ 《唐语林》卷八。
④ 《通鉴纪事本末》卷二十三"宦官弑逆"。
⑤ 赵翼：《廿二史札记》卷二十"间架除陌官市五坊小使之病民"条。
⑥ 《廿二史札记》卷二十"唐节度使之祸"条。
⑦ 《资治通鉴》卷二百三十三《唐纪》三十九。
⑧ 《资治通鉴》卷二百三十二《唐纪》三十九。
⑨ 《旧唐书》卷一百七十四《李德裕传》。

"影庇资产"①，也都"出财依势"，"尽度为沙弥"，②因而社会劳动力大大减少。根据记载：当时"……商贾僧道，不服田亩者，十有五六，是常以三分劳筋苦骨之人，奉七分待衣坐食之辈"③。这一来，自是影响了社会生产力的发展。

这是当时政治的社会的总的情况。

韩愈出生在这样一个时代（768—824），他的家庭，亦不是什么有"名位"的，且他"生三岁而孤，养于从父兄"，这可见他属于非身份性地主阶级而不是豪门贵族，因而思想上带有若干的人民性与进步性。可是由于这一阶层有它的两面性，同时又由于他的从父兄韩会，是依附于"纳受赃私，贸鬻官秩""及得罪，行路无嗟惜者"的元载的，④因此，他不免会受不良思想的影响。所谓"苟容躁进，不顾其身"，所谓"禄仕而还，以为家荣"，都是从父兄灌输给他的。⑤因而，他虽倡导文以载道，文章要有思想（自是封建的思想），要言之有物，但在政治倾向上他是依附阉官势力、与当时的进步势力相对立的。反映在思想上，是倡导客观唯心论。

一、韩愈的所谓"道"是精神的东西，是"客体的实在"

清人全祖望说：韩愈"作《原道》，实阐正心诚意之旨，以推本之于《大学》；而习之《论复性》则专以羽翼《中庸》，观其发明至诚尽性之道"⑥。

全氏的话，能够把握住韩愈文章的主旨，指出了两家思想的分别。

这里，只就韩愈的思想来说。

明末张杨园说："又见朱子论昌黎《原道》引《大学》至诚意止，不及致知格物，为无头学问。"⑦是的！"格物"一词，如依朱熹之说，是在即物穷理；"夫即物穷理，非即实事求是"⑧吗？既然"格物致知"为实

---

① 《旧唐书》卷一百七十四《李德裕传》。
② 《唐会要》卷四十八。
③ 《资治通鉴》卷二百三十八《唐纪》五十四李吉甫语。
④ 《旧唐书》卷一百一十八；韩会之依附元载见《河南邵氏闻见后录》卷八。
⑤ 《韩昌黎集》卷二十三《祭郑夫人文》。
⑥ 全祖望：《鲒亭集外编》卷三十七《李习之论》。
⑦ 《杨园先生全集》卷三十七《初学备忘下》。
⑧ 《汉学商兑》卷中之上。

事求是，而韩愈只讲"正心诚意"，离开"格物致知"，自为无头学问——亦即无基础的学问。这"格"字如以之为《书·益稷》"格则承之庸之"的"格"字，依据宋人袁燮"学者变格也"的解释，则"变格"亦即"变革"者。如此解释的话，则"格物致知"就是从变革事物中获得知识——这正是合理的！而韩愈离开了它谈"正心诚意"，更自说明为无头——无基础的了。

当然，韩愈离"格物致知"而言"正心诚意"，不是偶然的！他在《原道》明白地说：其所以要谈"正心诚意者"，是"将以有为"——是有他的企图。

当时，如他说："文致未优，武克不刚，孽臣奸隶，蠹居棊处，摇毒自防，外顺内悖，父死子代，以祖以孙，如古诸侯，自擅其地，不贡不朝，六七十年。"① 这就是藩镇割据和国家不统一。因之，他希望有一个"君者出令者也，臣者行君之令而致之民者也，民者出粟米之麻丝、作器皿、通货财以事其上者也"② 的中央集权的封建统治的局面。——这也就是他所谓的"道"。

当然，在当时的情况下，天下逐渐地分裂于方镇，导致人民"常罹兵革之苦"，不能"得安耕牧"③，不能发展社会生产力，因而需要有一个统一的局面。这要求和主张不能说是不好的，而是很好的。值得注意的：

第一，统一于什么基础之上——是统一于非身份性的新兴势力的基础之上，还是统一于身份性的大阉所控制的旧势力的基础之上，二者是有所区别的。因为比较能改善人民生活，能引导当时社会生产力发展的，不是后者而是前者。

后者掌握了当时的军政大权，他们之腐败，表现在"索贿赂，酿祸端"④。他们还设有所谓"宫市"，强买强卖，欺压平民；又"纵五坊小使"敲诈勒索，无所不用其极。对于富商，亦假所谓"军需"名义勒索，曾规定商贾本钱过千万者要"贷其余以济军"，"又质库及储粟者"亦要

---

① 《韩昌黎集》卷三十九《潮州刺史谢上表》。
② 《韩昌黎集》卷三十一《原道》。
③ 《廿二史札记》卷二十 "唐节度使之祸"条。
④ 《廿二史札记》卷二十 "史官出使及监军之弊"条。

"四贷其一"①，致"民不聊生"，"恨诽之声满天下"②。这样看，如果统一在这班阉宦所把持的腐旧势力的手中，只会带给人民以更大的灾害，决不会提高社会的生产力。

前者，在当时来说，是以王叔文为代表。关于王叔文，韩愈在《顺宗实录》中把他说成"诡谲多计"的小人；而旧新两《唐书》的撰列传者刘昫和宋祁不知韩愈的《顺宗实录》歪曲史实"不惬众论"③，反而受其影响，褒阉宦俱文珍而贬王叔文。实际上，王叔文关心民间疾苦，力图改革当时政治上的腐败。王船山曾指出：王叔文执政之后，"罢进奉、宫市、五坊小儿，贬李实，召陆贽、阳城，以范希朝、韩泰夺宦官之兵柄，革德宗末年之乱政，以快人心、清国纪"④，这一切措施，正适应了当时非身份性的新兴势力的要求；同时，王所引进的人物，许多都是从新势力中来，是所谓"素卑贱"，"人所不信"⑤的。他们德才益备，所以人心快慰！⑥倘统一于这一新势力的基础之上，自可以稍舒民力，提高社会的生产力。

可是韩愈依附大阉，他对俱文珍歌功颂德，说俱文珍"材雄德茂""俯达人情"，在"偃息谈笑"间就可以使"危疑以平"⑦——达到国家的统一。如此称赞，可见其依附之深。另外，他在《顺宗实录》中，又把王叔文说成是诡谲小人，又说王叔文当政时，"同官尽才俊，偏善柳与刘"⑧。韩愈本来和刘禹锡、柳宗元是友好的，但因刘、柳和王叔文的关系密切，致韩愈对刘、柳也产生了怀疑。这也可以看出，他和王叔文他们这一群新兴势力的代表在政治上是怎样敌对。既然与进步势力相敌对，则我们知道韩愈的所谓统一，不是希望从政治改造中求得新的统一，而是希望统一于那些"残民以逞"的腐朽旧势力的基础之上。

关于这，从他歌颂唐宪宗，说宪宗"即位以来，诛流奸臣，朝廷清明，无有欺蔽；外斩杨惠琳、刘辟以收夏、蜀；东定青、徐积年之叛。海

---

① 《廿二史札记》卷二十"间架除陌宫市五坊小使之病民"条。
② 《廿二史札记》卷二十"间架除陌宫市五坊小使之病民"条。
③ 《濂南遗老集》卷二十二《新唐书辨》。
④ 《读通鉴论》卷二十五《唐顺宗》。
⑤ 《河东先生集》卷三十《寄许亦兆孟容书》。
⑥ 《十七史商榷》卷八十九"王叔文谋夺内官兵柄"条。
⑦ 《韩昌黎集外集》卷三《送汴州监军俱文珍》。
⑧ 《韩昌黎集》卷一《江陵途中寄三学士》。

内怖骇，不敢违越。郊天告庙，神灵欢喜。风雨晦明，无不从顺。太平之期，适在今日"①，就可见一斑了。按"诛流奸臣"，即是指诛流王叔文等。他把诛流王叔文等进步势力说成是"诛流奸臣"，认为是"朝廷清明，无有欺蔽"，这不是和以俱文珍为首的阉宦腐朽势力有共通的语言、同一个鼻孔出气吗？从歌颂"太平之期，适在今日"，可知他所要求的统一，是统一于那"残民以逞"的腐朽的旧势力的基础之上。这不是很明显的吗？

韩愈对王伾、王叔文等进步势力之嫉视，不是偶然的。严虞惇曾说："伾、叔文得政，不荐引公，而仅量移江陵，故公深恨之，痛加诋訾，并迁怒于刘（禹锡）柳（宗元）诸公耳。"②可不是吗？如李翱所指韩愈之为人，所谓"如兄者颇亦好贤，必须甚有文辞，兼能附己顺我之欲，则汲汲孜孜无所忧惜引拔之矣"③。由是而知，他之迁怒于柳与刘，是因为柳与刘不仅不依附他，且是他的敌对。同时严虞惇这话，也据自韩愈自己诗中的流露，所谓"伾文（王伾、王叔文）未揣崖州炽，虽得赦宥恒愁猜"④。看来王叔文他们早已看穿了韩愈是依附旧势力而不可与图大事的，所以不引以为同志。这样做，是必然的！

而王叔文他们是进步力量。王鸣盛说："叔文行政"，"本欲内抑宦官，外制方镇，摄天下之财赋兵力而尽归之朝廷"。这"上利于国，下利于民，独不利于弄权之阉宦、跋扈之强藩"⑤，且"叔文引用者皆贤，无论刘禹锡、柳宗元才绝等伦；即韩晔亦有俊才，陈谏警敏，一阅簿籍，终身不忘；凌准有史学；韩泰有筹划，能决大事；程异居乡称孝，精治厉己，竭节矫革积弊，没无留赀。历历见新传，岂小人乎？"至于用范希朝，则新书于兵志已表其欲夺宦者权而不克；于希朝本传更盛称其治军整毅，当世比之赵充国，且历叙其"安民御虏保塞之功"⑥。而韩愈把他们说成是诡谲小人，这不仅不伦，而且表明他和王叔文他们在政治上对立仇视到了何等的程度。

---

① 《韩昌黎集》卷一《元和圣德诗》。
② 见批顾嗣立韩诗注。
③ 《李文公集》卷六十四《答韩侍郎书》。
④ 《韩昌黎集》卷三《忆昨行和张十一》。
⑤ 《十七史商榷》卷七十四"顺宗纪所书善政"条。
⑥ 《十七史商榷》卷八十九"王叔文谋夺内官兵柄"条。

从以上分析，益可知韩愈只在于维护那以腐朽势力为基础的政治上的统一；而王叔文他们反是力图从对政治的改造中走向一个新的统一。

第二，《原道》是为他的政治观服务的。

韩愈在政治上希望在与王叔文势力相敌对的基础上求得统一——重新树立和加强中央集权政治；在学术思想上则反对当时起支配作用的佛老思想，回复和建立以儒术为依归的所谓"道统"。这两者，在韩愈的思想中互相关联着，形成了统一的整体。

自然，在当时来说，要从反佛老中树立起儒家的旗帜，有其积极的意义。因为奉事佛老，浪费财力和人力——所谓"劳人力于土木之功，夺人利为金宝之饰"①，所谓"老少奔波，弃其业次"②——影响工农业的生产；同时，人们在佛老思想的支配之下，意志趋于泯没，妨碍了对现实的努力。儒家思想不同于佛老，是较有现实意义的，所以韩愈在反佛老脱离现实中树立起儒家的旗帜，有其进步作用。

可是，值得注意的是：韩愈虽反佛老之脱离现实——所谓"欲治其心"，不能"外天下国家"，③但是，他谈儒家思想，只究心于"正心诚意"，说是"将以有为"。张杨园说，这是无头的学问，亦即是本末倒置的非真切的认识。佛老之流行，自有其社会基础；不去"格物致知"，不从变革事物、对现实的努力中去致力于现实的改造（在当时来说，应当和新兴势力一道去进行政治等各方面的改革，以求到以新兴势力为基础的新的统一），而是离开"格物致知"，离开变革事物以获得认识，达到"意诚而心正"，从而达到政治思想上的统一，这是徒劳的。这样做，显然可见到他是有所意图——即从究心于"意诚而心正"中"将以有为"。

他的"将以有为"在于：

政治上，在反对非身份性的新兴势力中，以阉宦所控制的军政权力，削平藩镇势力，达到政治上的统一，恢复中央集权的封建专制局面。所谓"当藩垣屏翰之任，有弓矢铁钺之权，皆国之元臣，天子所左右"④。

思想上，自应有所建设——自应有维护这中央集权的封建专制局面的一种哲学思想。

---

① 《唐会要》卷四十七。
② 《韩昌黎集》卷三十九《论佛骨表》。
③ 《韩昌黎集》卷十一《原道》。
④ 《韩昌黎集外集》卷三《送汴州监军俯文珍序》。

因为韩愈《原道》，认为所谓"道"不是"老与佛之道"，而是尧、舜、禹、汤、文、武、周公、孔子和孟轲所传下的"道"。为了使这"道"的内容不致为人所歪曲，他在学术文化上、政治制度上提出了"道"的具体内容应该是："其文诗书易春秋，其法礼乐刑政，其民士农工贾，其位君臣父子师友宾主昆弟夫妇，其服麻丝，其居宫室"，等等。①这一套系统的封建典章制度与封建的道德和学术文化，被借以维护和巩固中央集权的封建专制的局面，使之恒化。

在这个前提之下，韩愈认定所谓"道"，应是客体的，所谓"道与德为虚位"②。宋人程颐称赞《原道》，但对这话有意见，认为韩愈这话是"乱说"③的。意思是不该提到"虚"，不该说"道与德为虚位"，因为程颐认为"虚""皆是理"，"安得谓之虚，天下无实于理者"。④但程颐不曾对韩愈这话理解清楚，韩愈这话的前一句是"仁与义为定名"，就是认为"道与德"是以这"定名"的"仁义"实之的？——所谓"仁义道德"。这样自然是"理"，自然是"实"，而无所谓"虚"了。所以，韩愈这句话与程颐的意见并无矛盾而是一体的。既然"道与德"是"仁与义"的"道与德"，那"道与德"，自然便是"理"，便是"实"。故宋人杨诚斋说："圣人之道，非以虚为道德，非虚而曰虚位者，道德之实非虚也，而道德之位则虚也。天下之物，惟其位之实，是以莫得而入也。其位不实，则虚与实皆得入而居之，惟其有以实其位之虚，则其位不可入矣。"⑤杨诚斋这话，不仅说明韩愈的所谓道德是为仁义的，是理，是实，且进一步表明韩愈所谓仁义的道德是具有方位的；既然具有"方位"，便是客体的了。由是而知，韩愈认为这道之原，本是客体的实在。分析起来就是：

从横断面说，"道"，是客体的独立存在；从纵断面说，这"道"通过尧舜，中经禹汤文武而具体地体现出来，不仅有脉络可寻，且是一个永恒的存在。

所谓"先天不违之谓法天，道济天下之谓应'道'"⑥，尧舜禹汤文武

---

① 《韩昌黎集》卷十一《原道》。
② 《韩昌黎集》卷十一《原道》。
③ 《河南程氏遗书》第十九。
④ 《河南程氏遗书》第三。
⑤ 《诚斋集》卷八十六《韩子论》上。
⑥ 《韩昌黎集》卷三十九《贺册尊号表》。

以来诸大圣就是这样遵循着这一客体的"道"而行事，是天经地义的！

因之，无须"格物致知"，只要从"意诚而心正"中体验这一先验的客体的"道"，从体验中遵循着它行事就可以了。人们掌握了它，"以之为己，则顺而祥；以之为人，则爱而公；以之为心，则和而平；以之为天下国家，则无所处而不当"①。因此，它是一个永恒的真理。

从这一分析中我们知道，韩愈这一客体的"道"，给那以宦官贵族等旧势力为基础的中央集权的封建专制统治提供了理论上的根据。有了这一理论上的根据，便可抵制佛老思想之流行，使得谁也不敢"灭其天常"，谁也不敢"子焉而不父其父，臣焉而不君其君，民焉而不事其事"②。倘有人敢冒这大不韪，便是得罪了名教，于是"臣罪当诛"，而"天王"还是"圣明"。③

所以，韩愈认为儒家的思想是为现实致力的思想——所谓"其为道易明，而其为教易行也"④。他的《原道》，表面上是反佛老之脱离现实而树立儒家的旗帜；但在实质上，这是一种客观唯心主义。韩愈以之来维护和巩固以那些宦官贵族等旧势力为基础的中央集权的封建统治。

二、韩愈倡导性三品说在维护当时社会的身份性，但其实质是肯定人性之为善

关于韩愈人性论的探讨。

韩愈把"人性"分为上、中、下三品，说"上焉者，善焉而已矣；中焉者，可导而上下也；下焉者，恶焉而已矣"⑤，并举了若干历史人物为例。他这一论调，实渊源于《孟子》中公都子的假设：

或曰："有性善，有性不善，是故以尧为君而有象，以瞽瞍为父

---

① 《韩昌黎集》卷十一《原道》。
② 《韩昌黎集》卷十一《原道》。
③ 《韩昌黎集》卷一《琴操》十首中之《拘幽操》。又宋代程颐说："韩退之作《羑里操》云：'臣罪当诛兮，天王圣明。'道得文王心出来，此文王至德处也。"（《河南程氏遗书》卷一八）程颐的这种称道，是有其原因的。
④ 《韩昌黎集》卷十一《原道》。
⑤ 《韩昌黎集》卷十一《原性》。

而有舜，以纣为兄之子且以为君，而有微子启、王子比干。"①

韩愈就把这一论性的意见肯定下来，而分"人性"为上、中、下三品。

当然，韩愈这时提出人性论问题来讨论，把人性分为上、中、下三品，是有他的时代原因的。一则当时佛老思想流行，佛以性为空寂，老以性为全真，他们为了性的空寂与全真，"弃而君臣，去而父子，禁而相生养之道，以求其所谓清静寂灭者"②。这是与儒家精神背道而驰的。他为了树立儒家在人性论方面的所谓正统，在反对杂佛老而言性当中，把儒家人性论复活起来了。③ 同时，在另一方面，封建社会发展至隋唐时代，那为封建社会服务的工商业有了一些抬头，使得均田制破坏和庄园制逐渐兴起。在这破坏与兴起当中，除了存在农民和统治阶级之间的矛盾以外，亦出现了新势力与旧势力的斗争，也就是非身份性地主和身份性地主之间的斗争。前者关心民间疾苦，渴望澄清吏治，缓和阶级矛盾，实现以他们的势力为基础的局面全新的统一。后者则反是，他们把所握着的既得权力死死不放，而一再给予新势力以打击。这繁复的斗争局面，反映在人性上，有所谓"为义若嗜欲"④ 的，亦有不是为义而是为利"若嗜欲"的，所谓"朋交日雕谢，存者逐利移"⑤。韩愈便从这种种表现中给人性以分析，认为人性有所谓上、中、下三品，肯定社会上的身份性。但从自我的认识上，他认为人性之所以分上、中、下三品，不是后天的，而是所谓"性也者，与生俱生也"⑥，即先天的。也就是说：人性之善恶，不是为后天的客观环境所规定的，而是先验地本来如此的。他并举尧之朱、舜之均和瞽瞍之舜、鲧之禹等为例，来说明性善与性恶的确是先验的，同时又说明性是有所谓上、中、下三品的。

对这些论点，宋人王安石都持反对的意见。

---

① 《孟子·告子章句上》。按，程颐对这点早已指出："如韩子所言，公都子所问之人是也。"(《河南程氏遗书》卷二十二上)。
② 《韩昌黎集》卷十一《原性》。
③ 《韩昌黎集》卷十一《原性》。
④ 《韩昌黎集》卷二十六《唐朝散大夫赠司勋员外郎孔君墓志铭》。
⑤ 《韩昌黎集》卷五《寄崔二十六立之》。
⑥ 《韩昌黎集》卷十一《原性》。

首先是反对韩愈论人性之为先验的一点。他说："韩子之言性也,吾不有取焉","尧之朱、舜之均,固吾所谓习于恶而已者;瞽瞍之舜、鲧之禹,固吾所谓习于善而已者"。① 意即他们之恶与善,并不是什么先天的,而是后天的。自然,王安石的驳斥,是有一定的真理性的。

只是,我们要知道,韩愈之所以认定"性也者",是"与生俱生"、是先验的,而不是"习非不善"与"习非不恶"的,② 不是后天的,他的意图,就是想在反对佛老所言之"性"当中,树立和发扬孟轲以来所说的人性先验的理论,并阐明人性之善恶与社会制度或政治制度无关,无须给予社会的政治的制度以改造。天性善的话,"上之性就学而愈明",只要"扩而充之"即可;天性恶的话,"下之性畏威而寡罪"③,给予钳制,就可以使之循规蹈矩而不致起来反抗,不致有所谓"黄家贼"事件之发生。④

根据以上的分析,韩愈声言人性之为先验的理论具有真理性,这样的说法,便利了当时腐朽了的封建统治。他证明这一腐朽的封建统治是绝对的而无须有所改造;因为一切的"犯上作乱",都是无关乎政治制度与社会制度的,而是先天的人性有以使然。人性恶的话,只要政府掌握了权力,所谓"下之性"是可以"畏威而寡罪"的。如此说来,王叔文他们关心民间疾苦,力图进行政治上的改革,便是多余的、错误的了。所以韩愈与他们相敌对,在《顺宗实录》中给予王叔文等以种种诬蔑,这决不是什么偶然的!

而王安石之所以反对韩愈的人性先验的一点,是因为王安石是宋代政治上的改革者。人性既然不是先天的而是后天的,那么就要改造人性使之趋向善,就要改造那趋向善的政治环境。

其次,韩愈分人性为所谓上、中、下三品,另一面又说"所以为性者五:曰仁,曰礼,曰信,曰义,曰智"⑤。对这一点,王安石亦有意见。他说:"且韩子以仁义礼智信五者谓之性,而又曰天下之性恶焉而已

---

① 《临川先生文集》卷六十八《性说》。
② 《韩昌黎集》卷十一《原性》。
③ 《韩昌黎集》卷十一《原性》。
④ 《韩昌黎集》卷四十《黄家贼事宜状》。
⑤ 《韩昌黎集》卷十一《原性》。

矣；五者之谓性而恶焉者，岂五者之谓哉？"① 意即这样说岂不自相矛盾吗？

王安石指出这点，是很英明的！因之，我们对这一问题得做进一层研究。

韩愈虽认为性有上、中、下三品，但另外他又认为"性也者"是"与生俱生"的，并指出"所以为性者"凡五："曰仁，曰礼，曰信，曰义，曰智。"人之性是上天所秉赋的，而天所秉赋的性是仁义礼智信，这样说，所谓性，自是善的了。同时，他又认为："情也者"，是"接于物而生"的，并指出"所以为情者"凡七："曰喜，曰怒，曰哀，曰惧，曰爱，曰恶，曰欲。"情是后天的，是与物相接触而生的。这后天的与物相接触生的情是喜怒哀惧爱恶欲，这样说，情就成了恶的根源。

以上的分析，又与所谓性有上、中、下三品相反，是性为善。恶的根源，便是那"接于物而生"的情。

其实我们若仔细探讨韩愈的《原性》，除善性的上焉者以外，就是所谓中焉者和下焉者了——前者之于仁义礼智信，为什么"不少有焉，则少反焉，其于四也混"呢？不是前者接于物而生七情，"有所甚，有死亡"的缘故吗？后者之于仁义礼智信，为什么"反于一而悖于四"呢？同样的，不是后者之于那接于物而生的七情，"亡与甚，直情而行"的缘故吗？

由是可知，韩愈虽分性为上、中、下三品，虽从历史人物中证明性是有三品的，虽批驳了孟轲之道性善是"举其中遗其上下"，但在实质上，他是肯定人性是善的。他认为它所以为恶，是由于那接于物而生的情的关系。因而人性表现有上、中、下三品，实质上亦是那接于物而生的情的关系。性的本身是善的。

他在实质上认定人性为善，而在表现上又分人性为上、中、下三品，其用意，如前所说，有两个方面。一面是说明人性之为上焉者固无论矣，就是中焉者和下焉者亦系天性使然，而并非后天有以致之，故无需对后天的客观环境——不论是政治制度还是经济制度——有所改良或改造。另一面是表明，他是不杂佛老而言性的。而总的精神在维护身份性制度，这从他的"上之性就学而愈明"，"下之性畏威而寡罪"两句阶级含义浓厚的话可明白地显现出来。

---

① 《临川先生文集》卷六十八《性说》。

至于他在实质上认定人性为善，可从以下分析得知：

（1）他说："所以为性者五：曰仁，曰礼，曰信，曰义，曰智。"按此即孟轲的"仁义礼智，非由外铄我也，我固有之也"①的人性本善的说法。又，他辟佛老"灭其天常"，②按天常即仁义礼智信五常，"灭其天常"即《礼记·乐记》中之"天理灭矣"。郑玄注此语说："性犹理也。"人之所以为性是仁义礼智信，则人之所以为性便是理。

（2）他说尧舜之道，至孟轲不得其传，"而荀而扬也，又择焉而不精，语焉而不详"③。实际上，他认为"己之道，乃夫子、孟轲、扬雄所传之道"④。按此亦本自孟轲的"由尧舜至汤"，"由汤至于文王"，"由文王至于孔子"，孔子以后便"不得其传"⑤的以道统自命的说法。

（3）他肯定"孟氏醇乎醇者也"，而"荀与扬"是"大醇而小疵"。⑥故程颐说："韩退之言孟子醇乎醇，此言极好，非见得孟子意，亦道不到。"⑦

（4）孟轲辟杨墨，而他辟佛老，隐然自认是先后辉映。这些，均说明他对孟轲是完全肯定的。在他对孟轲的完全肯定中，一壁是承接孟轲的所谓道统，另一壁是承接孟轲认定之人性本善。人性之本善，才是醇乎醇。

韩愈又曾这样说："且五常之教，与天地皆生。"⑧按，"五常之道，仁义礼智信也"⑨。而仁义礼智信，即韩愈所以为人性者，即是善性。说"五常之教，与天地皆生"，在有天地的同时，就有了五常之教，即是说这"五常之教"是早已客观地存在着的，直待有了人类若干万年以后，才逐渐被发现。

"故尧之前千万年，天下之人促促然不知其让之为美也，"韩愈写道，"于是许由哀天下之愚，且以争为能，乃脱屣其九州，高揖而辞尧，由是后之人竦然而言曰：'虽天下，犹有薄而不售者，况其小者乎？'故让之教

---

① 《孟子·告子章句上》。
② 《韩昌黎集》卷十一《原道》。
③ 《韩昌黎集》卷十一《原道》。
④ 《韩昌黎集》卷十四《重答张耕书》。
⑤ 《孟子·尽心章句下》。
⑥ 《韩昌黎集》卷十一《读荀》。
⑦ 《河南程氏遗书》第十九。
⑧ 《韩昌黎集外集》卷四《通解》。
⑨ 《论衡·问孔》。

行于天下，许由为之师也。"

"自桀之前千万年，天下之人循循然不知忠易其死也，"他又写道，"故龙逄哀天下之不仁，睹君父百姓入水火而不救，于是进尽其言，退就割烹。故后之臣竦然而言曰：'虽万死，犹有忠而不惧者，况其小者乎？'故忠之教行于天下，由龙逄为之师也。"

"自周之前千万年，浑浑然不知义之可以换其生也，"他又写道，"故伯夷哀天下之偷，且以疆则服，食其葛薇，逃山而死。故后之人竦然而言曰：'虽饿死，犹有义而不惧者，况其小者乎？'故义之教行于天下，由伯夷为师也。"①

按"让"属"礼"，所谓"辞让之心，礼之端也"②。而"忠"属"仁，如"微子去之，箕子为之奴，比干谏而死"，这是"忠"的表现。故"孔子曰：殷有三仁焉"③。这里韩愈就是以"五常之教"中的"礼""仁""义"三者来说，证明这三者是"与天地皆生"，早已存在于客观世界的。有了人类，天地才将这种种秉赋于人类。经过若干时候，通过一定的人，种种善性便扩而充之，具体地显示出来，于是人们才知道在客观世界中存在着所谓"五常之教"。这"五常之教"是客观存在着的，是天经地义的。

后来程颐曾这样说："自理言之，谓之天；自禀受言之，谓之性；自存诸人言之，谓之心。"④这话就是对韩愈人性论的注释，在发扬中把韩愈的这一观点体系化。

这客观存在的"五常之教"秉赋于人类而使人性成为善。至于人之所以为恶，乃是那属于后天的接于物而生的"情"的关系。如果要使这接于物而生的"情"能不为物所诱的话，那么，就应如孟轲所谓，"乃若其情，则可以为善矣"⑤。按"若"字作"顺"字解或作"如"字解，"若其情"就是"顺其情"或"如其情"。韩愈认为七情"动而处其中"则可以为善，亦即孟轲所认为的"顺其情"或"如其情"则可以为善。既然如此，人之情虽因接于外界事物而生，但无须对外界事物有所改良或改

---

① 《韩昌黎集外集》卷四《通解》。
② 《孟子·公孙丑章句上》。
③ 《论语·微子》。
④ 《河南程氏遗书》第二十二上《伊川语录》。
⑤ 《孟子·告子章句上》。

造,而只需保持人所秉赋的善性。"顺其情""如其情"或"动而处其中",则可以为善。所谓"苟能乐道人之善,则天下皆去恶而为善,善人得其所,其功实大"①,就是这个意思。

从对韩愈的人性论的分析中,可看出韩愈在政治上和王叔文他们为敌,并不是偶然的!后者坚持认为只有对当时腐朽了的政治有所改造,才能适应新兴势力的发展,才能使人民的生活有所改善;前者则反是,他认为五常是客观存在着的真理,人们只要对无所秉赋的五常扩而充之或引情归善,就可以向善的方面发展。归善是各个人自己的事,并不是当时的政治环境有什么不好而要加以改良。这意思很明白,就是韩愈对当时的政治环境持肯定的态度,要在旧势力的基础上来维护政治统一。他肯定"五常之教""与天地皆生",亦即肯定"五常之教"是客观真理性的东西,目的是维护以旧势力为基础的政治上的统一。所谓"唐承天下之命,遂臣万邦","孰为不顺,往斧其吭"。②

韩愈在《原性》中批驳"杂佛老而言性"的"奚而言不异",表明他自己言性不同于佛老。实质上,从佛家的思想来说,他分别性与情,认为"性"是"与生俱生"的,而"情"是"接于物而生"的,这种思想,实系受佛家思想的影响。佛家所谓"本心"与"无明烦恼",如云"不识本心,学法无益"③,这"本心",即韩愈所谓的人之所为"性"。又如"无明为惑网之渊,贪爱为众累之府",和"无明掩其照,故情想凝滞于外物"④,这"无明",即韩愈所谓的接于物而生的"情"。佛家有所谓"浮屠不三宿桑下"之说,就是"不欲久生恩爱"⑤之故。韩愈之称赞老僧大颠"实能外形骸,以理自胜,不为事物侵乱",又称他"胸中无滞碍"⑥"虽外物至,不胶于心"⑦,都是显著的证明。这样说来,韩愈的这一思想内容,实质是佛家的内容,而所装进的,却是儒家的瓶子。

由于韩愈反对佛老,不是对佛老的思想内容进行驳斥,而只是反佛老

---

① 《韩昌黎集》卷十八《答元侍御书》。
② 《韩昌黎集》卷三十《平淮西碑》。
③ 《六租坛经》。
④ 《广弘明集》卷五。
⑤ 《后汉书》卷六十《襄楷传》。
⑥ 《韩昌黎集》卷十八《与孟尚书书》。
⑦ 《韩昌黎集》卷二十一《送高闲上人序》。

之脱离现实（虽然反佛老之脱离现实，从当时社会发展的趋势上来说，有其积极意义），也由于韩愈不是站在当时的进步政治立场上对佛老思想进行批判，反而依附旧势力，在维护旧势力的基础上反对佛老之脱离现实，结果自己的思想亦不免脱离现实。他以"五常之教"为独立的客观的存在，认为"五常"秉赋于人类，而使人性成为善；而人之所以为恶，乃是因为那接于物而生的"情"。虽然如此，并无须给那生情的外物——政治环境或社会环境以改良或改造，人之所以为性是善的，可引情归善。不深入现实，给现实以改造，而只是自己做内面功夫，引情归善，使情成为善的环境，这，不同样是脱离现实吗？韩愈想在维护旧势力的基础上，依靠宦官势力，削平藩镇，从而加强和巩固中央集权政治。出于此目的，他于是肯定"五常之教"是一个独立的客观存在，是天经地义，任何人都不能违反。而王叔文他们，对当时的政治有改造的意图，便是违反"五常之教"。

在封建社会生产力发展中，与之相适应的工商业，亦逐渐抬头。工商业者大量购买土地，形成社会的非身份性的新兴力量，因而使得均田制破坏和庄园制兴起。而在这一转化的过程中，封建统治者自己所控制的土地越来越少，经济权力亦因之日益削弱。但在另一方面，地方势力倒因土地私有化，和随着土地私有化而兴起的庄园制而增强。在这一过程中，地方经济权力扩张，无须在经济上对中央有所依赖，因而容易酿成藩镇割据。在这情势之下，封建统治者中央要消除藩镇割据，就需考虑如何来控制经济与政治的权力，加强中央的力量，巩固中央集权政治。随着社会的进一步发展，政府所能控制的土地愈加减少，① 唐以后以至宋元明清，中央集权政治便愈益加强，形成中央集权的封建专制主义政治。而唐以后维护中

---

① 按南宋赵昀（理宗）时，贾似道有"买公田以罢和籴的措施"，事见《宋史》卷一百七十三《食货志》卷四百七十四《贾似道传》，其详《宋史纪事本末》有专条记载。在贾似道的主张之前，并有"……殿中侍御史谢方叔言"，"豪强兼并之患，至今日而极……今百姓膏腴，皆归贵势之家"，"为今日计欲便国便民而办军食重权者，莫若行祖宗限田之制"。到"贾似道当国"，"乃命殿中侍御史陈尧道……上疏言"："……将官户田产逾限之数，抽三分之一回买以充公田，但得一千万亩之田，则每岁可收六七百万石之米。"以后景定四年六月，便在平江、江阴等六郡"已买公田三百五十万亩"。又《明史》卷七十七《食货》之一曰："[明]初官田皆宋元时入官田地，厥后有还官田，没官田，断入官田。"又赵翼《廿二史札记》卷三十"元代以江南田赐臣下"条云："今检宋元二史，究其由来：……元代也。……元之有天下也，此等田皆别领于官……"这些都说明唐以后至宋元明的统治者手里已不可能掌有大量土地。

央集权的封建专制主义的思想家，对韩愈《原道》与《原性》中的这一客观唯心论的思想特别感兴趣，并加以发展，原因就在于：把理念的东西说成是客观存在着的东西，便可使这一理念的东西变成天经地义的、不可违反的；便可说明中央集权的封建专制主义也是天经地义的、不可违反的。

明代的唯心论思想家薛瑄这样说："当韩子之时，异端显行，百家并倡，孰知尧舜禹汤文武周公孔子孟轲为相传之正统？又孰知孟轲氏后而不得其传？又孰知仁义道德合而言之？又孰知人性有五而情有七？又孰知尊孟氏之功不在禹下？""若此之类，大纲大节，皆韩子得之遗经，发之身心，见诸事业，而伊洛真儒之所称许而推重者也。"① 薛瑄所不接受的，是他的"博爱""三品"之语，认为"有未莹者"②。

所以从人性论方面探讨，韩愈亦是客观唯心论者。这一客观唯心论思想发展至宋代的程颐，被进一步体系化。

三、韩愈思想似无神论而实为有神论

韩愈反对事佛，又反对求神仙，这是他的特色。

首先他在《论佛骨表》中说他这样反对佛，"佛如有灵，能作祸祟"的话，那么，"凡有殃咎，宜加臣身"。③ 他在另一个地方又这样说："假如释氏能与人为祸祟"，亦"非守道君子所惧"，"况万万无此理"！"且彼佛者"，"其身已死，其鬼不灵"。④ 意思佛是不会有灵的，故也不能为祸祟。

其次，对神仙之说，他在诗中这样写道：

"神仙有无何眇芒，桃源之说诚荒唐。"⑤

"乃知仙人未贤圣，护短凭愚邀我敬。""我宁屈曲自世间，安能从汝巢神仙。"⑥

---

① 《薛文清公读书录》卷三"诸儒"条。
② 《薛文清公读书录》卷三"诸儒"条。
③ 《韩昌黎集》卷三十九。
④ 《韩昌黎集》卷十八《与孟尚书书》。
⑤ 《韩昌黎集》卷三《桃源图》。
⑥ 《韩昌黎集》卷七《记梦》。

"今之说者，有神仙不死之道，"他又写道，"不食粟，不衣帛，薄仁义以为不足为，是诚何道耶？……则说神仙者妄矣！"①

"余不知服食说自何世起，"他又写道，"杀人不可计，而世慕尚之益至，此其惑也。"②

按从汉、魏以至隋、唐，事佛求神仙之所以盛行，在封建统治者方面来说，一壁是从极端享乐中企图实现长生不老，永远享受剥削生活；另一壁，主要通过倡导事佛求神仙，汩没被剥削者的反抗意志，使自己的统治臻于永远。在被剥削者方面来说，有的企图以此逃避剥削，以求得精神上的安慰；而有的则用以组织群众，以图反抗。③ 即如德宗贞元三年（787）资敬寺僧李广弘和尼智因以佛教组织群众，进行起义，便是显著的一例④（见《旧唐书》卷十二《德宗本纪》上，卷一百四十四《韩游环传》亦有详细记载）。后者自是不得已的、是正义的，而前者显然是可恶的。事佛求神仙不仅使人的理性发展受到局限，同时亦削弱了劳动力，影响了社会生产。韩愈所提出的反对理由，大意亦是如此，认为事佛求神仙使人民"易惑难晓"，又引导"老少奔波，弃其业次"。这种批判，从当时来说，有它的积极意义，起了一定的进步作用。这一点，是不容抹煞的。

韩愈除了反对事佛求神仙外，对后汉反对谶纬、反对迷信的王充亦十分称赞，说王充"闭门潜思，《论衡》以修"⑤，又颂扬"桓谭不读谶"⑥。这样说，韩愈是一个与王充、桓谭一般的反迷信的无神论者了。但是根据前两章的分析，我们知道，韩愈的思想是客观唯心论。客观唯心论者，就

---

① 《韩昌黎集》卷十四《进士策问十三首》。
② 《韩昌黎集》卷三十四《太学博士李君墓志铭》。
③ 道教倡始人张陵一开始便是以道教组织群众，进行反抗。此外，利用佛教组织群众的亦不少，如《晋书》卷一百〇六《石季龙载记》上云："安定人侯子光，弱冠，美姿仪，自称佛太子，从大秦国来，当王小秦国，易姓名为李子杨，游于鄠县爱赤眉家，频见其妖状，事微有验。赤眉信敬之，妻以二女；转相扇惑，京兆樊经、竺龙、严谌、谢乐子等，聚众数千人于杜南山，子扬称大皇帝，建元曰龙兴。"《魏书》卷四十七《卢玄传》："高祖议仗萧赜，卢玄子卢渊表白：'臣又闻流言，关右之民，自比年以来，竞设斋会，假称豪贵，以相扇惑，显然于众坐之中，以谤朝廷，无上之心，莫此为甚！愚谓宜速惩绝，戮其魁帅。不尔，惧成黄巾、赤眉之祸。育其微萌不芟之豪末，斧斤一加，恐蹈害者众。'"
④ 《韩昌黎集》卷三十九《论佛骨表》。
⑤ 《韩昌黎集》卷十二《后汉三贤赞三首》。
⑥ 《韩昌黎集》卷八《与孟东野同宿联句》。

是认定有一种精神是独立存在于客观世界的。这种独立存在的客观精神，在韩愈来说，就是人之所以为性的仁义礼智信，就是"与天地皆生"的"五常之教"，就是"善"，就是"理"，就是所谓的"道"，而其实质就是所谓的"神"。他在《原鬼》明确地指出："漠然无形与声音，鬼之常也。"①意即鬼是独立存在于客观世界的。只是，韩愈不认为鬼是有形有声且有气的，而认为鬼是无形无声且无气的，是独立存在于客观世界的；并非人死而为鬼，并非鬼有形象能出现于人世作威作福。这样说，韩愈好像是个无鬼论者，所谓有鬼只是"民之为之"——是人的精神的作用。因之李石注释《原鬼》时说："退之作《原鬼》与晋阮千里相表里，至作《罗池碑》欲以鬼威猲人，是为子厚求食也；《送穷文》虽出游戏，皆自叛其说也。"②（按：晋阮千里，名瞻，"素执无鬼论，物莫能难"③。）李石说韩愈与阮千里相表里，是说从韩愈的《原鬼》看，韩愈和阮千里一样是无鬼论者，可是不知为什么他又作《罗池碑》与《送穷文》证明有鬼，这不是和《原鬼》的意思相反，不是"自叛其说"了吗？李石不能理解，韩愈的思想是客观唯心论，客观唯心论者认定客观存在着理念的东西——神。它秉赋于人类，便是仁义礼智信——人之所以为性；如果人之性为据于物而生的情所影响而表现为恶，如"有忤于天""逆于伦"等，④ 人们便会因所谓天良之发现而感到惶惑，从而认为有鬼。实际上在他看来，是人所秉赋的这一客观精神在支配着一切。所以从表现上看，韩愈好像是否定了一切迷信、一切神鬼观念；但在实质上，他的神的观念不仅没有放弃，而且把鬼以一种更高级的形式表现出来。这一点，自为李石所不能理解。其实，凡唯心论者都与宗教迷信的思想紧紧联系着，韩愈在《原鬼》中虽表现为无鬼论，但因他的思想是客观唯心论，所以他又作《罗池碑》与《送穷文》，肯定有鬼，肯定鬼可以作威作福，这是无足怪的！

我们又知道，韩愈为了维护和加强以旧势力为基础的中央集权，故倡导客观唯心论，认为"五常之教""与天地皆生"，是客观独立存在的东西。它赋予人，故成人之所为性。假如人因受那接于物而生的"情"所诱而为恶，"没灭其天常，子焉而不父其父，臣焉而不君其君，民焉而不事

---

① 《韩昌黎集》卷十一。
② 《韩昌黎集》卷十一《原鬼》下注。
③ 《晋书》卷四十九《阮瞻传》。
④ 《韩昌黎集》卷十一《原鬼》。

其事",它可使人因所谓天良的发现而感到惶惑不安,在形成社会舆论中"畏威而寡罪"。它是通过尧舜显现出来的客观真理,是天经地义的。韩愈从意识形态方面,把这所谓天经地义的东西,作为维护和加强以旧势力为基础的中央权政治之理论的根据。虽然韩愈辟佛老,把人从对佛老的迷惑中唤醒过来,引导人的理性回复(这一点有它的进步意义);可是,他从建立以儒术为主旨的道统中认定"五常之教"是"与天地皆生"的,是天经地义的,这一来,又给人心灵以另外一种桎梏。今后大家必须遵守以儒术为主旨的道统,谁也不能"灭其天常",不能使"三纲沦"①;谁违反了它们,谁就是异端,谁就是名教的罪人。这样说来,这一桎梏的作用更大,成了后来统治者"以理杀人,其谁怜之"②的张本。

四、韩愈的文学改革和文学改革之为宣扬这一所谓"客体的实在"服务

关于韩愈在文学方面的成就,他的学生李汉这样写道:"先生于文,摧陷廓清之功,比于武事,可谓雄伟不常者矣。"③

本来社会发展至隋、唐时代,生产力的抬头,引导至那为封建阶级服务的工商业逐渐发达,引导至那非身份性的新兴地主阶层日益成长,因之社会事务增多,人事接触频繁。反映在文学上,文学革新的要求便日益迫切。反对那局限思想内容的骈体文运动亦早在酝酿,如较韩愈稍前的柳冕即提出了"文章本于教化,形于治乱,系于国风"④的主张。只是到了韩愈手里,因条件更加成熟,加上他的主观努力,这一革新运动才取得了胜利。这就是李汉所说的韩愈在文学方面的摧陷廓清之功。

至于他在文学上的摧陷廓清之功的具体内容,在形式方面,就是八个字:"文从字顺"⑤,"务去陈言"⑥。意思是文字要畅达,不要用陈套语。骈体文,就是陈套语多,且因形式局限,许多意思无从表达。如何才能达

---

① 《韩昌黎集》卷十七《与孟尚书书》。
② 戴震:《孟子字义疏证》卷上"理"条。
③ 李汉:《韩昌黎集序》。
④ 《唐文粹》卷八十四柳冕《与徐给事论文书》。
⑤ 《韩昌黎集》卷三十四《南阳樊绍述墓志铭》。
⑥ 《韩昌黎集》卷十六《答李翊书》。

此目的？他的意思是要"能自树立不因循"①，意即要有创造性。

所以人说"故愈所为文，务反近体，抒意自言，自成一家新语"②，又说他"造端置辞，要为不蹈袭前人者"③。韩文"陈言之务去"，或"未尝效前人之言"④，李翱早已指出，这是韩文的特色。如此说来，他领导的这一文学形式的改革在当时来说，起了一定的进步作用。

可是王安石曾说韩愈"力去陈言夸末俗，可怜无补费精神"⑤。王若虚亦曾说："笔力如韩退之，而《顺宗实录》不慊众论。"⑥按王氏这话是根据《旧唐书》指韩愈的《顺宗实录》"繁简不当""拙于取舍""为当代所非"而发的。⑦由是而知，韩愈自己虽提出如此改革主张，但"力去陈言"和"文从字顺"这两点他自己并未十分做到。何况，他在《顺宗实录》中歪曲史实，诬蔑王叔文等，这也是他"不慊众意"和"为当代所非"的一个关键所在。

当然，内容决定形式。这种在文学形式方面的革新，是因生活内容的日益丰富所致。所以在唐代，文学革新是一个普遍的呼声，比如柳冕早就倡导"文生于质"⑧，倡导"有其道，必有其文"⑨，就是认定内容决定形式。而韩愈亦提出："先乎其质，后乎其文。""薄于质而厚于文，斯其不类于欺欤？"⑩可知韩愈是着重于文学内容的。有了文学的内容，才谈得上要有与之相适应的文学形式；反之，重形式而无视内容，这是不合乎文学革新的要求的。文学之所以要革新，就是因为内容在发展——社会生活不断丰富。这，自有它的进步意义。

因而关于当时的社会现实，在他的文学内容中时有反映。

"是年京师旱，田亩少所收。"韩愈写道，"有司恤经费，未免烦诛求。富者既云急，贫者固已流。传闻闾里间，赤子弃渠沟。持男易斗粟，

---

① 《韩昌黎集》卷十八《答刘正夫书》。
② 《旧唐书》卷一百六十《韩愈传》。
③ 《新唐书》卷一百七十六《韩愈传》。
④ 前一句见《李文公集》卷六《答朱载言书》，后一句见《李文公集》卷十一《韩吏部行状》。
⑤ 《王临川集》卷三十四《韩子》。
⑥ 《滹南遗老集》卷二十二《新唐书辨》。
⑦ 《旧唐书》卷一百六十《韩愈传》。
⑧ 《唐文粹》卷八十四柳冕《答杨中丞书》。
⑨ 《唐文粹》卷八十四柳冕《答荆州裴尚书论文书》。
⑩ 《韩昌黎集》卷十六《答陈生书》。

掉臂莫肯酬。我时出衢路,饿者何其稠。亲逢道边死,伫立久咿嚘。归舍不能食,有如鱼中钩。"①

"尝有农夫,以驴负柴至城卖,"韩愈写道,"遇宦者称宫市取之,才与绢数尺,又就索门户,仍邀以驴送至内。农夫涕泣,以所得绢付之,不肯受,曰:'须汝驴送柴至内。'农夫曰:'我有父母妻子,待此然后食,今以柴与汝,不取直而归,汝尚不肯,我有死而已。'"②

从文与诗,韩愈都报道了当时若干社会现实,且通过这许多社会现实,对社会发展的秘密进行探讨,进行发掘。这从他提出如下的疑问,就可以知道:

> 人之仰而生者谷帛。谷帛丰,无饥寒之患,然后可以行之于仁义之途,措之于安平之地,此愚智所同识也。今天下谷愈多,而帛愈贱,人愈困者,何也?③

他这话用的虽是探讨的口吻,但从这话的精神看,社会发展的秘密,即这一问题的本质,他是见到了的。

韩愈能见到这一真理,除社会所给予的影响外,他少时因"贫贱"而"衣食于奔走"④,也是一个关键。可是虽然他见到了这一真理,但他受伯兄韩会思想的影响,认为"身居穷约",如果"不借势于王公大人,则无以成其志"⑤,并将这所谓"志"示及他的儿辈⑥。在这一思想指导之下,他不仅不能和王叔文他们一道追求政治上的改造,通过政治的改造改善民间的疾苦,反而维护以宦官俱文珍为首的腐朽势力,和王叔文一班进步力量相敌对。俱文珍以血手置王叔文他们于死地,或使他们遭贬斥,韩愈则从而歌颂之,说朝廷这般"诛流奸臣",说明"朝廷清明,无有欺蔽"⑦。

由于他的政治立场如此,因此他的文学,虽在某种程度上反映了当时

---

① 《韩昌黎集》卷一《寄三学士》。
② 《韩昌黎集外集》卷七《顺宗实录》卷二。
③ 《韩昌黎集》卷十四《进士策问十三首》。
④ 《韩昌黎集》卷十七《与陈给事处》。
⑤ 《韩昌黎集》卷十八《与凤翔邢尚书书》。
⑥ 《韩昌黎集》卷六《符读书城南》及卷七《示儿诗》中,《符读书城南》诗云"不见公与相,起身自犁锄,不见三公后,寒饥出无驴",于此可见。
⑦ 《韩昌黎集》卷一《元和圣德诗》。

若干社会现实,但其实际目的,是宣扬并维护以旧势力为基础的统一的思想工具——"道"。韩愈这样说:"愈之志在古道,又甚好其言辞。"①

他又说:"然愈之所志于古者,不惟其辞之好,好其道焉耳。"②

这里说明了两个问题:一是他在文学形式方面以复古为解放,如他说,"汉朝人莫不能为文,独司马相如、太史公、刘向、杨雄为之最"③,即是从崇尚汉代人物的古文中解放当时那局限内容的文体。二是,他之所以要解放文体,就是要通过这解放了的文体去宣扬尧、舜、禹、汤、文、武、周公、孔子、孟轲之道,所谓"约六经之旨以为文"④。根据以上对韩愈思想的分析,我们就知道,他主张"约六经之旨以为文",宣扬"道",实际上,就是宣扬客观唯心论思想。他曾说:"学所以为道,文所以为理。"⑤"道"与"理",就是他宣扬的客观的实在。在他看来,人之为文,就是为了宣扬这客观的存在,从宣扬这所谓的客观的实在中,维护和加强以旧势力为基础的中央集权政治。

由是而明白,韩愈的所谓文学内容,实质上,就是"道",就是"理",就是他所认为的客观的实在、他的客观唯心论思想。他的客观唯心论思想,实质上是为中央集权的封建专制主义服务的。

五、简明的结语

通过以上对韩愈思想的分析,我们知道,韩愈虽在某些方面,如辟佛老思想之脱离现实、寺观之浪费人力与物力,倡导文学革新、使文学能与发展中的社会现实相适应等等,有进步的主张,值得肯定;但由于他在政治上依附旧势力,企图维护和加强以旧势力为基础的中央集权政治,因而他在思想上是倡导客观唯心论思想,肯定以旧势力为基础的中央集权政治之天经地义。

他这一客观唯心论思想,不论是表现在原道方面的、原性方面的还是表现在文学方面,都对宋以后的思想产生了相当大的影响——程朱的客观唯心论,便是由韩愈肇其端的。

① 《韩昌黎集》卷十六《答陈生书》。
② 《韩昌黎集》卷十六《答李秀才书》。
③ 《韩昌黎集》卷十八《答刘正夫书》。
④ 《韩昌黎集》卷十六《上宰相书》。
⑤ 《韩昌黎集》卷二十《送陈秀才彤序》。

李翱思想批判

李翱［唐德宗贞元十四年（798）登进士第，至武宗会昌年间卒］，字习之，他和韩愈有亲戚关系，他娶了韩愈之兄韩弇的女儿为妻①；又曾"从昌黎韩愈为文章"②。韩愈《与冯宿论文书》上这样说："近李翱从仆学文，颇有所得。"③而李翱对韩愈亦推崇备至，说"我友韩愈，非兹世之文，古之文也；非兹世之人，古之人也"④。又韩愈曾说："愈之所志于古者，不惟其辞之好，好其道焉尔！"⑤而李翱亦这样说："吾所以不协于时而学古文者，悦古人之行也；悦古人之行者，爱古人之道也。"⑥可见他二人不仅关系很深，而且韩愈给予李翱思想的影响亦很深。

李翱自己说："翱穷贱人也。"⑦韩愈亦说他"家贫多事"⑧，同时又"仕不得显宦，怫郁无所发"⑨。他虽然出身于非身份性地主阶层，但在政治态度上，受韩愈的影响，也是反对王叔文进步一派的。他曾说："王叔文居翰林，决大政，天下懔懔！"⑩他自认做史官的要能"指事书实"⑪，可是他这句话就不是"指事书实"，而是对王叔文的诬蔑。王叔文决大政时，"改革积弊，加惠穷民，自天宝以至贞元，少有及此者"⑫。怎的"天下懔懔"——全国的人都感到恐惧呢？可见李翱在政治态度上和韩愈是一个鼻孔出气的。

同时，李翱在政治上亦有他自己的意图，他的"念所怀之未展兮，非

---

① 《韩昌黎集》卷十五《与孟东野书》。
② 《新唐书》卷一百七十《李翱传》。
③ 《韩昌黎集》卷十七。
④ 《李文公集》卷七《与陆修书》。
⑤ 《韩昌黎集》卷十六《答李秀才书》。
⑥ 《李文公集》卷六《答朱载言书》。
⑦ 《李文公集》卷八《荐所知于徐州张仆射书》。
⑧ 《韩昌黎集》卷十七《与冯宿论文书》。
⑨ 《新唐书》卷一百七十《李翱传》。
⑩ 《李文公集》卷十二《故东川节度使卢公集》。
⑪ 《李文公集》卷十《百官行状集》。
⑫ 王鸣盛：《十七史商榷》卷七十四"顺宗纪所书善政"。

悼己而陈私!"所怀的不是"悼己陈私",而是国家大事。他又指出:"当高祖之初起兮,提一旅之羸师,能顺天而用众兮,竟扫寇而戡隋。"① 意即唐高祖初起时,兵虽只有一旅,但能顺天用众,故能平定天下,取得政权。现在,李唐政权,"自禄山之始兵兮",弄得"岁周甲而未夷"——六十年来叛乱叠出,不得安静。虽然如此,但他认为一则当今"况天子之神明兮",二则"有烈祖之前规",倘能依照前规而"划弊政而还本兮",要实现中兴,那是"如反掌之易为"的。② 这说明他的抱负和挽救办法,是从"刬弊政"中恢复旧有的规模与制度。

因为他的政治意图是如此,所以反映在思想上,就是"虑行道之犹非"③。但他所要行的"道"到底是什么?从以下的探讨中,我们自可明白。

一、李翱的所谓"复性",是无视感性与理性认识的直觉主义

清人全祖望说:"退之作《原道》,实阐正心、诚意之旨,以推本之于《大学》,而习之论'复性',则专以羽翼《中庸》。"④

按全祖望这一论断,实本之于宋儒欧阳修。

欧阳修曾说:"予始读翱《复性书》三篇,曰此《中庸》之义疏耳。"⑤

欧阳修这句话,可谓一语中的。至于李翱扬《中庸》之旨意,欧阳修是不可能也不会去作进一步解释的。

首先,关于《中庸》一篇的源流,根据李翱的分析:

(1)"子思,仲尼之孙,得其祖之道,述《中庸》四十七篇,以传之孟轲。"

(2)"轲之门人达者公孙丑、万章之徒,盖传之矣,遭秦灭书,《中庸》之不焚者一篇存焉,于是此道废缺。"

(3)"其教授者,惟节行、文章、章句、威仪、击剑之术相师焉,性

---

① 《李文公集》卷一《幽怀赋》。
② 《李文公集》卷一《幽怀赋》。
③ 《李文公集》卷一《幽怀赋》。
④ 《鲒埼亭集外编》卷三十七《李习之论》。
⑤ 《欧阳文忠公集》卷二十三《读李翱文》。

命之源，则吾弗能知其所传矣。"

（4）"道之极于剥也必复，吾岂复之时耶?"①

他从分析《中庸》一篇的源流中，认定言性命之源的《中庸》已成绝学，今日是应当恢复这一绝学的时候了，而他以恢复这一绝学为己任。

考他认为这时应恢复这一言性命之源的"中庸"思想，是见到了当时一些政治情况和社会情况所致。

他见到"自安禄山起范阳，陷两京，河南北七镇节度使，身死则立其子，作军士表以请，朝廷因而与之"②，形成藩镇割据局面，与中央相对抗。

他见到"豪家大商，多积钱以逐轻重，故农人日困，末业日增"③。

他见到"正晦（姓严，贝州刺史）黜官，百姓旧不乐其政，将俟其出也，群聚呼号毙之以瓦石，扬言无所畏忌，录事参军不敢禁"④。

他见到"其能多积财者，必剥下以致"⑤。

他见到"及兹三十年，百姓土田为有力者所并，三分逾一"⑥。

他又见到佛法"浸溺人情"⑦及"乱圣人之礼"⑧。

他虽见到了这一切，见到了当时政治的、社会的以及思想上的矛盾，但前已分析，以他的政治立场的落后性，他自然不会也不可能想到要解决这一历史发展所必然形成的矛盾，不会想到要依靠当时的进步力量进行不调和的斗争。他反而从概念出发，认为只有恢复这言性命之源的"中庸"思想，才能达到消除这种种矛盾的目的。

于是他首先着手探讨人"未始有穷"地"交相攻伐"⑨的原因。在他看来，这种种矛盾存在，是人之不善的具体表现。

他认为"人之性皆善"⑩，"所以惑其性"为"不善"，均是受"喜怒

---

① 《李文公集》卷二《复性书上》。
② 《李文公集》卷十一《韩吏部行状》。
③ 《李文公集》卷九《疏改税法》。
④ 《李文公集》卷十一《皇祖实录》。
⑤ 《李文公集》卷十二《故东川节度使卢公传》。
⑥ 《李文公集》卷三《进士策问第一道》。
⑦ 《李文公集》卷十《再请停率修寺观钱状》。
⑧ 《李文公集》卷四《去佛斋》。
⑨ 《李文公集》卷二《复性书上》。
⑩ 《李文公集》卷二《复性书上》。

哀惧爱恶欲"七情的影响。这七情是接于物而生的,所谓"物格于外,情应于内"。这"格"字,他的解释是"来也,至也",亦即"物至于外",而"情应于内"①。不善,"乃情所为也"②。比如桀、纣,他们残酷地压榨人民,造成和人民之间的尖锐对立。这种对抗性矛盾,从李翱看来,是由于桀、纣之性为外物即声物货利等等的诱惑,"情应于内"而造成的,"非性之罪"。另外,因为"人之性皆善",故"百姓之性,与圣人之性弗差也"。可是因"情之所昏",致"交相攻伐,未始有穷"③,如"黄氏、周氏、韦氏、侬氏,皆群盗也,黄氏之族最强,盘亘十数州,周、韦氏也不附之也,率群黄之兵以攻之,而逐诸海"④。造成这种矛盾,在他看来,是外物所诱惑导致"情既昏,性斯匿","非性之过"。⑤

只是在李翱看来,"百姓之性"虽"与圣人之性弗差也",但"情者,性之动也",在受情的影响方面,二者又是有差别的。"圣人"之性,"寂然不动,不往而到,不言而神,不耀而光,制作参乎天地,变化合乎阴阳,虽有情也,未尝有情也"。而百姓则不然,百姓的性通常为情所溺"而不能知其本"⑥ 所谓"天下蚩蚩,知道者几何人哉!"⑦,都因物至外而情应于内,故惑其性而迷其道。李翱认为,历史上之"治世少而乱世多"⑧,就是这个缘故。

由是而有他的"复性"主张。

首先是"物至之时,其心昭昭然,明辨焉,而不应于物"⑨。

要做到"其心昭昭然,明辨焉,而不应于物",就要"视听昭昭然,而不起于见闻"⑩,意即要以"心"的视听为视听,而不以感官的视听为视听,亦即否定感性的认识。

李翱不仅否定感性认识,并且还否定理性认识。他要人们做到"弗虑

---

① 《李文公集》卷二《复性书中》。
② 《李文公集》卷二《复性书中》。
③ 《李文公集》卷二《复性书上》。
④ 《李文公集》卷十二《岭南节度使徐公行状》。
⑤ 《李文公集》卷二《复性书上》。
⑥ 《李文公集》卷二《复性书上》。
⑦ 《李文公集》卷四《从道论》。
⑧ 《李文公集》卷四《从道论》。
⑨ 《李文公集》卷二《复性书中》。
⑩ 《李文公集》卷二《复性书中》。

弗思"——"弗虑弗思,情则不生";"情既不生,乃为正思"。① 这里便从否定感性认识达到了否定理性认识。他的所谓"正思"亦即佛家的所谓"正觉",也就是直觉。

他强调直觉,认为只有直觉才能获得真切的认识。所谓"彼以事解,我以心通"②,所谓"至诚而不息则虚,虚而不息则明,明而不息则照天地而无遗"③,所谓"物至之时,其心昭昭然,明辨而不应于物者,是致知也,是知之至也"④,这一切,都说明他认为只有从直觉中才能认识到真理,直觉最为伟大。

以上可以说明他"羽翼《中庸》"的苦心,从羽翼《中庸》中阐扬《中庸》,阐扬《中庸》的"诚则明,明则诚"的思想,阐扬《中庸》的"不偏不易"之道。他又曾这样说:

> 夫毫厘分寸之长,必有中焉;咫尺寻常之长,必有中焉;百千万里之长,必有中焉;则天地之大,亦必有中焉。居之中,则长短大小高下虽不一,其为中则一也。⑤

这是他从直觉中认识了"中",并从而"守其中"。他认为人人"守其中",则社会上的一切矛盾——不论长短大小高下——都可消除净尽而趋于纯一,这样李唐政权自可趋于巩固。

他和韩愈一样,虽反对事佛,力主去佛,可是他的所谓"心寂然不动,邪思自息;惟性明照,邪何以生";所谓"其心寂然,光照天地,是诚之明也"⑥;等等,实又受佛家思想的影响。他也宣扬佛家的直觉论。

所以清人阮元这样说:"唐李习之复性之说,杂于二氏(指佛老),不可不辨。"⑦ 又说:"未闻如李习之之说,以寂明通照复性。"⑧ 又说:"《庄子·缮性》曰:缮性于俗,俗学以求复其初,滑欲于俗,思以求致

---

① 《李文公集》卷二《复性书中》。
② 《李文公集》卷二《复性书中》。
③ 《李文公集》卷二《复性书上》。
④ 《李文公集》卷二《复性书中》。
⑤ 《李文公集》卷五《杂说》。
⑥ 《李文公集》卷二《复性书中》。
⑦ 《揅经室一集》卷十《性命古训》。
⑧ 《揅经室一集》卷十《性命古训》。

其明,谓之蒙蔽之民。又曰:尧舜始为天下兴治化之流,……离道以善,险德以行,然后去性而从于心。心与心识,知而不足以定天下,然后附之以文,益之以博。文灭质,博溺心,然后民始惑乱,无以反其性情而复其初。""唐李翱复性之书,即本之于此,而反饰为孔颜之学。""内庄已不可矣,况又由庄入禅乎!"① 阮元指出他的这一直觉论实是受佛老与庄子思想的影响,是由庄入释而形成的理论。

按阮元这话,实本之于宋朱熹。朱熹这样说:"《中庸》之书,子思子之所作也","孟子后而不得其传焉","至唐李翱,始知尊信其书,为之论说,就其所谓灭情以复性者,又杂乎佛老而言之"。② 阮元根据朱熹的这一说法,而对李翱思想之受庄子与佛家思想的影响作了进一层的分析。

按朱熹这话,还指出了一点,宋儒之尊信《中庸》和阐扬《中庸》的思想,是和唐李翱分不开的,是由李翱所给予的影响所致的。

由于李翱除吸取《中庸》的思想外,又由庄入释,所以他在《复性书》及《去佛斋》文中虽反对佛法"乱圣人之礼"不遗余力,但实质上,对佛家的中心思想,他是予以肯定的。他在《去佛斋》文中这样说:

故惑之者溺于其教,而排之者不知其心!

他在另一个地方又说:

天下之人,以佛理证心者寡矣!惟土木铜铁,周于四海,残害生人,为逋逃之薮泽。③

他这话的意思,事佛固然不好,因为事佛要浪费人力、财力与物力;但佛家的道理却是可取的。如佛家之言"心"是好的,人们应以"佛理证心"。他的所谓"寂明通照",便是以"佛理证心"之明证。他从皈依佛理中把佛家的直觉论中国化了。

---

① 《揅经室续集》卷三《复性辨》。
② 《朱子文集》卷十一《中庸集解序》。
③ 《李文公集》卷十《与本使杨尚书请停修寺观钱状》。

"六朝人不讳言释，不阴释而阳儒。"故阮元最后这样说，"阴释而阳儒，唐李翱为始。故魏收所云：虚静通照，湛然感应者，此明说是佛性，不言是孔孟之性，不必辩也。李翱所言寂然静明感照通复者，此直指为孔孟之性，不得不辩也。（陆）象山、（王）阳明更多染梁以后禅学矣"。①

阮元这话说明了两点：

（1）阴释而阳儒的直觉论，自唐李翱为始。

（2）阴释而阳儒的直觉论，通过陆象山、王阳明而成为一个完整的思想体系。

而直觉论就是主观唯心论。李翱的思想就是这种阴释阳儒的主观唯心论思想的集中表现。

且李翱的"以佛证心"和他的《复性书》亦是"以理其心"②，由是而观之，"心即理"的思想是从李翱这里发端的。所以李翱和陆修（象山）谈论，陆修就说出了李翱的心事。陆修是这样说的："子（李翱）之言，尼父之心也。东方如有圣人焉，不出乎此也；南方如有圣人焉，亦不出乎此也。"③ 陆修这话不仅指出了李翱的思想是主观唯心论，同时也反映出李翱的思想给宋代主观唯心论者陆象山以深刻的影响。陆象山谓："东海有圣人出焉，此心同也，此理同也；西海有圣人出焉，此心同也，此理同也；南海、北海有圣人出焉，此心同也，此理同也；千百世之上有圣人出焉，此心同也，此理同也；千百世之下有圣人出焉，此心同也，此理同也。"④ 陆象山这话是对李翱的主观唯心论思想的进一步发挥，是上述思想的系统化。

另外，李翱虽反对当时的人溺于佛教，但他认为诚是与神相通的。他曾对孟东野说："诚之至者必上通。上帝闻之……"⑤ 这里的所谓"诚"，体会李翱的意思，是指"直觉"，他的话意思是直觉的认识可与神相通。而所谓"直觉"，是指主观观念。其主观观念论的最后归结，亦即是神。由此可知，任何唯心论——不论客观的还是主观的，最后的归结都是神，都是和宗教结不解缘的。这样说来，李翱虽然反对佛教，但他的思想并没

---

① 《揅经室一集》卷十《性命古训》。
② 《李文公集》卷十《性书》上。
③ 《李文公集》卷二《性书》上。
④ 《象山全集》卷三十三《象山先生行状》。
⑤ 《李文公集》卷十四《故处士侯君墓志》。

有也不可能脱离宗教的窠臼，而是和宗教息息相通的。

从以上的分析可知，李翱的所谓复性，是从否认感性认识与理性认识中，以所谓的"寂然静明，感照通复"，达到复于善性的目的。这"寂然静明，感照通复"，就是那无视感性与理性的所谓直觉。李翱认为，只有直觉才可以邪念不入，复于善性。所以李翱的《复性书》就是直觉论，他的思想就是主观唯心论思想。

他的这一主观唯心论思想，既是"羽翼《中庸》"的，又受庄子与佛家思想的影响，指出这一点，是说明他的主观唯心论思想的渊源。至于他的主观唯心论之所以产生，与均田制被新兴的非身份性地主阶级破坏，社会新旧力量的斗争益趋激烈有关。——在他看来，是这酿成了"生人困穷"和层出不穷的"州郡之乱"。① 他认为这是"物之至于外"而"情应于内"，致"疮疣生心，洗刮不落"，因此社会上都是"巧避我长，善探我恶，短我如坠，誉我如缚，人或美我，如闪其目，人或毁我，如盈其欲，充汝之心，饱汝之腹，虽汝子孙，亦所不足"。在他看来，出现这种残酷斗争的场面，真是不堪设想！所以他认为"奚为交争？其实不祥"②。之所以产生这种不合理的场面，他认为是由于"经之旨弃，而不求圣人之心"③；而"自弃其性"，"终亦亡矣"④。所以他认为人们应复其性。而复其性，只有无视感性认识与理性认识，代之以所谓"寂然静明，感照通复"的直觉论，回复本然之性。另外，回复这本然之性，又是由于慎独功夫——"慎其独者，守其中也"⑤。"守其中"便可使一切矛盾趋于消灭；矛盾消灭，则太平可至。

二、李翱从直觉认识中"复其性"，又从"复其性"中复旧制，这一"直觉主义"和韩愈的"道"有什么差异？

李翱说："有土地者有仁义。"⑥

他这句话，表面上看来似有若干积极意义，但实质上，他的意思是李

---

① 《李文公集》卷八《与淮南节度使书》。
② 《李文公集》卷十七《解江灵》。
③ 《李文公集》卷八《与淮南节度使书》。
④ 《李文公集》卷四《学可进》。
⑤ 《李文公集》卷二《复性书中》。
⑥ 《李文公集》卷三《平赋书》。

唐政府掌握了土地，即可显示出它的所谓仁义。因为他看到：均田制遭受破坏后，"百姓土田"——不论口分田或永业田——"为有力者所并，三分逾一"。①

这里的"百姓土田"，就是李唐政府所施行的均田——即政府所掌握而授予百姓的土田。在安史之乱的前后，由于新兴势力的兴起和旧势力的兼并，百姓的这些土田，很多都转移到他们的手中了。根据记载：

> 初，永徽中，禁买卖世业口分田，其后豪富兼并，贫者失业，于是诏买者还地而罚之。②

按，永徽乃唐高宗年号，即650年至655年。这时有人买卖世业口分田，所以朝廷颁布禁止买卖之令。禁令虽然颁布了，但形势发展很快，新兴势力日益成长，在新势力和旧势力的对抗与消长中，"豪富兼并，贫者失业"的现象激增。朝廷为了恢复原授田的情况，俾贫民不失其业——有田可耕，防止酿成祸患，故"诏买者还地而罚之"。到唐玄宗时，安史之乱行将爆发，兼并情况愈加严重，"王公百官及富豪之家""恣行吞并"，"口分永业违法买卖，或改籍书，或云典贴，致令百姓无处安置"。故玄宗下诏，令"官人亲识工商豪富兼并之家，如有妄请受者，先决一顿"，并令"自今以后，更不得违法买卖口分永业田"。③

按，这诏令说明兼并百姓的口分永业田的，除"王公百官"等旧势力外，还有工商豪富之家——新兴的非身份性的地主阶层；而诏令对这一阶层势力之限制，是特别着重！

到唐代宗时，又曾下过禁令，禁令这样说："百姓田地，比者多被殷富之家官吏吞并，所以逃散，莫不繇兹，宜委县令，切加禁止。"④ 这里值得注意的，"殷富之家"摆在第一位，可见禁令主要是防止新兴势力之发展。

而在李翱当时，根据陆贽反映：

---

① 《李文公集》卷三《进士策问第一道》。
② 《新唐书》卷五十一《食货志》。
③ 《册府元龟》卷四百九十五《田制》《玄宗禁官夺百姓口分永业田诏》。
④ 《唐会要》卷八十五《逃户》《代宗禁富户吞并敕》。

> 盖一夫授田不得过百亩，欲使人不废业，田无旷耕，今富者万亩，贫者无容足之居，依托强家，为其私属。①

而李翱说"百姓土田，为有力者所并，三分逾一"。不论怎样，总的说来，新势力的迅速成长和旧势力的拼命兼并，破坏了均田制，一方面使政府所掌握的土地越来越少，另一方面造成百姓因田地被兼并而失业。杨炎顺应这一情势的发展，实际上也是为政府的财政收入打算，在税制上，变租庸调为两税法，这自然较为合理。可是，两税法也有不利于中央的地方，这就是给"藩镇州县""多违法聚敛"②提供了条件，使他们能对中央少有依赖。社会因而形成了藩镇割据并与中央相对抗的局面。

这是新势力对旧势力的斗争、被剥削者对剥削者的斗争以及地方势力对中央统治者的斗争日益加深和尖锐的结果。这情势，在卫道者李翱看来，自是不妙，所谓"奚为交争？其实不祥"，就反映了这种心态。而"是非得失"，"其细如芒"，哪里值得"交争"呢？因而他倡导"用心平虚"。③只有无视感性与理性的认识，以所谓"寂然静明，感照通复"的直觉的认识方法去代替之，才能"用心平虚"，才能"守其中"④，才能引导一切斗争消灭。

当时新兴势力的迅速成长，使李唐统治者掌握的土地越来越少，经济权力亦日渐削弱；经济权力的削弱，自然也影响到政治权力使统治松弛，于是社会斗争日趋激烈。在这种情势下，韩愈为维护和加强腐朽势力的统一，为中央集权的封建专制主义服务，乃倡导五常之教的客观唯心论思想。李翱则反是，他的主旨认为"有土地者有仁义"。前已指明，他这话，一方面，有其进步意义；另一方面，他是从主观出发，认为不论客观的形势如何，都应力求恢复施行均田制的局面。他曾这样说：应"复高祖太宗之旧制"，若"制度不复，则太平未可遽至"。⑤

而"复高祖太宗之旧制"，首先就是"改税法不督钱而纳布帛"⑥意

---

① 《新唐书》卷五十二《食货志》陆贽上疏。
② 《资治通鉴》卷二百三十二《唐纪》四十八德宗贞元三年李泌奏语。
③ 《李文公集》卷十七《解江灵》。
④ 《李文公集》卷二《复性书中》。
⑤ 《李文公集》卷九《论事疏表》。
⑥ 《李文公集》卷九《论事疏表》。

即废除杨炎的两税法，恢复施行均田制时的租庸调法。即有意于恢复均田制。

可不是！他对徐申"募百姓能以力耕公田者，假之牛犁粟种与食，所收其半与之，不假牛犁者三分与二"，结果"积粟三万斛"①，特别欣赏。政府为地主，百姓以力耕者为佃民，政府鞭策他们生产，从而把他们束缚在土地上。李翱的《平赋书》，就憧憬于这所谓的公田制。②

"秦灭古法，隳井田"，他这样写道，"而夏殷周之道废，相承滋久，不可卒复。翱是以取可行于当时者，为《平赋书》，而什一之法存焉，庶几乎能有行之者云尔"。

他憧憬公田制，并认为可行于当时者有什一之法。可是什一之法，是孟轲针对所谓"方里而井，井九百亩，其中为公田，八家皆私百亩"③的社会状况提出的。时代变迁了，李翱认为井田制固"不可卒复"，但在均田制之下，也可施行什一法。同时，他还说了一番道理，认为施行"什一之道，公私皆足；人既富，然后可以服教化，反淳朴"④。他这富而后教的想法固然不错，但值得注意的是：

当时新兴势力的迅速成长，导致均田制的破坏，引起社会斗争益趋激烈，而酿成后来裘甫和黄巢的农民大起义⑤，李唐政权的垮台，从社会发展的进程来说，这是社会的进步。在这社会的急剧向前推进中，李翱要来维护均田制，要推行古代的所谓什一之赋，这是违反历史发展规律的，是反历史主义的。李翱如此主张，是因为怕当时"百姓之视其长上如仇雠"⑥的现实状况继续发展。他以为如此，百姓便会改变"视其长上如仇雠"的态度而从"各自保"中"亲其君上"。这样斗争因此消失，政权亦因此巩固。

这办法是不错，可是要具备两个前提条件：一是历史是不运动的、静

---

① 《李文公集》卷十一《岭南节度使徐公行状》。
② 《李文公集》卷三《平赋书》。
③ 《孟子·滕文公上》。
④ 《李文公集》卷三《平赋书》。
⑤ 按裘甫起义，《通鉴纪事本末》卷三十五下《裘甫寇浙东》，记载甚详，起义时间是唐宣宗大中十三年冬十月。黄巢起义，见《旧唐书》卷二百下《黄巢传》，《新唐书》卷二百二十五下亦有传，起义时间是唐僖宗乾符二年（875年）夏六月。
⑥ 《李文公集》卷三《平赋书》。

止的，即所谓"动静皆离，寂然不动"①。二是历史的发展是无规律性、可以任人摆布的，即所谓"广大清明，照乎天地，感而遂通天下"②。有了这两个历史前提条件，才可以按李翱的办法，"复高祖太宗之旧制"。但历史的前提条件与此正相反，不论历史的运动如何迂回曲折，它都是运动着的，其发展是有一定规律性的。对这一科学的道理，李翱无法也不可能理解，他所能理解的，只是历史的"循环终始，迭相为救"③。实际上，这是肯定历史无变化。所谓变化，"乃帝王之所以合变而行权者"④，而不是历史本身的运动变化。因而他认为"众非吾必从"——不走群众路线，而应"从乎道"；而能否"从乎道"又在于"君子完其力"，即统治者个人的努力。⑤ 在他看来，"复高祖太宗之旧制"⑥——维护均田制，"改税法不督钱而纳布帛"，就是"君子完其力"。

至于他之所以从直觉中认为要恢复这一旧制，他的目的，前已说明，是由于新兴势力的迅速成长，"兼并之徒，居然受利"⑦，这种情况，便利于藩镇的割据，致朝廷无法控制。据李吉甫《元和国计簿》统计，元和税户较之天宝，已是四分减三了，朝廷财政日益困难。⑧ 同时，自变两税法后，"藩镇州县"又"多违法聚敛"。这样，自会引导到社会斗争之益趋激烈，加剧藩镇与中央相对抗。在李翱看来，如此"交相攻伐，未始有穷"⑨，自无仁义可言；而失了仁义之性⑩，便"物至于外，而情应于内，性为情所昏"⑪。所以他认为，应从无视感性与理性认识的纯直觉中复其性。

李翱不仅要"复高祖太宗之旧制"，而且想恢复孟轲理想中在夏、殷、周的土地王有制之下施行的井田制度。他的《平赋书》，有所谓"方里之

---

① 《李文公集》卷二《复性书中》。
② 《李文公集》卷二《复性书上》。
③ 《李文公集》卷四《帝王所尚问》。
④ 《李文公集》卷四《帝王所尚问》。
⑤ 《李文公集》卷四《从道论》。
⑥ 《李文公集》卷九《论事疏表》。
⑦ 《资治通鉴》卷二百三十四《唐纪》五十，德宗贞元十年陆贽请均节财赋。
⑧ 《旧唐书》卷一四《宪宗本纪》上元和二年及《资治通鉴》卷二百三十七《唐纪》五十三。
⑨ 《李文公集》卷二《复性书上》。
⑩ 《李文公集》卷八《寄从弟正辞书》。
⑪ 《李文公集》卷十七《解江灵》。

内,以十亩为之屋室径路,牛豚之所息,葱韭菜蔬之所生植,里之家给焉"之说。李翱憧憬这个办法,即土地为李唐政府所全部掌握;政府掌握了土地,便可显示它的仁义。统治者原来对这所谓"仁义之道",虽知之而未能行之者,除了土地掌握越来越少,致权力日形分散外,原因还有:

(1)"见之有所未尽"——未能"以心通",只"以事解",亦即未能从直觉中来认识一切。

(2)"有嗜欲以害之"——这就是物至于外,而情应于内,因而性为情所昏,亦即为嗜欲所害,而泯没了所谓仁义之性,因之和下面对立,导致"交相攻伐,未始有穷"。这种"交相攻伐,未始有穷"的情况若发展下去,在韩愈看来,"子焉而不父其父,臣焉而不君其君,民焉而不事其事?"① 为了维护这一以腐朽势力为基础的统一,他肯定这五常之教是与天地皆生的,是客观存在着的思想。他想通过加强这一客观唯心论思想,巩固中央集权的政治。但在李翱看来,这一"其实不祥"的"交争""非仁义之道";为了纠正这一"非仁义之道",亦即挽救以腐朽势力为基础的政权,他认为要复旧制,不仅应"复高祖太宗之旧制",甚至应复夏、殷、周之旧制。要复旧制,就要从无视感性与理性的直觉认识中复其性。复其性即是慎独,"慎其独者,守其中也"。"守其中",便可使一切矛盾于无形中消失。矛盾消失,统治阶级的所谓仁义就显示出来了。

至于被统治者,在韩愈看来,若他们在体念中已认识到五常之教这一所谓的客观真理,自然就会知道"君者出令者也,臣者行君之令而致之民者也,民者出粟米麻丝、作器皿、通货财以事其上者也"②,就能够规规矩矩地为封建统治阶级服务。但在李翱看来,"百姓之性,与圣人之性弗差也",他们之所以"视其长上如仇雠",之所以"溺之而不能知其本"③,是物至于外而情应于内、性为情所昏之缘故。如果他们同样能从无视感性与理性的直觉认识中复其性,就可"反淳朴","百姓各自保而亲其君上"。这样就可实现李翱理想中的"动静皆离"的无发展的"淳朴社会"。

为了使这一所谓的淳朴社会有条不紊地运转,而不致酿成"交相攻伐,未始有穷"的局面,实质上为了防止那非身份性的新兴阶层与那身份

---

① 《韩昌黎集》卷十一《原道》。
② 《韩昌黎集》卷十一《原道》。
③ 《李文公集》卷二《复性书上》。

性的旧势力相对抗,李翱提出了"正位"的主张。他认为要做到有条不紊,必"先正其名而辨其位之等级"①。因为不正位则"上下无章",则不能"殊贵贱",所以必得正其名位,从正其名位中肯定当时社会的身份性制度,使其不致因新势力的成长而有所紊乱。以观念规定存在,是他从直觉的认识中所获得的自然归结。

由是而知,韩愈为维护以腐朽势力为基础的统一,故在思想上倡导客观唯心主义,以之武装当时人的思想,以加强腐朽的中央集权的封建统治。而宋儒程颐、朱熹等,承接了他这一客观唯心论思想,并把其系统化,使之成为为中央集权封建专制主义服务的思想。

同样地,为了永远维护腐朽的以旧势力为基础的李唐政权,李翱认为应从复性中复旧制,而复性又以那无视感性与理性的直觉认识为前提。因而他倡导"惟性明照",倡导不"以事解"而"以心通"的唯心论思想,以达到恢复旧制的目的。他这一主观唯心论思想,经过宋儒陆象山和明儒王阳明等人的发挥,发展成为极端的唯心论思想体系。其所以如此,主要是因为社会发展至宋、明时代,特别是明代,工商业的繁荣,引至了新兴市民阶层的出现,使社会呈现资本主义前期的形态。这样一来,封建社会的危机加深,封建统治的危机亦加深。封建统治者不敢面对现实,亦不敢正视现实,只有夸大主观精神的作用,抹煞现实,从中求得精神上的安慰。由于此,李翱这一主观唯心论思想到了陆象山、王阳明那里,又被进一步系统化。

至于李翱本身,他的所谓"惟性明照",所谓"彼以事解,我以心通",从另一方面说,亦是不敢正视当时的政治与社会危机、不敢正视现实的写照。因而他要"以心通",要以"性明"求得精神上的安慰、精神上的自我陶醉。他曾说:"吾之道,是古圣人所由之道者也。吾之道塞,则君子之道消矣;吾之道明,则尧、舜、禹、汤、文、武之道未绝于地矣。"② 他这番话,正说明李翱的复性与复旧制,是想维护为腐朽统治阶级服务的所谓"道"而有所作为。可不是!欧阳修曾这样感慨而言之:"使当时君子皆易其叹老嗟卑之心,为翱所忧之心,则唐之天下岂有乱与

---

① 《李文公集》卷四《正位》。
② 《李文公集》卷七《答侯高第二书》。

亡哉？"①

三、对李翱直觉主义思想渊源的分析和结论

从以上分析，我们知道，李翱的思想是直觉主义，亦即主观唯心论。

至于他这一主观唯心论的思想渊源，简明地说：一是《中庸》的"诚则明，明则诚"；二是庄子的"反（返）其性"，"复其初"，以至"从于心"；三是佛理之"心寂不动，惟性明照"，不"以事解"，而"以心通"。

按他这三种思想渊源，前已有所论述。他不仅融会三者而形成他的直觉论——亦即主观唯心论，而且《中庸》一篇经他的倡导也对宋代思想产生很大的影响，和韩愈所倡导的《大学》一起从《礼记》中被分离出来，与《论语》《孟子》合并成为人们必读的四书。韩愈固然也受佛家思想的影响，而李翱所受的影响则更彰明昭著。所以宋儒之阳弃佛而阴扬佛，主要是从他这里发其端；特别是陆象山的所谓"心学"，亦即主观唯心论，受李翱的思想影响更大。所以当时的人批评陆象山的"心学""禅学"，这不是偶然的。

李翱又说，有人这样问：

情之所昏，性即灭矣，何以谓之犹圣人之性也？

他答复：

水之性清澈，其浑之者，沙泥也。方其浑时，性岂遂无有邪？久而不动，沙泥自沉。清明之性，鉴于天地，非自外来也。故其浑也，性本弗失；及其复也，性亦不生。人之性，亦犹水也。②

按，荀子《解蔽》云："故人心譬如槃水，正错而勿动，则湛浊在下，而清明在上，则足以见须眉而察（肤）理矣。微风过之，湛浊动乎下，清明乱于上，则不可以得大（疑作本）形之正也，心亦如是矣。"李

---

① 《欧阳文忠公集》卷二十三《读李翱文》。
② 《李文公集》卷二《复性书中》。

翱上面这段话，实本于此。韩愈说荀卿"大醇而小疵"①，而李翱亦肯定荀卿"足以自成一家之文"、乃"学者之师归"②，所以说李翱思想受荀卿思想的消极部分的影响是有一定根据的。荀卿的消极思想，经过李翱的阐扬，而成为宋儒分别性的清浊之张本。③ 尽管宋儒在口头上不承认甚至反对荀卿，但实际上荀卿给予宋儒的影响极大。至于李翱言"诚"，言"慎独"，固出自《中庸》，但荀卿思想之消极方面，亦不无影响。所谓"君子养心，莫善于诚，致诚则无他事"，所谓"顺命以慎其独"，而"不诚则不独"④，这种对"诚"、对"慎独"的讲求，都成为宋儒思想的主要组成部分，而为宋儒所乐道。

总的说来，李翱因接受上述这几方面的思想，而形成了他的直觉主义；同时，这几方面的思想，经李翱的倡导，又为宋儒的思想渊源所自，或成为他们论点的中心。当然，他们各自的思想体系，主要是为他们所处的时代规定的。但从思想渊源来说，宋儒除受韩愈思想的影响外，更受到李翱思想的深刻影响。李翱在《复性书中》所提出的论点，较之韩愈的《原道》与《原性》，不仅面较宽，而且所进行的思想分析亦更深入、更系统。

---

① 《韩昌黎集》卷十一《读荀》。
② 《李文公集》卷六《答朱载言书》。
③ 李翱思想中杂有荀子思想的消极部分，而宋儒又受其影响，所以清人戴震曾这样说：宋儒"若不视理如有物，而其见于气质不善，卒难通于孟子之直断曰善。宋儒立说，似同于孟子而实异，似异于荀子而实同也"（《孟子字义疏证》卷中《性》）。到了凌廷堪更直截地说："卓哉荀卿，取法后王，著书兰陵，儒术以昌；本礼言仁，厥性乃复，如范范金，如绳绳木。"（《校礼堂文集》卷一《荀卿颂》）他认为"儒术以昌"是由于荀子而非孟子，特别是荀子"本礼言仁，厥性乃复"的论性一则，对后来思想界影响尤大。可知前人即有此看法。程颐说："凡人说性，只是说继之者善也。孟子言人性善是也，夫所谓继之者善也者，犹水流而就下也，皆水也。有流而至海，终无所污，此何烦人力之为也。有流而未远，固已渐浊，有出而甚远，方有所浊，有浊之多者，有浊之少者，清浊虽不同，然不可以浊者而不为水也。如此，则人不可以不加澄治之功。故用力敏勇则疾清；用力缓怠则迟清。及其清也，则却只是元初水也。"（《河南程氏遗书》第一）
④ 《荀子集解》卷二《不苟》第三。

周敦颐的哲学思想

周敦颐（1017—1073），字茂叔，湖南道县人。他创作了太极图和《太极图说》，① 在"明天理之根源，究万物之终始"② ——探讨宇宙之本体。但从探讨中得出结论：宇宙的本体是唯心的。又撰有《通书》，其中虽有若干辩证思想，但整个体系和《太极图说》是一致的，是彻头彻尾的唯心主义，目的是"以明夫君臣、父子、兄弟、朋友之伦，以之修身、齐家、治国、平天下"③ ——就是说，为强化了的中央集权的封建经济建立理论根据。这是周敦颐的唯心主义思想的主旨。

一

关于周敦颐的太极图，朱震（1072—1138）于《进汉上易传表》上这样说：

> 濮上陈抟以《先天图》传种放，放传穆修，修传李之才，之才传邵雍。放以《河图》《洛书》传李溉，溉以传许坚，坚传范谔昌，谔

---

① 《太极图说》："无极而太极。太极动而生阳，动极而静；静而生阴，静极复动。一动一静，互为其根；分阴分阳，两仪立马。阳变阴合，而生水火木金土。五气顺布，四时行焉。五行一阴阳也；阴阳一太极也。太极本无极也。五行之生也，各一其性。无极之真，二五之精。妙合而凝，乾道成男，坤道成女。二气交感，化生万物。万物生生而变化无穷焉。惟人也得其秀而最灵。形既生矣，神发知矣。五性感动而善恶分，万事出矣。圣人定之以中正仁义而主静（自注云：无欲故静）。立人极焉，故圣人与天地合其德，日月合其明，四时合其序，鬼神合其吉凶。君子修之吉，小人悖之凶。故曰：立天之道，曰阴与阳；立地之道，曰柔与刚；立人之道，曰仁与义。又曰：原始反终，故知死生之说。大哉易也，斯其至矣。"

② 《宋史·道学传》。

③ 《周濂溪集》卷十一《张拭邵州复旧学记》。

昌传刘牧修。修以《太极图》传周敦颐，敦颐传程颢、程颐。①

由是而知，周敦颐的太极图，实本之于道家陈抟，为穆修所传授。同时，亦说明周敦颐的思想，除受儒家的易与中庸的思想影响以外，并受道家思想的影响。

这点，陆九渊（1139—1192）亦予以肯定，他说：

> 朱子发谓濂溪得太极图于穆伯长，伯长之传出于陈希夷，其必有考。希夷之学，老氏之学也。"无极"二字，出《老子·知其雄章》，吾圣人之书所无有也。《老子》首章言"无名天地之始，有名万物之母"，而卒同之，此老氏宗旨也。"无极而太极"，即是此旨。②

陆九渊之所以肯定朱震的说法，自然有他的用意。因为程、朱的客观唯心论是以周敦颐的思想为基础的，如周敦颐思想是来自道家，则显示了周敦颐思想之为异端，由是程、朱的思想亦为异端。所以朱熹（1130—1200）不能承认陆九渊的看法，他的理由是："伏羲作易，自一画以下，文王演易，自乾元以下，皆未尝言太极也，而孔子言之。孔子赞易，自太极以下，未尝言无极也，而周子言之。"这是"先圣后圣"的"同条而共贯"，有何不可？同时，"《老子》复归于无极，无极乃无穷之义，如庄生入无穷之门，以游无极之野云尔，非若周子所言之意也。今乃引之，而谓周子之言，突出乎彼"，这是"理有未明，而不能尽乎人言之意"。③

按朱熹对老子"无极"二字的解释是否为《老子》书的本意，这是另一个问题。但他说周敦颐言"无极"，和孔子之言"太极"，是"先圣后圣"的"同条而共贯"——是儒家思想的一脉流传，这话是说不成理由的遁词。而周敦颐之受陈抟思想的影响，他自己就曾有所流露。他写诗道：

> 始观丹诀信希夷，盖得阴阳造化机。子自母生能致主，精神合后

---

① 《宋史》卷四百三十五《朱震传》。
② 《象山先生全集》卷二《与朱元晦第一书》。
③ 《朱子文集》卷一《答陆子静》。

更知微。①

从这诗看，周敦颐从肯定陈抟中表明陈抟的思想对他有所启示。他的诗最后的两句"子自母生能致主，精神合后更知微"，说得最为明白。他受道家陈抟思想的影响是无疑的。

至明清之际，黄宗炎（1616—1686）和朱彝尊（1629—1709）等人，又对"太极图"的授受和周敦颐如何依据他自己的理想对"太极图"加以改造，做了详尽的论证。黄宗炎有《太极图辨》，②朱彝尊有《太极图授受考》，③毛奇龄（1623—1716）有《太极图遗议》，④从他们的论证中，我们可明确下列几点：

（1）"自汉以来，诸儒言易，莫有及太极图者"，有之则自道家始。⑤

（2）道家的《上古大洞真元妙经》，"唐开元中，明皇为制序。而东蜀卫琪注《玉清无极洞仙经》，衍有无极太极诸图"⑥。

（3）图的授受是：河上公的无极图，"魏伯阳得之，以著《参同契》。钟离权得之，以授吕洞宾。洞宾后与陈图南同隐华山，而以授陈，陈刻之华山石壁。陈又得先天图于麻衣道者，皆以授种放。放以授穆修与僧寿涯。修以先天图授李挺之，挺之以授邵天叟，天叟以授子尧。夫修以无极图授周子"⑦。

（4）陈抟的无极图是："为圜者四位，五行其中，自下而上"⑧，图之所以"自下而上"，是为了"逆以成丹"，"其重在水火，火性炎上，逆之使下，则火不熛烈，惟温养而和燠。水性润下，逆之使上，则水不卑湿，惟滋养而光泽。滋养之至，接续而不已；温养之至，坚固而不败。其最下一圈名为元牝之门，元牝即谷神，牝者窍也，谷者虚也，指人身命门两肾空隙之处，气之所由以生，是为祖气"。"于是提其祖气上升为稍上一圈，名为炼精化气，炼气化神"，"最上之一圈，名为炼神还虚，复归无极，而

---

① 《周濂溪集》卷八《读英真丹诀》。
② 《宋元学案》卷十二《濂溪学案下》。
③ 《曝书亭集》卷五十八。
④ 《西河合集》。
⑤ 《太极图授受考》。
⑥ 《太极图授受考》。
⑦ 《太极图授受考》。
⑧ 《太极图辨》。

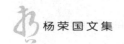

功用至矣"。①

（5）周敦颐则从接受中，依据易与中庸，结合自己的理想而予以改编。

他"以顺而生人，故从上而下"。

> 太虚无有，有必本无，乃更其最上图炼神归虚，复归无极之名，曰无极而太极，太虚之中，脉络分辨，指之为理，乃更其次圈取坎离填之名，曰阳动阴静气生于理，名为气质之性，乃更第三圈五气朝元之名，曰五行各一性，理气既具而形质呈，得其全灵者为人，人有男女，乃更第四圈炼精化气，炼气化神之名曰，乾道成男，坤道成女；得其偏者蠢者为万物，乃更最下圈元牝之名，曰万物化生。②

根据以上各家的考证与分析，得知周敦颐是把陈抟的无极图，结合自己的看法而为"太极图说"。也就是他自己在诗里面所说的："精神合后更知微。"

但值得注意的是，周敦颐在接受陈抟的思想中，换无极图为太极图，次序从自下而上的变为自上而下的。他这一变换的用意是什么，尚待我们研究。

首先谈陈抟，他的旨意是"逆而成丹"——是为了炼丹药。他以为服了这丹药，便可脱胎成仙，其用意是迷信的。但从他的无极图来看，他的方法是带有科学性的。他从物质出发，通过化验把物质元素提炼为丹药，说是人们吞服了这丹药，便可"炼神还虚，复归无极"。

换句话说，他的无极图是从"有"到"无"，是从物质出发，经过化验而成为另一种新的物质——丹药，使人们从吞服丹药中达到所谓脱胎成仙的目的，所以用意是迷信的！但从提炼化验的方法说，则带有科学的性质。于是说来，这一无极图的内容倒有若干科学的含义。

而周敦颐之变换无极图为太极图，变次序的"自下而上"为"自上而下"——他的意旨，根据黄宗炎的分析，乃在"以顺而生人"。他这样体会周敦颐的意思："太虚无有，有必本无；乃更最上圈炼神归虚，复还

---

① 《太极图辨》。
② 《太极图辨》。

无极之名曰无极而太极，太虚之中，脉络分辨，指之为理；乃更其次圈坎图取坎填离之名曰阳动阴静，气生于理，名为气质之性。"由是"得其全灵者为人"，"得其偏者蠢者为万物"。

黄宗炎所体会的周敦颐太极图的意旨是对的！

周敦颐认为宇宙的本体是"无"，即所谓"太虚"。而"太虚"中充满着"理"——精神的东西，它是客体的。由它而生出物质的东西——所谓"气生于理"，亦生出人和万物。潘之定《濂溪六咏》第四咏之前两句云："当年太极揭为图，万有皆生于一无。"① 亦说明周敦颐的太极图是在说明"有生于无"，"气生于理"。

对周敦颐所谓太虚中充满着"理"的说法，黄宗炎从分析中还进行了批判。他说："就其贯穿不混淆之处，指之为理；此时气尚未生，安得有此错综之状，将附丽于何所？"黄宗炎的批判是带有唯物论精神的——他批判了周敦颐的客观唯心论之不能成立，是臆说！

周敦颐之所以倡导客观唯心论思想，从他友人孔延之对另一件事情的述说中，我们可以略窥端倪。他说："宋承五代兵火之后，补苴漏缺，剪锄荒秽，至于百年，民大休息"，其后"因循故习以至于复坏"，"不知道德之所由出"，致"理义纲纪"松弛。② 周敦颐的客观唯心论思想就是这一情势的产物，它为这一强化了的中央集权封建统治打下了深厚的理论基础。

所以他所谓的客体的"理"，根据《太极图说》和《通书》，就是所谓"中正仁义"，就是所谓"五常"。它是绝对的、天经地义的、永恒不灭的真理，人人都需服从与遵守。违背了它，便是大逆不道。

这就是周敦颐变无极图为太极图的用意。

这里还应该指出另一个问题。

把陈抟思想传授给周敦颐的穆修，是宋代古文的首倡者，所谓"一时士大夫称能文者，必曰穆参军"③。韩愈、柳宗元的文章都有赖于他的传播。④ 对于韩文，他认为：

---

① 《周濂溪集》卷九。
② 《周濂溪集》卷八《邵州新迁州学记》。
③ 《宋史》卷四百四十二《穆修传》。
④ 穆修曾募工镂版印数百套《唐本韩柳集》，见《五朝名臣言行录》卷十。

(1) 和柳文一般,"其言与仁义相华,实而不杂"①。意即文与仁义相结合——文以载道。

(2) 韩之《元和圣德诗》以及《平淮西碑》诸诗文,是"辞严义密,制述如经,能卒然耸唐于盛汉之表,蔑愧让者"②——就是说,是维护李唐的封建统治的。

因之,穆修表示:"夫学夫古者,所以为道";"道者,仁义之谓也"。③ 这和韩愈所谓"仁义道德"④,所谓"愈之所志于古者,不惟其辞之好,好其道焉耳"⑤,不是一样的意思吗?同时,从韩愈的《原道》看,"仁义中正"之旨跃然纸上;而穆修亦要求人"仁义忠(忠即中)正"。⑥可见穆修之学韩愈,不仅学其文,思想上亦受韩愈很深的影响。

穆修既受韩愈思想的影响,而周敦颐是穆修的弟子,其受韩愈思想影响,自然是很深的!虽然周敦颐写诗不满意韩愈一面辟佛,另一面与大颠和尚往来⑦,但周敦颐在《太极图说》和《通书》中,讲"仁义中正",讲"五常之教",并以之为天经地义的,绝对的,这不就是韩愈的客观唯心论思想的再版吗?⑧ 同时,他和穆修一般地指出:"文所以载道",故"文辞,艺也;道德,实也;笃其实,而艺者书之,美则爱,爱则传焉!贤者得其学而致之,是为教"。⑨ 而周敦颐得韩愈之学,结合陈抟的思想而致之,是为教。从以上的分析,看得很明白。

只是,韩愈的"五常之教"的客观唯心论思想,发展至周敦颐更趋严整——形成了中央集权的封建专制主义的思想体系。

---

① 《河南穆公集》卷二《唐柳先生集后序》(述古堂景宋抄本景印)。
② 《河南穆公集》卷二《唐柳先生集后序》(述古堂景宋抄本景印)。
③ 《河南穆公集》卷二《答乔适书》。
④ 《韩昌黎集》卷十一《原道》。
⑤ 《韩昌黎集》卷十六《答李秀才书》。
⑥ 《韩昌黎集》卷十六《答乔适书》。
⑦ 《周濂溪集》卷八《按部至潮州,题大颠堂壁》。
⑧ 参见拙作《初学集》,生活·读书·新知三联书店1961年版;《韩愈思想批判》,《理论与实践》1958年第11—12期。
⑨ 《周濂溪集·通书文辞》第二十八,又按韩愈曾说:"夫所谓文者,必有诸其中,是故君子慎其实。"《韩昌黎集》卷十五《答尉迟生书》。

二

周敦颐说："无，则诚立明通。"① 所以他在《太极图说》中所谓的"无极之真"，就是他在《通书》中所谓的"诚"，所谓的"理"。② 它是"中正仁义"的，是"五常之本，百行之源"③；它本身是"无为"④ 的，是客体的实在，所谓"实胜，善也"⑤；人们应很好地体验这个"实"。"万物资始"⑥ 于它，是它所生的。

按他之所谓"五常"，从道德观念说，是"仁、义、礼、智、信"——所谓"德爱曰仁，宜曰义，理曰礼，通曰智，守曰信"⑦；而其归结则是"仁义中正"——所谓"圣人之道，仁义中正而已矣"⑧；而从人伦观念说，则是"君臣、父子、夫妇、兄弟、朋友"——所谓"君君臣臣、父父子子、兄兄弟弟、夫夫妇妇"，"各得其理"（未提朋友一伦）⑨；而其归结则是"三纲"，反对"贼君弃父"⑩。所以"五常"这两种观念，其实质都是加强中央集权封建统治的理论基础。

周敦颐又说："寂然不动者，诚也；感而遂通者，神也。"⑪ 按这样区别"诚"与"神"，是在说明运动的过程；实质上，"诚"即"神"，"神"即"诚"，"诚""神"无别，它们是一而不是二，是运动着的，所谓"君子乾乾不息于诚"⑫（至诚无息），所谓"至诚则动，动则变，变则

---

① 《周濂溪集》卷八《养心亭说》。
② 《周濂溪集》卷五《诚上》第一及《礼乐》第十三。
③ 《周濂溪集》卷五《诚下》第二。
④ 《周濂溪集》卷五《诚几德》第三。
⑤ 《周濂溪集》卷五《务实》第十四。
⑥ 《周濂溪集》卷五《诚上》第一。
⑦ 《周濂溪集》卷五《诚几德》第三。
⑧ 《周濂溪集》卷五《道》第六。
⑨ 《周濂溪集》卷五《礼乐》第十三。
⑩ 《周濂溪集》卷五《乐上》第十七。
⑪ 《周濂溪集》卷五《圣》第四。
⑫ 《周濂溪集》卷六《通书·乾损益动》第三十一。

化"①，等等。而"神妙万物"，说明"神"的运动，亦说明"诚""神"是一，是运动着的。推而及于所谓"无极之真"，与"二五之精，妙合而凝"，说明它的运动；所谓"太极动而生阳"，说明它的运动。总的说来，"无极之真"也好，"太极"也好，"诚"也好，"神"也好，实际上都是一个东西，这就是"理"，就是精神。它是客体的独立存在，是运动着的。

　　对这一客体精神的运动，周敦颐这样解释说："动而无动，静而无静，神也。"② 又说"动而无动，静而无静，非不动不静也"③。意思是"动中有静""静中有动"。如是说来，他认为这一客体精神的运动是自身的运动，又是辩证的。

　　至于物质的运动，他认为"动而无静，静而无动"④，动与静是绝对的。其所以如此，是因为物质是有形的，"有形则滞于一偏"⑤，"物则不通"⑥。于是动静分离——动是相对的，而静是绝对的。这又是形而上学的机械的看法。对此，黄宗炎曾就《太极图说》中"动极而静"与"静极复动"的动静绝对化的观点加以批判，认为"阴阳虽有动静之分，然动静非截然两事；阴阳一气也，一阖一辟谓之变，往来不穷谓之通"，怎么能截然分开呢？⑦ 黄宗炎的批判带有辩证的性质，但不及王夫之（1619—1692）批判的明确有力。王夫之首先肯定太极之物质性，他说："太者，极其大而无尚之辞；极，至也；语道至此而尽也。其实阴阳之浑合者而已。不可名之为阴阳，则但赞其极至而无以加，曰太极。"⑧ 他进而批判道："太极动而生阳，动之动也；静而生阴，动之静也。废然无动而静，阴恶从生哉！一动一静，阖辟之谓也。由阖而辟，由辟而阖，皆动也。废然之静，则是息矣。"⑨ 又说："动极而静，静极复动"，"如以极至言之，则两间之化，人事之机"，"固有极其至而后反者，而岂皆极其至而后反哉"。而由于事物的多样性，应当是"方动而静，方静旋动，静即含动，

---

① 《周濂溪集》卷六《拟议》第三十五。
② 《周濂溪集》卷五《动静》第十六。
③ 《周濂溪集》卷五《动静》第十六。
④ 《周濂溪集》卷五《动静》第十六。
⑤ 《周元公集》。
⑥ 《周濂溪集》卷五《动静》第十六。
⑦ 《宋元学案》卷十二《濂溪学案》。
⑧ 王夫之：《周易内传》卷五。
⑨ 王夫之：《思问录内》。

动不舍静,善体天地之化者,未有不如此者也";倘如周敦颐所说,则是"以细人之衷测道"①。就是说静只是相对的,而动才是绝对的!由是而知,王夫之对事物内在运动之辩证性质理解之深透。而周敦颐把物质之动与静绝对化,认为物质本身是呈静止状态的,是不运动的(物则不通);它之所以运动——"万物生生而变化无穷焉",乃是受"无极之真"这一客体精神支配的缘故(神妙万物)。故潘之定《濂溪六咏》第四咏下两句云:"动静互根谁是主?试于静处下功夫。"② 是体会了周敦颐这一精神——物质的动是相对的,而静是绝对的,故要于静处下功夫,以消除社会上的不静,如"利害相攻"③,如"匪仁、匪义、匪礼、匪智、匪信"④,等等。

至于所谓客体的精神的东西,前已指出,周敦颐的意思,它是运动的,这种观点,倒具有辩证的性质,由于它的辩证运动,而产生阴阳两气,而产生五行,而有万物、有人类。周敦颐又说:"五行,阴阳也;阴阳,太极也。太极本无极也。"⑤ 就是说,五行中体现了阴阳,阴阳中体现了客体精神——太极,五行阴阳就是客体精神——太极之他在,而又复归于客体精神,故其归结是:"太极本无极也。"

值得注意的,在所谓"无极之真,二五之精,妙合而凝"——产生物质世界——的过程中,有的为万物,有的"得其秀而最灵",这便是人。就人而论,又有"乾道成男,坤道成女"之分别,又因"五性感动,而善恶分"——区别出君子与小人。而其关键,按照周敦颐的意思,在于所秉赋的所谓"无极之真"之多少。这样,就导出了后来程、朱他们分析人性中的所谓"义理之性"与"气质之性",成为"义理之性"与"气质之性"的所本。如是来自社会的本质的东西统统都被归之为自然的本质。在这思想指导下,周敦颐把人之本能欲望说成是罪恶的渊薮,提出"惩忿窒欲"⑥,使欲"寡焉以至于无"⑦,倡导"主静"以复归于"仁义中

---

① 王夫之:《思问录内篇》《外篇》。
② 《周濂溪集》卷九。
③ 《周濂溪集》卷六《刑第》三十六。
④ 《周濂溪集》卷五《慎动》第五。
⑤ 《周濂溪集》卷一《太极图说》。
⑥ 《周濂溪集》卷六《通书·乾损益动》第三十一。
⑦ 《周濂溪集》卷八《养心亭书》。

正"①——亦即所谓"诚",所谓"理",所谓"太极",所谓"无极之真"所赋予的客体精神。这就是他认为的"无,则诚立明通。诚立,贤也;明通,圣也"②,他所认为的"性焉安焉之谓圣,复焉执焉之谓贤"③。如此说来,人们应该主静——向内面做功夫,而无须主动——向外界活动。中央集权封建统治是这一客体精神之具体体现,是真理;复归于这一客体精神就是复归于真理。

按,由于他不能认识或有意抹煞人之社会本质,故论及人之善恶,便不从社会的阶级环境找原因,而片面地强调动机。因之,他的人性论亦是唯心主义的。

程颐(1033—1107)说:"自理言之,谓之天;自禀受言之,谓之性;自存诸人言之,谓之心。"④这就是说,从客体存在着"理"这一精神的东西来说,便叫"天";它所秉赋于人,便叫"性";它存诸于人,便叫"心";人死了,便复归于这一客体精神——"理"。程颐这话虽是他自己的思想主张,但程颐是周敦颐的学生,从另一角度说,这也是他对周敦颐的思想所做的一个全面而扼要的概括。

三

周敦颐这一客观唯心论思想的产生,不是什么偶然的。从总的来说,社会经济发展至宋代,土地私有化已发展到极致,赵宋为了巩固其统治,需要控制经济;而要控制经济,便要强化中央集权的封建专制主义统治,便要赋予这一统治以更加严整的思想体系。

加之宋开国后不久——太宗淳化四年(993),爆发了以王小波、李顺为首的大规模的农民起义。起义者提出了反映农民自己利益的"均贫富"的口号,这是农民在长期斗争中提高了觉悟的具体标志!这口号的提出,使封建统治者深为恐慌,从而对农民的残酷剥削有了些顾虑。宋太宗在这

---

① 《周濂溪集》卷一《太极图说》。
② 《周濂溪集》卷八《养心亭书》。
③ 《周濂溪集》卷五《通书·诚几德》第三。
④ 《河南陈氏遗书》第二十二上。

次起义行将镇压下去时所下的罪己诏中说：

> 朕委任非当，烛理不明，致彼亲民之官，不以惠和为政，管榷之吏，唯用刻削为功，挠彼蒸民，起为狂寇。①

分析起来，教训有两点：
(1) 不能"唯用刻削为功"，而应"以惠和为政"；
(2) 今后"烛理"要明。

意即要走"中和"的道路，以缓和阶级矛盾、巩固封建统治，这就是所谓的"理"。

而周敦颐认为"中正仁义"是绝对的，以之为客体精神——"理"，正是适应了封建统治者的主观愿望。

周敦颐说："惟中也者，和也，中节也，天下之达道也，圣人之事也。"② 这是在发挥"中庸"的思想中阐明"道"即"中和"。

"中和"之道，不能"唯用刻削为功"，而应"以惠和为政"，这，即是"中节"；反之，如果"政刑苛紊，纵欲败度"，致"下民困苦"，③ 就违反了中和之道，就会导致"贼君弃父，轻生败伦"，就会使封建统治坍台。

由是他的归结是："优柔平中，德之盛也；天下化中，治之至也。"④ ——封建统治者认识和掌握了中和之道，就既能显出自己的德行，又可使政权臻于永固。

他又说："礼，理也；乐，和也。阴阳理而后和，君君、臣臣、父父、子子、兄兄、弟弟、夫夫、妇妇，万物各得其理然后和，故礼先而乐后。"⑤

他的意思，就是要自我阐发这一客体精神——"中正仁义"。一阐发了它，就有如阴阳之得燮理，自然矛盾消失而走向和融，即所谓"万物各得其理然后和"。从政治方面来说，从各得其理中以各得其位，"君君、臣

---

① 《续资治通鉴长编》卷三十六"淳化五年九月丁丑"条。
② 《周濂溪集》卷五《通书师》第七。
③ 《周濂溪集》卷五《乐上》第十七。
④ 《周濂溪集》卷五《乐上》第十七。
⑤ 《周濂溪集》卷五《通书·礼乐》第十三。

臣、父父、子子、兄兄、弟弟、夫夫、妇妇",这种被视为正常的局面就是"和",封建秩序因此而正常化。

而在"君君、臣臣、父父、子子、兄兄、弟弟、夫夫、妇妇"当中,有一条理论原则,这就是自汉代的董仲舒(公元前176年—公元前104年)提出以来,经历了千余年而尚未臻于十分严格化的"三纲"思想。按"纲"乃网上的大绳,而君、父、夫就是"君臣、父子、夫妇"之网的大绳。网有了大绳——所谓"若网在纲"——则"有条而不紊"①,就能实现下从上、小从大。周敦颐强调"三纲",要"三纲正",就要下从上,小从大;而"三纲正",百姓自不会怀叛意而趋于"大和"②——绝对服从于最高的封建统治者。因此,他又说:"天下之众,本在一人,道岂远乎哉?术岂多乎哉?"③

按,"仁义中正",即"仁、义、礼、智、信"五常;而"五常"中的"礼",就是"礼法",就是"三纲"。所以提到"仁义中正"即提到了"三纲"——"五常"中寓有"三纲"的这一礼法。

而"五常"思想是绝对的、天经地义的,它是客体的实在。中央集权封建专制主义国家,就是它的具体体现,因之它是伟大的——"廓之配天地"。从封建统治者来说,自可"守之贵,行之利"④;自可纳人民于轨范,使所掌握的政权有磐石之固。

倘若"民之盛也,欲动情胜,利害相攻","贼灭无伦",如前所论述,他把人民之反抗,不归因于社会的阶级压迫,而归因于自然的"欲动情胜",怎么办呢?周敦颐认为,应"刑以治"⑤。人若因"欲动情胜"而为"乱臣贼子",遭到"刑以治",这是白干天诛,罪有应得,无可埋怨,亦不值得怜惜。适如清代戴震(1723—1777)所批判的:"死于理,其谁怜之?"⑥

---

① 《尚书·盘庚上》。
② 《周濂溪集》卷五《通书·乐上》第十七。
③ 《周濂溪集》卷五《顺化》第十一。
④ 《周濂溪集》卷五《道》第六。
⑤ 《周濂溪集》卷六《通书·刑》第三十六。
⑥ 《孟子字义疏证》卷上《理》。

四

周敦颐这一"五常"之教的客观唯心论思想，较之韩愈，自益为体系化了。它反映了当时封建统治者的要求，为强化中央集权封建专制主义的统治提供了被视为"天经地义"的理论根据。他的理论经过后来程、朱，特别是朱熹的阐述与发扬，体系更臻于严密与完整，成为为封建统治阶级服务的官方哲学。

但，周敦颐思想中亦有值得注意的：

第一，根据他的"太极图"与《太极图说》，他是从宇宙的本体探讨问题。虽然他通过探讨所获得的结论是唯心主义的，虽然他受道教思想的影响，但是，他的探讨反映了当时社会生产力的发达，以及对自然现象研究的活跃。

第二，他的客观唯心论思想的体系，有其合理内核，这就是辩证的动静观——"动而无动，静而无静，非不动不静"，即"动中有静，静中有动"。这，也是当时社会生产力发达——社会事物运动变化的反映。

第三，他的舅子蒲宗孟在其所作《濂溪墓碣》中说周敦颐曾称颂王安石的新政，且反复数十言。对这事，朱熹受传统的影响和本着他的纯道学的立场予以否定；而黄震（1213—1280）则说："蒲碣所载，称美熙宁新政之家书，当是先生望治之实意，蒲非敢诬也。"[①] 这说明他称美熙宁新政当为事实。他的世界观是客观唯心主义，他是用客观唯心主义为强化了的中央集权封建统治服务；但他的唯心主义体系中还有若干合理的内核。他有辩证的动静观，他认识了若干运动变化的道理——所谓"万物生生而变化无穷焉"，因之他称赞王安石的变法是可以理解的。蒲宗孟还说他"屠奸剪弊，如快刀健斧"，又说他"慨然欲有所施以见于世"[②]；而他自己所表现的，是"薄于徼福而厚于得民"[③]。可见他，如黄震所指出的，确有"望治之实意"，故其称美新政亦可想见。

---

① 《黄氏日钞》卷三十三《周子太极通书附录》。
② 《周濂溪集》卷六注引《蒲碣》。
③ 《宋史》卷四百二十七《周敦颐传》引黄庭坚语。

邵雍思想批判

一、邵雍的思想渊源和他的先天图说

邵雍（1011—1077），字尧夫。他的思想，据朱震说，和周敦颐思想一般受自陈抟。朱震这样说：

> 陈抟以《先天图》传种放，放传穆修，穆修传李之才，之才传邵雍。①

关于这，受邵雍思想影响很深的程颢早已指出：邵雍的学问是"得之于李挺之，挺之得之于穆伯长，推其源流，远有端绪"。②

《宋史·邵雍传》亦叙及此事："北海李之才摄共城令，闻雍好学，尝造其庐，谓曰：'子亦闻物理性命之学乎？'雍对曰：'幸受教。'乃事之才，受《河图》《洛书》，宓羲八卦，六十四卦图象，之才之传，远有端绪。"③

而李之才是受之于穆修的。邵雍提到穆修时叙及这样一件有关穆修的事："某人受《春秋》于尹师鲁（名洙），尹师鲁受于穆伯长。某人后攻伯长曰：'《春秋》无褒，皆是贬也。'"④

对于陈抟，邵雍的诗这样写道：

> 仙掌峰峦峭不收，希夷去后遂无俦。⑤

---

① 《宋史》卷四百三十五《朱震传》。
② 《二程文集》卷三程颢的《邵尧夫先生墓志铭》。
③ 《宋史》卷四百二十七。
④ 《宋史》卷四百二十七。
⑤ 邵雍：《伊川击壤集》卷九《谢宁寺丞惠希夷樽》。

又写道：

> 未见希夷真，未见希夷迹；止闻希夷名，希夷心未识。
> 及见希夷迹，又见希夷真；始知今与古，天下长有人。
> 希夷真可观，希夷墨可传；希夷心一片，不可得而言。①

他对陈抟这样景仰，可知他受陈抟思想影响之深。

邵雍从李之才那里，接受了陈抟的《伏羲四图》，以《伏羲八卦方位》一图为代表，名叫《先天图》；而以《易·系辞》的《说卦传》这一八卦方位图，名叫《文王后天八卦》。邵博说：邵雍之"乃其心则务三圣而已矣。《观物》云：'起震终艮一节，明文王之八卦也；天地定位一节，明伏羲之八卦也。'盖先天之学本乎伏羲而备于文王"；"集伏羲、文王之事而成之者"，则为孔子。②

按，这所谓伏羲先天八卦，它的图式是："乾南坤北，离东，坎西，震东北，兑东南，巽西南，艮西北。"根据邵雍的说明，若顺天左旋，皆已生之卦。③ 这样，从震起，经过离兑以至乾，便是左旋，是由此而南，是顺天而行，是已生之卦。他又说：若逆天右行，皆未生之卦。④ 这样，从巽起，经过坎、艮以至坤，便是右行，是由南而北，是逆天而行，是未生之卦。图式和图式的说明如此，再进而分析，就是：从空间说，这图式是把八卦分方向排列的——震离兑乾是由北而南的方向，是顺；巽坎艮坤是由南而北的方向，是逆。从时间说：八卦有已生和未生——震离兑乾属已生，巽坎艮坤属未生。空间时间就是这样交织在图式中。而这图式，是所谓先天图式。交织着的空间时间并不是物质的存在形式，而是以时空为主体的观念。通过它，可探讨宇宙之心——亦即宇宙的意向图所显示的这由北而南的所谓已生之卦，所谓"数往者顺"者，是通过这一时空主体观念而被认识到的宇宙意向。了解了这一宇宙的意向，那由南而北的未生之卦自可逆知，所谓"知来者逆"。亦由是，从"数往者顺"，可推知过去的一切；而从"知来者逆"，可推知未来的一切。因为一切事物都是这宇

---

① 《河南邵氏闻见后录》卷五。
② 《河南邵氏闻见后录》卷五。
③ 《皇极经世绪言》卷七上《观物外》上《先天象数》第二。
④ 《皇极经世绪言》卷七上《观物外》上《先天象数》第二。

宙之心的产物，而宇宙之心又是我之心的体现，所谓"万物备于我"①。从这图式看，震离兑乾等卦之所以是由北而南，是已生，是顺；巽坎艮坤诸卦之所以是由南而北，是未生，是逆，这是出于主体经验，它们是主体经验之产物。也就是说，邵雍的空间时间是一种先验的形式，是先验的时空观。

同时，这一所谓先天图，乾南坤北，"乾坤纵而六子横"，显示了大中的气象。这一大中的气象是不易的，所以为易之本，亦即易之体。这一大中之体确是不易的，但其中含有矛盾。就对峙言，有一彼一此（空间）；就流行言，有一来一往（时间）。② 因而于不易之中寓有变易之意，即所谓"体天极于心，千变万化之所从出"③，从而产生万事万物。至所谓后天图，是"置乾于西北，退坤于西南"④，是"震兑横而六卦纵"⑤，"六卦纵行，错立变易"⑥ ——矛盾变化，于焉不已。虽然如此，它仍然是一个大中之体，仍可"展天事于迹"为"四时百物之所由叙"⑦，所以于变易之中有不易之用。

由是而知，邵雍的空间时间为一种先验的认识形式。通过它，可认识天地之心；认识天地之心，就认识了这大中之体。大中之体虽是不易的，但其中有对峙，有对峙便有矛盾，有矛盾便有发展变化，所以于不易之中又有变易之意。又由于有变易，于变易之中便产生了具体的事物，因而从图式说，有所谓先天和后天；而所谓后天图，是由体验先天图而来，所以于变易之中有不易之意。就是说，这一大中之体是不易的。因而他说："先天之学，心也；后天之学，迹也。"⑧ 这话，据黄粤洲的解释，就是"藏用者心，显仁者迹；迹因乎心，心著乎迹"⑨。既是"迹因乎心，心著乎迹"，那么，所谓先天后天，自是一而二、二而一的东西了。所以图式虽有不同，但它的实质是一样的。所谓后天亦就是所谓先天，它们是一个

---

① 《伊川击壤集》卷十五《观易吟》。
② 《皇极经世绪言》卷七下《后天象数》第五，明黄粤洲注释。
③ 《皇极经世绪言》卷七下《后天象数》第五，明黄粤洲注释。
④ 《皇极经世绪言》卷七下《后天象数》第五，明黄粤洲注释。
⑤ 《皇极经世绪言》卷七下《后天象数》第五，明黄粤洲注释。
⑥ 《皇极经世绪言》卷七下《后天象数》第五，明黄粤洲注释。
⑦ 《皇极经世绪言》卷七下《后天象数》第五，明黄粤洲注释。
⑧ 《皇极经世绪言》卷七下《后天象数》第五，明黄粤洲注释。
⑨ 《皇太极世绪言》卷七下《后天象数》第五，明黄粤洲注释。

东西的两面。它旨在说明：

（1）不易（按，即大中之体，"中"即"心"）之中有变易（有时空矛盾，有对峙），变易之中有不易。

（2）事物是天地之心的产物，而天地之心又在事物中显现。

邵博指出邵雍阐述的这一所谓"先天之学，本乎伏羲，而备于文王"，就是这个意思，就是所谓后天即亦所谓先天，后天为先天所导致。它的意义，不过是先天之引申而已！

二、邵雍的主观唯心论

邵雍这样说："太极，一也。不动，生二，二则神也。神生数，数生象，象生器。"①

他又说："太极不动，性也。发则神，神则数，数则象，象则器，器则变，复归于神也。"②

"太极"是什么？他说"道为太极"③，意谓"太极"即是"道"。又说"心为太极"④，意谓"太极"即是"心"。再从所谓"太极，一也"来说，那"太极"便是"一"。于是说来，"太极"是"道"，是"心"，是"一"。他在另一个地方又这样说："至人（之心）与他心（他人他物之心）通者，以其一也；道与一，神之强名也。"⑤ 这话不仅说明"道""心"与"一"是一个东西，是"太极"的本体，而且说明"道""心"都是"神之强名"。既是"神名"，则"道""心"与"一"都属精神的范畴，且从他的所谓"心藏神""人之神则存乎心"和"人之神，则天地之神"⑥ 等话来看，他的这一精神是主体精神，"太极"便是主体精神，而所谓先天图是主体精神的产物。"太极"是"心"，是主体精神。这一主体精神的体，是大中之体，它是不变的，所以说"不动"；可是他要"从时而顺"，而不能"滞于一方"⑦。这一主体的时空观念，它有矛盾，

---

① 《皇极经世绪言》卷八下《阙疑》第十一。
② 《皇极经世绪言》卷七下《后天周易理数》第六。
③ 《皇极经世绪言》卷七上《河图天地全数》第一。
④ 《皇极经世绪言》卷八下《心学》第十二。
⑤ 《皇极经世绪言》卷八下《声音唱和万物通数》第十。
⑥ 《皇极经世绪言》卷八下《声音唱和万物通数》第十。
⑦ 《皇极经世绪言》卷七下《后天周易理数》第六。

因而有变化；由于变化，便显出这含有对立性的数——"二"来。"太极"是"一"，这就是"一变而二"，"二变而四"，"四变而十六"等等。① 这就是所谓"神生数"。值得注意的，从"一"分裂出来的数，是对立性的双数，而又如程颢所指出的是所谓加一倍法，这自有发展的意义。②

按，"二"数含有对立性，其实质就是"太极动而生阳，静而生阴"——"阴阳"两仪对立。由数而生象，即从双数的对立的含义体会出象来，因而产生四象。所谓"阳阴刚柔"，这象便显出了它的对立面。又由于这对立着的象的矛盾变化，因而产生了具体事物，即所谓"器"；器变化以至于灭亡，因而复归于一，亦即复归于神。应当指出，从邵雍的"心由迹显"的观念来看，所谓器的变化与灭亡，不是这"器"本身的作用，而是"心"的运动变化，所谓"神（心）亦一而已，乘气而变化出入于有无生死之间"③。变化的结果，器虽毁灭而精神还在，所谓"器变复归于精神"，也就是这个意思。

"太极"是"一"，是"道"，是"心"；总的说来，是"心"。而从"太极"所体现出的这一先天图，它显示了已生、未生，又显示了由北而南或由南而北。前已指出，这是显示了时空的交错与交织。另一方面，图中的"☰"，是乾，亦即是天；图中的"☷"，是坤，亦即是地。天被认为是圆的，而地是方的，所谓"天圆而地方"④。可是"圆者星也，历纪之数，其肇于此乎（时间）？方者土也，画州并地之法，其放于此乎（空间）？"⑤ 这表明"☰"与"☷"亦显示了时空之交错与交织。"太极之体现于先天图是如此，是时空观念交错与交织着，但'太极'是'心'，时间空间只是存在于'心'的观念形态，是先验的认识形式。"所以邵雍的"其肇于此乎""其放于此乎"两个问号，表示之所以有空间与时间之谓，都是肇端于宇宙之心，都是因为宇宙之心先已具有此时空观念。"用天下之心为己之心"⑥，亦即以"天地之心"为"己之心"，"天地之心"为

---

① 《皇极经世绪言》卷七上《先天象数》第二。
② 《皇极经世绪言》卷首上《康节先生传》。
③ 《皇极经世绪言》卷七下《先天圆图卦数》第三。
④ 《皇极经世绪言》卷八上《以会经运生物用数》第八。
⑤ 《皇极经世绪言》卷七下《先天方图卦数》第四。
⑥ 《皇极经世绪言》卷六《观物篇》第六十二。

"己之心",亦即"己之心"为"天地之心"。所以从空间来说,物质是存在于空间的。他一则说"备天地万物者,人之谓也"①,再则说"物有声色气味,人有耳目口鼻,万物于人一身,反观莫不全备"②。这说明,物质不是空间的存在,而只是人主观的感觉;因而所谓空间,亦只是存在于头脑里的先验形式。

按,邵雍的这种思想实渊源于孟轲,渊源于孟轲的"万物皆备于我矣"③一语。邵雍是极端推崇孟轲的,据邵博说:"康节尝谓:孟子未尝及易一字,而易道存焉,但人见之者鲜。又曰:人能用易,是为知易,若孟子可谓善用易者也。"④ 邵雍赞扬孟轲善用易,所以孟轲"万物皆备于我矣"一语,在他看来,是对易道的实际运用。

邵雍在另一首诗里亦表达了这思想,《观物吟》云:"一物其来有一身,一身还有一乾坤;能知万物备于我,肯把三才(天地人)别立根?天向一中分体用,人于心上起经纶;天人焉有两般义,道不虚行只在人。"⑤ 从这诗看,他把"万物皆备于我矣"的思想,概括成《易》的思想的全部。他认为《易》总的精神就在于此。

他阐明所谓物质只是我的主观感觉,也就是阐明所谓空间只是存在头脑中的先验形式。

另外,从时间来说,邵雍这样说:"夫古今者,在天地之间,犹旦暮也。以今观今,则谓之今矣;以后观今,则今亦谓之古矣;以今观古,则谓之古矣;以古自观,则古亦谓之今矣。是知古亦未必为古,今亦未必为今,皆自我而观之也。安知千古之前,万古之后,其人不自我而观之也。"⑥ 所谓古今既都"自我而观",所谓时间和空间一般的也不是物质的存在形式,而只是主观的感觉,只是存在于人头脑中的先验的认识形式。

他写诗也表示了这思想,《宇宙吟》云:"宇宙在乎手,万物在乎身,绵绵而若存,用之岂有勤(劳也)!"⑦ 按宇宙二字,《淮南子》卷一《原

---

① 《皇极经世绪言》卷六《观物》第六十一。
② 《伊川击壤集》卷十九《乐物吟》。
③ 《孟子·尽心上》。
④ 《河南邵氏闻见后录》卷五。
⑤ 《伊川击壤集》卷十五《观易吟》。
⑥ 《皇极经世绪言》卷五《观物》第五十五。
⑦ 《伊川击壤集》卷十六《宇宙吟》。

道训》高诱注云:"四方上下曰宇,古往今来曰宙。"宇宙二字表明了空间与时间。他这诗表明了空间时间只是存在于人们的头脑里面,只是先验的认识形式,所以说"宇宙在乎手",它和"万物在乎身"一般的,都只是我的主观感觉。

由是而知,"天地之心"即是"己之心"的观念形态,所谓"宇宙在乎手",都只是我主观的感觉,即先验的认识形式。邵雍自己就是以先验的形式来认识问题的,据传有一件这样的事:

治平间(1065—1067),[邵雍]与客散步天津桥上,闻杜鹃声,惨然不乐,客问其故。雍曰:"洛阳旧无杜鹃,今始有之……不二年,上用南士为相,多引南人,专务变更,天下自此多事矣。"客问:"何以知之?"雍曰:"天下将治,地气自北而南;将乱,自南而北。今南方地气至矣,禽鸟飞类,得气之先者也。"①

按,从时间上推断"不二年"将有变化,从空间上肯定"自南而北"的现象是行将纷乱的象征,邵雍这一预知,当然不能解释为科学的预见,而只能是空间时间的先验的认识形式。他说到当时北方的气候有所变化,致杜鹃鸟由南而北,这自是有可能的;但不能把之附会到人事方面来。他把之附会到人事,附会到将有王安石的变法,并断定王安石的变法是坏而不是好,正说明他的逆知只是主观的感觉,是非科学的。

又从他对《先天图》的说明,所谓"数往者顺,若顺天而行,是左旋也(即由北而南谓之顺),皆已生之卦也,故云数往也;知来者逆,若逆天而行,是右行也(即由南而北谓之逆),皆未生之卦也,故曰知来也"②,是说明在"天地之心"中已先具有空间与时间之交错与交织,而"天地之心"就是"己之心",因而在邵雍的"己之心"中也就先具有此空间与时间之交错与交织。可不是!他在天津桥上所说的一番话,所谓"天之将治,地气由北而南;将乱,自南而北",不就是图式中的"自北而南谓之顺,自南而北谓之逆"吗?所谓"不二年"将有政治上的变化,不就是图式中的"数往者顺,知来者逆"吗?所以邵雍说:"图虽无文,

---

① 《皇极经世绪言》卷首上《康节先生传》。
② 《皇极经世绪言》卷七上《先天象数》第二。

吾终日言，而未尝离乎是。"① 这说明他的心是以"天地之心"为心的；也就是说，他的心，就是天地之心，是以空间时间为先验的认识形式。

"太极"是"一"，是"道"，是"心"，它是不变的。它之所以不变，那是因为太极的大中之体是不变的——所谓"天地之本，其起于中乎？是以乾坤交变而不离乎中，人居天地之中，心居人之中，日中则盛，月中则盈，故君子贵中也"②。太极的大中之体虽然不变，但太极本身有矛盾，它有时空对立的矛盾等等，所以在另一面，它又有变化。"太极"是"一"，由于它的矛盾变化而生"二"，这"二"中便包含有对立。倘从"天一地二"的话来看，由"太极"的"一"而生"二"，这"二"便意味着"地"，便意味着有地有天，意味着地与天之对立，亦意味着空间与时间的对立。"二"又是数，由这作为"太极"的数的"一"而生出数的"二"；而数又是概念的东西，因而由数的一而生出数的二，这是由概念的东西而生出概念的东西。同时，"'道'与'一'"，又是"神之强名"。③ 既是"神之强名"，那么，"'道'与'一'"，本来就是神；而作为"太极"的"道"与"一"，生出数的"二"，自然就是神生数。

按所谓"一"，据邵雍说，"一者，数之始而非数也"④。因为"一"是"道"，是"心"，就是"太极"，所以不能说它是数。但它又是"数之根"，数的二从它所出，这样，"一"又是神，亦即是神生数。

邵雍又说"易以二生"⑤。因为有了"二"，除了"二"自身含有对立性外，又有"二"与"一"的对立。"二"与"一"的对立，亦即偶与奇的对立，亦即地与天、坤与乾的对立，亦即空间（地）与时间（天）的对立。有了对立，自然有"变易"，所以说"易以二生"。

有了"二"，便有了地与天的对立，便有了昼夜。虽然"天行不息，未尝有昼夜"，但"人居地上，以为昼夜"⑥，这说明昼夜只是人的主观的感觉。而人的主观的感觉，即是"人之神"。"人之神，则天地之神"⑦，

---

① 《皇极经世绪言》卷七上《先天象数》第二。
② 《皇极经世绪言》卷七下《先天圆图卦数》第三。
③ 《皇极经世绪言》卷八下《声音唱和万物通数》第十。
④ 《皇极经世绪言》卷七上《河图天地全数》第一。
⑤ 《皇极经世绪言》卷七下《先天圆图卦数》第三。
⑥ 《皇极经世绪言》卷七下《先天圆图卦数》第三。
⑦ 《皇极经世绪言》卷八下《声音唱和万物通数》第十。

而神就是"心",就是"道",就是"一",就是"太极";"天地之神"就是"天地之心",就是"太极"①,故此"心为太极"②。昼夜是人之心的主体的感觉,就是天地之心的主体的感觉,就是作为心的"太极"自身的主体感觉。作为昼夜的时间是如此,作为和天对立的地的空间也是如此,它们都是心的主体的感觉,都是先验的认识形式。

由于有了"二",便有了"二"与"一"的对立,奇偶之数亦于焉显出。这奇偶之数,有一与二,三与六等等。从奇偶之数中显出了象,如一与三,三与三便是。象表现了奇偶,表现了奇与偶的对立,亦即显示了矛盾。

由数而生的象,有"☰""☷""☳""☵""☶""☴""☲""☱"诸象,亦即所谓八卦。这八种象有它们的对立性,充满了矛盾。这八种象是"内象",所谓"自然而然,不得而更者,内象内数也"③。这八种象是基本的,它们都是三画,但由于矛盾变化,重(每象六画)而为六十四象,这便是所谓"外象外数"④。因为它们是从八象中派生出的,是非基本的,所以称为"外象"。

这是就内卦与外卦而分的内象与外象。

其实,不论内卦与外卦,它的大中之理,和因先验的时空对立观念而派生出的奇偶之数(所谓"奇偶生自太极"⑤),是一定的、必然如此的,是"不得而更"的、本质的。又不论内卦与外卦,假物以明象的,就是象之外指,亦即是外象。⑥

这就是说,内象是所谓"天地之心"的主体的反映,而外象是假物以表明一切事物均由这一主体的内象所出。

因而由象以生器,从而产生一切具体的事物。

所以邵雍所谓"神生数,数生象,象生器",亦即他所谓的"天地之心者,生万物之本也"⑦,亦即"万化万事生乎心也"⑧。而根据邵雍的意

---

① 《皇极经世绪言》卷七下《后天周易理数》第六。
② 《皇极经世绪言》卷八下《心学》第十二。
③ 《皇极经世绪言》卷七下《后天周易理数》第六。
④ 《皇极经世绪言》卷七下《后天周易理数》第六。
⑤ 《皇极经世绪言》卷七下《先天方图卦数》第四。
⑥ 《皇极经世绪言》卷七下《后天周易理数》第六。
⑦ 《皇极经世绪言》卷七下《后天周易理数》第六。
⑧ 《皇极经世绪言》卷七上《先天象数》第二。

思，"天地之心"亦即"己之心"，那么，"天地之心"的产物，亦即"己之心"的产物。

春秋时代，晋国韩简曾这样说："龟，象也；筮，数也。物生而后有象，象而后有滋，滋而后有数。"① 这是唯物论的看法。可是邵雍倒过来，说"神生数，数生象，象生器"，而神又是从"太极"这一"天地之心"生发出的，这所谓的"神"，自是主观精神，所谓的"器"，自是主观精神之产物，所谓"万化万事生乎心也"。又由于"器"是主体精神之产物，所以在"器则变"时，即"器"因主观精神的变化而变化时，就会出现"器者有不器者也"②。意思是"器"的存在与否，随主观精神（亦即主观的③感觉）而定，这就是所谓"复归于神也"。

由是而知，邵雍的思想是主观唯心论。

另一方面，邵雍又说："有意必有言，有言必有象，有象必有数。"④ 他认为必须通过象数以求得言意。这言意是圣人的言意，亦即圣人之心。就是说，应通过象数以求得圣人之心。然而圣人之心，又是天地之心。因此，必须通过象数以求得天地之心。他认为"象数则筌蹄也，言意则鱼兔也"⑤。离开了筌蹄不可能求得鱼兔；同样地，离开了象数亦不可能求得言意。特别是数，因为"天地之数""出于理"，⑥ 这"理"便是"心"，离开了象数就不可能求得实际上是"天地之心"的"圣人之心"。说理又不可能不以事物为比喻，因为事物是"天地之心"的感觉的综合，是"天地之心"的产物。所以邵雍之观物，在于从观物中明象数，求言意；明确地说，就是为了从探讨圣人之心中求得天地之心，了解圣人之旨意、天地之旨意。

他这所谓通过象数以探讨圣人之心，从而探讨天地之心，实际上，是阐明神的主导作用；从人来说，就是阐明人的主观精神作用。

邵雍的这一思想，实渊源于王弼⑦，而王弼又本于庄子⑧。

---

① 《左传·僖公十五年》。
② 《皇极经世绪言》卷七下《后天周易理数》第六注释。
③ 《皇极经世绪言》卷七下《后天周易理数》第六注释。
④ 《皇极经世绪言》卷七下《后天周易理数》第六注释。
⑤ 《皇极经世绪言》卷七下《后天周易理数》第六注释。
⑥ 《皇极经世绪言》卷七下《后天周易理数》第六注释。
⑦ 王弼：《周易注》卷十《周易略例》中《明象》一节。
⑧ 《庄子·外物》第二十六。

他这一主观唯心论思想，在《自余吟》中写得最为清楚：

身生天地后，心在天地前；天地自我出，自余何足言。①

"天地自我出"一句诗，正说明了时间空间只是先验的认识形式。倘以天地为世界，则世界只是我之产物，是我的感觉的总合。

他的《乾坤吟》②云：

意亦心所至，言须耳所闻；谁云天地外，别有好乾坤。
道不远于人，乾坤只在身；谁能天地外，别去觅乾坤。

他这诗，除了说明天地只是我的感觉的综合外，"乾坤只在身"一句，亦显示了天地只是吾心，吾心即是天地。陆九渊的"宇宙便是吾心，吾心即是宇宙"③ 这一发展到极致的主观唯心论思想，除了有唐李翱的影响以外，邵雍的影响，也是一定的。

在邵雍的当时，社会的危机和民族的危机是交织着的。就前者来说，当时工商业抬头所引致的土地兼并益趋激烈；加上政府横征暴敛，有所谓"制钱""月桩钱"和"板帐钱"等，致使"百室无一盈""丰年不饱食"，或是"市有弃饿婴""老弱就僵仆"④——社会形成尖锐的对立。就后者来说，辽、夏的势力日益强大，给宋室以威胁，在这情势之下，王安石提出了一套改革的办法，可是邵雍反对，说现在到了"贤者所当尽力之时"⑤——意思是要大家一致起来反抗新法。他自己不敢正视这一切活生生的现实，认为一切客观的存在，都只是主观观念的产物，都只是主观的感觉，是非实在的；而另一面，主观观念中的大中之体，是不变的，因为"先天图者，环中也"⑥，所以他说："天地之本其起于中乎？是以乾坤屡变而不离乎中，人居天地之中，心居人之中，日中则盛，月中则盈，故君

---

① 《伊川击壤集》卷十九。
② 《伊川击壤集》卷十九。
③ 《象山先生全集》卷三十六《年谱》。
④ 《王临川集》卷十二《发廪》《感事》二诗。
⑤ 《皇极经世绪言》卷首上《康节先生传》。
⑥ 《皇极经世绪言》卷七下《先天圆图卦数》第三。

子贵中也。"① 这表明任何人都不能反乎君臣上下尊卑之体,反乎君臣上下尊卑之体,正如"仆奴凌主人"②,便是不平,便是难乎中,便是不对的。所以肯定所谓大中之体不变,即肯定国家的封建体制不变,因为它是天经地义的。

这是邵雍倡导这一主观唯心论的社会根源和用意所在。

三、邵雍的辩证思想

邵雍的思想是主观唯心论,但他的主观唯心论有合理的内核,这就是辩证思想。

前已指出,在他所谓的先天图这一观念的东西中,显示了已生和未生,显示了由北而南与由南而北,亦即显示了时间与空间的对立。有对立,就有变化,从变化中由"一"而生出"二"。这"二"便有它的对立性——有"一"与"二"的对立、天与地的对立、时间与空间的对立,总之,是充满了矛盾。

由数而生象,象所显示的"☰"与"☷"、"☳"与"☶"、"☵"与"☲"和"☴"与"☱",亦是对立着的,充满了矛盾的。有矛盾就有发展,所谓"八卦相错,然后万物生焉"③。

于是由象而生器,象所生的器便是天与地,水与火、雷与风和山与泽,它们亦是对立着的,充满了矛盾的。

天与地、水与火、雷与风和山与泽在矛盾发展中,自然互有消长;"既有消长,岂无终始?"④,天地亦有它的终结。

所谓"为今日之山,是昔日之原;为今日之原,是昔日之山;山川尚如此,人事宜信然"⑤。

所谓"天道有消长,地道有险夷,人道有兴废,物道有盛衰"⑥,所谓"时有代谢,物有枯荣,人有衰盛,物有废兴"⑦,说明在矛盾变化中,

---

① 《皇极经世绪言》卷七下《先天圆图卦数》第三。
② 《伊川击壤集》卷八《思患吟》。
③ 《皇极经世绪言》卷七上《先天象数》第二。
④ 《皇极经世绪言》卷八上《以运经世观物理数》第九。
⑤ 《伊川击壤集》卷三《川上怀旧》。
⑥ 《伊川击壤集》卷十《四道吟》。
⑦ 《伊川击壤集》卷十《观物吟》。

任何物体都有它的发生、发展与灭亡。

世界自是如此。

世界之发生、发展与灭亡,据邵雍的说法,是分作元、会、运、世进行的。所谓"日经天之元,月经天之会,星经天之运,辰经天之世"①。就是以计算时间的元、会、运、世,当天之日、月、星、辰。它的推算方法是这样的:

以三十年为一世,十二世为一运——计三百六十年,三十运为一会——计一万零八百年,十二会为一元——计十二万九千六百年。世界变更一次为一元,但世界"一元"一次的变革是不已的,所以三十元为元之世,十二元之世为元之运,三十元之运为元之会,十二元之会为元之元。综计元之元为十二万九千六百元。到了元之元,则整个世界又来一次大的变革。

邵雍认识了有矛盾、有变化和有发展的道理,由于认识了矛盾变化发展,他从数的矛盾推知整个世界有它一定的变化发展规律,有它的发生、发展与灭亡,而这规律是分元、会、运、世进行的。

说世界有它的发生、发展与灭亡,这样完整的一个过程,在他以前的中国思想家都未曾详细地阐明过,因此,这是邵雍思想的一大特色。

他这一思想所起的进步作用在于:

第一,连世界都有它的发生、发展与灭亡,则其他一切事物也就不是什么永恒不变的了——都有它的发生、发展与灭亡的过程。这使人们从思想上活跃起来,认识到没有什么事情是一成不变的,而是可以而且应该有所改变的。

第二,对自董仲舒以来所倡导的"天不变,道亦不变"的思想起了动摇的作用。

总的说来,肯定世界是有它的发生、发展与灭亡的,这是辩证法的思想,因而有它的革命作用。

而邵雍之所以具有这样丰富的辩证思想,从时代来说,是当时社会发展的反映。

前已指出,当时社会的和民族的危机虽已呈露,但尚未尖锐化,所以整个社会的生产力还是在向上发展。这,从他所写的诗中有所反映:"生

---

① 《皇极经世绪言》卷六《观物》第六十。

来只惯是丰稔，老去未尝经乱离。"① 这诗表示了双重的意思，除了含有唯恐好景不长的意思外，也说明了社会生产力是在一贯地向上发展。由于工商业发达，特别是工场手工业抬头，社会呈现出"千室夜鸣机"② 的景象。手工业分工更加细密，作坊多种多样，③ 这种情况，说明社会发展至北宋，机织工业原料工业已日形分离，加工制造是加工制造，原料生产是原料生产，各自日渐独立。分工精细和机织工场之兴起，又推动工艺科学的发达，特别是炼钢技术的改进，给予工艺品繁荣一个有利的条件。④

而邵雍思想中亦有此反映，他认定"仁礼义智之迭相为交"，应有如"士农工商之交相为命"⑤。这正是当时社会发展至加工与原料生产日益分离后，需要分工合作在思想上的反映。

邵雍的辩证思想和他对世界的发生、发展与灭亡的观念，主要的，是当时社会生产力向上发展的反映，而佛家之生住异灭和道家之宇宙生成论（特别是后者），所给予他的思想影响亦是很大的。

社会生产力的向上发展和科学思想的抬头，除了使他的丰富的辩证思想外，还使他对宇宙现象有了科学的理解。他认为"海潮"之所以"应月"，是"从其类"⑥，意思是海潮应月之晦朔弦望而涨落消长，是受月球的引力影响的缘故。他又理解到"月体本黑，受日之光而白"⑦，理解到"日望月，则月食；月掩日，则日食"⑧。又通过他的辩证的知识，他理解到"阳主舒长，阴主惨急，日入盈度，阴从于阳，日入缩度，阳从于阴"⑨，都是阴阳消长所使然。所以邵雍的主观唯心论，是不敢正视社会危机之产物；而他的合理内核——辩证思想与科学思想，则是当时社会生产力向上发展之反映。总的说来，不敢正视社会危机是他思想中的主导的一面，主观唯心论思想是他的主导思想。

又同时，他虽认识到整个世界有它的发生、发展与灭亡，但它是"循

---

① 《伊川击壤集》卷十五《观盛化吟》。
② 《欧阳文忠公集》《居士集》卷十《送祝熙载之东阳主簿》。
③ 《宋会要稿·职官》二十九之一。
④ 沈括：《梦溪笔谈》卷三。
⑤ 《皇极经世绪言》卷六《观物》之六十二。
⑥ 《皇极经世绪言》卷八下《声音唱和万物通数》第十。
⑦ 《皇极经世绪言》卷八上《以元经会大小运数》第七。
⑧ 《皇极经世绪言》卷八上《以元经会大小运数》第七。
⑨ 《皇极经世绪言》卷八上《以元经会大小运数》第七。

环而无穷"① 的。这就是说，旧世界毁灭和新世界产生，新世界是旧世界的循环，所谓"乾坤屡变而不离乎中"②。既是循环的，自不可能有本质的变化，因而他的发展的宇宙观是不彻底的，其归结又流为循环的宇宙观。

又，他虽认识到整个世界有它的发生、发展与灭亡；但他以十二万九千六百年变更一次为一元，以十二万九千六百元大变更一次为元之元，变革时间如此肯定，这自然是一种机械的推论。既然是机械的推论，就不可能是科学的，而只能是他主观的臆测。从这里，亦说明他的辩证思想是主观唯心论的。

值得注意的还有，他以宇宙生存的历史来说明人类社会的历史，如：

> 三之四以会经运，列世数与岁甲子，下纪帝尧至于五代历年表，以见天下离合治乱之迹，以天时而验人事者也。

> 五之六以运经世，列世数与岁甲子，下纪自帝尧至于五代书传所载兴废治乱得失邪正之迹，以人事而验天时者也。③

不论"以天时而验人事"，还是"以人事而验天时"，其目的无非是以自然史来解释社会史；他认为，自然史的规律就是社会史的规律。

又如他说："天地之气运，北而南则治，南而北则乱，乱久则复北而南矣。"④ 就是以自然史的规律来说明社会史的规律。

如此说明历史的规律，暴露了下列两个问题：

就发展而言，从自然史来说，社会发展至尧的时候，被认为是阳气鼎盛的时候，所以行圣王之治；而自尧以后，阴气始起，因而由皇而帝，由帝而王，由王而霸，自霸而后，更是等而下之，一代不如一代。人类社会的历史，从尧以后，便走上了它的下坡路。这样看来，人类社会的历史，不是发展的，而是倒退的了。

就所谓治乱而言，在他看来，乃是"乱多于治"⑤。虽是如此，但一

---

① 《皇极经世绪言》卷七下《先天圆图卦数》第三。
② 《皇极经世绪言》卷七下《先天圆图卦数》第三。
③ 《皇极经世绪言》卷首上《邵伯温述皇极经世书》。
④ 《皇极经世绪言》卷八上《以运经世观物理数》第九。
⑤ 《伊川击壤集》卷十六《治乱吟》五首之第一首。

治一乱,仍是历史的规律,所谓"乱久则复北而南矣",意即乱而又复治。这样,又流入"分久必合,合久必分"的历史循环论。

因而他又从"乾坤屡变而不离乎中"的观点出发,认定人类历史的变化,亦是"变从时而便,天下之事不失礼之大经;变从时而顺,天下之理不失义之大权"①。这就是认定人类历史的变化不可能有本质的变化;其实质,意味着所谓封建的大中体制不可能变化。自然,这是历史循环论的必然归结。

他的历史循环观念的产生,是因为社会在发展中显露了危机,为了维护封建的所谓大中之体,他只能认定历史的变化是循环的而不可能是本质的。而从他称赞孟轲的"善用易"② 当中也可以看出,孟轲的"五百年必有王者兴"的思想和从中发展出来的"五德终始说"的思想对他的历史循环观念的产生,也是有影响的。

当然,在另一方面,他也提到:"是知时有消长,事有因革,前圣后圣,非出于一途哉。"③ 又说:"为治之道,必通其变,不可以胶柱。"④ 意思是要从社会的发展中来理解问题,不可僵化。这当然是对的。可是,一则,他肯定封建的大中之体不变,认为历史只是循环的,并无本质的变化;二则,这一认识,导致他的所谓"变",是要从时而"便",是要"不失礼之大经";这样,所谓要从发展中来掌握问题而不可以僵化便变成了无意义。而其实质,不过是在万变不离其宗的原则之下,来一个随机应变。

四、关于邵雍思想的结语

总结以上对邵雍思想的论证,我们知道,邵雍的《先天图》,就是肯定了时间空间只是一种先验的认识形式,这种认识形式,形成了数的概念,而这一数的概念,是先验的时空观念本身所具有的。从时间观念来说,有先后,有久暂;从空间观念来说,有大小,有远近。这就是数的概念所从出,也从而说明数的概念是先天的而非后天的。这使邵雍以所谓数

---

① 《皇极经世绪言》卷七下《后天周易理数》第六。
② 《皇极经世绪言》卷八下《心学》第十二:"知易者,不必引用讲解始为知易,孟子著书未尝及易,其问易道存焉,但人见是鲜耳。人能用易,是为知易,如孟子可谓善用易者也。"
③ 《皇极经世绪言》卷六《观物》第五十七。
④ 《皇极经世绪言》卷八上《以运经世观物理数》第九。

理哲学，去推论世界，给世界以体系。

而后于邵雍的十八世纪的德国唯心论者康德曾这样说："是以空间（关于时间亦同一真实）若非纯为公等直观之方式而包含先天的条件——事物唯在此先天条件下，始能成为公等之外的对象，若无此主观的条件，则外的自身亦无——则公等关于外的对象，不能有任何先天的综合的规定。因之'为一切外的内的经验之必然条件'之空间时间，纯为吾人所有一切直观之主观的条件，一切对象皆与此种条件相关，故为纯然现象，而非其现存形相之物自身云云。"① 邵雍肯定时间空间为先验的认识形式，可以说，是康德的先行者。

而列宁给予这种思想的批评是："实质上，这只能导致主观唯心主义。"② 从以上对邵雍思想的分析与批判，邵雍正是主观唯心论者。只有主观唯心论者，才会认定空间时间不是客观的实在，而只是人们先验的认识形式。

这种以空间时间为先验的认识形式，亦如列宁所批判康德主义的话，是"人类的直观形式"③。邵雍在思想上认为，所谓"观物者"，"非观之以目，而观之以心也；非观之以心，而观之以理也"。④ 按，"理"即"心"，"观之以理"亦即"观之以心"，亦即直观；因为"心"即"理"，"理"即"心"，所以心是纯粹而无杂念的，是纯粹的直观。故邵雍一再强调"观物"，有所谓《观物》与《观物吟》，他的意思，就是一切均从直观而来，是直观的作用。如没有人类的直观，便没有世界的体系；而直观则给予世界以体系，所谓"许大乾坤自我宣"⑤。可不是！乾坤既自我宣，当"器则变"时——亦即毁灭时，自亦复归于"我"这一精神了。

又邵雍一再反对"有我"，说"有我则失理而入术矣"⑥，对孔子的"毋意毋必毋固毋我"，他是"三致意焉"的。⑦ 这样看，他好像是反对主

---

① 康德：《纯粹理性批判》，商务印书馆1960年版，第66页。
② 列宁：《唯物主义和经验批判主义》，《列宁全集》第14卷，人民出版社1957年版，第181页。
③ 列宁：《唯物主义和经验批判主义》，《列宁全集》第14卷，人民出版社1957年版，第184页。
④ 《皇极经世绪言》卷六《观物》第六十二。
⑤ 《伊川击壤集》卷十五《观三皇吟》。
⑥ 《皇极经世绪言》卷八下《心学》第十二。
⑦ 《皇极经世绪言》卷八下《心学》第十二。

观而倡导客观的，其实不然。从他的"能知万物备于我"①之诗看，他是主观论者；他并不是真的反对"有我"，而是认定"以我观物"（即以心观物），这"我"应是所谓纯粹而无杂念的"我"。

按，"直观"亦即直觉，邵雍的这一认识论思想，就是主观唯心论的直觉主义。

虽然说邵雍思想中有若干合理的内核——他有丰富的辩证思想，认识到整个世界有它的发生、发展与灭亡的过程，对自然现象也有若干科学的理解，但是，他为了维护所谓封建的大中之体，不仅不敢正视社会现实，反而从夸大主观作用中予现实以汩没，所以他的思想体系是主观唯心论的，他的认识论是主观唯心论的直觉主义。而他的这一直觉主义的认识论，系受到了当时佛家所谓"观心""观法"和"心法起灭天地"的思想的影响，这是无疑的。

---

① 《伊川击壤集》卷十五《观易吟》。

张载的唯物主义思想

张载（1020—1077），字子厚。著作有《西铭》《正蒙》和《经学理窟》等，其中《正蒙》是他的代表作。他钻研"释老之书累年"①，可是，从"尽究其说"中，感到没有什么道理，便尽弃其学，转而从事于六经的研究。

佛教经过五代末吴越王钱镠、钱俶和宋太宗等一再宣扬与宗奉，曾一度活跃，②尤其是在宋神宗时，社会危机暴露：一面是工商业发达所导致的土地集中现象相当严重，而另一面受到北方辽势力的威逼日甚；在这种情势下，有的人从困扰于现实而不敢正视现实逐向佛家的道路上走，以求得精神上的安慰；有的人则有意识地宣扬佛教的主观唯心论，所谓"一切唯心""心法起灭天地"，导引人无视现实，汩没意志。张载认识到佛无道理，而当时"释老比尤炽，群伦将荡然"③，所以他就从思想上给佛教以批判。

一、张载的唯物主义思想和他的科学思想

佛家否定客观世界有物质的存在，所以说"色即是空，空即是色"④。按，"色"指"有形"，"空"即"无形"，意即"有形"就是"无形"，而没有所谓"有形"。换言之，世界上亦没有所谓有形的物质，一切都只是"无"，只是"空"，所以说"太虚空"，整个的太虚是空无所有的。

张载从唯物论的观点出发，对此种观点予以驳斥，他说：

> 太虚无形，气之本体，其聚其散，变化之客形耳。⑤

---

① 《张子全书》卷十五吕大临所撰《行状》。
② 《焦氏类林》卷八："庆历中，士大夫多修佛学，往往为偈颂以发明禅理，司马温公为解禅偈六篇……"
③ 《温国文正司马公集》卷五《子厚先生哀辞》。
④ 《般若心经》。
⑤ 《张子全书》卷二《正蒙·太和》第一。

这话，按王船山的解释是说："于太虚之中具有而未成乎形，气自足也，聚散变化，而其本体不为之损益。日月之发敛，四时之推迁，百物之生死，与风雨露雷乘时而兴、乘时而息，一也，皆客形也。"①

意思很明显：太虚中具有形状的固是物质，而不具形状的亦是物质，因为太虚的本体就是物质。至于具形状与不具形状，这关乎太虚中物体自身之凝聚与分散，是物体自身的变化，人们不能任意予以否定。

他又说："太虚不能无气，气不能不聚而为万物，万物不能不散而为太虚，循是出入，是皆不得已而然也。"②

他的意思是：太虚的本体是物质，物质的变化发展，它的聚与散，是事物的必然现象。

而且物体本身不论如何发展变化，不论聚或散，有一点，"聚亦吾体，散亦吾体"③——俱是物质。由是而知，物质只有它的发展与变化，它的散，不是物质的消灭；物质的自身是无所谓消灭的。

按佛家有所谓"无余涅槃"，肯定死即消灭，即是"息幻归真，从化返本"；而张载是认定"死之不亡"④的，他指出物体虽因自身的发展变化而有聚散，但散不是消灭。因而肯定物质不灭，便是给予佛家"死即消灭"的思想以有力的批判。

佛家说"息幻归真"，这所谓"幻"，就是指"天地日月"。一切物质的东西，都非实在，而只是幻觉。离开了所谓幻觉的世界而达到纯精神的领域，这就是"息幻归真"。

张载驳斥道："气聚则离（离为目）明得施而有形，气不聚则离明不得施而无形。方其聚也，安得不谓之客？方其散也，安得遽谓之无？故圣人仰观俯察，但云知幽明之故，不云知有无之故。盈天地之间者，法象而已矣！"⑤

按，"盈天地之间者，法象而已"，这"法象"，指万物，即"盈天地之间者，为万物"⑥。他在另一个地方亦明确道出这意思："今盈天地之间

---

① 《张子正蒙注》卷一《太和》。
② 《张子全书》卷二《正蒙·太和》第一。
③ 《张子全书》卷二《正蒙·太和》第一。
④ 《张子全书》卷二《正蒙·太和》第一。
⑤ 《张子全书》卷二《正蒙·太和》第一。
⑥ 《易·系辞传·说卦传》。

者,皆物也。"①

这就是说:客观事物的凝聚固然是有形的物质,容易为人们所察知;就是它的分散,虽不具形状而不易为人们所目及,但也不是消失,仍是物质,仍是客观的存在,而不是虚无缥缈、一无所有,不是所谓幻觉。总之,宇宙间是充满着物质的。

他又说:"若谓万象为太虚中所见之物,则物与虚不相资,形自形,性自性,形性,天人不相待而有……"② 意思就是:若从佛家说,太虚本是虚空,而太虚中的人万象只是太虚中所显现之物,并非真的有些物存在,那么,物和太虚便不是互相资取的;既不互相资取,所显现的物形和性,便各有别,从而形与性、自然与人都不是相待而有的了。也就是说,如果一切客观的存在都是虚无缥缈的,都是幻妄的,便无所谓物和太虚之互相资取,亦无所谓形与性、自然与人之相待而有,因为并没有所谓客观的实在。

张载认为:如果有人有这样的看法,便是"陷于浮屠以山河大地为见病之说"③。因为浮屠认定"山河大地"并非客体的实在,而只是幻妄;人能见到它,那是因为人有"见病"。这显然是颠倒是非黑白的看法。张载认为:"气块然太虚,升降飞扬,未尝止息。"④ 按"块然",王船山注云:"犹言氤然,充满盛动貌。"而说"气块然太虚",意即"遍太虚中皆气也"。⑤ 宇宙间是充满着物质的,它"升降飞扬,未尝止息",从而"为风雨,为雪霜","万品之流行,山川之融结",⑥ 都是它的运动变化,怎能说它是幻妄而不是客观的实在呢?由于它是客观的实在而不是幻妄,所以它"升降飞扬",和太虚相互资取,实现形与性、自然与人之相待而有。

因而,他又说:"凡可状,皆有也;凡有,皆象也,皆气也。"⑦ 意思就是:凡可状的都是实在,实在的东西都有形象;有形象,就是物质。这话进一步驳斥了佛家以万象只是太虚中所显现之物而非真的有物的存在、

---

① 《张子全书》卷十二《语录抄》。
② 《张子全书》卷十二《语录抄》。
③ 《张子全书》卷十二《语录抄》。
④ 《张子全书》卷十二《语录抄》。
⑤ 《张子正蒙注》卷一《太和》。
⑥ 《张子全书》卷二《正蒙·太和》第一。
⑦ 《张子全书》卷三《正蒙·乾称》第十七。

把客观的存在当作幻妄的立论。张载以客观的存在为活生生的现实来驳斥这种论调，这驳斥是很有力的！

接着，他认为："气之性本虚而神，则神与性乃气所固有。"① 这话，王船山注云："性，谓其自然之良能，未聚则虚，虚而能有，故神。"又注云："自其变化不测则谓之神；自其化之各成而有其条理，以定志趣而效功能者则谓之性。气既神矣，神成理而成乎性矣，则气之所至，神必行焉，性必凝焉。故物莫不含神而具性，人得其秀而最灵者尔。耳目官骸亦可状之象，凝滞之质，而良知良能之灵无不贯彻，盖气在而神与性偕也。"②

王船山的注释，使张载这话益加明确。这话的意思就是：有物质便有精神，便有它的变化发展的本性。神与性只是存在于物质之中，离开了物质便无所谓神与性。这话有力地驳斥了佛家的"以性为空"，而佛家之以性为空，就是由于它以存在为幻妄。

他在另一个地方又阐明："气之生，即是道，是易。"③ 意思是有物质，即有物质的变化发展规律，这是肯定的！

张载从探讨宇宙的本体中，肯定了宇宙本体的物质性；又肯定物质是第一性的，而精神是物质的从属，把存在与意识的关联问题作了真理性的探讨。他又这样进一步分析道："心所以万殊者，感外物而不一也。"④

"心所以万殊"是由于"感外物而不一"，这说明物质决定精神，存在决定意识。

而佛家则反是，它认为"心生种种法生，心无种种法灭"。按"法"即指物质，意思是有我则有一切物质；没有我，则一切物质便随着消失。此即所谓"心法起，灭天地"。这是意识决定存在，精神决定物质，是主观唯心论。而佛家夸大主观，张载批判说，这种"以我视物则我大"，而"大于我者，容不免狂而已"，狂而至于"蔽其用于一身之小，溺其志于虚空之大"，是狂妄之至。⑤

自唐韩愈以来，反佛的人颇不少，反对的理由，不是从人伦的观念出

---

① 《张子全书》卷三《正蒙·乾称》第十七。
② 《张子正蒙注》下卷九《乾称下》。
③ 《张子全书》卷十一《易说下·杂卦》。
④ 《张子全书》卷十一《易说下·系辞下》。
⑤ 《张子全书》卷二《正蒙·大心》第七。

发（如认为佛不认君臣父子），便是从单纯的经济观点出发（如认为事佛者多影响生产事业），他们这样的反佛，是"只尚闲言词"①，虽有若干的影响，却不是从根本上反，自然反不了。张载则不同，他是从根本上着手。他钻研过佛理，于是以战斗的唯物论观点，在理论上给予佛理以批驳。这样的批驳当然较有力量，使对方容易接受。

张载主要是批判佛家的主观唯心论，另一方面也对道家思想给予批判。

正如他批判佛家那样，他也是从"无"与"有"的关联问题上批判道家的本体论。

道家本着"有生于无"的观点，说"虚能生气"。

张载则以唯物论观点，认定"虚空即气"，认定"虚空即气，则无无"②。——宇宙的本体是物质，所以没有所谓虚空。他举例说："气之聚散于太虚，犹冰凝释于水。"③ 冰固是物质，而水同样地也是物质，所谓"凝释虽异，为物一也"④，哪里有所谓虚空呢？

又道家按"有生于无"的观点夸大"无"的作用，因而说"三十幅，共一毂，当其无，有车之用"⑤。要有"无"，才有车的作用。

张载驳斥道："三十辐，共一毂，则为车；若无毂与辐，亦何以见车之用？"⑥ 就是因为有物质的东西，才有物质的东西之用。

从以上看，张载的唯物思想的战斗性，是很明显的。

张载的战斗性的唯物思想之产生不是没有原因的。当时工商业发达导致加工生产与原料生产日益分离，科学技术亦呈活跃的景象，新的科学技术日形开展，他的唯物思想于是和当时的科学思想紧密结合着。他认为宇宙本体是物质而不是精神的，这和他对天体科学的认识是紧相联系的。

首先，他对天体运行作了若干科学的解释，他这样说："日月五星逆天而行，并包乎地者也。"这里虽是以地球为中心的一种说法，但肯定了月绕地球而运行；同时，另一面，他指出"金水附日前后进退而行者，其

---

① 《张子全书》卷七《学大原下·自道》。
② 《张子全书》卷二《正蒙·太和》第一。
③ 《张子全书》卷二《正蒙·太和》第一。
④ 《张子全书》卷二《正蒙·动物》第五。
⑤ 《老子上》第十章。
⑥ 《张子全书》卷十一《易说下·系辞上》。

理精深"①，已认识了金、水二星是绕日而运行的。

其次，对于寒暑、昼夜、潮汐他也有科学的理解。他这样说："地有升降，日有修短，地虽凝聚不散之物，然二气升降其间，相从而不已也。阳日上，地日降而下者，虚也；阳日降，地日进而上者，盈也。此一岁寒暑之候也。至于一昼夜之盈虚升降，则以海水潮汐验之为信，然间有小大之差，则系日月朔望，其精相感。"② 这里，他不仅说明了一岁中寒来暑往的道理，而对潮汐涨落主要是受月球之影响，亦有初步的认识。③

但佛家不仅不以宇宙的本体为物质，不能从探讨中给宇宙现象以科学的理解。"反以六根（眼耳鼻舌身意）之微，因缘天地，明不能尽，则诬天地日月为幻妄"，这种"梦幻人世"的做法，"谓之穷理可乎？"真正的穷理，是从肯定宇宙的物质性中对宇宙现象进行科学的探讨，通过探讨掌握它的规律，使之为人们所用，所谓"范围天用"④。

因此，张载批评佛家只是"妄意天性"，而不是穷理。

他这"范围天用"的话，是具有戡天主义精神的。

由于他具有这种精神，因此他对雷风云雨的看法，就能破除迷信而做一比较科学的分析。他这样说："阳为阴累，则相持为雨而降；阴为阳得，则飘扬为云而升。故云物班布太虚者，阴为风驱，敛聚而未散者也。凡阴气凝聚，阳在内者不得出，则奋击而为雷霆；阳在外者不得入，则周旋不舍而为风，其聚有远近虚实，故雷风有小大暴缓。和而散，则为霜雪雨露；不和而散，则为戾气噎霾。"⑤ 这样地从阴阳电的矛盾去分析雷风云雨诸自然变化，确是走上了科学的道路，是科学性的分析。

他以自己在对雷风云雨诸自然现象的探讨中取得的若干科学理解，进一步驳斥了有神论。他这样说：

> 范巽之⑥尝言神奸物怪。某以言难之：谓天地之雷霆草木，至怪

---

① 《张子全书》卷二《正蒙·参两》第二。
② 《张子全书》卷二《正蒙·参两》第二。
③ 按早于张载的燕肃（961—1040）对海潮与日月的相对位置变易的关系，曾做了精密的观察与纪录（见王明清《挥麈前录》卷四）。张载有此认识，可能是受燕肃的影响。
④ 《张子全书》卷二《正蒙·大心》第七。
⑤ 《张子全书》卷二《正蒙·参两》第二。
⑥ 范巽之，名育，张载的学生。

也,以其有定形,故不怪,人之陶冶舟车,亦至怪也,以其有定理,故不怪。今言鬼者,不可见其形,或云有见者,且不宜,一难信。又以无形而移变有形之物,此不可以理推,二难信。

又尝推天地之雷霆草木,人莫能为之;人之陶冶舟车,天地亦莫能为之。今之言鬼神,以其无形,则如天地;言其动作,则不异于人。岂谓人死之鬼,反能兼天人之能乎?

今更就世俗之言评之,如人死皆有知,则慈母有深爱其子者,一旦化去,独不日日凭人言语,托人梦寐存恤之耶?言能福善祸淫,则或小恶反遭重罚,而大憝反享厚福,不可胜数!又谓人之精明者能为厉,秦皇独不罪赵高,唐太宗独不罚武后耶?①

这里,他非难范巽之"言神奸物怪",否定"有神论",阐明对雷霆草木应有科学的理解。因为物质的东西,有它一定的理,一定的发展规律,所谓"天之生物有序,物之现形也有秩"②,人们只要在探讨中理解了它的发展规律,所谓"学至于知天,则物所从出,当源源自见;知所从出,则物之当有当无,莫不心喻"③,就无所谓怪了。但另一面他这话也驳斥了佛家的"有识之死,受生循环",驳斥了"浮屠明鬼"之说,所以他历举事例说明无鬼,予明鬼论以驳斥。④ 从他这些话来看,他受荀子《天论》思想的影响,是很明显的,而较荀子说得更为透辟。

他这样说:"盖盟诅起于王法不行,人无所取直,故要之于神,所谓'国将亡,听于神',盖人屈抑无所伸故也。如深山之人多信巫祝,盖山僻罕及,多为强有力者所制,其人屈而不伸,必咒诅于神,其间又有偶遭祸者,遂指以为果得伸于神。"⑤ 这说明人之所以认为有神,除了因为对自然现象缺乏科学的理解外,也因为在不合理的社会中,受了剥削阶级的压迫而无法申诉。他还指出,被剥削阶级求神是出于不得已;反动统治者听于神,是日趋没落的表现。

---

① 《张子全书》卷十四《性理拾遗》。
② 《张子全书》卷二《正蒙·动物》第五。
③ 《张子全书》卷十三《文集抄·答范巽之书》第一。
④ 《张子全书》卷三《正蒙·乾称》第十七。
⑤ 《张子全书》卷四《经学理窟·周礼》。

所以他认为"鬼神者"只是"二气之良能"①，意即是人物的本能——人物本身的运动形态。人物的生长，显出他（或它）的精神来；而人物的老死，则是他（或它）的归宿。所谓"众生必死，死必归土，此之谓鬼"②，这样才叫做鬼。而鬼者，归也，是归宿之意。所以在他最后的归结中，所谓鬼神，如自然界的寒与暑、屈与伸一般只是人物的运动变化形态。

二、张载的辩证思想

张载这样说："物无孤立之理，非同异、屈伸、终始以发明之，则虽物，非物也；事有始卒乃成，非同异、有无相感，则不见其成；不见其成，则虽物非物，故曰'屈伸相感，而利生焉'！"③

他从肯定宇宙的物质性中，进一步探索宇宙现象，在探索中看到了宇宙事物变化发展的若干真理性。这从上述的一番话中可以知道：

第一，他认识到宇宙间没有所谓孤立的东西，任何东西都有它的对立物。

第二，他认识到只有发现了事物的矛盾，发现了它的变化发展法则，掌握了它的规律，这一事物才能为人们所利用；否则的话，虽是物，也无法为人们所利用。

第三，他认识到一切事物都是在矛盾变化中成长起来的，如没有矛盾，便没有事物的成长，没有事物的成长，便无所谓物。所以说："故曰'屈伸相感，而利生焉'。"

他又说："一物两体，气也；一故神，两故化，此天之所以三也。"④

这就是说：事物有它的内在矛盾，有它的阴阳两体，这阴阳两体都统一在这个事物之中。由于它的统一，故能显出它的精神，发挥它的作用；但是，又由于这个统一物中包含着两个体的对立，因此这个事物才有它的发展变化。所以说，整个世界是又矛盾（两）又统一（一），又统一（一）又矛盾（两）这样地变化发展着的，这便是"三"。

---

① 《张子全书》卷二《正蒙·太和》第一。
② 《礼记·祭义》。
③ 《张子全书》卷二《正蒙·动物》第五。
④ 《张子全书》卷二《正蒙·参两》第二。

他又说:"感而后有通,不有两,则无一。"①

意思就是:在阴阳两体的相感中,"阴中有阳,阳中有阴",由是而由旧的质导引出新的质,这就是所谓"感而后有通"。倘没有阴阳两体的相感,就不能有新的统一体,亦即不能由旧质导引出新质。

关于这,他又进一步阐明道:"两不立,则一不可见;一不可见,则两之用息。两体者,虚实也,动静也,聚散也,清浊也,其究一而已。"②

这意思更明确,没有阴阳两体的相感,就不能从阴阳两体的相互渗透中达到新的统一,亦即不能由旧质导引出新质,所以说"两不立,则一不可见",而"一不可见"——没有新的统一,即没有新的质,则"两之用息",不能有新的矛盾变化,所谓"乾坤毁,则无以见易"③。所以说,事物的矛盾变化,是一切事物的本色和它的规律。而宇宙间是充满着矛盾的。除阴阳外,虚实、动静、聚散和清浊等等,都是宇宙间所存在的矛盾,都统一于一切事物之中。

以上的分析,说明张载认识的深刻:

第一,他认识了事物的本质,所谓"凡圜转之物,动必有机,既谓之机,则动非自外也"④。

第二,他认识了有矛盾才有发展,矛盾是推进一切事物的动力。

第三,他认识了矛盾的普遍存在,所谓宇宙间"无无阴阳者,以是知天地,变化二端而已"⑤。

而这一矛盾的普遍性,除了阴阳、虚实、动静、聚散和清浊以及"有贵有贱,有吉有凶"⑥这一切带有本质性的对立外,还有非本质性的对立。他这样说:"……天下之物,无两个有相似者,虽一件物,亦有阴阳左右。譬之人一身中,两手为相似,然而有左右;一手之中,五指而复有长短;直至于毛发之类,亦无有一相似。至于同父母之兄弟,不惟其心之不相似,以至声音形状,亦莫有同者。以此见直无一同者。"⑦这说明无一而非

---

① 《张子全书》卷二《正蒙·太和》第一。
② 《张子全书》卷二《正蒙·太和》第一。
③ 《张子全书》卷二《正蒙·太和》第一。
④ 《张子全书》卷二《正蒙·参两》第二。
⑤ 《张子全书》卷二《正蒙·参两》第二。
⑥ 《张子全书》卷十一《易说下·系辞上》。
⑦ 《张子全书》卷二《语录抄》。

矛盾，无一而没有矛盾的存在。

他又说："知崇礼卑，叩其两端而竭也。"①

按崇与卑，亦即高与卑，高卑对立。

又说："言凡所治，务能变而任正，不胶柱也。"②

按有矛盾，有高卑的对立，自然就有事物的发展变化。而人们在这事物的矛盾变化当中，能"不胶柱"而"叩其两端两竭也"——通过掌握矛盾发展变化而解决矛盾。矛盾是普遍存在的，人们应善于发现矛盾、掌握矛盾的发展变化。

张载对事物的内在矛盾和矛盾的发展变化认识这样深刻，这当然不是偶然的。

当时的工商业发展已使原料生产与加工生产之日渐分离，故工场手工业亦因之而日形活跃，所以张载有过这样的表示："于不贤者犹有所取者"，如"问制器，不如问工人，问财利，不如问商贾"，③肯定了他们各自独立的技艺。由于这，除引致工艺科学抬头以外，又导引起对自然现象的探讨。他的《正蒙·参两》与《动物》，前者论究天地阴阳常变之道，后者则论究人物化生之妙，他从探讨中见到了物质运动的若干真理和它的发展变化规律。他能有丰富的辩证思想，这是渊源之一。

又当时整个社会生产力虽是发展的，但土地集中的现象亦很严重，加上赵宋政权的多番盘剥，致阶级斗争日形激烈。早在北宋初年，四川地方就曾爆发王小波、李顺的起义，起义者提出了"均贫富"的口号。④到张载的时代，阶级矛盾益加尖锐，1043年先后爆发了虎翼卒王伦的起义和张海、郭邈山的起义，他们"劫府库兵仗，散钱帛与其党及贫民"⑤。斗争如此激烈，是因为"富民之家，地大业广阡陌连接"⑥；而另一面，"贫者则食不自足，或地非已有，虽欲用力，未由也已"⑦。在土地集中的过程中，贫者无立锥之地，不得不起而反抗，要求均贫富。所以在当时，

---

① 《张子全书》卷十一《易说下·系辞下》。
② 《张子全书》卷九《易说上·随》。
③ 《张子全书》卷五《经学理窟·气质》。
④ 曾巩《隆平集》卷二十。
⑤ 《续资治通鉴》卷四十六《宋纪》仁宗庆历三年。
⑥ 苏洵《嘉祐集》卷五《田制》。
⑦ 《直讲李先生文集》卷十六《富国策》第二。

"河东、陕西、京西盗贼已多,至敢白昼公行人县镇,杀官吏,官军追讨,经历岁月,终不能制"①。张载曾感慨地这样说:"……仁政必自经界始,贫富不均,教养无法,虽欲言治,皆苟而已。"②由此可知,他具有丰富的辩证思想,当时阶级斗争之激烈所给予的反映,也是极大的关键。

因此,关于矛盾的对抗性,他这样说:"……感而生(阴阳相感),则聚而有象,有象斯有对,对必反欠所有,反斯有仇,仇必和而解。"③

意思就是:由阴阳相感而产生的具体物,不是孤立的,有它的对立面,对立面发展至尖锐化的地步,势必成为仇敌,势必采取敌对的行动;到这个时候,反可用和缓的办法解决。

这里,暴露了一个问题,他虽认识了矛盾的变化发展和矛盾的对抗性;但是,却认为到对抗局面的形成的时候,矛盾不是用克服的办法解决,而是用调和的办法解决。这就显出了他的地主阶级的本质——害怕斗争而不敢斗争。

另一方面,他认为"仇必和而解",也说明他对自然现象虽有若干科学的理解,但是不全面。他这样说:"故雷风有小大暴缓,和而散,则为霜雪雨露;不和而散,则为戾气噎霾。"④他不理解阴阳两电"和而散"与"不和而散",在于是否谁克服了谁。一方克服另一方,就"和而散";否则,就仍是"戾气噎霾"。并不是两电不经过彼此之间的矛盾冲突,风一来,便"和而散"而解;从另一方面说,实际上是自然现象中的矛盾对立,经过冲突克服了矛盾对立。对一点,他未能从对自然现象的探讨中获得正确的理解。

三、张载的政治思想

虽然从总的说来,当时社会生产力已有相当的发展,从而促进了原料生产与加工生产的分离,工商业进一步发达;但因工商业的发达而导致的土地集中情况亦相当严重,致社会贫者愈贫而富者愈富——这情况前两节已有所论述。

张载自己所经历的,有两件这样的事:

---

① 《温国文正司马公集》卷四十六《乞罢保甲状》。
② 《张子全书》卷十五吕大监所撰行状。
③ 《张子全书》卷二《正蒙·参两》第二。
④ 《张子全书》卷二《正蒙·参两》第二。

曾经有一个时候，由于剥削严重，"并塞之民，常苦乏食而贷于官，帑不能足，又属霜旱"，而张载"力言于府，取军储数十万以救之"①。

又一年，亦由于剥削严重，又"适大歉，至人相食，家人恶米不凿，将舂之"。张载"亟止之曰：'饥殍盈野，虽蔬食且自愧，又安忍有择乎？'甚或咨嗟对案，不食者数四"②。

他是官僚地主阶级，做过县令，"有田数百亩"③；但"富者愈富，贫者愈贫"的严重的社会情况，给予他深刻的影响，所以他同情人民。

他曾这样说："利，利于民则可谓利；利于身，利于国，皆非利也。"④

"利于身"，说是"非利"，固无论矣；而"利于国"，也说是"非利"，这话在当时说来是不容易道出来的。怎的不要"利于国"呢？这话有它的积极意义，因为当时的客观唯心论者，对人民如何，并不怎么过问，所谓"饿死事小，失节事大"，只要利于国、能维护那中央集权封建统治即可。他的这些话，在一定意义上，是批判了当时的客观唯心主义。墨子说要"中万民之利"，墨家后学亦指出"功，利民也"⑤，而张载说"利，利于民，则可谓利"，显然是受有墨家思想的影响。

因而他在另一处又说："天施地生，损上益下，播种次之。"⑥

为了要"利于民"，不仅不应"利于国"，而且应"损上益下"，通过此来改善人民的生活。"损上益下"是主要的，人民自己的播种倒是次要的，因为人民生活只有获得改善，有田可耕，才谈得上发展生产。

而当时人民普遍"以亟夺富人之田为辞"⑦，张载指出，这就是要求"均贫富"，这就是要求"损上益下"。

他又说："天无心，心都在人之心。一人私见固不足尽，至于众人之心同一，则却是义理。"⑧

这就是说，一般说来，多数人的意见是真理。"亟夺富人之田"既是

---

① 《张子全书》卷十五吕大临所撰《行状》。
② 《张子全书》卷十五吕大临所撰《行状》。
③ 《张子全书》卷十五吕大临所撰《行状》。
④ 《张子全书》卷十四《性理拾遗》。
⑤ 《墨子·经上》。
⑥ 《张子全书》卷十一《易说下·系辞下》。
⑦ 《张子全书》卷十五吕大临所撰《行状》。
⑧ 《张子全书》卷四《经学理窟·诗书》。

当时人民的普遍反映，也就是真理。人们不应不注意，不应有所忽视。

他又指出："故为政者在乎足民，使无所不足，不见可欲而盗必息矣。"①

这说明当时人民之所以有起义的行动，是为了反剥削反压迫，从反剥削反压迫中实现"均贫富"，改善自己的生活。993年，王小波、李顺的起义不是很明显吗？所以说"使（人民）无所不足，不见可欲而盗自息矣"。——这是历史的唯物论思想，发掘了社会发展的秘密。

人民普遍地有"亟夺富人之田"的要求，这是当时一个客观的存在。稍后不久爆发了方腊起义（1120年），这不就是一个具体的例证吗？

张载为了要达到"均贫富"的目的，主张"复井田"。

他这样说："治天下不由井地，终无由得平，周道止是均平。"②

这是当时一致的看法。李觏（1009—1059）亦曾指出："是故土地，本也；耕获，末也。无地而责之耕，犹徒手而使战也。法制不立，土田不均，富者日长，贫者日削，虽有耒耜，谷不可得而食也。"③

王安石也认为《周礼》是可以致太平的，说"其法可施于后世，其文有见于载籍，莫具乎《周官》之书"④。张载要复井田，称周道止是均平；而王安石称《周官》之法可施于后世，这说明他们两人对《周礼》都一致欣赏，都认为《周礼》的办法可施之于当世，复井田是其中之一。这说明他们两人对当时政治的看法是一致的。当时的政治，自应有所改革，特别是土地集中的现象这么严重，"富者愈富，贫者愈贫"，怎的不想办法呢？所不同的，就是两人的方法不一样。张载主张直接复井田；而王安石则主张逐步解决，从实行青苗等法，消灭兼并入手。所以张载对王安石有意见，并反对王安石进行改革。这是因为二人的做法有本质上的区别。

由于张载要直接复井田，所以他说："井田至易行，但朝廷出一令，可以不笞一人而定，盖人无敢据土者。"⑤

不经过农民对封建地主阶级的斗争，而想在封建统治之下，用一纸命令

---

① 《张子全书》卷三《正蒙·有司》第十三。
② 《张子全书》卷四《经学理窟·周礼》。
③ 《直讲李先生文集》卷十九《平土书》。
④ 《周官新义·自序》；《王临川集》卷八十四亦载，名《周礼义序》。
⑤ 《张子全书》卷四《经学理窟·周礼》。

来复井田制，来解决土地集中的严重现象，这只是一个不能实现的好愿望。

这里暴露了他的"仇必和而解"的官僚地主阶级的本质，亦暴露了他谈论社会问题时的唯心主义观点。

他在经济上要复井田，在政治上就要复封建。①

他这样说："井田而不封建，犹能养而不能教；封建而不井田，犹能教而不能养。"②

实质上，他所以要复封建，是想打破当时那加强了的中央集权的封建专制主义。

他曾这样说："所以必要封建者，天下事之分得简，则治之精，不简则不精，故圣人必以天下分之于人，则事无不治者。"③

他力主地方分权，反映了中央集权的封建统治之危机。如"宋聚兵京师，外州无留财，天下支用，悉出三司，故其费寝多"，至"真宗嗣位"而"条禁愈密"，致上下俱为财所困，而不能俾地方以权力，使之有所施展。④ 这意思不是很明白吗？因此张载认为"必以天下分之于人，则事无不治者"。

因之张载倡导复封建——要地方分权，这从暴露当时中央集权封建统治不断加剧的危机来说，有积极的意义，说明中央集权的封建统治并非如客观唯心主义者所想象的，是一个永恒的存在。

不过，他倡导复井田与封建，虽然有一定的积极作用，但他的这种倡导，较之王安石的新法，则有所不足。虽然两者都属改良性质，但后者更切合当时历史的实际。如后者的青苗法与市易法，旨在制止兼并；保甲法与保马法，旨在防御辽金的侵略，都是应该做而且可能做得通的。而张载的办法却是不可能实现的，只能说是一种同情人民的理想。

张载之同情人民，除以上所论述的以外，还反映在其他地方。他在《西铭》中曾这样说："尊高年所以长其长，慈孤弱所以幼其幼，圣其合德，贤其秀也。凡天下疲癃残疾茕独鳏寡，皆吾兄弟之颠连而无告者也。"⑤ 他对当时一切被压迫者表现了高度的同情心，因为他认识到"民吾同胞，物吾

---

① 按这所谓封建是对郡县而言，并非封建社会的封建。
② 《张子全书》卷十四《性理拾遗》。
③ 《张子全书》卷四《经学理窟·周礼》。
④ 《宋史》卷一百七十九《食货志下》第一。
⑤ 《张子全书》卷一《西铭》。

与也"① ——既然一切颠连无告者都是我的兄弟姊妹,怎能不给予同情呢?

杨龟子(名时)疑张载的这种"民吾同胞"的思想是渊源于墨家的"兼爱",属于"兼爱"的思想体系。对他这怀疑,程颐弟兄一再分解,说张载的《西铭》是"明理一而分殊,墨氏则二本而无化"②,前者有亲疏区分,而后者则爱无差等。亦就是说:张载"民吾同胞"的思想是不同于墨家的"兼爱",而是儒家的思想,是儒家"仁"的本旨。不过程颐的话虽本儒家的精神而如此说,但杨龟山的看法也并不是没有道理。他看出了"民吾同胞"的思想和儒家的"仁"有分别,而接近于墨家的兼爱;明确地说,是受墨家"兼爱"思想的影响。

如把张载的"民吾同胞"的思想和他倡导复井田与封建的主张,与当时的社会实际,特别是他在前前后后所爆发的几次农民大起义之后所提出的战斗口号联系起来看,可加深对张载思想的理解。比如:在张载之前,993至994年王小波、李顺起义就提出了"均贫富"的口号③。稍后于张载,1120年方腊起义要求"平等,无有高下"④,1130年钟相、杨么起义提出"等贵贱,均贫富"⑤,这一切,均说明他的思想,特别是"民吾同胞"的思想,是这一社会内容之不同程度的反映。

而张载时,"食菜事魔"教"事者益众"⑥。这一摩尼教的流派之所以受到农民的普遍的欢迎,是因为这教提出了"是法平等,无有高下"的主张。方腊就是利用摩尼教来组织群众的。当时民间之争事摩尼教,特别是摩尼教的主张,这对张载的"民吾同胞"思想是有影响的。

张载的《西铭》,虽有"民吾同胞"的思想,反映了当时农民起义中的若干平等要求,可是他的整个思想体系,仍是封建的思想体系。所谓"大君者,吾父如宗子,其大臣,宗子之家相";所谓"不循天理而徇人欲"是"不爱其亲而爱他人",所谓"贼杀其亲"是"大逆无道",都显出了封建思想体系的名教思想,而这一思想是属于唯心论范畴的。由于这,所以程颐在致书杨时时说:

---

① 《张子全书》卷一《西铭》。
② 《二程文集》卷八《答杨时论〈西铭〉书》。
③ 陈均《皇朝编年备要》卷四。
④ 《鸡肋编》卷上。
⑤ 李心传《建炎以来系年要录》卷三十一。
⑥ 《二程文集》卷八《答杨时论〈西铭〉书》。

> 横渠立言,诚有过者,乃在《正蒙》。《西铭》之为书,理以存义,扩前圣所未发,与孟子性善养气之论同功,岂墨氏之比哉!①

这说明张载的唯物论思想表现在他的《正蒙》一书,而《西铭》一文则是客观唯心论的。所以程颐本着他的客观唯心论的观点,反对前者而肯定后者。而且程颐不止一次地反对张载的《正蒙》,又曾写信给张载,指斥他这书中的唯物论思想之不妥。程颐这样说:

> 如"虚无即气则无无"之语,深探远颐,岂后世学者所尝虑及也,然此语未能无过。②

张载的"虚无即气则无无",正说明客观的世界并非精神的世界而是物质的世界,但程颐独对这点提出意见,并指斥他"意屡偏而言多窒",这说明当时唯物论如何不见容于唯心论,亦说明当时唯物论对唯心论斗争的激烈。

四、结语

据说张载写《正蒙》时,"处处置笔砚,得意即书"③。又说他写《正蒙》,"或夜里默坐彻晓"④。这说明他对自然现象和宇宙本体的探讨,是非常认真、花了工夫的;同时,这也说明《正蒙》一书,是他思想的结晶,是他的代表作。

而他的唯物论思想和辩证思想全面地反映在《正蒙》里,这说明唯物论思想和辩证思想是他思想的主导。

当时的唯心论者,首先是程颐,贬斥《正蒙》,而肯定《西铭》,使《正蒙》中的唯物论与辩证思想,未能获得应有的阐扬,所阐扬的倒是《西铭》中的唯心论思想。所以后人只知道张载的《西铭》,除了明清之际的王廷相(1474—1553)⑤、王船山(1619—1692)曾对《正蒙》作过

---

① 《二程文集》卷八《答杨时论〈西铭〉书》。
② 《二程文集》卷八《答横渠先生书》。
③ 《张子全书》卷十五。
④ 《张子全书》卷十五。
⑤ 按,王廷相的哲学著作有《横渠理气辨》(载《家藏集》)等。

阐述外，少有人认识到他的《正蒙》。实际上，《正蒙》是张载的代表作，而唯物论思想是他的主导思想。

当然，《正蒙》亦有许多不纯粹的地方。

他这样说："世人之心，止于闻见之狭，圣人尽性，不以见闻梏其心，其视天下，无一物非我。"① 他这话就是从否定实践的认识中肯定"无一物非我"——一切皆自我而出。这样又倡导"学贵心悟"②，背离了唯物论而流于主观唯心论。

又，他虽然不承认有所谓鬼神，却认定祭祀有鬼向③，又认定"天地法象"乃"神化之糟粕"，夸大神的作用④，这又由无神论变为有神论。

他虽认识了自然物的发展变化，但又说，"天地之性，久大而已矣"⑤，认为自然物悠久而无变化。这又走上了形而上学的道路。

他虽认识了事物的内在矛盾，但又强调"大中至正"，认为"中正然后贯天下之道"⑥。这就是说，事物的内在矛盾不是通过斗争，而是通过调和的方式解决的。前已指出，这暴露了他的官僚地主阶级的本质。他强调"大中至正"，不仅和周敦颐、邵雍他们相一致，而且说明了他同样地要调和社会的阶级矛盾，以巩固当时地主阶级的封建政权。以后的封建统治者把他和周敦颐、程颐他们作同样的推崇景仰，他的倡导"大中至正"的思想，乃是一个主要的因素。

张载思想中虽有这么许多不纯粹的东西，但是，唯物论、辩证思想和科学思想，仍是他思想中主导的一面。这主导的一面，在当时有它的战斗意义，有极大的进步作用。它为后来明清之际伟大的唯物论者王船山所承接，并被发扬光大。

---

① 《张子全书》卷二《正蒙·大心》第七。
② 《张子全书》卷六《经学理窟·义理》。
③ 《张子全书》卷八《经学理窟·祭祀》。
④ 《张子全书》卷二《正蒙·太和》第一。
⑤ 《张子全书》卷二《正蒙·诚明》第六。
⑥ 《张子全书》卷二《正蒙·中正》第八。

阳明先生在宋明理学中的地位

宋儒们之间之哲学的最后归趋,都是要走进"浑然与物同体"的仁的领域,即是与天地万物相交通的纯精神的领域。而被认为成问题的,是如何进入这一领域。从这一点上,他们之间发生了歧见:

(1) 朱晦庵一派,认为要从博览、致知、集义与道向学的一方面下手,之后便是如何持守的问题。

(2) 陆象山一派则反之,他认为首先就应守敬,崇德性;换言之,即是从发明人之本心入手,然后归于博览。

换句话说,就是一个从"知"的方面入手,一个从"行"的方面入手。

到底从"知"着手呢,还是从"行"着手呢?到明代王阳明的手里才得到了一个解答。

阳明认为知与行两者,并不是如朱、陆一样可以分离、分出谁先谁后的,而是合一的。关于这一点,他一连举了好几个例子:

(1)《大学》中的"'如好好色,如恶恶臭',见好色属知,好好色属行。只见那好色时,已自好了,不是见了后,又个心去好;闻恶臭属知,恶恶臭属行,只闻那恶臭时已自恶了,不是闻了后,别立个心去恶。如鼻塞人虽见恶臭在前,鼻中不曾闻得,便亦不甚恶,亦只是不曾知臭"。(《传习录》上)

(2)"就如称某人知孝,某人知弟,必是其人已曾行孝行弟,方可称他知孝知弟,不只是晓得说些孝弟的话便可称为知孝弟。"(《传习录》上)

(3)"又如知痛,必已自痛了方知痛;知痛寒,必已自寒了;知饥,必已自饥了。"(《传习录》上)

他认为:既是这样,"知""行"如何分得开?

阳明和宋儒们一般,只求完成"一体的仁";要完成这"一体的仁",只在个人方面的修为,而不在对外界事物之探讨,于是认定知与行在个人的修为上是合一而无分先后的。倘从对外界事物的探讨上说,二者又有些两样,"行"与"知"不仅都合一于外界事物之中,并且"行"还属主导的一面。

由于阳明的目的是在完成这"一体的仁",于是进一步又从"知行合一"中倡导出"致良知"来。

"致良知"是怎样的呢?他这样说:

> 知是心之本体,心自然会知。见父自然知孝,见兄自然知弟,见孺子入井自然知恻隐,此便是良知。不假外求,若良知之发,更无私意障碍,即所谓充其恻隐之心而仁不可胜用矣。然在常人不能无私意障碍,所以须用致知格物之功,胜私复理,即心之良知更无障碍,得以充塞流行,便是致其知,致知则意诚。(《传习录》上)

从他的这一段话中,我们得出如下的几点意思:

(1)他一则说"胜私复理",再则说"充其恻隐之心,而仁不可胜用",这就点明了他的思想归趋是在完成这属于先验方面的"一体的仁",而不在于对外界事物有所认识。

(2)原来他说的"知行合一",容易被人误会成对外界事物的"知行合一"。如果是对外界事物的"知行合一",自然"行"属主导。现在他说"致良知",便是承认人类有先验的知识,便想阐发这先验的知识。这善性,是向内而不是向外。因之他虽然认定"知"与"行"是合一而不能分出谁为主导的,但他既认定"知"为先验的,当然"知"就是主导的了。

(3)良知为知,致良知为行,说致良知既包括了"知"与"行",又包括了"知"与"行"的对象。"知"与"行"的对象是什么呢?就是先验的知识,就是良知。这样,较之单纯地只说知行合一,在概念上,当然要明白多了。

阳明因承认良知,故人类要达到"一体的仁",只须阐发良知,而无须对外界事物有所致力。而事实上,他对外界事物是怎样的一个态度呢?

这可分为两点来说。

第一,他对外界事物是否定的。他这样说:"心即理也,天下又有心外之事,心外之理乎?"(《传习录》上)

第二,"天地鬼神万物,离却我们的灵明,便没有天地鬼神万物了"。

(《传习录》上)

为什么"离开我的灵明,便没有天地鬼神万物了"呢?

他举例说:"今看死的人,他这些精灵游散了,他的天地万物,尚在何处?"(《传习录》下)

阳明的这一说法,相当于笛卡尔的"我思故我在"。他这样说:"我的灵明,离却天地鬼神万物,亦没有我的灵明。"(《传习录》下)

这话的意思,就是认定"天地鬼神万物"因我的灵明而显现。

综上所说,我们得知阳明哲学,无论从哪一方面说,都是集中国哲学中心本论之大成的,许多在先秦的子思、孟轲,在宋儒的程、朱、陆,所无法解答的关于心本论问题,到他手里都获得了一个解答。我们可以说,阳明就是中国的黑格尔。

顾亭林论社会的实践和他的民主主义倾向

顾亭林，原名绛，国变后改名炎武，字宁人，或自署蒋山佣，江苏昆山人。生于明万历四十一年癸丑（1613），卒于清康熙二十一年壬戌（1682），年七十。他相貌丑怪，瞳中白而边黑；性情耿介，不谐于俗，只和同里归元恭（庄）友善，当时有"归奇顾怪"之称。他家本是望族，承祖父命出继堂叔为子，母亲王氏，十六岁未婚守节，把他抚育成人。

亭林少时，即留心经世之学，极喜抄书，曾把二十一史、明代十三朝实录等书中有关国计民生者，分类录出，旁推互证，撰写《天下郡国利病书》，未成而国难作。乙酉夏，起兵吴江，事败，幸得脱。但他母亲自昆山城破之日起绝粒二十七日而卒。遗命亭林勿事二姓。

后来亭林见东南悍将惰卒，不足以反清复明，便启程北游，通观形势，阴结豪杰，以图光复。他曾五谒孝陵，六谒思陵，又到过江北淮安，山东章丘，山西雁门之北、五台之东等地。他每到一处，都从事垦田；垦好了，便交给朋友或门弟子代为经营，自己又往别处去。他每到一个险要的地方，都找些老兵退卒，问长问短，如果发现和平日见闻不合，便就近到茶房里打开书本对勘。

亭林六十七岁时，卜居于陕西的华阴。他"卜居"在这里的意思，在于"秦人慕经学，重处士，持清议，实他邦所少。而华阴绾毂关河之口，虽足不出户，而能见天下之人，闻天下之事。一旦有警，入山守险，不过十里之遥。若志在四方，则一出关门，亦有建瓴之势"。后来王徵君筑斋延请他，才得定居下来，王徵君还在华山下置了五十亩田，供他的朝夕之需。

康熙十七年（1678），开博学鸿词科，清廷想拉拢他，他令门生对人宣言说："刀绳俱在，无速我死！"次年开明史馆，又想请他参加；他写信拒绝说："先妣未嫁过门，养姑抱嗣，为吴中第一奇节，蒙朝廷旌表。国亡绝粒，以女子而蹈首阳之烈。临终遗命，有无仕异代之言，载于志状，故人人可出而炎武必不可出矣。七十老翁何所求，正欠一死，若必相逼，则以身殉之矣。"由是清廷诸人不敢再惹他。到康熙二十一年，便因病死在曲沃。遗著有《日知录》《天下郡国利病书》及《音学五书》等。

一、亭林论"道器"与反对"用心于内"

在道器观上,亭林和刘宗周、颜习斋、王船山他们是同一的,认定"理为器之理""道为器之道"。他说:"盈天地之间者皆气也;气之盛者为神。神者,天地之气,而人之心也。"(《日知录》经义篇)又谓:"形而上者谓之道,形而下者谓之器,非器则道无所寓。"(《日知录》经义篇)

把"气"或"器"认为是第一性的东西,而"神"或"道"只不过是派生出来的,这是清初诸大师一般的宇宙观点,也是当时反王学、反朱学的思想武器。他批评宋儒们的所谓学道说:"古今安得别有所谓理学者,经学即理学也;自有舍经学而言理学者,而邪说以起。"(全榭山《亭林先生神道表》引)又谓:"……愚独以为理学之名,自宋人始有之,古之所谓理学者,经学也。"(《文集》卷三《与施愚山书》)

亭林根本否定有所谓宋儒们所说的超然的"理学"存在。要说理学,就是圣门的经学。

然则他所认为的圣门经学是什么呢?是不是从对客观社会的实践中所获得的实际的学问呢?我们看他说:

> ……窃叹夫百余年以来之为学者,往往言心言性,而茫乎不得其解也。命与仁,夫子之所罕言也;性与天道,子贡之所未得闻也。性命之理,著之《易传》,未尝数以语人。其答问士也,则曰"行己有耻",其为学,则曰"好古敏求"。其与门弟子言,举尧舜相传所谓危微精一之说,一切不道,而但曰"允执其中,四海困穷,天禄永终"。呜呼!圣人之所以为学者,何其平易而可循也。……今之君子则不然。聚宾客门人之学者数十百人,"譬诸草木,区以别矣";而一皆与之言心言性。舍多学而识,以求一贯之方;置四海之困穷不言,而终日讲危微精一之说。是必其道之高于夫子,而其门弟子之贤于子贡,挑东鲁而直接二帝之心传者也。我弗敢知也。
>
> 《孟子》一书,言心言性,亦谆谆矣;乃至万章、公孙丑、陈代、陈臻、周霄、彭更之所问;与孟子之所答者,常在乎出处、去就、辞受、取与之间。以伊尹之元圣,尧舜其君其民之圣德大功,而其本乃

在乎千驷一介之不视不取。伯夷、伊尹之不同于孔子也；而其同者，则以行一不义，杀一不辜，而得天下不为。是故性也、命也、天也，夫子之所罕言，而今之君子之所恒言也。出处、去就、辞受、取与之辨，孔子、孟子之所恒言。而今之君子所罕言也。……我弗敢知也。

愚所谓圣人之道者如之何？曰"博学于文"，曰"行己有耻"，自一身以至于天下国家，皆学之事也；自子臣弟友以至出入、往来、辞受、取与之间，皆有耻之事也。耻之于人大矣！不耻恶衣恶食，而耻匹夫匹妇之不被其泽。……呜呼！士而不先言耻，则为无本之人；非好古而多闻，则为空虚之学。以无本之人，而讲空虚之学，吾见其日从事于圣人，而去之弥远也。（《文集》卷三《与友人论学书》）

这一段话中，亭林一方面力辟宋儒们的离开事物而空言心、空言性之谬；另一方面则阐明圣门之学，即在"多学而识""行己有耻"，即在"出入、往来、辞受、取与"之间。换言之，我们要明道明理，即在为解决"四海困穷"之实践中，即在孜孜不断地向外界学习之中。亭林为反对宋学，故区别孔门圣学与宋学之不同；同时他也是借孔门圣学表明自己的观点与主张。事实上孔门圣学是否真的如此，还是要另作研究的。

他又说：

五胡乱华，本于清谈之流祸，人人知之；孰知今日之清谈，有甚于前代者！昔之清谈，谈老庄；今之清谈，谈孔孟。未得其精而已遗其粗，未究其本而先辞其末；不习六艺之文，不考百王之典，不综当代之务，举夫子论学、论政之大端，一切不问。而曰一贯，曰无言，以明心见性之空言，代修己治人之实学，股肱惰而万事荒，爪牙亡而四国乱，神州荡覆，宗社丘墟！昔王衍妙善无言，自比子贡，及为石勒所杀，将死，顾而言曰："呜呼！吾曹虽不如古人，向若不祖尚浮虚，戮力以匡天下，犹可不至曰！"今之君子，得不有愧乎其言。（《日知录》经义篇）。

舍"修己治人之实学"不务，而唯"明心见性之空言"是图，这样，不仅见不到事物的真理，反而远离了当前的现实，故不免弄得"神州荡覆，宗社丘墟"。所以非得"综当代之务"，对现实下功夫不可。

亭林因为注重社会实践，故特别反对宋儒们的"用心于内"之说。他说：

> 古之圣人，所以教人之说，其行在孝弟、忠信，其职在洒扫、应对、进退，其文在《诗》《书》《礼》《易》《春秋》，其用之身在出处、去就、交就，其施工天下在政令、教化、刑罚；虽其和顺积中，而英华发外，亦有体用之分，然并无用心于内之说。（《日知录》艺文篇）

亭林认为一切的道理，均在日常事务之中；如果离开了日常事务，只是"用心于内"，则把握不住真理。所以他引唐仁卿答人书的话道："外仁外礼事以言心，虽执事亦知其不可。"（《日知录》艺文篇）也就是人们不能超然于现实以外，不能在现实以外讨生活。

亭林又驳斥一般人的所谓"并心学易"，他道："圣人所闻所见，无非易也。若曰'扫陈见闻，并心学易'，是易在闻见之外也。六十四卦，三百八十四爻，皆所以告人行事，所谓'拟之而后言，议之而后动'者也。若夫堕肢体，黜聪明，此庄周列御寇之说易，无是也。"（《文集》卷四《与人书》二）。"易"是决不能"并心去学"的。"易"就是"变易"，就是指事物的运动变化，要把握事物的运动变化，就非从感"闻""见"，从对现实社会的实践中求之不可。如果扫陈见闻，甚且还"堕其肢体"而"并心学易"，那怎么是学"易"，怎么能学得到"易"呢？一切的变易都在具体的事物之中，人们要把握它，除"闻""见"而外，只能靠实践，否则是无以为功的。

梁任公有一段评论亭林的话，说亭林的主旨："所谓人生哲学（性），所谓宇宙原理（天道），都散寄于事物条理（文章）之中。我们做学问，最要紧的是用客观工夫，讲究事物条理，愈详博愈好，这便是'博学于文'。若厌他琐碎，嫌他粗浅，而专用主观的冥想去求'性与天道'，那却失之远了。"（《中国近三百年学术史》）这是相当中肯的一段评话，亭林的观点确如此。

二、亭林论劳心与劳力应当合一

在道、器的观点上，亭林既认定道为器所规定，我们要明了什么是

"道",就非得"下学而上达",非得从"器"即从客观的事物中去探求不可。怎样探求呢?亭林的意思是非实践不为功的。

对许多"文人""士人"不肯致力于现实社会的实践,亭林非常地不满意,他认为是无用的废物。他说:

> 唐宋以下,何文人之多也?固有不识经术、不通古今,而自命为文人者矣!韩文公《符读书城南》诗曰:"文章岂不贵,经训乃菑畬;潢潦无根源,朝满夕已除。人不通古今,马牛而襟裾;行身陷不义,况望多名誉。"而宋刘挚之训子孙,每曰:"士当以器识为先,一号为文人,无足观矣!"然则以文人名于世,焉足重哉?此杨子云所谓"撼我蘖而不食我实"者也。……《宋史》言欧阳永权与学者言,未尝及文章。惟谈吏事,谓"文章止于润身,政事可以及物"。(《日知录》艺文篇)

又谓:

> 《宋史》言刘忠肃每戒子弟曰:"士当以器识为先,一命为文人,无足观矣!"仆自读此一言,便绝应酬文字;所以养其器识,而不堕于文人也。(《文集》卷四《与人书》十八)

又谓:

> 能文不为文人,能讲不为讲师,吾见近日之为文人、为讲师者,其意皆欲以文名、以讲名者也。子这云乎:"是闻也,非达也。"默而识之,愚虽不敏,请事斯语矣。(《文集》卷四《与人书》二十三)

在这里,亭林认为空头的文人是无用的,文人应当以器识为先;也就是应当以从实践中去了解客观的现实为先。脱离了社会的实践,便成了"华而不实"的文人。"华而不实"的文人是"无足观"的。

亭林又从历史中证明古代并没有所谓不做事的空头文人。他说:

> 士农工商,谓之四民,其说始于《管子》。三代之时,民之秀者,

乃收之乡序，升之司徒，而谓之士，固千百之中不得一焉。太宰"以九职任万民"，"五日百工，饬化八材"，计亦无多人尔。武王作《酒诰》之书曰"妹土，嗣尔股肱，纯其艺黍稷，奔走事厥考厥长"，此谓农也；"肇牵车牛，远服贾，孝用养厥父母"，此谓商也。又曰"庶士有正，越庶伯君子，其尔典听朕教"，则谓之士者，大抵皆有职之人矣。恶有所谓群萃而州处，四民各自为乡之法哉？春秋以后，游士日多，《齐语》言醒公为游士八十人，奉以车马衣裘，多其资币，使周游四方，以号召天下之贤士。而战国之君遂以士为轻重，文者为儒，武者为侠。呜呼，游士兴而先王之法坏矣！彭更之言，王子垫之问，其犹近古之意与？(《日知录》经义篇)

理论应该与实践打成一片，劳心与劳力应该统一起来。所以古代的士人，不为农，就为商，或充任其他的职务。决没有一个像后世一样只"理论"、只"劳心"而不肯"实践"、不肯"劳力"的"传食于诸侯"的士人。因此，亭林对《孟子》书上的彭更、王子垫之间，认为是应该问的，是"近古之意"。

亭林自己不仅这样说，并且还真正地实践他的这个言论，做到理论与实践之统一。他不仅或明或暗地从事反清复明的运动，而且每到一处，稍定下来，不是种田，便是垦荒。他还叫他的朋友们也这样干，做到"身与心""体与脑"的一致。他说：

> 频年足迹所至，无三月之淹。友人赠以二马二骡，装驮书卷。所雇从役，多有步行，一年之中，半宿旅舍，此不足以累足下也。近则稍贷资本，于雁门之北、五台之东，应募垦荒，同事者二十余人，辟草莱，披荆棘，而立室庐于彼。然其地苦寒特甚，仆则邀游四方，亦不能留住也。彼地有水而不能用，当事遣人到南方，求能造水车、水碾、水磨之人，与夫能出资所耕者。大抵北方开山之利，过于垦荒；畜牧之获，饶于耕耨。使我有泽中千牛羊，则江南不足怀也。(《文集》卷六《与潘次耕书》)

亭林的这种做法，都是不做空头无用的文人，都以对现社会实践为第一。

亭林又历述古代帝王都不只是高高在上，都与老百姓一样从事体力劳动。他说：

> 享天下之大福者，必先天下之大劳；宅天下之至贵者，必执天下之至贱。是以殷王小乙，使其子武丁旧劳于外，知小人之依而周之，后妃亦必服澣濯之衣，修烦缛之事。及周公遭变，陈后稷先公王业之所由者，则皆农夫女工衣食之务也。古先王之教，能事人而后能使人；其心不敢失于一物之细，而后可以胜天下之大。舜之圣也，能饭糗茹草；禹之圣也，而手足胼胝，而日黧黑。此其所以道济天下而为万世帝王之祖也，况乎其不如禹舜者乎？（《日知录》经义篇）。

亭林拿古代帝王来做证明，足见劳心与劳力的合一，在古代，即帝王亦不能例外。哪里像后来有所谓"四体不勤，五谷不分"的有闲文人呢？

三、亭林的重实验与调查研究

亭林的思想，在清代有着极大的影响。而开清代考证学之先河者，是他的研究方法。

他这种研究方法，和近代的实验主义方法颇相近，是比较接近于客观的一种研究方法，是适合了当时都市经济发展中进步势力的要求的。

这方法，首先，就在对事物的探究，要能获得广泛的证验。关于此，《四库全书·日知录提要》上有评语："炎武学有本原，博赡而能贯通，每一事必详其始末，参以证佐，而后笔之于书，故引据浩繁，而抵牾者少。"他在《音学五书》上亦自述其方法道："……列本证、旁证二条：本证者诗自相证也，旁证者采之他书也。二者俱无，则宛转以审其音，参伍以谐其韵。"

亭林还不只是这样在书本上搜求证据，他还特别注重实地调查和实地研究。潘次根在《日知录序言》上这样说他："先生足迹半天下，所至交其贤豪长者，考其山川风俗，疾苦利病，如指诸掌。"全榭山在《亭林先生神道碑铭》上也这样说："先生所至，呼老兵逃卒，询其曲折，或与平日所闻不合，则即坊肆中而对勘之。"于此可见亭林在对事物的探究上是如何的不粗枝大叶，如何的认真。

其次，他反对因袭，力主创造。关于此，他在《日知录》艺文篇上这

顾亭林论社会的实践和他的民主主义倾向

样说:"……其必古人所未及就,后世之所不可无,而后为之。""近代文章之病,全在摹仿,即使逼肖古人,已非极意,况遗其神理而得其皮毛者乎?"《文集·与人书》上亦说:"君诗之病,在于有杜;君文之病,在于有韩、欧;有些蹊径于胸中,便终身不脱'依傍'二字。"《日知录》自序上亦说:"愚自少读书,有所得辄记之;其有不合,时复改定;或古人先我而有者,则遂削之。"

亭林还认为,所创造的要与社会的实际相配合,要从实际运用中来求创造。他说:"文之不可绝于天地间者,曰明道也,纪政事也,察民隐也,乐道人之善也。若此者,有益于天下,有益于将来。多一篇,多一篇之益矣。若夫怪力乱神之事,无稽之言,剿袭之说,谀佞之文,若此者,有损于己,无益于人,多一篇,多一篇之损矣。"(《日知录》艺文篇)

亭林的这几段话虽大都是针对书本上的问题而发,其实他的本意并不止在此。他的本意是在社会的实践,在社会的实际运用,这在前一节中已经说过。所可惜的,他的这种方法,并未被人运用于对社会的实践中去,反而被用之于钻研书本了。而其所以未能被运用于社会实践,主要的原因当然是由于清入主以后封建统治更加紧,一切均未能获得自由。关于此,梁任公在其《中国近三百年学术史》中这样说:"亭林是最尊重实验的人,试细读《日知录》中论制度、论风俗各条,便可以看出他许多资料,非专从纸片上可得。就这一点论,后来的古典考证家,只算学得'半个亭林'罢了。"而钱穆在其《中国近三百年学术史》中更明白地这样说:"盖亭林论学,本悬二的:一曰明道,一曰救世。其为《日知录》,又分三部,曰经术、治道、博闻。后儒乃打归一路,专守其'经学即理学'之议,以经术为明道。余力所汇,则及博闻。至于研治道,讲救世,则时异世易,继响无人,而终于消沉焉。若论亭林本意,则显然以讲治道救世为主。故后之学亭林者,忘其'行己'之教,而师其'博文'之训,已为得半而失半;又于其为所以为博文者,弃其研治道,论救世,而专趋于讲经术、务博文,则半之中又失其半焉。且所失者胥其所重,所取胥其所轻。取舍之间,亦有运会,非尽人力,而近人率推亭林为汉学开山,其语要非亭林所乐闻也。"

在以前,全榭山就曾发过这样的感慨,他在《亭林先生神道碑铭》上说:"历年渐远,读先生之书者虽多,而能言其大节者已罕,且有不知而亡为立传者,以先生为长洲人,可哂也。……及读王高士不庵之言曰:

· 265 ·

'宁人身负沉痛,思大揭其亲之志于天下,奔走流离,老而无子。其幽隐莫发,数十年靡诉其衷,曾不得快然一吐。而使后起少年,推以多闻博学,其辱已甚。安得不掉首故乡,甘于客死。噫,可痛也。'斯言也,其足以表先生之墓矣夫!"

所以后来一般推崇亭林为汉学开山,把他的方法专用之于钻研书本,这不仅为他所不愿意,也非其始料所及。同时他也没有料到后来的环境更加不自由,一般学人更无法以之来从事当时社会的改造。那时文字之狱层出不穷,可见一斑,使人们不得不只在考证上用功夫。

四、亭林的反专制与注重言论自由

亭林见当时君主专制弊端百出,深感在政治上需要稍稍民主一点,于是主张在实行郡县制应包含有封建(按此"封建"不能解作封建社会)的意思,因为有封建之意,地方权便可以扩大,不致由君主一人独裁。他说:"……方今郡县之蔽已极,而无圣人出焉。尚一一任其故事,此民生之所以日贫,中国之所以日弱而益趋于乱也。何则?封建之失,其专在下;郡县之失,其专在上。古之圣人,以公心待天下之人,胙之土而分之国。今之君人者,尽四海之内为我郡县犹不足也,人人而疑之,事事而制之,科条文簿日多于一日;而又设之监司,设之都抚,以为如此,守令不得以残害其民矣。不知有司之官,凛凛焉,救过之不给,以得代为幸。而无肯为其民兴一日之利者,民乌得而不穷?国焉得而不弱?率此不变,虽千百年,而吾知其与乱同事,日甚一日者矣。然则尊令长之秩,而予之以生财治人之权,罢监司之任,设世官之奖,行辟属之法,所谓寓封建之意于郡县之中,而二千年以来之蔽可以复振。后之君苟欲厚民生强国势,则必用吾言矣。"(《文集》卷一《郡县论》)

亭林虽没有像黄梨洲一样,反对君主专制那么激烈,但他已深深感到君主专制是无法把事办好、是要把国家弄糟的。所以他主张寓封建于郡县之中,不能让君主有过大的权柄,把君主的权削弱。

他又说:"天辟官、莅政、理财、治军,郡县之四权也,而今皆不得以专之。……是以言莅事而事权不在于郡县,言兴利而利权不在于郡县,言治兵而兵权不在于郡县,尚何以复论其富国裕民之道也哉!必也复四者之权,一归于郡县,则守令必称其职。国可富,民可裕,而兵农各得其业矣。"(《日知录》卷九"守令"条)不让君主一人独裁,国家的事才可以

顾亭林论社会的实践和他的民主主义倾向

办得好，才可以使人民各安生业。

亭林一方面反对专制，另一方面对于政府用人，除施行考试制度外，并主张荐举。他说："取士之制，其荐之也，略用古人乡举里选之意……县举贤能之士，间岁一人……夫天下之士，有道德而不愿仕者，则为人师。有学术才能而思自见于世者，其县令得而举之，三府得而辟之，其亦可以无失士矣。"（《文集》卷一《郡县论》九）

故对于民意之听取，亭林认为应特别注重。他说："'天下有道，则庶人不议。'然则政教风俗，苟非尽善，即许庶人之议矣。故《盘庚》之诰曰：'无或敢伏小人之攸箴。'而国有大疑，卜诸庶民之从逆。子产不毁乡校，汉文止辇受言，皆以此也。唐之中世，此意犹存。鲁山令元德秀遣乐玄数人，连袂歌《于蒍》，玄宗为之感动，白居易为盩厔尉，作乐府及诗百余篇，规讽时事，流闻禁中；宪宗召入翰林，亦近于陈列国之风，听舆人之诵者矣。"（《日知录》卷十九"直言"条）

又谓："古之哲王所以正百辟者，既已制官刑儆于有位矣，而又为之立闾师，设乡校，存清议于州里，以佐刑罚之穷，移之郊遂，载在《礼经》，殊厥井疆，称于《毕命》。两汉以来，犹循此制，乡举里选，必先考其生平；一玷清议，终身不齿。……凡被纠弹付清议者，即废弃终身，同之禁锢。……予闻在下有鳏，所以登庸以比；三凶不才，所以投畀。虽二帝之举措，亦未尝不询于刍荛。然则崇月旦以佐秋官，进乡评以扶国是，倘亦四聪之所先，而王治之不可阙也。""天下风俗最坏之地，清议尚存，犹足以维持一二；至于清议亡，而干戈至矣。"（《日知录》卷十三"清议"条）

亭林从历史上证明古代当权者都是极端尊重民意、听取民意的，如《盘庚》"无或敢伏小人之攸箴""卜诸庶民之从逆"，以及"子产不毁乡校，汉文止辇受言"，都是尊崇民意之具体表现。并且还以为言论自由的地方即使风俗很坏，那地方也仍是有它的办法，不然就不堪设想，就有农民暴动的危险。所以亭林除主张"乡举里选"，俾公正人士得以参政；被弹劾的，即永不叙用。由是才可获得政治上的清明。

因而，亭林认为人民对国家政事，亦不可采不理喻的态度，不可"只问面包，不闻政治"。面包之能否获得，与政治之良否有密切的关系，也就与"天下兴亡"有密切的关系。所以国家之事，人民不仅要与闻，并且还应该好好肩负起来。他说："有亡国，有亡天下……易姓改号，谓之亡

· 267 ·

国。仁义充塞，而至于率兽食人，人将相食，谓之亡天下。……是故知保天下，然后知保其国。保国者，其君其臣肉食者谋之；保天下者，匹夫之贱，与有责焉耳矣。"（《日知录》卷十三"正始"条）

至于天子，亭林认为也并不是可以独尊的，并不应为他一人之享受而"厚取于民"，因为从爵禄代耕的意义上讲来，他不过是从人民中推举出来为国家做事的一员而已，他不能也不应有任何特殊的享受。他说："为民而立之君，故班爵之意，天下与公侯伯子男一也，而非绝世之贵；代耕而赋之禄，故班爵之意，君卿大夫士与庶人在官一也，而非无事之食。是故知天子一位之义，则不敢肆于尼上以自尊；知禄以代耕之义，则不敢厚取于民以自奉。不明乎此，而侮夺人之君，常多于三代之下矣。"（《日知录》卷七"周室班爵禄"条）综上以观，亭林在政治的观点上，是很倾向于民主的，只是没有黄梨洲那么来得积极。

同时由于亭林他们还是儒家学者，要革新也提不出新的主张和新的办法，只是如梁任公所说的，"以复古为解放"罢了。

五、亭林的农本主义

在明代，都市经济日趋发达，不仅在市场交换中已广泛地使用银两，到了明末，政府还明白规定田赋也要一律征银了。在政府、地主、商人和高利贷者都需要银两的前提之下，农民都感到银两匮缺的恐慌，因为他们都需要银两偿还租赋。征银引起了谷价的低贱，农民不仅有鬻妻卖子的，逃亡的亦不在少数。亭林本是个重农主义者，在这情势之下，他这样说道：

> ……丰年而卖其妻子者，唐、宋之季所未尝有也。往在山东，见登莱并海之人，多言谷贱，处山僻不得银以输官。今来关中，自鄠以西，至于岐下，则岁甚登，谷甚多，而民且相率卖其妻子。至征粮之日，则村民毕出，谓之人市。问其长吏，则曰：一县之鬻于军营而请印者，岁近千人；其逃亡或自尽者，又不知凡几也。何以故？则有谷而无银也，所获非所输也，所求非所出也，夫银非从天降也，卝（古矿字）人则既停矣，海舶则既撤矣，中国之银，在民间者已日消月耗；而况山僻之邦，商贾之所绝迹，虽尽鞭挞之力以求之，亦安所得哉？故谷日贱而民日穷，民日穷而赋日诎。逋欠则年多一年，人丁则岁减一岁，率此而不变，将不知其所终矣。（《文集·钱粮论上》）

顾亭林论社会的实践和他的民主主义倾向

亭林的办法,就是赋税反对征银;若迫不得已,则征十分之三的钱,余一律征实物。他说:"先王之制赋,必取其地之所有,今若于通都大邑行商麋集之地,虽尽征之以银,而民不告病;至于遐陬僻壤,舟车不至之处,即以什之三征之而犹不可得。以此必不可得者病民,而卒至于病国,则曷若度土地之宜,权岁入之数,酌转般之法,而通融乎其间。凡州县之不通商者,令尽纳本色,不得已以其什之三征钱,钱自下而上,则滥恶无所容而钱价贵,是一举而两利焉。无蠲赋之亏,而有活民之实,无督责之难,而有完逋之渐。今日之计,莫便乎此。"(《文集·钱粮论上》)

亭林不了解商人是搜刮金银的好手,所有地主从农村中盘剥来的银两均落到商人手里去了。他以为不通商贾之地则银两缺乏,则是因为他还没有见到事实之本状所致。

亭林又历数使用银两的坏处:"愚尝久于山东,山东之民无不疾首蹙额,而诉火耗之为虐者。独德州则不然,问其故?则曰:州之赋二万九千,二为银,八为钱也。钱则无火耗之加,故民力纾于他邑也。非德州之官皆贤,里胥皆善人也,势使之然也。又闻长老之言,近代之贪吏,倍甚于唐宋之时,所以然者,钱重而难运,银轻而易赍;难运则少取之而以为多,易赍则多取之而犹以为少;非唐宋之吏多廉,今之吏贪也,势使之然也。然则银之通,钱之滞,吏之宝,民之贼也。……有两车行于道,前为钱后为银,则大盗之所睨,常在其后车焉。然则岂独今之贪吏,倍甚于唐宋之时,河朔之间所名为响马者,亦当倍甚于唐宋之时矣。"(《文集·钱粮论下》)亭林的这个说法也不对,他不了解由使用铜钱到使用银两是社会经济的一种进步,废止银两虽然可以归真返璞,但不免使社会倒退。

他又说:"人聚于乡而治,聚于城而乱。聚于乡则土地辟,田野治,欲民之无恒心,不可得也。聚于城,则徭役繁,狱讼多,欲民之有恒心,不可得也。"(《日知录》卷十二"人聚"条)亭林到底是个农本主义者,他只知道人聚于乡则治,聚于城则乱。人民为什么聚于城的呢?他不了解这是由于商业高利贷资本的腐蚀所致。不过他在这里说明了一点,就是人民要有恒产,生活获得改善,才能安心,不致叛乱。

所以他认为贫富过于悬殊是不好的。他说:"民之所以不安,以其有贫有富,贫者至于不能自存,而富者常恐人之有求而多为吝啬之计,于是乎有争心矣。"(《日知录》卷六"庶民安故财用足"条)

又亭林本着他的农本主义的立场,以为要国家富强,只有大家务农、从事农村生产。他这样说："天下之大富有二：上曰耕，次曰牧。国亦然，秦扬以田农而甲一州，乌氏桥姚以畜牧而比封君，此以家富也。弃粟而邰封，非子蕃息而秦胙，此以国富也。事有策之甚迂，为之甚难，而卒可以并天下之国，臣天下之人者，若耕者。尝读宋魏了翁疏，以为古人守边备塞，可以纾民力而老敌情，唯务农积谷为要道。"（《文集》卷六《田功论》）之所以如此说，亭林认为都市经济发达，导致了农村经济衰落。他本着农民的民本主义立场，欲引导农业资本开展，故以为非发达农村经济、务农积谷不可。

六、结论

综上以观，亭林的思想，和清初其他诸大师一样，反映了时代的进步性，但也还有他的矛盾和不够的地方。

比如他原来认为人民有恒产才有恒心，但他又这样说："今日所以变化人心，荡涤污俗者，莫急于劝学奖廉二事。"（《日知录》卷十三"名教"条）"目击世趋，方知治乱之关，必在人心风俗。而所以转移人心，整顿风俗，则教化纪纲为不可缺矣。"（《文集》卷四《与友人书》九）又认为历史的发展动力，不建立于物质的基础之上，而建立在人心风俗之上。这有悖于"非器则道无所寓"的观点。他并且认为人心风俗的转化，在于教化纪纲。这又走上了观念论的道路。

同时亭林又特别注重所谓名数，他说：

　　自其束发读书之时，所以劝之者，不过所谓千钟粟、黄金屋；而一旦服官，即求其所大欲。君臣上下怀利以相接，遂成风流，不可复制。后之为治者，宜何术之操？曰：惟名可以胜之。名之所在，上之所庸，而忠信廉洁者显荣于世。名之所去，上之所摈，而怙侈贪得者，废锢于家。（《日知录》卷十三"名教"条）

这里又脱不了儒家的窠臼，又要以观念来规范社会的一切。

不过，亭林在清代思想上是有他的特殊的地位的，如梁任公说："要之清初大师，如夏峰、梨洲、二曲辈，纯为明学余波；如船山、舜水辈，虽有反明学的倾向，而未有所新建设（说船山似不可以——国注），或所建设未能影响社会。亭林一面指斥主观的王学不足为学问，一面指点出客观方面许多学问途径来,于是学者空气一变,二三百年来跟着他所带来的路走去。"(《中国近三百年学术史》)但是,我认为如果亭林思想的影响不只是扩大于钻研书本的一面,而扩大于对社会的实践的一面,兴许他的地位更特殊,社会也因而获得改造,中国或不至于遭受清朝封建统治二百余年,历史的正常发展受到阻碍。

戴东原的哲学思想

戴东原,名震,安徽休宁人。生于清世宗雍正元年十二月(1723),卒于高宗乾隆四十二年五月(1777),年五十五。东原四岁读书,即聪颖异常。他读《大学章句》,至右经一章以下,即问他的塾师说:"此何以知为孔子之言而曾子述之?又何以知为曾子之意而门人记之?"塾师答道:"此朱文公所说。"又问:"朱文公何时人?"答:"宋朝人。"又问:"孔子、曾子何时人?"答:"周朝人。"又问:"周朝宋朝相去几何时?"答:"几二千年矣。"又问:"然则朱文公何以知其然?"塾师无话可答,只叹道:"此非常儿也。"(段玉裁《东原年谱》)可见东原小时候读书是如何的认真了。读《诗经》也复如是,读到《秦风小戎》,为了要明了小戎的形势,他自绘了戎图。又喜考求字义,曾花了三年的工夫,把许氏的《说文解字》作了一番精密的研究。至二十岁,和程瑶田、金榜等人同事婺源江永,治步算钟律声韵之学,由是学问益进。年二十九,补休宁县学生。次年大旱,家中无米为炊,便与面铺相约,日取该铺所剩余之面屑为食,闭户成《屈原赋注》。其困厄时犹坚强如此。三十二岁时,因避仇入都,得与当时名流如纪昀、王鸣盛、钱大昕、王昶和朱筠他们订交,因而海内皆知有戴先生。三十五岁,南返,在扬州盐运使卢雅雨的官署里又认识了元和人惠定宇。至四十岁,才参加乡试,但会试凡五六次不及第。后来充四库全书馆纂修官,才奉命与乙未贡士一体殿试,赐同进士出身,授翰林院庶吉士。著作甚多,属于哲学方面的著作,有《原善》《绪言》及《孟子字义疏证》三书。

关于《孟子字义疏证》这书,他自己曾写信给他的弟子段玉裁说:"仆生平著述之大,以《孟子字义疏证》为第一。"(段玉裁《戴东原集序》)可见他自己是如何的看重这书了。可以说,这部书是东原关于哲学见解的晚年定论。

一、东原的理气说

东原在理气的观点上,继承了清初诸大师的见解,认定理与气不可分裂开来，并认为规定理的只是气。

首先他见到宇宙是变化不已、生生不息的。他说："气化流行，生生不息……"（《绪言》）"生生者化之原，生生而条理者化之流。"（《原善》卷上）"阴阳流行，其自然也。"（《绪言》）"天之气化，生生而条理。"（《绪言》）

东原从他的动的宇宙观中，了解到所有宇宙间的道理，都是在气化的宇宙当中产生的。

他说："是故在于地，则气化流行，生生不息，是谓道。""举生生即该条理，举条理即该生生……知条理之说者，其此之谓矣。"（《绪言》）

这样，不是有所谓先验存在着的"理"主宰其中，而宇宙则随着它的发展而发展；实际上，是我们人类从宇宙的发展当中把握了宇宙发展的必然性和规律性，才有所谓的"理"。东原说："阴阳流行，其自然也。精言之，期于无憾，所谓理也；理非也，盖其必然出也。阴阳之期于无憾也。犹人之期于无失也。……期于无憾无失之为必然，乃要其后，非原其先，乃就一物而语其不可讥议，奈何以虚语夫不可讥议指为一物与气浑沦而成主宰枢纽其中也。"（《绪言》）

这是对的！并没有所谓"不可讥议"的"一物与气浑沦而成主宰枢纽其中"的事情，所有的理，都只是发展中的客观事物的产物，是派生出来的，所以说"乃要其后，非原其先"。

接着东原更加阐明道：

> 就天地人物事为求其不易之则是谓理……就天地人物事为求其不易之则以归于必然，理至明显也。谓理气浑沦不害二物之各为一物，将使学者皓首茫然求其物不得。（《绪言》）

> 事物之理，必就事物剖析至微，而后理得。（《孟子字义疏证》）

> 天地人物事为，不闻无可言之理者也。《诗》曰"有物人则"是也。……实体事物罔非自然而归于必然，天地人物为之理得矣。夫天地之大，人物之蕃，事为之委曲条分，苟得其理矣，如直者之中是悬，平者之中水，圆者之中规，方者之中矩，然后推诸天下万等而准。……《中庸》称"考诸三五而不谬，建诸天地而不悖，质诸鬼

神而无疑,百世以俟圣人而不惑",夫如是,是为得理。(《孟子字义疏证》)

古人曰理解者,即寻其䏋理而析之也。(《孟子字义疏证》)

总须体会《孟子》"条理"二字,务要得其条理,由合而分,由分而合,则无不可为。(段玉裁《东原年谱》)

从以上所引的话来看,东原一方面阐明"理为气所规定"的道理,另一方面则说明理气是一个统一体而不可分裂。因而他说"谓理气浑沦不害二物之务为一物,将使学者皓首茫然求其物不得"。所以宋儒们把理气分裂开来看,东原认为是不对的。他说:

《六经》孔孟之书,不闻理气之分,而宋儒创言之,又以道属之理,实失道之名义也。(《绪言》)

程朱……盖见于阴阳气化,无非有迹可寻,遂以与品物流形同归之粗,而别求诸无迹象以为其精……恍然觉悟理气之分如是。(《绪言》)

因为宋儒们把理气分而为二,于是便认定理在气之先,理为气的主宰枢纽。对此,东原批判道:

孔子之后,异说纷起,能发明孔子之道者,孟子也;卓然异于老聃、庄周、告子而为圣人之徒者,荀子也……尝求之老释,能卓然觉悟其非者,程子、张子、朱子也。然先入于彼,故其言道为气之主宰枢纽,如彼以神为气之主宰枢纽也;以理气能生气,如彼以神能生气也;以理堕在形气之中,变化气质则复其初,如彼以神受形气而生,不以形气物欲累之则复其初也。皆改其指为神识者以指理。故言儒者以理为不生不灭,岂圣贤之言哉?天地之初理生气,岂其然哉?(《绪言》)

宋儒们这样不承认"理"为客观事物的必然,为自然的极则,因此,东原认为他们所说的不是孔子之道，而只是脱离了现实的老聃、庄周、告子、释氏之道。他说：

> 夫人之异于禽兽者，人能明于必然，禽兽各顺其自然。孔孟之异于老聃、庄周、告子、释氏者……皆见乎天地人物事为有不易之则之为必然，而博文约礼怪渐致其功。……孟子而后，惟荀子见于礼义为必然，见于不可徒任自然，而不知礼义即自然之极则。宋儒亦见于礼义为必然，而以理为太极，为生阴生之本，为不离阴阳，仍不杂于阴阳，指其在人物为性，为不离气质，仍不杂乎气质，盖以必然非自然之极则。……一似理亦同乎老聃、庄周、告子、释氏所指者……（《绪言》）

禽兽只能顺其自然之发展，唯有人类才能把握客观事物发展的必然性，所以说"人能明于必然"。然则人类怎样"明于必然"，怎样把握到客观事物的发展道理的呢？东原认为：

> 圣贤之学，由博学、审问、慎思、明辨而后笃行，则行者，行其人伦日用之不蔽者也。（《孟子字义疏证》卷下）
>
> 圣人之言，无非使人求其至当以见之行，求其至当，即先务于知也。凡去私下求去蔽，重行不先重知，非圣学也。（《孟子字义疏证》卷下）

这样，他认为人们对客观真理之认识，先由于知而不先由于行。殊不知在人类的原始社会时代，还无所谓知识，所有的知识，均是人类因经济生活上之需要而逐渐对客观事物直接行动的结果。如果不先有行动哪里会有知识的获得呢？

前人对客观事物实践的成果之积累增加，就有了所谓知识，可以使我们"博学、审问、慎思、明辨"，可以成为我们笃行的指导。所以我们只可以说，前人实践所积累的知识，可以成为我们继续向前行动的指针；而不可以说，学习了前人的知识，就等于我们对发展中的客观社会有了一番认识，就等于把握了现实的真理。我们对现实社会要有认识，要能把握住真理，非实践于现实社会不可；"先务于知"是无以为功的。所以东原的

"宇宙观"(理气说)是正确的,而他认识宇宙的方法则不免头脚倒置。

因而东原也不了解对客观社会之认识的对立性。如他说:

> 人之不尽其才,患二:曰私,曰蔽。私也者,生于心为溺,发于政为党,成于行为愿,见于事为悖,其究为私己。蔽也者,其生于心也为惑,发于政为偏,成于行为谬,见于事为凿为愚,其究为蔽已。……去私莫如强恕,解蔽莫如学。(《原善》下)

> 无党矣而无偏,则于天下之事至明以辨之也。(《原善》下)

东原不了解,一种新的宇宙观总是新的进步势力对旧社会进攻的思想武器,"天下之事",要"至明以辨",非由当时的进步力量集体行动不可。

二、东原之论"性"与"理欲"

东原之论"理欲",与他之论"性"、论"理气"是有极密切的关联的。对他的"理气"说我们已窥见。在论述他的"理欲"说之前,我们先看看他的"性"说,看看他的"性"说与他的"理欲"说的关联是怎样的。

宋儒们的宇宙出发点不正确,因而论到人性也同样地不正确。他们把人性和自己的理气说一般地分而为二:一种为理性,一种为气质之性。理性是善的,而为恶的常是气质之性。东原则认为不然,人性没有两种,所有的人性,都只是气质之性,并不另有什么先验的理性。东原说:

> 程朱以理言性,其见性也,以为人心中如有一物,此物即为理,而此理又即为得之于天,具之于心者。吾人求理时,不外体贴天意;而体贴天意以明理,又不可去人欲。(《答彭进士允初书》)

> 古圣贤所谓仁义礼智,不求于所谓欲之外,不离乎血气心知,而后儒以为别如有物凑泊附着以为性,由杂乎老庄、释氏之言,终昧于《六经》、孔孟之言故也。(《孟子字义疏证》上)

> 宋儒之异于前人者,以善为性之本量,如水之本清,而其后受污

而浊，乃气禀使然。……是以务于理气截之分明，以理为性之本，为无不善，以气之流行则有善有不善。视理俨如一物，虽显遵孟子性理之云，究之以才说性时便是人生以后，此理已堕在气质之中，孟子安得概之曰善哉。(《绪言》)

材质者，性之所呈也，离材质，恶者所谓性哉？……物但能遂其自然，人能明于其必然。……存乎材质之必然者性也，……其归于必然者命也，善也。(《绪言》)

然则所谓人类的材质之性是怎样的呢？东原这样说道：

古人言性，不离乎材质，而不遗理义。耳之于声也，天下之声，耳若其符节也；目之于色也，天下之色，目若其符节也；鼻之于臭也，天下之臭，鼻若其符节也；口之于味也，天下之味，口若其符节也；耳目鼻口之官，接于物，而心通其则，心之于理义也，天下之理义，心若其符节也；是皆不可谓之外也，性也。耳能辨天下之声，目能辨天下之色，鼻能辨天下之臭，口能辨天下之味，心能通天下理义，人之材质，得于天若是其全也。(《文集·读孟子论性》)

这样，所谓人类的材质之性，就是人类生来所具有的耳目口鼻心的各种官能，就是有血有肉的物体的特性。他在《孟子字义疏证》上更明白地说：

欲根于血气，故曰性也，而有所限而不可逾，则命之谓也。仁义礼智之懿，不能尽人如一者，限于生初，所谓命也，而皆可以扩而充之，则人之性也。谓犹之借口于性耳，君子不借口于性以逞其欲，不借口于命之限而不尽其材。后儒未详审文义，失孟子立言之指，"不谓性"，非不谓之性，"不谓命"，非不谓之命。由此言之，孟子之所谓性，即口之于味，目之于色，耳之于声，鼻之于臭，四肢之于安佚之谓性；所谓人无有不善，即能知其限而不逾之谓善，即血气心知能底于无失为善。所谓仁义礼智，即以名其血气心知，所谓原于天地之化者之能协于天地之德也。

人性既然是物质之官能,也就有它的物质欲望与感觉;而这种物质欲望与感觉,就是东原所谓的"性之事能"。他说:

> 有天地,然后有人物;有人物,于是有人物之性。人与物同有欲,欲也者,性之事也;人与物同有觉,觉也者,性之能也。(《原善》上)

然而人类之"性之事能",是需要获得适当的满足的。人人获得了适当的满足,"能知其限而不逾",则是所谓善了。如果只是某一个、某几个人或某一部分人获得满足,而大多数人仍陷于饥饿的境地,这样,就"失之私""失之蔽",就是"逾其限"了。"逾其限",则为不善,就失之所谓"性德"。东原说:

> 欲不失之私则仁,觉不失之蔽则智,仁且智,非有所加于事能也,性之德也。(《原善》上)

又谓:

> ……事能无有失,则协于天地之德,理至正也。(《文集·读易系辞论性》)
>
> 所谓血气心知之性,发于事能者是也;所谓天之性者,事能之无有失是也。……所谓善,无他焉,天地之化,性之事能,可以知善矣。(《文集·读易系辞论性》)
>
> 君子之教也,以天下之大共,正人之所自为,性之事能,合之则中正,违之则邪僻。以天地之常,俾人咸知由其常也。明乎天地之顺者,可以语道,察乎天地之常者,可以语善,通乎天地之德者,可与语性。(《文集·读易系辞论性》)

这意思就是说,人性之事能,不"逾其限",而能普遍地获得满足,就是天德,就是善。如果事能要有失的话,便是"逾其限","逾其限"其缺了天德,即是恶。所以说"性之事能,合之则中正,违之则邪僻"。

同时为了获得普遍的适当的满足,不要只是让某一部分人就能够私其欲，而大多数人陷于饥饿。说"君子之教"是"以天下之大共，正人之所自为"，也就是这个道理。

于是东原便认为所谓"理"，是存乎"欲"的。就是说大家的生活，都要有适当的满足，方能说这有"理"；如果大家的生活不能解决，哪里说得上是有"理"呢？换言之，即无所谓"天理"。东原说：

> 理者，存乎欲者也。（《孟子字义疏证》上）

> 凡事为皆有于欲，无欲则无为矣。有欲而后有为，有为而归于至当不可易之谓理。无欲无为，又焉有理？（《孟子字义疏证》下）

> 圣人以通天下之情，遂天下之欲，权之而分厘不爽，是谓理。（《孟子字义疏证》下）

而宋儒们把理气分裂开来，也把人性别而为二，有所谓理性与气质之性。他们为了要保存所谓善的理性，便认为这可以为恶的气质之性具有的事能（事即欲望，能即感觉）也应当绝灭。东原认为他们的这种观点是十分不正确的。他说：

> 程朱以理为如有物焉，得于天而具于心，启天下后世，人人凭在己之意见而执之曰理，以祸斯民，更淆以"无欲"之说，于得理益远，于执其意见益坚，而祸斯民益烈，岂理祸斯民哉？不自知为意见也。（《答彭进士允初书》）

> 宋儒程子朱子，易老庄释氏之所私者而贵理，易彼之外形骸者而咎气质，其所谓理，依然如有物焉宅于心。于是辨乎理欲之分，谓不出于理则出于欲，不出于欲则出于理，虽视人之饥寒号呼男女哀怨以至垂死冀生，无非人欲，空指一绝情欲之感者为天理之本然，存之于心。及其应事，幸而偶中，非曲体事情，求如此以安之也；不幸而事情未明，执其意见，方自信天理非人欲。而小之一人受其祸，大之天下国家受其祸，徒以不出于欲，遂莫之或寤也。凡以为理宅于心，不出于欲则出于理者，未有不以意见为理而祸天下者也。（《孟子字义疏证》下）

《礼记》曰:"饮食男女,人之大欲存焉。"圣人治天下,体民之情,遂民之欲,而王道备。人知老庄释氏异于圣人,闻其无欲之说,犹未之信也;于宋儒则信以为同于圣人。理欲之分,人人能言之,故今之治人者,视古圣贤体民之情,遂民之欲,多出于鄙细隐曲,不措之意,不足为怪。及其责以理也,不难举旷等之高节著于义而罪之。尊者以理责卑,长者以理责幼,贵者以理责贱,虽失谓之顺;卑者幼者贱者以理争,虽得谓之逆。于是,下之人不能以天上之同情、天下所同欲达之于上,上以理责其下,而在下之罪,人人不胜指数。人死于法,犹有怜之者,死于理,其谁怜之。(《孟子字义疏证》上)

理欲之辨……谓不出于理则出于欲,不出于欲则出于理。其言理也,如有物焉,得于天而具于心,于是未有不以意见为理之君子。……不寤意见多偏之不可以理名,而持之必坚,意见所非,则谓其人自绝于理。此理欲之辨,适成忍而贱杀之具,为祸又如是也。(《孟子字义疏证》下)

从上面所引的这几段话看来,东原认为宋儒们把理欲分裂开来,而谓要保存所谓天理非去人欲不可,这完全是本着老、庄、释氏的私意,是"凭在已之意见而执之曰理",换言之,即他们置客观的具体事物于不顾而专凭主观的意见以为理。这样的谈理,在东原看来是很危险的,不独不能济斯民的困穷,反而成了祸斯民的工具。拿今日的话来说,不仅不是为大众生活打算的呼声,而且是帮剥削者说话,帮他们残杀大众。于是社会上"尊者以理责卑,长者以理责幼,贵者以理责贱,虽失谓之顺;卑者幼者贱者以理争,虽得谓之逆",其结果"人死于法,犹有怜之者;死于理,其谁怜之"?酿成一个悲惨的局面。

东原的这种"理者存乎欲者也"的观点,他反对宋儒们的"视人之饥寒号呼男女哀怨以致垂死冀生无非人欲"的观点,推考其源,全从"推己及人"的意思出发,是人道主义的。我们再看他说:

人之生也,莫病于无以遂其生。欲遂其生,亦遂人之生,仁也;欲遂其生,至于戕人之生而不顾者,不仁也。不仁实始于欲遂其生之心,使其无此欲,必无不仁矣。然使其无此欲,则于天下之人生道穷

促,亦将漠然视之,己不必遂其生而遂人之生,无是情也。(《孟子字义疏证》上)

所谓恻隐,所谓仁者,非心知之外别有如物焉藏于心也。己知怀生而畏死故怵惕于孺子之危,恻隐于孺子之死,使无怀生畏死之心,又焉有怵惕隐恻之心?推之羞恶、辞让、是非亦然。使饮食男女与夫感于物而动者脱然无之,以归于静,归于一,又焉有羞恶,有辞让,有是非?此可以明仁义礼智非他,不过怀生畏死,饮食男女,与夫感于物而动者之皆不可脱然无之,以归于静,归于一,而恃人之心知异于禽兽,能不惑于所行,即为懿德耳。(《孟子字义疏证》中)

因为如此,故东原主张"以情洁情",即不要将自己不愿意的事施诸人家。他说:

今使人任其意见则谬;使人自求其情则得。子贡问曰:"有一言而可以终身行之者乎?"子曰:"其恕乎!己所不欲,勿施于人。"《大学》言治国平天下,不过曰"所恶于上,毋心使下;所恶于下,毋以事上",……曰"所不欲",曰"所恶",不过人之常情,不言理而理尽于此。惟以情絜情,故其于事也,非心出一意见以处之。(《孟子字义疏证》上)

然后遂己之欲者,广之能遂人之欲,达己之情者,广之能达之人情。道德之盛,使人之欲无不遂,人之情无不达,斯已矣。欲之失为私,私则贪邪随之矣;情之失为偏,偏则乖戾随之矣。(《孟子字义疏证》下)

而宋儒们,在东原看来,是受了老庄释氏的影响,便不能"以情絜情",只是"守己自足",有所谓"复其初""本来面目""良知之体"的主张,借以恢复他们所谓的先验的善的理性。殊不知这种主张之悖谬,其结果养成一个人脱离现实,茫然于人情物理地超然独处,妄自尊大。东原说:

释者曰:"不思善,不思恶时,认本来面目。"陆子静曰;"恶能害心,善亦能害心。"王文成曰:"无善无恶心之体。"凡此皆不贵善也。何为不贵善?贵其所私而哀其灭。虽逐于善,亦害之也。……朱子以是言存天理,以是解《中庸》"戒慎恐惧",实失《中庸》之指。阳明得而借《中庸》之言,以寄托"本来面目"之说。……庄子所谓"复其初",释氏所谓"本来面目",阳明所谓"良知之体",不过守己自足,既自足,必自大,其去《中庸》"择善固执","博学、审问、慎思、明辨、笃行",何啻千万里?……今舍明善,而以无欲为诚,谬矣!(《答进士允初书》)

东原就认为他们的这种做法,是十足的自私,谈不上是善。要明善,并不是靠"无欲",并不是靠"复其初",而是要靠后天的培养来扩充。故东原特别着重于学问。他说:

试以人之形体与人之德性比而论之,形体始乎幼小,终乎长大,德性始乎蒙昧,终乎圣智。其形体之长大也,资于饮食之养,乃长日加益,非复其初,德性资于学问,百而圣智,非复其初明矣。人物以类区分,而人所禀受,其气清明,异于禽兽之不可开通。然人与人较,其材质等差凡几。古圣贤知人之材质有等差,是以重学问,贵扩充。(《孟子字义疏证》上)

总之,东原把人性还原为只有气质之性,否认另有所谓先验之性存在,同时又反对把理欲分裂为二,认为应予以统一,认为有人欲才有所谓天理,这都是他的卓越的进步的地方,但他的矛盾也在此。他虽然否认另有所谓理性,而反对"复其初",反对"本来面目",反对"良知之体",但他的"明善",他的"心能通天下理义",他的"咸根诸性,非由后起",他的"举理义之好归之心,皆内也,非外也"(均见《孟子字义疏证》),简直与所谓"复其初"无多大区别,又成了先验的良知论,显出了和孟子一样的观点。

三、结语

综上以观,东原论理气和论性与理欲,虽然有不彻底的地方,但一般地说来,还是物本论的观点。他的友人惠定宇对他的这种思想有直接的影响。如惠定宇的《易微言》"理字"条上说："理字之义，兼两之谓也。《乐记》言天理，谓好与恶也。好近仁，恶近义，好恶得其正谓之天理，好恶失其正谓之灭天理，《大学》谓之拂人性。天命之谓性，性有阴阳、刚柔、仁义，故曰天性。后人以天人理欲为对待，且曰天即理也。尤谬！"这简直和东原在《孟子字义疏证》上所说的差不多。不过，我认为，这还只是次要的，他的思想的主要渊源，还在于他所处的时代和他所处的环境。因为在他那时候，社会上有着许多波动不平的现象，如章太炎所说："……戴震生雍正末，见其诏令谪人不以法律，顾摭取雒闽儒言以相稽。觇司隐微，罪及燕语……令士民摇手触禁，其尽伤深。震自幼为贾贩，转运千里，复具知民生隐曲，而上无一言之惠，故发愤著《原善》《孟子字义疏证》，专务平恕。……震所言多自下摩上，欲上帝守节而民无痒。……夫言欲不可绝，欲当即为理者，斯固苴政之言，非饬身之典矣。"（《章氏文录》卷一《释戴》）

从这里，我们知道，在东原的那个时候，一般地主阶级是如何的横行霸道，致使"士民摇手触禁"。东原自己曾"幼为贾贩，转运千里，复具知民生隐曲"，这样，当然有感于心，特别同情于"摇手触禁"者。我们且看他历数当时统治者之罪行道：

《诗》曰："民之罔极，职凉善背；为民不利，如云不克。民之回遹，职竞用方，民之未戾，职盗为寇。"在位者多凉德，而善欺背以为民害，则民亦相欺而罔极矣；在位者行暴虐而竞强用力，则民巧为避而回遹矣；在位者肆其贪，不异寇取，则民愁苦而动摇不定矣；凡此非民性然也，职由于贪暴以贼其民所致。乱之本，鲜不成于上，然后民受转移于下，莫之或觉也。乃曰民之所为不善，用是而仇民，亦大惑矣！（《原善》下）

不过，我们从他的"己所不欲，勿施于人"的立论看来，从他的"以情絜情"的观点看来，东原的思想还只是一种属于儒家的温情主义的物体论。虽然他认定"理"为"气"所规定，但是怎样地来认识这客观的"气"，他就无力答复了。他认为有"博学、审问、慎思、明辨"，就可以把客观之物化为我们之物，就可以使其成为我们所认识的东西。他之所以不能够见到这一点，受局限于他的时代、他的儒家学者的头脑，是主要关键。

同时，在《孟子字义疏证》和《原善》两书里，他不把仁义礼智看成源于"仓廪实"与"衣食足"，却看成源于天道气化，他的道德观，又走上了形而上学的心本论的道理。

洪亮吉的无神论思想

洪亮吉（1746—1809），字君直，又字稚存，号北江，晚号更生，江苏阳湖人。他六岁丧父，贫无所依，随母寄居外家，时外家亦贫，其母"勤女工""储修脯"，使他就塾读书。他虽然贫苦力学，但在科场中屡试不售，直到四十五岁才中进士，官至翰林院编修。嘉庆初，因上书言时事，被遣戍新疆，旋释回，从此在家专事著述。所著诗文集共二百六十余卷，尤长地理之学。在他的著作中，批驳了有神论，宣扬了无神论思想。

一

洪亮吉所处的时候，是所谓"乾嘉盛世"。但这所谓盛世，到了乾隆末年已经是开始走下坡路了。这一时期，一方面，萌芽的资本主义从斗争中有所成长，如江浙一带的纺织工业发达，仅南京全城便有纺织机达三万架之多；① 云贵川湘一带的矿业等工业也都有所发展。但是，它们不时遭到清政府的种种压制和束缚，所谓"若有碍禁山风水，民田卢墓，及聚众扰民，或岁歉谷踊，辄用封禁"②。而另一方面，在农业生产比以前有显著的恢复和发展的同时，土地兼并也非常激烈，"田多者或一家而占数甲"③，沦为佃户的农民受到地主阶级极其残酷的剥削，使大批失去土地的农民被迫流亡都市，从而有"四川之咽噜子，南山之老户，襄郧之棚民"，以及因严禁私铸而失业的人等参加的川楚陕白莲教农民大起义④。而当时由于外国资本主义商品已经侵入，致"外洋奇巧之物日多，民间布

---

① 陈作霖：《凤麓小志》卷三。
② 《清史稿·食货志五·矿政》。
③ 清《经世文编》卷三十三《户政·徭役考》。
④ 《勘靖教匪述编》卷一。

帛菽粟日少，以至积储空虚，民穷财尽"①；又加上鸦片已是"无处不有"②，自是更加深了社会的危机。

对这一社会危机的情势，以"性豪迈，喜论当世事"③ 著称的洪亮吉，自有所觉察。

如他指出当时"兼并之家，一人据百人之屋，一户占百户之田"，于是又"何怪乎遭风雨霜露，饥寒颠沛而死者之比比乎！"他主张放松矿禁，把原属官开采的铜矿，"听人开采"，而官仅设店按价购买，以发展矿业。④

关于当时人民的生计，他说："闻五十年以前，吾祖若父之时，米之以升计者，钱不过六七，布之以丈计者，钱不过三四十。一人之身，岁得布五丈，即可无寒；岁得米四石，即可无饥。米四石为钱二千八百，布五丈为钱二百，是一人食力，即可以养十人，而不耕不织之家，有一人营力于外，而衣食固已宽然矣"；"今则不然，为农者十倍于前，而田不加增；为商贾者十倍于前，而货不加增；为士者十倍于前，而佣书授徒之馆不加增。且昔之以升计者，钱又须三四十矣；昔之以丈计者，钱又须一二百矣；所入者愈微，所出者愈广，于是士农工商各减其值以求售，布帛粟米又各昂其价以出市；此即终岁勤动，毕生皇皇；而自好者，居然有沟壑之忧，不肖者遂至生攘夺之患矣"。⑤

这是他站在维护封建统治秩序的立场所觉察的当时社会危机。

这一社会危机反映在封建统治层方面：

他以做守令的为例："往吾未成童，侍大父及父时，见里中有为守令者，戚友慰勉之，必代为之虑曰：此缺繁，此缺简，此缺号不易治，未闻及其他也。及弱冠之后，未入仕之前，二三十年之中，风俗趋向顿改；见里中有为守令者，戚友慰勉之，亦必代为虑曰：此缺出息若干，此缺应酬若干，此缺一岁之可入己者若干，而所谓民生吏治者，不复挂之齿颊矣。"至"其间即有稍知自爱，及实能为民计者，十不能一二也；此一二人者，又常被七八人者，笑以为迂，以为拙，以为不善自为谋；而大吏之视一二

---

① 陈鳣：《简庄缀文》卷一《风俗论》。
② 包世臣：《安吴四种》卷二十六《齐民四术·农二》。
③ 《清史稿·洪亮吉传》。
④ 《皇朝经世文编》卷五十二《滇系序》。
⑤ 《卷施阁文甲集》卷一《生计》。

人者,亦觉其不合时宜,不中程度,不幸而有公过,则去之亦惟虑不速,是一二人之势,不至于七八人之所为不止"——非同流合污不可。①

做守令的如此,守令以上,如督抚藩臬之类,也不例外。他于1799年上书中指出,"十余年来",他们"之贪欺害政,比比皆是"。"出巡则有站规,有门包,常时则有节礼、生日礼,按年则又有帮费";至"升迁调补之私相馈谢者,尚未在此数也"。但"以上诸项,无不取之于州县,州县无不取之于民",因之,"州县明言于人曰:钱之所以加倍加数倍者,实层层衙门用度,日甚一日,年甚一年"。州县之如此说,实质上,"亦恃督抚藩臬道府之威势以取于民,上司得其半,州县之人己者亦半,初行尚有畏忌,至一年二年,则成为惯例,牢不可破矣"。层层贪污如此,而"百姓告官之案""千百中"又焉得"有一二得直"?而"百姓亦习知上控必不能自直,是以往往致于激变,湖北之当阳,四川之连州,其明效大验也"。② 清廷为了镇压起义军,于上一年曾大考翰詹,试《征邪教疏》,即试镇压川楚陕农民起义的疏,希望他们提出镇压的办法;洪亮吉不仅没有迎合这一旨意,反指出这次农民大起义,是由于"赋外加赋、横求无艺"的结果,就是层层贪污所致。③

至于当时封建统治阶级人物之虚伪欺诈,他认为这与"圣人设礼"有关。因为"圣人必制为尊卑上下,寝兴坐作,委曲烦重之礼以苦之,则是真亦有所不可行,必参之以伪而后可"。比如"士相见之礼:当见矣,而必一请再请,至固以请,乃克见!"又如"士昏之礼:当醴从者矣,亦必一请再请,至固以请,乃克就席";又如"乡射礼:知不能射矣,而必托辞以疾,以至聘礼不辱命而自以为辱,朝会之礼无死罪而必自称死罪"。凡此,"非皆禁人之率真乎?"由是,而"人之日趋于伪矣"④。圣人之叫人不率真如此,而今日较圣人更使人不率直的"新安之经",又"反尊于阙里",⑤ 由是而在今日士大夫层中之更加相率而为伪,自是很显然的。这些言论说明他不仅对理学有所批评,而且对"圣人"亦有所不满。

他指出当时风俗之"日趋卑下",士大夫"不顾廉耻",百姓"不顾

---

① 《卷施阁文甲集》卷一《守令》。
② 《清史稿·洪亮吉传》。
③ 《卷施阁文甲集》卷九。
④ 《卷施阁文甲集》卷一《意言真伪》。
⑤ 《卷施阁文乙集》卷五《与钱季木论友书》。

纲常",但他认为这"不当责之百姓,仍当责之士大夫",因为在士大夫中,"有尚书侍郎""甘为宰相屈膝","有大学士七卿之长,且年长以倍"者"求拜门生,求为私人者"等。"士大夫之行如此,何以责小民之夸诈贪缘;辇毂之下如此,何以责四海九州之营私舞弊?"①这说明了整个封建集团的腐朽。洪亮吉虽揭露了当时封建统治的危机,见到了一些问题,但他在本质上只是封建地主阶级中的一个忧时之士,因此不会也不可能理解这是百姓对长期以来束缚和危害他们的纲常的一种强烈的反抗。

他对整个封建集团的腐朽,作了这样几句概括:他们"以模棱为晓事,以软弱为良图,以钻营为取进之阶,以苟且为服官之计"②。实质上,这是整个社会危机之产物。

他前番上疏,已"为时所忌"③;嘉庆四年(1799),当清朝统治者进一步筹饷调兵镇压川陕白莲教起义时,他又反复陈时弊数千言,更引起当时最高封建统治者的极大不满,因而被流放伊犁。不久虽然被释放回籍,但"仍行知岳起,留心查看,不准出境"④。之后一直没有被起用。

二

洪亮吉是治地理科学的。对于所谓"山川社稷有神",他的答复是"无也"!它们之所以被说成有神,那是因为人们的心理的作用,实际上没有。如果说"山川社稷有神","则天地益宜有神"。可是,从天来说,是"轻清者为天";从地来说,是"重浊者为地"——都是物质性的。⑤由是而推之,天地是物质性的,则山川社稷亦同样是物质性的。

"天苟有神","则应肖天之圆以为形";"地苟有神","则亦应规地之方以为状"。可是,"今世所传天神地祇之形,则皆与人等。是则天地能造

---

① 《清史稿·洪亮吉传》。
② 《清史稿·洪亮吉传》。
③ 《清史稿·洪亮吉传》。
④ 平步青:《霞外捃屑》卷一《洪更生》。
⑤ 《卷施阁文甲集》卷一《意言天地》。

物之形，而转不能自造其形；不能自造其形，乃至降而学人之形，有是理乎？"① ——凡此皆说明天地是没有神的！天地没有神，山川社稷更无所谓有神。

又，"世俗之言曰，雷诛不孝"——似乎雷有雷神，以轰击不孝者。但是，"古来之不孝者，莫如商臣冒顿"，而这两人并未为雷所击，这说明并没有所谓雷神，"雷诛不孝"自亦是诬妄之说。"为雷所击者，皆偶触其气而殒"，并非雷有神而"能击人"。②

既无雷神击人，亦"无星辰日月之神"以"福人"。因为"星辰日月"与"雷"都是物质性的，不是神，故它们"不能祸福人"。③

天地没有神，山川社稷没有神，星辰日月雷没有神，世界是物质的世界，而不是神的世界。

关于有没有"鬼"的问题。

有人问："高曾祖考，皆有鬼乎？"他的答复："无也！"有鬼的说法，系出于子孙对高曾祖考之爱慕，是因爱慕而生的心理作用。实际上，高曾祖考不能为鬼，世上没有鬼。④人死了，"则已归精气于天，归形质于地"。"归于天者，复能使之丽于我乎？"不可能的！而"归于地者，复能使之块然独立，一肖其生时乎？"⑤同样也是不可能的！

有人认为不仅有鬼，而且鬼"能祸福人"。他的答复是，没有鬼，更谈不上鬼"能祸福人"。"如果有鬼"，而鬼又"能作祸福"，那么，它"必择其可祸者祸之，可福者福之"。他以封建伦理道德为例，"有人于此，孝于家，悌于室"，可是他"不奉鬼神"，难道"鬼神能祸"他吗？又"有人于此，不孝于家，不悌于室"，可是他"日日奉鬼神"，难道"鬼神亦能福"他吗？既知"不能祸"，"亦不能福"，可是"奉之"而"究不能改"，这"不亦舛乎？"⑥ 所以，他认为"闽俗尚鬼"，而独"姚江幼女，不事婆娑之神……其智识有过人者"。⑦

---

① 《卷施阁文甲集》卷一《意言天地》。
② 《卷施阁文甲集》卷一《祸福》。
③ 《卷施阁文甲集》卷一《祸福》。
④ 《卷施阁文甲集》卷一《意言天地》。
⑤ 《卷施阁文甲集》卷一《意言天地》。
⑥ 《卷施阁文甲集》卷一《祸福》。
⑦ 《更生斋文乙集》卷一《陈姬吴荔娘圹志铭》。

既然人死不能为鬼，也没有所谓的鬼祸人福人，丧葬自然就用不着讲究。古代死了人，"一棺之费，累及千金，一圹之幽，藏及百物"，这当然是迷信，也是浪费。在洪亮吉当时，有人"营一冢之地，或迟及十年；谋一穴之吉，必访及百辈。于是有至曾元之时，尚未及葬其高曾者。大率贫贱者尚易，而富贵者则益难；富贵而骨肉支派少者尚易，富贵而骨肉支派多者则愈难。至有兄延一客，弟聘一师，兄购于南，弟营于北，始则各不相谋，继则各以为是；丧庭出而复返，卜日成而屡移"。为什么呢？还不是以高曾祖考为神为鬼，以为如是，便可得福吗？①

同时，"古人丧葬之所饰，不过刍灵楮币而已。今则更增僧尼道士，箫鼓铙吹，于是而死丧之家，则一室皆满丝麻袒跣之亲，不及僧尼道士之众"；"袒跣哭泣之哀，不及箫鼓铙吹之喧"；"甚至有为附身附棺之具"，"必借此以饰观者"。"尤可恨者，僧尼道士所诵之经，又必为解冤释罪之语，是真视吾亲为愆尤丛集之身，不如此，则罪莫可释，冤莫可解"，②其荒唐如此。这就是迷信人死有鬼、能祸福人所造成的弊害。所以洪亮吉最后说"作俑之害，尚至无后，吾不知始创延僧尼道士箫鼓铙吹者，又将何如也？"③——愈迷信，所造成的浪费愈大。

关于有无仙人的问题，洪亮吉亦作了否定的答复："世无仙，世亦无长生不死之人。"

他认为所谓"仙，在于清虚寂死之地，则必不饮不食而后可"。然而，"蚕，食而不饮，二十二日而化；蝉，饮而不食，三十日而蜕；蜉蝣，不食不饮，三日而死"。若是"不饮不食，而可不死，则蜉游不宜死矣"；若是"不饮不食，而死即可以缓，则蜉蝣不宜三日死矣"④，这不是很明白的吗？以是而推之，所谓仙怎可能不饮不食而不死呢？

有的人又为之解说，说"仙非不饮食也，不火食也！"可是，"记有之曰，东方曰夷，被发文身，有不火食者矣；南方曰蛮，雕题交趾，有不火食者矣。若不火食，而可不死，则东方南方之人，何不皆不死也？"有的人又说，"东方南方之人，今已火食"，"则前不火食之时，其不死之

---

① 《卷施阁文甲集》卷一《丧葬》。
② 《卷施阁文甲集》卷一《丧葬》。
③ 《卷施阁文甲集》卷一《丧葬》。
④ 《卷施阁文甲集》卷一《意言知寿》。

人,今又皆安在也?"①

凡此均说明决没有所谓仙人的存在。

同时,"人之所赖以生者",乃"恃有饮食,并恃有火食。今乃云不饮食,不火食,即可不死",这种说法,"正与情理相反"。②

最后,他指出人之"少而壮,壮而老,老而死"和人之"朝而作,夜而息"是一样的,是"理之常",③是事物的发展的必然规律。"世无仙","世亦无长生不死之人"。

关于"人之生,修短穷达",有没有天命支配的问题,洪亮吉的答复是:"无有也。"

为什么"修短穷达无命"?

他举例说:"夫天地之内有人,亦犹人生之内有虮虱";"天地之内人无数,人身之内虮虱亦无数"。但"人身内之虮虱,有未成而遭杀者矣,有成之久而遭杀者矣,有不遭杀而自生自灭于缘督缝衽之中者矣,又有汤沐具而死者矣,有浣濯多而死者矣",假使说"人之命,皆有主者之;则虮虱之命,又将谁司之乎?""人不能一一司虮虱之命,则天亦不能一一司人之命",这不是很明白的吗?④

倘若"虮虱生富贵者之身,则居于纨绮白縠之内",而"虮虱生贫贱者之身,则集于鹑衣百结之中者,虮虱之命当贫贱也"。比如:"吾乡有虮虱多而性卞急者,举衣而投之火;夫举衣而投之火,则无不死之数矣,是岂虮虱之命同如此乎?"这有如"秦卒之坑新安,赵卒之坑长平",并非有什么天命在起支配的作用。以是而论,"虮虱无命",而人又"安得有命"?⑤

唐无神论者吕才(600—665)说"长平坑卒,未闻共犯三刑;南阳贵士,何必俱当六合"⑥。洪亮吉否定天命论,否定有天命的支配,当是受了吕才思想的影响。

在否定"修短穷达有命"的同时,洪亮吉对所谓"天生百物,专以

---

① 《卷施阁文甲集》卷一《意言知寿》。
② 《卷施阁文甲集》卷一《意言知寿》。
③ 《卷施阁文甲集》卷一《仙人》。
④ 《卷施阁文甲集》卷一《意言命理》。
⑤ 《卷施阁文甲集》卷一《意言命理》。
⑥ 《旧唐书·吕才传》。

养人"的说法，也持否定的态度。

至于为什么说"修短穷达之有命"，洪亮吉指出：这是"圣人为中材以下之人立训"，有如释氏"造轮回果报之说"亦是"为下等之人说法"。① 我们知道，所谓"圣人"和"释氏"，他们为了使被奴役的人民不致起来斗争和反抗，因而倡导"天命论"，倡导"轮回果报说"，以此麻痹人民群众，以便利于反动统治阶级的剥削与压迫。所以，洪亮吉在这方面的言论是有一定的积极意义的。但是，洪亮吉又认为这是"圣人"和"释氏""垂戒之苦心"，好像不能不如此。② 这就错了！这就暴露了官僚地主的本质。

三

如上所述，洪亮吉对当时社会危机有所觉察，并能揭露和抨击封建统治集团中的某些腐朽黑暗的现象，这与他出仕前家境清贫和士途中舛是有着一定的关系的。他或多或少地反映了当时工商业者的利益。但是，他所揭露和抨击的，只不过是封建统治集团的一些不完全的表面现象，他既没能也不可能透过表象揭示出社会的本质问题。而他所追求的也仅仅是较开明的吏治、较安定的社会秩序，他没有也不可能真正站在农民阶级方面，抨击封建统治。

这种情况，也就决定了他的无神论思想的不彻底性。

洪亮吉有无神论思想，一方面在于他从治地理科学中对事物获得了若干科学认识；另一面，在于他见到了当时的士大夫阶层，有许多"惑于因果，遁人虚无"，并"以谈禅为国政"，他们"出则官服，人则僧衣"，以此"惑智惊愚，骇人观听"，"一二人倡于前，千百人和于后"。③ 这是当时社会危机暴露，而封建统治层不敢面对现实的表现。

我们知道，封建统治阶级愈腐朽、愈腐化，愈需要以迷信鬼神之说来

---

① 《卷施阁文甲集》卷一《意言命理》。
② 《卷施阁文甲集》卷一《意言命理》。
③ 《清史稿·洪亮吉传》。

作精神的慰藉，愈需要以此来欺骗群众、麻痹群众，使人们相信天命的安排，安于现状，从而松懈反封建斗志。洪亮吉反对有神论，宣扬无神论，出于忧时，想挽救封建统治的社会危机，使王公大臣和士大夫阶层有所振作、关心民生吏治。但他宣扬无神论思想，在客观上是对封建统治集团崇尚迷信鬼神之说的揭露和批判，对破除迷信、开启民智有着积极的意义。然而必须指出，他只在批判有神论时做了些唯物论的解释，只是就事论事，并不是以唯物论的观点对鬼神天命之说加以系统有力的批驳，因而这种批驳还是很原始很不彻底的，不能产生强大的力量。

谭嗣同的思想比较观

谭嗣同在戊戌运动中可以说是一位特殊的人物。

戊戌运动本身虽只是一个自上而下的改良运动,只图在这清室的旧瓶里面装上一点新酒,而嗣同又是这一运动中的主干人物。可是从他的思想上看,如果他不是在戊戌运动中牺牲了的话,他在戊戌运动失败以后,不会像梁启超,更不会像康有为,他是很有可能转向到稍后的孙中山先生所领导的革命阵营来的。

梁启超是康有为的学生,他能愈到后来愈发现他老师的不对;如果在嗣同,又如果嗣同不早死的话,那嗣同愈到后来不仅会发现康有为的不对,也会发现梁启超的不对,甚至会发现到戊戌运动的自上而下的改良办法的错误。

从何见得?

当时中国社会不是正向着半封建半殖民地的道路上走吗?革命的任务就应当针对反封建反国际资本的压迫这一方向,然而戊戌运动并没有揭出这一反封建反国际资本压迫的旗帜来,甚至连维护封建统治及为国际资本主义所利用的工具——清室都不预备摧毁,都还要让其延续下去。嗣同虽然参加这一运动,虽然也是这一运动中的主干,但是对于上述的这两种任务,他是完完全全意识到了的,这个,我们从他的著作中可以看得出来。

首先,对于这一维护封建统治及为国际资本主义者利用的工具——清室,嗣同虽然被列为保皇党,但他并不和康有为他们一样,没有怎么样去立意维护清室,并且他对于清室的统治中国还持极端反对的意见,他在《仁学》这样说:

>……奈何使素不知中国,素不识孔教之奇渥温、爱新觉罗诸贱类异种,亦得凭陵乎蛮野凶杀之性气,以窃中国;及既窃之,即以所从窃之法,还制其主人,亦得从容靦颜挟持所素不识之孔教,以压制所素不知之中国矣。而中国犹奉之如天,而不知其罪。楚《诗》《书》以愚黔首,不如即以《诗》《书》愚黔首,嬴政犹钝汉矣乎。

这样攻击、反对清室的话，在当时康有为他们的著作中是不会有的；不仅当时不会有，即在民国初年，康有为的保皇党宗旨不也还是没有变更的吗？

又嗣同虽然不会如后来的五四运动一样，直呼打倒孔家店，但他对于孔家店里面许多不好的货色，如正名观点，以及从这观点所产生出来的各种压制人民的道德，他攻击不遗余力，他这样说：

……俗学陋行，动言名教，敬若天命，而不敢渝。……又况名者，由人创造，上以制其下，而不能不奉之，则数千年来，三纲五常之惨祸烈毒，由是酷焉矣！君以名桎臣，官以名轭民，父以名压子，夫以名困妻，兄弟朋友，各挟一名以相抗拒，而仁尚有少存焉者得乎？（《仁学》第一）

从他的"又况名者，由人创造"的一句话，直揭破了这种的名，并不是从客观实在所规定，而是统治者为了压抑人民，从他的头脑中所捏造出来的东西，人民大众可以起来反对，不受这种极端奴役性的约束。五四运动时代，高呼打倒孔家店，我们倒不以为然，但在当时，能这样大声疾呼地反对名教，反对三纲五常，确实不是一件容易的事。然而康有为虽说有个大同社会的理想，但也只是个理想而已，并没有像嗣同这样针对时病，对这种束缚人性的封建道德下过总攻击。

他反对封建束缚，也把人类的性行为视为当然，他这样说：

……男女构精，名之曰"淫"，此淫名也，淫名，亦生民以来沿习既久，名之不改，故皆习谓淫为恶耳。向使生民之始，即相习以淫为朝聘宴飨之钜典，行之于朝庙，行之于都市，行之于稠人广众，如中国之长揖拜跪，西国之抱腰接吻，沿习至今亦孰知其恶者？（《仁学》）

又谓：

世俗小儒，以天理为善，以人欲为恶，不知无人欲，尚安得有天理？（《仁学》）

他这话正是对宋儒们所谓"饿死事小,失节事大"的话而发,也即是反对"夫以名困妻",反对这种奴役人性的封建道德。

嗣同一方面攻击封建束缚不遗余力,另一方面对于当时国际资本主义侵入,他同样地抨击得厉害。他说:

> ……且俄于珲春日日增兵,多至数十万,西人称其军容之盛,古未尝有,意果何在,仍犹梦梦耶?然割地一层,犹是祸之浅者。和约中通商各条,将兵权利权商务税务一网打尽,随地可造机器,可制土货。又将火轮身车开矿制造等利一网打尽,将来占尽小民生计,并小民之一衣一食皆当仰之以给,自古取人之国无此酷烈者。况又令出二万万两之巨款,中国几曾有此财力,国家岁入七千万两,仍复散之于下,初非长往不返。西洋各国岁获中国之利八千万两,然丝茶盛时可抵去三千万两,余五千万两尚亦有货在中国,然已困穷不堪矣。今无端弃掷此数倍之款,即括尽小民脂膏,下至妇女之簪环首饰,犹难取办此数。闻京城特设有一借贷衙门,以恭邸主其事,佐之者宰相尚书也。俄国允借一万万两,余向各国分借,皆由俄国作保,将以满洲借令修铁路酬其劳绩,其取息之重自不待言,且恐不能无抵押之事。总之,中国之生死命脉惟恐不尽授之于人,非惟国也,将令众生之类无一家一人之不亡。(欧阳予倩《谭嗣同书简》)

嗣同的这一段话中,最值得我们注意的:首先,他认为把航行权、开矿权和其他通商权等等一一交给了外人,这较之割地赔款还要厉害,因为割地赔款还勉强可以说是有限侵略,而这种把权力交给人,简直是无限侵略;且从他的"并小民之一衣、一食皆当仰之以给"一语说来,市面上尽是洋货,又安得"小民生计"不为之"占尽"?所以他说"自古取人之国无此酷烈者"。嗣同在当时还能了解到这一层,还能知道把航行权及其他权利交给外人是极端要不得的;然而我们今日呢?今日不也是把内河航行权和航空权交给了美国吗?市面上充斥的不是美国货吗?难道今日执政的衮衮诸公尚不能了解到这一点吗?其次,我们从嗣同的"中国之生死命脉惟恐不尽授之于人"一语看,他对清政府已充满着愤慨,已无异直认清政府为一卖国的政府了。他的这一意识表现,又非保皇首领康有为所可及者。

他在另一个地方又这样说：

> ……若夫西人，则更不须亟肆多方也。岁取中国八千万，视国家所入犹赢一千万，且无国家之费用，是商务一端已远胜于作中国之皇帝。况和约遍地可通商免厘，可造机器，可制土货，各国必援利益均沾之说，一体照办耶！迨至膏血竭尽，四百兆人民僵仆颠连，自不能逃其掌握。(《报贝元征书》)

外人既可以在中国内地自由通商，又可以在中国各地自由制造；这样，不独自己幼稚的民族工业抬不起头，农村经济破产，且如他说"膏血竭尽、四百兆之人民"会要"僵仆颠连"了。他这话是说得非常沉痛的！

至于为什么使得中国走了这种的半封建半殖民地的道路呢？这一问题的症结，嗣同是了解到了。他这样说：

> 法人之改民主也，其言曰："誓杀尽天下君主，使流血满地球，以泄万民之恨。"朝鲜人亦有言曰："地球上不论何国，但读宋明腐儒之书，而自命为礼义之邦者，即是人间地狱。"夫法人之学问，冠绝地球，故能唱民主之义，未为奇也。朝鲜乃地球上最愚闇之国，而亦为是言，岂非君主之祸，无可复加，非生人所能任受耶？夫其祸为前朝所有之祸，则前代之人，既已顺受，今之人或可不较；无如外患深矣，海军焙矣，要害扼矣，堂奥深矣，利权夺矣，财源竭矣，分割兆矣，民倒悬矣……(《仁学》)

他已直认中国走上这一条道路，是由于君主专制的弊害；如果是民治的话，不独没有君主的作威作福，且国际资本主义亦没有得以利用的工具，因而它也就无从遂其侵略，这一切都没有，当时的中国也不会糟到那样的地步。

因为嗣同已认识到了这一点，所以他虽然参加了戊戌改良运动，但他是很可能走到民主的革命方向来的。前面不是说他对清政府统治也反对之极吗？但在另一处还有更厉害的。他这样说：

> 天下为君主囊橐中之私产，不始今日……然而有知辽、金、元之

罪，浮于前，此君主者乎？其土则秽壤也，其人则膻种也，其心则禽心也，其俗则毳欲也，一旦逞其凶残淫杀之威，以攫取中原之子女玉帛……（《仁学》）

他反对清政府的君主专制，同时也就反对一切的君主专制，他这样说：

君末也，民本也。天下无有因末而累及本者，亦岂可因君而累及民哉！夫曰共举之，则且必可共废之。君也者，为民办事者也；臣也者，助办民事者也。（《仁学》）

这一则认为任何的君主专制都是不好的，同时也就认为所谓"君"与"臣"只不过是人民所选举出来办理政务的；办得不好的话，人民有权罢免他。这直认为所谓"君"与"臣"只不过是人民大众的公仆，是应当受制于人民的。

他这意思，也就是要倡导民治，也就认识到只有进行民主的改革，才能解决当时的一切问题。

于是他反对压迫言论出版的自由，反对压迫思想的自由。他说：

锢其耳目，桎其手足，压制其心思，绝其利源，窘其生计，塞蔽其智术；繁拜跪之仪以挫其气节，而士大夫之才窘矣。立著书之禁以缄其口说，而文字之祸烈矣。（《仁学》）

又谓：

既不许骂，又不许美，世间何必有报馆，第相率缄口为乡愿足矣。（《谭嗣同书简》）

对于贪污腐化及一切特殊势力之作威作福，不许宣布，不许攻击；而对于一切之真实为人民服务的，又不许鼓励和赞扬；则所谓报馆如果不是御用的话，也就等于零。

从上面嗣同的反清封建统治，反国际资本主义的压迫，以及他的宣扬民治和反对思想的压迫与言论出版自由的压迫，嗣同思想之超越，不独在康有为一般人之上,如果他在当时不是牺牲了的话,他也决不会再跟着康有为他们走,也必定退出改良的阵营而走上革命的阵营来的。

这个,我们从另一个地方也可以看得出。他曾经这样说:

> 夫不已者,日新之本体,循序者,日新之实用。颇思以循序自救,而以不已赠足下。不已则必不主故常而日新矣。墨墨乎株守,岂有一当哉!(《致见元征书》,见郑振铎编《晚清文选》)

他反对"主故常",反对"墨墨乎株守",我们也就可见他是如何的不拘成见,是如何的不以原来之意见为满足,而力求进步;从这一点上看,我们也就可见他是不会拘守于戊戌运动的办法而不能自拔的。

当然,嗣同也不是没有他的缺点,尤其是他的基本观点之错误,他虽然知道"衣食足则礼乐兴",又虽然知道"道必依于器而后有实用"(均见《仁学》),可见他的观点只是一个泛神论(他叫作泛仁论,详见拙著《谭嗣同的仁学》)的观点,在当时说来,也可以说是一种进步的观点,是走上唯物论的必经阶段。但从他的事业上看,他之所以跟着康有为他们走上改良主义的道路,未始不是因为他的这一观点的错误而酿成看法上而有致之的行动上的错误;又虽说他不像康有为他们顽固于己见,他具有的是前进的意识,可是他们参加的戊戌运动,始终是改良主义的,而不是革命的道路。

关于他自己的缺点,他本人也曾道出过,他这样说:

> 嗣同之纷扰,殆坐欲新而卒不能新。其故由性急而又不乐小成。不乐小成,是其所长,性急是其所短。性急则欲速,欲速则躐等,欲躐等则终无所得。(《致见元敞书》,见郑振铎编《晚清文选》)

"殆坐欲新而卒不能新",就是他没有即时走上革命主义而走上改良主义的根源;同时他的"不乐小成",他自问"是其所长",结果也不是犯个人主义和英雄主义的错误吗?从这一点上看,也可以看出,他所具有的,纯然是种小资产者的意识。

康有为的思想与学术

康有为写有一部《大同书》，我们要了解他的思想，首先应当从这部书里面去探讨。

他在这部书里面，认为要实现自由平等的大同世界，就要破除九界。这九界是什么呢？第一，去国界、合大地；第二，去级界、平民族；第三，去种界、同人类；第四，去形界、保独立；第五，去家界、为天民；第六，去产界、公生业；第七，去乱界、治太平；第八，去类界、爱众生；第九，去苦界、至极乐。破除了这九界，人生便走向了极乐世界。

既然如此，那么怎么样去破除这九界呢？

他从儒佛诸家思想及西洋的自然科学思想中，认定人类有一种精神，他这样说：

> 夫见见觉觉者，形声于彼，传送于目耳，冲触于魂气。凄凄怆怆，袭我之阳；冥冥岑岑，入我之阴；犹犹然而不能自己者，其何联耶？其欧人所谓以太耶？其古人①所谓"不忍之心"耶？抑人人②皆有此"不忍之心"耶？宁我独有耶？而我何为深深感朕。(《大同书》)

这样说来，人类所具有的这种精神，就是西洋人所称的"以太"，就是孟子所称的"不忍之心"③，换言之，也就是孔子所说的"仁"。并且这种的"仁"，不独为人类所独有，无论何种物类皆具有。他又说：

> 凡大地万国宫室、服食、舟车、杂器、政教、艺乐之神奇伟丽

---

① "其古人"，最初发表时无"人"字。
② "抑人人"的"抑"，最初发表时作"其"。
③ "不忍之心"，据《孟子·公孙丑上》，"不忍"之后还有一"人"字。

者，日受而用之，以刺触其心目，感荡其魂气。其进化耶则相与共进；退化耶则相与共退；其乐耶相与共其乐；其苦耶相与共其苦，诚如电之无不相通矣，如气之无不相围①矣。乃至大地之生番、野人、草木、介鱼、昆虫、鸟兽，凡胎生、湿生、卵生、化生之万形千汇，亦皆与我耳目相接，魂知相通，爱磁相摄，而吾何能恝然？彼其色相好，吾乐之；生趣盎，吾怡之；其色相憔悴，生趣惨凄，吾亦有憔悴惨凄动于中焉。莽莽大地，吾又将焉逃于其外！……（《大同书》）

这说明不论胎生、湿生、卵生或化生的物类，从它显露出来的盎然的生趣或憔悴的颜色，与人们的感官相接触，使人们感到愉快或不愉快的，就是这万物的"仁"的精神之具体表现。可见万物都具有这种精神，不仅人类。

只是有一点，这种精神虽然人类和万物都具有，但因人类和万物的觉知上的程度之不同，于是这所具有的"仁"的精神亦因之而有差别。他说：

吾为诸天之物，吾宁能害②世界天界，绝类逃伦而独乐哉？其觉知少者，其爱心亦少；其觉知大者，其仁心亦大；其爱之无涯，与觉之无涯，爱与觉之大小多少为比例焉。（《大同书》）

这认定万物的"仁"的精神和它的觉知的程度成正比例。

在欧洲，有一种泛神论。康有为这一观点，就是一种泛仁论和泛神论的观点。

他从这一观点出发，认为要破除上述这九界，就只有把人类万物所具有的这种仁爱精神，而尤其是人类的，充分发挥出来，才可以泯灭社会上的种种扞格；才可以平民族、同人类、合大地；才可达到大同世界的目的。

但是，康有为这一主张，显然只是一个不可实现的理想。

当时的中国，由于国际资本主义的侵入，正在半封建半殖民地的路上走。处在这样一个情势之下，除了实行资产阶级的民主改革以外，既非如戊戌运动的由上而下的改良办法所可奏效，又不是什么谈大同主义的时候，更何况他的所谓走上大同之路，是在于什么人类所具有的仁爱精神之

---

① "不相围"的"围"，最初发表时作"周"。
② "吾宁能害"的"害"，最初发表时作"舍"。

扩充、展开呢？难道当时国内的官僚地主会因展开他们的仁爱而不来压迫人民吗？难道当时国际的资本主义又会展开他们的仁爱而不来侵略中国吗？所以康有为这一大同主张，固是超时代的幻想，哪怕从他的观念论的施行办法来说，也是不可实现的空想。

虽然，康有为认定那时尚不是实行大同主义的时候，但也认为不是进行民主改革的时候，而是只能仍然在开明的君主政体之下，来施行若干的改良办法，据他在光绪二十一年（1895）集公车一千三百人上书请变法的意见，如扶助商业组织，以抵抗外商的压迫；取消厘金，兴办重工业；奖励殖边运动，兴建国营铁路；普及国民教育和取消旧式的科举制度……这一切，虽然带有极浓厚的资产者意识，相当地适应了新兴资产者的要求，但还只能说是从他头脑里所想出来的改良办法，如果真的从具体的客观事实出发，真的反映了当时资产者的要求，就应当实行彻底的民主改革。倘若不这样而只想在官僚地主和国际资本主义的双重压迫之下，来头痛医头脚痛医脚，除了碰壁外，不会有什么别的结果。

同时，由于康有为在意识上是这样一种主观观点，反映在他的言论上和行动上都容易趋于两个极端，他的大同主张，就是超时代的幻想；而他的"太有成见"，"对于政治问题，对于社会道德问题，皆以维持旧状为职志"（均引自梁启超《清代学术概论》），又表现了他的顽固。康有为自己曾这样说："吾学三十岁已成，此后不复有进，亦不必求进。"（《清代学术概论》）他学生梁启超也对他这样批评道："有为亦果于自信，而轻视后辈，益为顽旧之态以相角。"（《清代学术概论》）这又可见他是如何的顽固了。

因之，到民国成立，他的思想益趋反动，对于民权，大肆抨击，他这样说：

> 至于中国之大，人民之多，今之选举法，以八十万人选一人。夫八十万人之多数，地兼数县，或则数府，壤隔千里，少亦数百里。吾国道路不通，山川绝限，人民无识，交通未盛①，选举不习，则八十

---

① "交通未盛"的"通"，《康南海文集》，沈云龙主编近代中国史料丛刊本，下简称沈编本作"游"。

万人之功①，渺渺茫茫，既为大地选举例之所无，而曾谓八十万人者，能知其人而举人②，其人又能代达八十万人之意乎？……徒资数万之暴民而已。……我国地等全欧，人民倍之，国与民相去至远，民意民权不可得。(《中国颠危误在全法欧美而弃国粹说》)

可是，他学生梁启超于戊戌运动失败以后，虽仍持君主立宪之说，却已没有他老师那样固执，如梁氏自谓办《新民丛报》时，便"日倡革命排满之论"，"而康有为深不谓然，屡责备之"。(《清代学术概论》)

康有为的著述，除《大同书》以外，尚有《新学伪经考》和《孔子改制考》二书，这两部书都是他学术方面的著作，曾对当时的思想界产生过相当大的影响。

首先看《新学伪经考》：

这书的要点："一，西汉经学，并无所谓古文者，凡古文皆刘歆伪作；二，秦焚书，并未厄及六经，汉十四博士所传，皆孔门足本，并无残缺；三，孔子时所用字，即秦汉间篆书，即以'文'论，亦绝无今古之目；四，刘歆欲弥缝其作伪之迹故校中秘书时，于一切古书多所羼乱；五，刘歆所以作伪经之故，因欲佐莽篡汉，先谋湮乱孔子之微言大义。"(《清代学术概论》)

这书出后，对于当时思想界的影响，梁启超曾这样说："第一，清学正统派之立脚点，根本动摇；第二，一切古书，皆须从新检查估价；此实思想界之一大飓风。"(《清代学术概论》)

至于这书的缺点，梁启超述及和他的同学陈千秋参与他们老师这本书的编著时这样说道：

> 《伪经考》之著，二人者（启超与陈千秋）多所参与，亦时病师之武断，然卒莫能夺也。……乃至谓《史记》《楚辞》经刘歆羼入者数十条，出土之钟鼎彝器，皆刘歆私铸埋藏以欺后世；此实为事理之万不可能通者，而有为必力持之。实则其主张之要点，并不必借重于此等枝词强辩而始成立；而有为以好博好奇之故，往往不惜抹煞证据或

---

① "万人之功"的"功"，沈编本作"中"。
② "而举人"的"人"，沈编本作"之"。

曲解证据,以犯科学家之大忌,此其所短也。(《清代学术概论》)

从这里,也可以见到这本书的毛病了。

其次为《孔子改制考》:

这书的大意:"……定《春秋》为孔子改制创作之书,谓文字不过其符号,如电报之密码,如乐谱之音符,非口授不能明。又不惟《春秋》而已,凡六经皆孔子所作;昔人言孔子删述者误也,孔子盖自立一宗旨而凭之以进退古人去取古籍。孔子改制,恒托于古;尧舜者,孔子所托也;其人有无不可知,即有,亦至寻常,经典中尧舜之盛德大业,皆孔子理想上所构成也。又不惟孔子而已,周秦诸子罔不改制,罔不托古,老子之托黄帝,墨子之托大禹,许行之托神农是也。"(同前)

这书出版后,其影响所及,据梁启超述及四点,其后两点是:"……三、《伪经考》既以诸经中一大部分为刘歆所伪造,《改制考》复以真经之全部分为孔子托古之作,则数千年来认为神圣不可侵犯之典,根本发生疑问,引起学者怀疑批评的态度。四、虽极力推挹孔子,然既为孔子之创学派与诸子之创学派,同一动机、同一目的、同一手段;则已夷孔子于诸子之列。所谓别黑白定一尊之观念,全然解放,导人以比较的研究。"(同前)

后来顾颉刚的疑古史,也受这书的影响不少,顾氏在《古史辨》第一集《自序》中这样说:"……后来又从《不忍》杂志上读到《孔子改制考》,第一篇论上古事茫昧无稽,说孔子时夏殷的文献已苦于不足,何况三皇五帝的史事,此说即极惬心餍理。下面汇集诸子托古改制之事实,很清楚地把战国时的学风叙述出来,更是一部绝好的学术史。虽则他所说的孔子作六经的话我永不能信服,但六经中参杂了许多儒家的托古改制的思想是不容否认的。我对于长素先生这般的敏锐的观察力,不禁表示十分的敬意。"又谓:"我的推翻古史的动机固是受了《孔子改制考》的明白指出上古茫昧无稽的启发,到这时而更倾心于长素先生的卓识……"就于此可见。

至于这本书的缺点,首先梁启超这样说:

有为谓孔子之改制,上掩百世,下掩百世,故尊之为教主,误认欧洲之尊景教为治强之本,故恒欲侪孔子于基督,乃杂引谶纬之言以

宝之；于是有为心目中之孔子，又带有"神秘性矣"。(《清代学术概论》)

后来钱玄同写给顾颉刚的信中也批评道：

> 康长素《孔子改制考》攻击刘歆说孔子作六经之旨，而自己乃引"纬书"来说孔子作六经之旨。(《古史辨》)

钱氏写给胡适之的信上也这样说：

> 康有为推倒古文经，却又尊信今文经，——甚而至于尊言纬书。这都未免知二五而不知一十了。(《古史辨》)

当然康有为之治学术，和他在政治上倡导变法维新一样，对当时的社会自有其进步的影响。只是由于他的主观观点，故对治学术，对从事政治，都容易趋向极端，流于固陋，而不能好好地对当前的社会，对客观的历史做较具体之分析；也就是说，不能实事求是。梁启超到底是他的学生，对他观察得相当清楚，梁氏这样说："有为之为人也，万事纯任主观，自信力极强，而持之极毅，其对于客观的事实，或竟蔑视，或必欲强之以从我，其在事业上也有然，其在学问上也亦有然……"(《清代学术概论》)这对他的批评是中肯的。不过没有见到他的"纯任主观"，也还是那个动荡的时代里他所属的阶级规定的。

梁启超的思想与学术

梁启超在十五六岁时就跟着康有为跑。

他自己这样说:

> 启超年十三,与其友陈千秋同学于学海堂,治戴、段、王之学。……越三年,而康有为以布衣上书被放归,举国目为怪;千秋、启超好奇,相将谒之,一见大服,遂执业为弟子,其请康开馆讲学,则所谓万木草堂是也。(《清代学术概论》。以下所引,除标出作者外,均引自是著)

在康有为受业的过程中,梁启超表现出一特色:他虽然对他的老师很是佩服,但是老师谈到习古礼,他表示不感兴趣;习《伪经考》,又"时复不慊于其师之武断",并且"其师好引纬书,以神秘性说孔子,启超亦不谓然"。尤其是后一点,因为所谓今文家都是脱不了与纬书的关系的,他既从今文大师学,当然也就属今文家,但他能不满意于今文大师的谈纬书,可见他在思想上对今文经学的接受是有选择的。

他最喜欢的,就是他的老师谈"大同义"。

本来在极端苦闷的专制政体下面,谈谈"大同义"确实是一副很好的兴奋剂,超时代固然是超时代的,以之来做宣传,启迪一般人起来反抗专制政体,唤起一般人的民主自由意识,也未始不可。

所以启超和他的同学陈千秋,都"锐意欲宣传其一部分"。

他的老师则大不以为然:

一则,"今方为据乱之世,只能言小康,不能言大同,言则陷天下于洪水猛兽"。

再则,"始终谓当以小康义救今世,对于政治问题,对于社会道德问题皆以维持旧状为职志"。

在他的老师这两则意思当中,所谓不敢"言大同",就是怕"陷天下于洪水猛兽";换言之,就是怕人民真的被自由思想所唤醒,抬起头来,实现民治主义。因之他的老师"对于政治问题,对于社会道德问题,皆以维持旧状为职志";换言之,就是要维持已经腐朽了的清政府封建统治,所谓改革,不过是一种粉饰。

所以他的老师虽然在上书请变法的时候说:"观万国之势,能变则存,不变则亡;全变则存,小变仍亡。……方今之病,在笃守法而不知变……"但是,到民国二年(1913)亡命归来后,在创办《不忍》杂志时却这样说:"多行欧美一新法,则增中国一大害,此其明效大验,虽有苏张之舌,不能为之辩护。"(《中国还魂论》)他的老师虽然在写《大同书》的时候认为:"民权进代,自下而上,理之自然也。"(《中国还魂论》)但是到了后来却这样说:"至于中国之大,人民之多,今之选举法,以八十万人选一人。夫八十万人之多数,地兼数县,或则数府,壤隔千里,少亦数百里,吾国道路不通,山川绝限,人民无识,交游未盛,选举不习,则八十万人之中,渺渺茫茫,既为大地选举例之所无,而曾谓八十万人者,能知其人而举之,其人又能代达八十万人之意乎?……徒资数万之暴民而已。……我国地等全欧,人民倍之,国与民相去至远,民意民权则不可得。"(《中国颠危误在全法欧美而尽弃国粹说》)

这和今日的顽固分子,借口人民的知识程度不够而声称不能马上实施民主,不是如出一辙吗?

启超就不像他的老师这样前后矛盾。

启超当时对他的老师的思想只是批判地接受。到后来,他的老师走上了彻头彻尾的反动道路,倡设什么"孔教会",定孔教为什么"国教",搞什么祀天配孔诸议,对这些,他都深恶痛绝,一一予以驳斥。他这样说:

> 我国学界之光明,人物之伟大,莫盛于战国,盖思想自由之明效也。及秦始皇焚百家之语,而思想一窒。汉武皇帝表章六艺,罢黜百家,而思想又一窒。自汉以来,号称行孔教二千余年于兹矣,而皆持所谓表章某某罢黜某某为一贯之精神。故正学异端有争,今学古学有争,言考据则争师法,言性理则争道统;各自以为孔教,而排斥他人以为非孔教……浸假而孔子变为董江都、何邵公矣,浸假而孔子变为马季长、郑康成矣,浸假而孔子变为韩退之、欧阳永叔矣……皆由思想束缚于一点,不能自开生面。如群猿得一果,跳掷以相攫;如群妪

得一钱,诟詈以相夺,情状抑何可怜……此二千年来保教当所生之结果也。(壬寅年《新民丛报》)

自此以后,启超的思想就宣告和康有为分离。他自己这样总结着说:

……康有为之大同,空前创获,而必自谓出孔子。及至孔子之改制,何为必托古,诸子何为皆托古,则亦依傍混淆也已。此病根不拔,则思想终无独立自由之望,启超盖于此三致意焉。然持论既屡与其师不合,康梁学派遂分。

观此,可知启超的思想虽受康有为思想的影响不少,已经形成了所谓"康梁学派",但由于他抱了一个"不惜以今日之我,难昔日之我"的观点,时时对自己做批判,因此他虽一面接受康有为的思想,另一面也能批判康有为的思想。到后来,戊戌运动失败,他先后逃亡日本和美洲诸国,受了欧美民主思想不少影响,虽未能和孙中山先生走上一道,但"日倡革命排满共和之论",已和戊戌运动时大异其趣。而他的老师反于此时走上了极端反动的道路,于是他正式宣布和他的老师分家。这表明他的思想比他老师的思想更为卓越、更为进步。

之后,启超在上海办《新民丛报》,言论已大大改观。这个,我们只看他批评洋务运动派的错误就可以知道。他这样说:"知有兵事,而不知有民事;知有外交,而不知有内治;知有朝廷,而不知有国民;知有洋务,而不知有国务。"(《饮冰室文集》)他这话虽是对洋务运动派而发,实际上也就等于批判戊戌运动。戊戌运动的错误,不也是只"知有朝廷而不知有国民"吗?

在另一处,他又评论李鸿章说:

殊不知今日世界之竞争,不在国家,而在国民;殊不知泰西诸国所以能化畛域、除故习、布新宪、致富强者,其机恒发自下而非发自上,而求其此机之所以能发,则必有一二先觉大力者,从而导其辕而鼓其锋。风气既成,然后因而用之,未有不济者也。(《中国四十年来大事记》)

这虽说是批评李鸿章,实际上也无异于批评戊戌运动。戊戌运动的错误不也是只发自上而未能发自下吗?如果当时其机乃发自下而作彻底改造的话,哪里会那么容易失败呢?只是启超这一段话还有点毛病,他一面虽已认定改造社会的机会恒发自下,但还不忘记"必有一二先觉大力者,从而导其辕而鼓其锋",还相信上对下的推动力量。这十足展现出了他的市民阶层的思想矛盾。

此时,启超有一个特色,就是他办《新民丛报》,文字非常平易近人。他自己这样说:

> 启超夙不喜桐派古文,幼年为文,学晚汉魏晋,颇尚矜炼;至是自解放,务为平易畅达,时杂以俚语韵语及外国语法,纵笔所至不检束。学者竞效之,号新文体;老辈则痛恨,诋为野狐。然其文条理明晰,笔锋常带情感,对于读者,别有一种魔力焉。

这种文字当然是很适合当时一般市民阶层的口味的。同时他这一文体的改革,不仅对桐城文派而言为一大革命,而且开创了后来新闻报纸的一种明快笔法,对新闻学的贡献,确实不小。

启超以前的文字,只是在政论及介绍新思想诸方面。在政论文字中,他的《新民说》,对当时民权思想的启迪,确实有相当的影响。到五四运动前后,他在清华学校讲学时,才专心致力于学术研究。不过他这时的思想,一方面受五四运动影响,另一方面胡适的实验主义方法对他而言也是一个刺激,所以比较新。这在他所留下的几部名著中都可以见到。

启超对墨学是有相当研究的。

他在办《新民丛报》时,即有《墨学微》之写作;其后在清华讲学,便先后有《墨子学案》及《墨经校释》之刊布。那时候大学正高呼打倒孔家店,正在欢迎德谟克拉西和赛因斯两位先生,人们对墨学的研究当更感兴趣,这两书出版后,使学术界研究墨学的兴趣益加浓厚。近人方授楚氏在其《墨学源流》的自序中就这样说:"其时胡适之《中国哲学史》及梁氏《墨子学案》《墨经校释》诸书,先后刊布。一时风会所趋,讨论墨学,笺释墨学之作,时见于出版界。"可见其影响之大。

《老子》一书,由于传说中谓孔子曾问礼于老子的关系,研究思想史的,每每总把老子的思想述说在孔子的前面,即胡适写《中国哲学史大纲》亦未能脱此窠臼。但自启超于民国十一年（1922）提出《论老子书作于战国之末》（原文收在《古文辨》第四集）以后，学术界受到一次大的震动。顾颉刚氏就这样说："到民国十一年的春天，梁任公先生发表其老子书作于战国之末的意见，始把我的头脑又洗了一下。"（《古史辨》四集序言）钱穆氏也这样称道："老子晚出之论，自梁任公以来，辨之甚晰。"（同前）本来启超这一卓见，不仅证明了《论语》以前无私家著作，同时也使我们了解到，那时思想的主要潮流只有儒墨，老子一派的兴起的确是在儒墨大盛行之后。这对以后治思想史，理清了一个大的头绪，不能不说是他的功绩。

清代的学术辉煌，启超比之为中国的"文艺复兴"，而这一时期的辉煌之学术研究，也以他开其端。

他的《中国近三百年学术史》，尤其是他的《清代学术概论》，不仅予后来者以研究清代学术的兴趣，也予后来者一个清代学术的明确概念。这个概念就是他所说的：

> 总观三百余年之学史，其影响及于全思想界者，一言以蔽之，曰："以复古为解放。"第一步：复宋之古，对于王学而得解放；第二步：复汉唐之古，对于程朱而得解放；第三步：复西汉之古，对于许郑而得解放；第四步：复先秦之古，对于一切传注而得解放……

只是为什么"清代学术"是以复古为解放，由于观点的限制，启超没有能力给予一个明确的解答。

总之，启超在思想学术上，是有他的开拓功绩的，不失为一个启蒙时期的人物。他说自己"破坏力确不小"，是"新思想界之陈涉"，这的确是一个相当有自知之明的说法。

王国维的思想与学术

王国维早年曾研究叔本华和康德的哲学,他自己这样说:

> 余之研究哲学,始于辛壬之间,癸卯春,始读汗德①之《纯理批评》,苦其不可解,读几半而辍,嗣读叔本华之书而大好之。自癸卯之夏,以至甲辰之冬,皆与叔本华之书为伴侣之时代也。其所尤惬心者,则在叔本华之知识论;汗德之说得因之以上窥。然于其人生哲学,观其观察之精锐,与议论之犀利,亦未尝不心怡神释也;后渐觉其有矛盾之处。……旋悟叔氏之说,半出于其主观的气质,而无关于客观的知识,此意于《叔本华及尼采》一文中始畅发之。今岁之春,复返而读汗德之书,嗣今以后,将以数年之力研究汗德,他日稍所有进,取前说而读之,亦一快也。(《静庵文集》自序)

从他的"惬心"于"叔本华之知识论",又"心怡神释""于其人生哲学",及以数年之力专心于康德的研究,表明他对叔本华和康德的哲学是如何的服膺,同时亦可知他在思想上受这两家思想的影响又是如何的深了。至于对这两家思想之理解,他这样说:

> 汗德独谓吾人知物时,必于空间及时间中,而由因果性整理之。然空间时间者,吾人感性之形式,而因果性者,吾人悟性之形式,此数者皆不待经验而存,而构成吾人之经验者也。故经验之世界,乃外物之入于吾人感性悟性之形式中者,与物之自身异。物之自身,虽可得而思之,终不可得而知之,故吾人之所知者,惟现象而已。叔本华于知识论上,奉汗德之说曰:世界者,吾人之观念也;一切万物,皆由充足理由之原理决定之,而此原理,吾人知力之形式也。物之为吾人所知者,不得不入此形式;故吾人所知之物,决非物之自身,而但

---

① 即康德。

现象而已；易言以明之：吾人之观念而已。然则物之自身，吾人终不得而之乎？曰：否。他物则吾不可知，若我之为我，则各物之自身之一部，昭昭明矣。而我之为我，其现于直观中，则块然空间及时间中之一物，与万物无异。然其现于返观时，则吾人谓之意志而不疑也。而吾人返观时，无知力之形式行乎其间，故返观时之我，我之自身也。然则我之自身，意志也。而意志与身体，吾人实现为一物；故身体者，可谓意志之客观化，即意志之入于知力之形式中者也。吾人观我时，得由此二方面；而观物时，只由一方面，即惟由知力之形式中观之；故物之自身，遂不得而知。然由观我之例推之，则一切物之自身，皆意志也。（《静庵文集·叔本华之哲学及其教育学说》）

他这里讲康德认定"经验之世界，乃外物之入于吾人感性悟性之形式中者"，与物之自身异，即是谓康德承认物质离开人类的意识而独立存在。物质虽离开人类的意识而独立存在，但"物之自身""终不可得而知之""所知者，惟现象"。意即说物质除可认识其现象外，其本质是不可认识的。这已认定康德为二元论。叔本华把康德所承认的这"物之自身"是离开人类意识而独立存在的观点也予以根本上的否定，而使它观念化，说这"物之自身"也是意志，所谓"身体者"不过是"意志之客观化"，这说明叔本华属主意论。王国维非常"心怡神释"于这种主意论。

叔本华由他的这一主意论导出了他的厌世论，他进一步力求对现实的超脱，而要实现对现实的超脱，唯一的方法，只有使个别的人生趋向于普通的意志，使之意志化，成为纯意志上的自由。

要超脱，要走向意志化，有两个方面的手段：

第一，依艺术以解脱烦恼。

就是要人类聚精会神地致力于艺术研究，乃至其他种种学术研究，这样人类精神才可以通过艺术或学术显现出来，化而为客观化的艺术或学术，于是人生才可解脱烦恼。

第二，通过对生存意志之否定以解脱烦恼。

这分两层：一是通过禁欲以否定生存之意志；二是将人本身作根本上的否定。

我们说王国维受叔本华的思想影响很深，因王国维的一生就是向这两方面进行的。

他于民国十六年（1927）自沉于昆明湖，就是因为看不清当时的现实，厌世观发展到了极致。于是他自尽了，对自己做了根本上之否定。

现在再来看看王国维是怎样地化个别的人生为普遍的意志的，也就是看他是怎样地向学术方面努力而取得成就的。

首先关于他的治学方法，陈寅恪先生最能道其详，陈先生这样说：

> 先生之学博矣，精矣，几若无涯岸之可望，辙迹之可寻。然详绎遗书，其学术内容及治学方法，殆可举三目以概括之者。一曰：取地下之实物与纸上之遗文互相释证。凡属于考古学及上古史之作，如《殷卜辞中所见先公先王考》及《鬼方昆夷猃狁考》等是也。二曰：取异族之故书与吾国之旧籍互相补正。凡属于辽金元史事及边疆地理之作，如《萌古考》及《元朝秘史之主因亦儿坚考》等是也。三曰：取外来之观念与固有之材料互相参证。凡属于文艺批评及小说戏曲之作，如《红楼梦评论》及《宋元戏曲考》《唐宋大曲考》等是也。此三类之著作，其学术性质固有异同，所用方法亦不尽符会，要皆足以转移一时之风气，而示来者以轨则。吾国他日文史考据之学，范围纵广，途径纵多，恐亦无以远出三类之外。此先生之书所以为吾国近代学术界最重要之产物也。（《王静安先生遗书序》）

陈先生在论述王国维治学的三条方法中，后一条"取外来之观念与固有之材料互相参证"的方法，举了《红楼梦评论》一文做例子，而《红楼梦评论》一文就是受叔本华思想的影响写成的。王国维自己曾这样说：

> ……去夏所作《红楼梦评论》，其立论虽全在叔氏之立脚地，然于第四章内已经提出绝大之疑问……（《文集自序》）

当然，王国维的最高成就是在史学方面，尤其以上古史成就最为辉煌。

首先就陈先生所提到的《殷卜辞所见先公先王考》一文来说，原来关于殷代的世系，历代学者都无法把它弄清楚，王国维运用地下材料——甲骨文，参证殷史传说，才理出了一个头绪。关于他研究这一世系的经过，他这样说：

甲寅岁莫，上虞罗叔言参事撰《殷虚书契考释》，始于卜辞中发见王亥之名，嗣余读《山海经》《竹书纪年》，乃知王亥为殷之先公，并于《世本·作》之"胲"，《帝系》之"核"，《楚辞·天问》之"该"，《吕氏春秋》之"王冰"，《史记·殷本记》及《三代世表》之"振"，《汉书·古今人表》之"垓"，实系一人。……乃复就卜辞有所攻究，复于王亥之外，得王恒一人。案《楚辞·天问》云："该秉季德，厥父是臧。"又云："恒秉季德。"王亥即该，则王恒即恒，而卜辞之季之即冥（罗参事说），至是始得其证矣。又观卜辞中数十见之田字，从甲，在□中（十，古甲字），及通观诸卜辞，而知田即上甲微。于是参事前疑卜辞之◻、◻、◻（即乙、丙、丁三字之在［或］中者，与田字甲在□中同意），即报乙、报丙、报丁者，至是亦得其证矣。（《殷卜辞中所见先公先王考》序言）

罗振玉治甲骨字虽有成绩，但他的成绩在汇集与考释诸方面，而以之订正殷代历史，实从王国维始；其订正的功绩，也以他的为最大。

对于鬼方，他也用同一方法来研究，他这样说：

我国古时有一强梁之外族，其族西自汧、陇，环中国而北，东及太行、常山间，中间或分或合，时入侵暴中国。其俗尚武力，而文化之度不及诸夏远甚。又本无文字，或虽有而不与中国同。是以中国之称之也，随世异名，因地殊号。至于后世，或且以丑名加之，其见于商、周间者，曰鬼方，曰混夷，曰獯鬻；其在宗周之季，则曰玁狁；入春秋后，则始谓之戎，继号曰狄；战国以降，又称之曰胡，曰匈奴。综上诸称观之，则曰戎，曰狄者，皆中国人所加之名；曰鬼方，曰混夷，曰獯鬻，曰玁狁，曰胡，曰匈奴者，乃其本名……（《鬼方昆夷猃狁考》）

从他研究出来的结果中，我们对鬼方族的沿革有了一个清晰的了解。关于古史，后来王国维又从事一种新的写作。朱芳圃先生这样说："先师王静安……感于近世学者泥古疑古之弊，曾撰《古史新证》一书，根据地下材料，以补正纸上材料，并证明古书某一部分全为实录，其术甚精，其识甚锐，为治古史者，辟一新途径。"（《甲骨学商史编序言》）可惜的是他这书没有写多少，便在昆明湖自尽了。其中如考证"禹"，先以钟鼎铭文作证，如《秦公敦》之"鼏宅禹赍"和《齐侯鼏钟》之"处禹之堵"，再配合诸书上纪禹的地方，综合研究，得一结论：即"春秋之世，东西二大国（齐、秦）无不信禹为古之帝王，且先汤而有天下"。（《古史新证》第二章）

最后我们还得特别提一提的，是他的《宋元戏曲考》，这书据陈寅恪先生说，和《红楼梦评论》一样，也是"取外来之观念与固有之材料互相参证"而写成的，是一部精心的作品。王国维自己这样说：

……独元人之曲，为时既近，托体稍卑，故两朝史志与《四库》集部，均不著于录，后世儒硕，皆鄙弃不复道；而为此学者，大率不学之徒，即有一二学子，以余力及此，亦未有能观其会通，窥其奥窔者，遂使一代文献，郁埋沈晦者且数百年，愚甚惑焉。往者读元人杂剧而善之，以为能道人情状物态，词采俊拔而出乎自然，盖古所未有，而后人所不能仿佛也。辄思究其渊源，明其变化之迹，以为非求诸唐、宋、辽、金之文学弗能得也。……写为此书。凡诸材料，皆余所搜集，其所说明，亦大抵余之所创获也。世之为此学者自余始，其所贡于此学者，亦以此书为多；非吾辈才力过于古人，实以古人未尝为此学故也。（《宋元戏曲考序》）

他的这一段话，并非自负，而是从事学术研究、追求真理者的一番很朴实的话。我们不见，即至现在为止，继王国维之后治宋元之戏曲历史的，尚没有超越王氏者。

当然，王国维在学术上的成就尚不止于此，其他如治金石文、治文学（如他的《人间词话》）等，都有辉煌的贡献，以上所举的，不过是荦荦大端罢了。

吴虞的思想

在五四运动时代,有位大思想家,叫吴虞。他是四川成都人,号又陵,写有《吴虞文录》。

他在五四运动中是打倒"孔家店"的急先锋。

胡适曾这样说:

> 吴又陵先生是中国思想界的一个清道夫。他站在那望不尽头的长路上,眼睛里、嘴里、鼻子里、头颈里,都是那迷漫扑人的孔渣孔滓的尘土,他自己受不住了,又不忍见那无数行人在那孔渣孔滓的尘雾里撞来撞去,撞的破头折脚。因此,他发愤做一个清道夫,常常挑着一担辛辛苦苦挑来的水,一勺一勺地洒向那孔尘迷漫的大街上。他洒他的水,不但拿不着工钱,还时时被那无数吃惯孔尘的老头子们跳着脚痛骂,骂他不识货,怪他不认得这种孔渣孔滓的美味,怪他挑着水拿着勺子在大路上妨碍行人!他们常常用石头掷他,他们哭求那些吃孔尘羹饭的大人先生老爷们,禁止他挑水,禁止他清道。但他毫不在意,他仍旧做他清道的事。有时候,他洒的疲乏了,失望了,忽然远远的觑见那望不尽头的大路的那一头好像也有几个人在那里洒水清道,他的心里又高兴起来了,他的精神又鼓舞起来了。于是他仍挑了水来,一勺一勺地洒向那旋洒旋干的长街上去。(《吴虞文录序》)

从胡适的这一段话中,我们了解到:第一,吴先生在当时对数千年所延续下来的封建剥削者所利用的思想工具——孔子的思想,是很不遗余力地在做一种清道夫的工作,把这一思想道路肃清后,好来开拓一条适应时代需要的民主和科学的思想道路。第二,吴先生在做这一肃清的工作时,对方的势力还极度根深蒂固,所以一方面他虽在尽力地工作,另一面却也遭受到不少顽强的抵抗。然而他并不灰心,他还是一点一滴地这样下去。从这两点来看,我们就知道当时的吴老先生是怎样地在为真理而奋斗。

然则在当时,他对这一清道夫的工作,是怎样做的呢?

第一，他认为家族制度是专制主义的根基，因之要打倒专制主义就得摧毁这一根基——家族制度。他这样说："顾至于今日欧洲脱离宗法社会已久，而吾国终颠顿于宗法社会之中而不能前进。推原其故，实家族制度为之梗也。"（《新青年》二卷六期《家族制度为专制主义之根据论》）

因之，反映在思想上，就有儒家所倡导的孝和忠，吴先生用反对的口吻阐明孝和忠的关联道：

"孝乎惟孝，是亦为政"，家与国无分也。"求忠臣必于孝子之门"，君与父无异也。推而远之，则如《大戴记》所言："居处不庄，非孝也；事君不忠，非孝也；莅官不敬，非孝也；朋友无信，非孝也；战阵无勇，非孝也。"盖孝之范围，无所不包，家族制度之与专制政治，遂胶固而不可分析。……有子曰："悌弟也者，为人之本；其为人也孝悌，而好犯上者鲜；不好犯上，而好作乱者未之有。"其于销弭犯上作乱之方法，惟恃孝悌以收其成功。而儒家以孝悌二字为二千年来专制政治、家族制度联结之根干，贯彻始终而不可动摇，使宗法社会牵制军国社会，不克完全发达，其流毒诚不减于洪水猛兽矣。（《新青年》二卷六期《家族制度为专制主义之根据论》）

他这一段话，真道破了儒家思想的秘密。儒家是以孝作为忠的基础的，认为能孝必能忠，历代的专制魔王不都是"求忠臣必于孝子之门"吗？

于是吴先生进一步这样认为："夫孝之义不立，则忠之说无所附；家庭之专制既解，君主之压力亦散；如造穹窿然，去其主石，则主体坠地。"（《新青年》二卷六期《家族制度为专制主义之根据论》）这就是说，要打倒专制主义，必先打破家族制度；要反对奴役人的忠的思想，必先反对奴役人的孝的思想。

其次，吴先生认为儒家是倡导阶级思想的，他这样说：

孔氏主尊卑贵贱之阶级制度，由天尊地卑，演而为君尊臣卑，父尊子卑，夫尊妇卑，官尊民卑。尊卑既严，贵贱遂别……几无一事不合有阶级之精神意味，故二千年不能铲除阶级制度，至于有良贱为婚之律，斯可谓至酷已。（《新青年》三卷四号《儒家主张阶级制度之害》）

他这话把历代的专制魔王为什么喜欢儒家思想明白地道出了，这就是儒家倡导阶级思想，甚合专制魔王的口味。

再次，鲁迅先生曾在《新青年》上发表《狂人日记》，其中有一段这样说："我翻开历史一查，这历史每页上都写着'仁义道德'几个字。仔细看了半夜，才从字缝里看出来，满本都写着两个字，'吃人'。"吴先生读了鲁迅先生的这篇名著以后，曾称赞："我觉得他这日记，把吃人的内容，和仁义道德的表面，看得清清楚楚。"于是吴先生进一步把吃人的具体历史事实叙述了出来。

对于齐桓公，吴先生这样说：

> 你看齐侯一面讲礼教，尊周室，九合诸侯，不以兵车，葵丘之会，说了多少"诛不孝，无以妾为妻，敬老，慈幼"等等道德仁义的门面话了……（《新青年》六卷六号《吃人与礼教》）

吴先生又说：

> ……然而我又考韩非子说道："易牙为君主味，君之所未尝食，惟人肉耳。易牙蒸其首子而进之。"管子说道："易牙以调和事公，公曰：惟蒸婴儿之未尝。于是蒸其首子，而献之公。"……他（指齐侯）不但是姑姊妹不嫁的就有七个人，而且是一位吃人肉的。（《新青年》六卷六号《吃人与礼教》）

关于汉高祖，吴先生这样说：

> 《汉书》高帝二年，"汉王为义帝发丧，袒而大哭，哀临三日。"……但他这样举动，是确守名教纲常，最重礼教的了。十二年，过鲁，以太牢祀孔。

这时汉高祖为什么这样重礼教呢？吴先生道破其原因道：

> ……汉高帝哭义帝，斩丁公，他把名教纲常看得非常重要。他晓得三纲之中君臣一纲，关系自己的利害尤其吃紧，所以见得孔二先生

说"君臣之义不可废"的话,他就立刻把从前未做皇帝时候"溺儒冠"的脾气改过,赶快拿太牢去礼孔子,好借孔子种种尊君卑臣的说法来做护身符。(《新青年》六卷六号《吃人与礼教》)

吴先生又这样说:

> 却是我读《史记·项羽本纪》,说项王与汉俱临广武而军,相守数月。"当此时,彭越数反梁地,绝楚粮食。项王患之,为高俎,置太公其上。告汉王曰:'令不急下,吾烹太公!'汉王曰:'吾与项羽俱北面受命怀王。'曰:'约为兄弟。'吾翁即若翁,必欲烹而翁,幸发我一杯羹!"汉王这样办法,幸而有位项伯在旁营救,说是"为天下者不顾家"——就是说想得天下做皇帝的人,本来就不管老爹死活的。项王幸亏听了他的话,未杀太公,假如杀了,分一杯羹给汉王,那汉王岂不是以吃老爹的肉为"幸"吗?又读《史记·黥布列传》说:"汉诛梁王彭越,醢之。盛其醢,遍赐诸侯。"这也可见当时以人为醢,不但皇帝吃人肉,还要遍给诸侯,尝尝人肉的滋味。(《新青年》六卷六号《吃人与礼教》)

吴先生从叙述上面具体的史实中获得一个有名的结论,这结论就是:"吃人的就是讲礼教的,讲礼教的就是吃人的呀!"(《新青年》六卷六号《吃人与礼教》)

从以上对吴先生思想的分析中可以得出以下结论:第一,吴先生在当时做肃清腐旧的孔家店思想的清道夫,他不像陈独秀那样,只是对孔家店的思想胡乱攻击与漫骂,而能做具体的分析,并从具体的分析中揭露孔家思想奴役人民的真面目,戳破其以孝的思想来维护家族制度、以忠的思想来巩固专制政体的实质;同时又分析出孝的思想是忠的思想的骨干,换言之,就是能忠以能孝为前提。第二,吴先生能从阶级的立场来看儒家的思想,认定儒家思想是为专制主义者所独家经售,并能从具体的历史事实上来分析,揭示出专制主义者的两面性:"一面会吃人,一面又能够讲礼教。"(《新青年》六卷六号《吃人与礼教》)

这许多都是吴先生对儒家思想为什么和专制主义者结下不解之缘的独特认识。

但吴先生也有缺点,他没有再进一步对为什么儒家思想和专制主义者结下不解之缘,为什么孝为忠的前导,为什么家族制度为专制主义的骨干等问题,来做一番经济上的更本质的分析。

同时,从学术的立场上来看,吴先生的《读荀子书后》(《新青年》三卷一号)一文,谓"孔教之遗祸于后世,亦较荀卿之罪为大",这一看法显然是落了前人的窠臼。吴先生归咎于荀卿,是因为荀卿特别讲礼。其实荀卿所讲的礼,已不是"刑不上大夫,礼不下庶人"的礼;就是说他已不把礼当作纯粹的规范来讲,他的"礼"已因当时社会的急剧变革而做经济分配论方面的解释。荀卿一则说"礼者,断长续短,损有余,益不足;达爱敬之文,而滋或行义之美者也"(《荀子·礼论》),再则说"以养人之欲,给人之求,使欲必不穷乎为物,物必不屈于欲,两者相持而长,是礼之所起也"(《荀子·礼论》),这是把礼作为分配论来讲,何尝有什么规范的意义呢?

另外,吴先生在《消极革命之老庄》(三卷二号)一文中,因老子书中有"礼者忠信之薄而乱之首"的话和庄子书中有"窃钩者诛,窃国者侯"的话,便称老庄为消极革命派。其实老庄的思想,消极有之,革命则谈不上。战国末年社会经济正在急剧地变革,《老子》的作者,以一种没落者的心情,见到把礼作为分配论,就认为是"忠信之薄而乱之首",他这么说是出于对礼的新意义的一种极端的愤懑,并非有革命的意识。至于庄子的"剖斗折衡,而民不争",也并不是对旧的礼治的反抗,而是不满意新技术的进步;因为在他看来,新的技术反而会引起社会的分化(请参看拙作《庄子的反经济观点》,《理论与现实》第三卷第三期)。又吴先生谓《儒家大同之义本于老子说》(《新青年》第三卷第五期),那更是一种无根据的看法。

同时从吴先生的"夫孝之义不立,则忠之说无所附,家庭之专制既解,君主之压迫亦散"的说法,便直认伦理的改革先于政治的改革,那是本末倒置的看法;换言之,是一种观念的看法。

李守常先生的思想

在五四运动中，陈独秀虽以最进步的姿态出现，仿佛是个马克思主义者，但其实离马克思主义还差十万八千里；而李守常（名大钊）先生则不然，他一面从事实际斗争，另一面则加强理论学习。因为理论是指导实践的，没有革命的理论，便没有革命的行动，所以李先生感到要在这方面有所致力。当时不是还没有一部马克思理论的著作吗，李先生就于研究之余，写了一篇长达数万字的《我的马克思主义观》（《新青年》六卷五、六号），其中并把马克思的《哲学的贫困》《共产党宣言》和《经济学批判》很扼要地各译了数节。这在当时，不独是介绍马克思主义最先的一篇文章，也是最详尽的一篇文章。

因为李先生既有实际斗争经验，又有相当好的理论基础，所以对事物的看法较当时一般人为正确。

当时大家虽以《新青年》相号召，但很少能击中青年人的要害，青年人的要害是什么呢？他在《今》一文里这样说：

> ……一种是厌"今"……一种是乐"今"。……厌"今"的……有两派：一派是对于"现在"一切现象都不满足，因起一种回顾"过去"的感想……一派是对于"现在"一切现象都不满足……但是他们不想"过去"，但盼"将来"。盼"将来"的结果，往往流于梦想，把许多现在可以努力的事业都放弃不做，单单沉溺于虚无漂渺的空玄境界。这两派人都是不能助益进化，并且很足阻滞进化的。乐"今"的人大概是些无志趣无意识的人，是些对于"现在"一切都满足的人，觉得所处境遇可以安乐优游，不必再尚进取，再为创造。这种人丧失"今"的好处，阻滞进化的潮流，同厌"今"派毫无区别。（《新青年》四卷四号）

于是前者不是走向复古主义便是流为等待主义，而后者则是乐天派的享乐主义者。这两者都是不对的，都足以阻碍社会的进化。

因之李先生特别叫人把握住的是"现在",他一则说:

> 吾人在世,不可厌"今"而徒回思"过去"梦想"将来",以耗误"现在"的努力;又不可以"今"境自足,毫不拿出"现在"的努力谋"将来"的发展。宜善用"今",以努力为"将来"之创造。(《新青年》四卷四号)

再则说:

> 无限的"过去",都以"现在"为归宿。无限的"未来",都以"现在"为渊源。"过去""未来"的中间全仗有"现在"以成其连续,以成其永远。(《新青年》四卷四号)

时间是前进的,如果不牢牢地把握住"现在",如果对现在许多应该改造的工作,或者是应当创建的工作,不加以特别致力,马上便会从时代的激流中被推向过去,成为落伍者。所以李先生对当时青年人特别提醒到这一点。

同时,李先生还鲜明地指出:整个世界是在矛盾中发展着的,他这样说:

> ……惟其为万象万殊,故于全体为个体,于全生为一生。个体之积,如何其广大,而终于有限;一生之命,如何其悠久,而终于有涯。于是有生即有死,有盛即有衰,有阴即有阳,有否即有泰,有剥即有复,有屈即有信(伸),有消即有长,有盈即有虚,有吉即有凶,有祸即有福,有青春即有白首,有健壮即有颓老。……生死、盛衰、阴阳、否泰、剥复、屈伸、消长、盈虚、吉凶、祸福、青春白首、健壮颓老之轮回反复,连续流转,无非青春这进程,而此无初无终、无限无极、无方无体之机轴,亦即无尽之青春也。(《青春》,《新青年》二卷一号)

因之人们就不应当死守着时代中所有一切旧的、古老的和腐朽的东西,而应当把握住时代中新的、健壮的和进步的东西,这才是"青春之进程"。(《青春》,《新青年》二卷一号)

他又说:

> ……由历史考之,新兴之国族与陈腐之国族遇,陈腐者必败;朝气横溢之生命力与死灰沉滞之生命力遇,死灰沉滞者必败;青春之国民与白首之国民遇,白首者必败。此殆天演公例,莫或能逃者也。(《青春》,《新青年》二卷一号)

他更进一步指出:死守着时代中腐朽的东西,是没有前途的。腐朽的东西在当时的力量不管如何强大,终必灭亡;反之,进步的东西在当时的力量不管如何弱小,终必胜利。这是历史上的"天演公例,莫或能逃"。李先生的这一番话说得真有力量。

当时不是一面欢迎德谟克拉西(Democracy)和赛因斯(Science)两位先生,另一面在打倒孔家店吗?可是陈独秀对孔家店只是无条理地攻击与谩骂,吴虞先生虽对孔家店的理论做了较具体的分析,但也没能从本质上去把握它,没有从经济基础上去找出它的原因。只有李先生,才从经济基础上去分析孔家店的理论。他写了一篇《由经济上解释中国近代思想变动的原因》(《新青年》七卷二期)的文章,这篇文章可以说是中国最先一篇用唯物史观来看中国历史的文章。他在这篇文章里首先这样说:"凡一时代,经济上若发生了变动,思想上也必然发生变动。换句话说:就是经济的变动,是思想变动的重要原因。"他进一步分析中国的思想:"中国的大家族制度,就是中国的农业经济组织,就是中国两千年来社会的基础构造。一切政治、法度、伦理、道德、学术、思想、风俗、习惯,都建筑在大家族制度上作他的表层构造。"他再进一步分析孔子的思想:"孔门的伦理,是使子弟完全牺牲他自己以奉其尊上的伦理;孔门的道德,是与治者以绝对的权力责被治者以片面的义务的道德。孔子的学说所以能支配中国人心有两千余年的缘故,不是他的学说本身有绝大的权威、永久不变的真理,配做中国人的'万世师表',因他是适应中国两千余年来未曾变动的农业经济组织反映出来的产物,因他是中国大家族制度上的表层构造,因为经济上有他的基础。"

李先生对孔子思想的这一分析,在今日看来,当然有我们所不能同意的地方。但是他指出孔子的思想并不是什么永恒的真理,并不是真可以为人们的"万世师表",他被捧得这么高,是因为有与之相适应的经济基础,这一点确实是真知灼见。要打倒孔家店,不是像陈独秀那样对孔子破口谩骂,也不是像吴虞先生说的那样进行社会伦理的改革就能奏效的。最主要的是要摧毁与之相适应的腐朽的经济基础。换言之,就是人们应当以革命的行动来对当前的政治进行改造,这样孔家店的招牌才可打个粉碎。这一看法,在当时说来,既表现了李先生思想的卓越,也表现了李先生的真实革命精神。

接着李先生这样说:"我们可以晓得孔子主义(就是中国人谓纲常名教),并不是永久不变的真理。孔子……只是一代哲人,决不是'万世师表'。他的学说,所以能在中国行两千余年,全是因为中国的农业经济没有很大的变动,他的学说适宜于那样经济的原故。现在经济上生了变动,他的学说,就根本动摇,因为他不能适应中国现代的生活、现代的社会。"

如果以革命的力量整个地把这一经济基础摧毁了,那孔家店也站不住了。所谓皮之不存,毛将焉附,这时即使有人"到处建筑些孔教堂,到处传布'子曰'的福音,也断断不能抵住经济变动的势力来维持他那'万世师表''至圣先师'的威灵了"。所以说,虽然当时许多人都高呼打倒孔家店,然而只有李先生才道出了打倒孔家店的关键。

第一次世界大战结束了以后,大家都欢呼胜利,我们中国人也跟着欢呼胜利,然而到底是谁胜利了呢?有的人说,德国不人道,它被打败,就是人道战胜不人道,就是人道主义的胜利。然而李先生却不这样看,他认为这次胜利是庶民的胜利。

为什么是庶民的胜利呢?他认为:"这回大战,有两个结果:一个是政治的,一个是社会的。"我们先看他的所谓政治的。他这样说:"政治的结果,是'大……主义',失败,民主主义战胜……'大……主义',就是专制的隐语,就是仗着自己的强力蹂躏他人欺压他人的主义。有了这种主义,人类社会就不安宁了。大家为抵抗这种强暴势力横行,乃靠着互助的精神,提倡一种平等自由的道理。这等道理,表现在政治上叫作民主主义,恰恰与'大……主义'相反。欧洲的战争,是'大……主义'与民主主义的战争。我们国内的战争,也是'大……主义'与民主主义的战争。结果都是民主主义战胜,'大……主义'失败。民主主义的胜利,就是庶民的胜利。"(《庶民的胜利》,《新青年》五卷五号)

李先生对第一次世界大战的这个看法,诚然还有疵病,但他特别论到了社会的结果。他这样说:"社会的结果:是资本主义失败,劳工主义战胜。原来这回战争的真正原因，乃在资本主义的发展，国家的界限以内，不能涵容他的生产力。所以资本家的政府想着大战把国家界限打破，拿自己的国家作中心，建一世界的大帝国，成一经济组织，为自己国内资本家一阶级谋利益。俄德等国的劳工社会，首先看破他们的野心，不惜在大战的时候，起了社会革命，防遏这资本家政府的战争。……这新纪元的世界改造，就是这样开始，资本主义就是这样失败，劳工主义就是这样胜利。所以劳工主义的战胜，也是庶民的胜利。"(《庶民的胜利》，《新青年》五卷五号)

李先生在这里一面分析这次战争的社会的结果更是属庶民的胜利，并在另一面从经济上分析出这次战争发生的原因，以及俄国人到后来为什么退出战争而从事社会革命。在当时的中国，很少人能有李先生这样的看法。换言之，就是很少人能像李先生这样，对当时战争的起因与结果作这样正确的把握与科学的分析。

鲁迅先生的哲学思想

一

谈到鲁迅先生,大家只说他是中国的一个伟大的文学家,殊不知他同时还是中国的一个伟大的思想家。只有有了伟大的思想,才有他的伟大文学作品的产生。

不过,从思想系统上讲起来,虽然鲁迅受过若干派别思想的影响,但他从不标榜自己属于哪一派的哲学家、写过属于哪一派的哲学著作。所以我们欲了解他的哲学思想,并不像了解一般哲学家的思想那么容易;我们只能从他的实际生活,从他那因实际生活而来的小说和杂文中,把握他的思想系统。

这正是鲁迅先生的伟大之处。这表明他并不是为哲学而哲学的闲哲学家,他的哲学思想与实践是打成了一片的,是为实际生活所融化了的。

二

我们了解的,就是鲁迅先生的思想是在怎样的一个环境里陶冶出来;换句话说,就是怎样的一个时代,产生了他这样的哲学思想。

这我们不得不事先弄个清楚。

大家都知道,自1840年鸦片战争以后,中国社会就一直在向半殖民地半封建社会转化,农民们一方面受地主和高利贷者的压榨,另一方面又受帝国主义的经济侵蚀。在这双重剥削之下,民族意识抬头,革命便风起云涌地爆发。继鸦片战争而起的有太平天国运动、中法战争、第一次中日战争、戊戌政变、辛亥革命、五四运动、五卅运动、北伐战争,一直到"一二·九"运动和抗日战争,其间革命次数虽有这么多,年代虽有这么久,但目的都是反帝反封建,都在建立一个独立的民主主义社会。

然而其间也有区别,就是在俄国革命前,中国的革命只是欧美式的民主革命;自此以后便不然了,便不只是为"资产阶级所专有,适成压迫平民之工具"的民主革命了,而成了"为一般平民所公有,非少数人所得而私也"的民主革命了(《国民党第一次全国代表大会宣言》)。这一点,我们是要区别清楚的。

鲁迅先生从辛亥革命前后起,直到抗日战争爆发前,都是革命的实际参加人。我们要了解他的哲学思想,就要从他这一长期的奋斗过程中,去清出他思想的端绪来。

三

现在我们进而来探讨他的哲学思想。

有人说,鲁迅先生的初期思想,属于观念论的范围。

这是不错的。他在1907年的《文化偏至论》上说:"人惟客观之物质世界是趋,而主观之内面精神,乃舍置不之一省。重其外,放其内,取其质,遗其神,林林众生,物欲来蔽,社会憔悴,进步以停,于是一切诈伪罪恶,蔑弗乘之而萌,使性灵之光,愈益就于黯淡。十九世纪文明一面之通弊,盖如此矣。"

又谓:"事若尽于物质矣,而物质果足尽人生之本也耶?平意思之,必不然矣。"

又谓:"若日惟物质为文化之基也,则列机括,陈粮食,遂足以雄长天下欤?"

上面所引的三段话,末一段话既然怀疑"物质为文化之基",说明他所持的的确是一种观念论。但从前两段话看来,他所反对的似乎是忽视主观能动性的机械唯物论。不过,我不相信,鲁迅先生在那个时候会有这样的见解。我想,他只是在拥护当时民族资产阶级的"中学为体,西学为用"的进步主张。意思就是说:"为体"的还是我们中国的精神文明;西洋的物质文明,顶多只能"为用"罢了,谈不到是宇宙的本体。

因而他进一步扩大主观的能动性，强调个性的发展。他说："则多数之说，谬不中经，个性之尊，所当张大，盖撄之是非得害，已不待繁言深虑而可知矣。"

他有这种个人主义的主张，一方面是由于当时的民族资本主义有抬头的趋势，同时严复所译亚当·斯密的《国富论》对他也有相当的影响。

因为他处在变革的社会过程中，他把握住了一点，认定万事万物是动的。他说："顾世事之常，有动无定，宗教之改革已，自必益进而求政治之更张。"

同时，他在这时候，不仅认定宇宙是动的，并且还认定宇宙是向前发展的。我们从他1907年所著的《科学史教》就可以看出他的发展宇宙观。当然，达尔文的进化论对他的影响是不小的。

所以鲁迅先生在这时还只是一个个人主义者和机械的进化论者。因为如此，他的思想恰恰反映了当时的进步市民的要求。

四

到五四运动时代，国内国外都起了很大的变化。在国外，四年多的帝国主义战争，打出了一个新的国家——苏俄；在国内，爆发了反帝反封建、要求实行民主主义的五四运动。这当然影响到鲁迅先生，使他的思想起了一个强大的变动，更加积极起来。

原来鲁迅先生认为"多数之说，谬不中经，个性之尊，所当张大"，现在呢？他知道："现在的外来思想，无论如何，总不免有些自由平等的气息，互助共存的气息，在我们这单有'我'，单想'取彼'，单要由我喝尽了一切空间时间的酒的思想界上，实没有插足的余地。"（《热风》第五十九《圣武》，1918年作）

原先鲁迅先生是极端相信进化论的，是一个纯粹的进化论者，现在呢，他说道："我一向是相信进化论的，总以为将来必胜于过去，青年必胜于老人，对于青年，我敬重之不暇，往往给我十刀，我只还他一箭，然而后来我明白我倒是错了。这并非唯物史观的理论或革命文艺的作品蛊惑我的。我在广东，就目睹了同是青年，而分成两大阵营，或则投书告密，或则助官捕人的事实！我的思路因此轰毁，后来便时常用了怀疑的眼光去看青年，不再无条件的敬畏了。"(《三闲集》序)

大时代的影响，把鲁迅先生以前所抱的个人主义观点和机械的进化论观点全然轰毁了。

同时，鲁迅先生积极地负起了时代的任务，争取民主主义的实在，他的偏理观点则有了消极的和积极的主张。

在消极的一方面，他反对吃人的礼教，反对奴隶性封建道德，比方他在1918年《新青年》上面所发表的第一篇小说——《狂人日记》，攻击的就是家族制度与礼教的弊害，而他有名的小说《阿Q正传》，也正式打击农民们从封建的奴隶性道德中养成的阿Q精神。

又如在他的散文里，他骂着那班维护礼教的人是现在的屠杀者，《热风》第五十七上面写："明明是现代人，吸着现在的空气，却偏要勒派朽腐的名教，僵死的语言，侮蔑尽现在，这都是'现在的屠杀者'。杀了'现在'，也便杀了'将来'——将来是子孙的时代。"

比方他在1921年所写的《故乡》中有一段描写："我只觉得我四面有看不见的高墙，将我隔成孤身，使我非常气闷……""我想：我竟与闰土隔绝到这地步了，但我们的后辈还是一气，宏儿不是正在想念水生么。我希望他们不再像我，又大家隔膜起来……"鲁迅先生小时候和闰土是玩在一起的，为什么鲁迅先生这一次回来，反而彼此有了隔膜，闰土叫鲁迅先生做"老爷"了呢？这就是封建的道德在作怪呀！因为那时鲁迅先生做了官回来，提了教育部的佥事，闰土当然不能像小时候玩在一起那样随便了。这一来，倒使鲁迅先生苦闷，因为把他隔成孤身了。

此外鲁迅先生在《我之节烈观》和《我们现在怎样做父亲》两文里，对于节烈，对于家庭之改革及子女之解放，发表了许多革新的意见。尤其是在《娜拉走后怎样》(1923年作)一文里，把男女平等的具体办法提供了出来。他说："人类有一个大缺点，就是常常要饥饿。为补救这缺点起见，为准备不做傀儡起见，在目下的社会里，经济权就见得最要紧了。第一，在家应该先获得男女平均的分配；第二，在社会应该获得男女相等的势力。可惜我不知道这权柄如何取得，单知道仍然要战斗，或者也比要求参政权更要用剧烈的战斗。"

在积极的一方面，鲁迅先生这时力倡人道主义，他有一番维护人道的话:"无论什么黑暗来防范思潮,什么悲惨来袭击社会,什么罪恶来亵渎人道,人类的渴仰完全的潜力,总是踏了这些铁蒺藜向前进。"(《热风》六十六,《生命的路》)

因此,他本着他的人道主义的立场,反对人吃人的暴政:"暴君的臣民,只愿暴政暴在他人头上,他却看着高兴,拿'残酷'作娱乐,拿'他人的苦'做赏玩,做慰安。"(《热风》六十五,《暴君的臣民》)

又谓:"这人肉的筵宴现在还排着,有许多人还想一直排下去。扫荡这些食人者,掀掉这筵席,毁坏这厨房,则是现在的青年的使命!"(《灯下漫笔》,1925年作)

这一切都是不合乎人道的,都是要加以摧毁的。因此,他为了实现"人道",便叫大家一起来争取。他在《热风》六十一《不满》上面,说:"对于人道,只能'……'的人的头上,决不会掉下人道来。因为人道是要各人竭力挣来、培植、保养的,不是别人布施、捐助的。""不满是向上的车轮,能移载着不自满的人类,向人道前进。"

所以鲁迅先生这时一方面虽然也在反帝,但着重点是在反封建,反奴隶性的封建道德。这便产生了他的人道主义的伦理观。

五

到了五卅运动至北伐时代,稍后又经过和创造社一班人的争论,鲁迅先生的思想又起了一个积极的转变。

关于创造社的围攻所给予鲁迅先生的影响,鲁迅先生自己说过:"我有一件事,要感谢创造社的,是他们'挤'我看了几种科学的文艺论,明白了先前的文学史家们说了一大堆,还是纠缠不清的疑问。并且因此译了一本蒲力汗诺夫(即普列汉诺夫——编者注)的《艺术论》,以救正我——还因我而及于别人——的只信进化论的偏颇。"(《三闲集序》)

从这里,可知鲁迅先生是如何的不固执己见而服从真理。可惜当时创造社一班人的根基太薄弱,虽然他们把鲁迅先生推动了,但他们自己仍然提供不出什么具体意见来。这一点鲁迅先生自己也知道:"前年创造社和太阳社向我进攻的时候,那力量实在单薄,到后来连我都觉得有点无聊,

没有意思反攻了,因为我后来看出了敌军在演空城计。"(《二心集·对于左翼作家联盟的意见》)

从这时候起,鲁迅先生便成了中国的马列主义者,从前所抱的狭隘人道主义的偏理观念被完全否定了。这在他对托尔斯泰的批评就可以知道:"托尔斯泰正因为出身贵族,旧习荡涤不尽,所以只同情于贫民而不主张阶级斗争。"(《二心集·"硬译"与"文学的阶级性"》)

托尔斯泰是"人道主义"者,所以才这样。然而仅仅人道的同情有什么用处呢?鲁迅先生又说:"所谓同情,也不过空虚的布施,于无产者并无补助。"(《二心集·关于小说题材的通讯》)

六

鲁迅先生的人生观向来是进步的战斗的人生观。他随时随地都在表现他的韧性,表现他的斗争精神。在民国六年(1917年)的张勋复辟之乱,1925年北京政府章士钊的非法解散北京女子师范大学,以及民国十五年(1926年)的北京"三一八"惨案,他都百折不回地领导着一班青年作坚强的抗争,宁死不屈。他十分佩服国父孙中山先生的斗争精神,1926年,孙中山先生逝世一周年,他写了一篇纪念文章——《中山先生逝世一周年》,其中有云:

"但无论如何,中山先生的一生历史俱在,站出世间来,就是革命,失败了还是革命。中华民国成立之后,也没有满足过,没有安逸过,仍然继续着进向近于完全的革命的工作。直到临终之际,他说道:'革命尚未成功,同志仍须努力。'"

在《两地书》里,鲁迅先生更把他的战斗的人生观完全表露出来了。他说:"在进取的国民中,性急是好的,但生在麻木如中国的地方,却容易吃亏,纵使如何牺牲,也无非毁灭自己,于国度没有影响。我记得先前在学校演说时候也曾说过,要治这麻木状态的国度,只有一法,就是'韧',也就是'锲而不舍'。逐渐的做一点,总不肯休,不至于比'踔厉风发'无效的。但其间自然免不了'苦闷,苦闷,(此下还有四个并……),可是只好便与这'苦闷……'反抗。这虽然近于劝人耐心做奴隶,而其实很不同,甘心乐意的奴隶是无望的,但若怀着不平,总可以逐渐做些有效的事。"(《两地书》第一十二)

在他的战斗的人生观里,他叫人最要紧的,就是把握住"现在"。他说:"我看一切理想家,不是怀念'过去',就是希望'将来',而对于'现在'这一个题目,都交了白卷,因为谁也开不出药方。"(《两地书》第四)

鲁迅先生自从接受了新的世界观,他的战斗的人生观便更加充实了。这个,我们从他在1930年3月里对左翼作家联盟所发表的意见就可以见到,他说:"第一,倘若不和实际的社会斗争接触,单关在玻璃窗内做文章,研究问题,那是无论怎样的激烈,'左',都是容易办到的;然而一碰到实际,便即刻要撞碎了。关在房子里,最容易高谈彻底的主义,然而也最容易'右倾'。……第二,倘不明白革命的实际情形,也容易变成'右翼'。革命是痛苦,其中也必然混有污秽和血,绝不是如诗人所想象的那般有趣,那般完善。革命尤其是现实的事,需要各种卑贱的、麻烦的工作,决不如诗人所想象的那般浪漫;革命当然有破坏,然而更需要建设,破坏是痛快的,但建设却是麻烦的事。所以对于革命抱着罗漫谛克的幻想的人,一和革命接近,一到革命进行,便容易失望。……还有,以为诗人或文学家高于一切人,他的工作比一切工作都高贵,也是不正确的观念。"

又谓:"对于旧社会和旧势力的斗争,必须坚决,持久不断,而且注重实力。旧社会的根底原是非常坚固的,新运动非有更大的力不能动摇它什么。并且旧社会还有它使新势力妥协的好办法,但它自己是决不妥协的。"

在《二心集》中的《非革命的急进革命论者》一文里,他又说过:"但自然,因为终极目的的不同,在行进时,也时时有人退伍,有人落荒,有人颓唐,有人叛变,然而只要无碍于进行,则愈到后来,这队伍也就愈成为纯粹、精锐的队伍了。"

他这几段话,表示的就是充实的战斗的人生观呀!鲁迅先生正是本着他这充实的战斗的人生观,从"九一八"直到他最后一次呼吸,忠诚地为抗日民族统一战线而奋斗着。

现在呢？国际已结成了全世界反法西斯的统一战线，中国已结成了全民族的抗日统一战线，都在为击溃东、西两方的法西斯强盗而奋斗，我们在这一奋斗的过程中，鲁迅先生这种充实的战斗的人生观，是值得我们深深地体验而作为我们今日行动的指针的。

学习杜国庠同志研究哲学史的革命精神

杜国庠同志是我国最早运用马克思主义的观点方法研究中国哲学史并取得卓越成绩的学者之一。他的学术论著《杜国庠文集》，鲜明地体现出研究哲学史的战斗的批判的革命精神，是革命性与科学性的榜样。我们读过后受到很大的教育和启发，下面愿意就我们学习所得，谈一些初步体会。

一

杜老对中国哲学思想史的研究，抓住了中国哲学思潮在各个社会阶段中的关键性问题；即是说，能够从各时代哲学思潮的"一切迷乱中追踪其依次发展的阶段，并且证明其在一切表面偶然性中的内在规律性"（恩格斯：《社会主义由空想发展为科学》）。正因为这样，所以杜老不是一般地讲中国哲学史上唯物主义对唯心主义的斗争，而是"要把问题提到一定的历史范围之内"，力图阐明各个时期思想斗争的特点及其发展规律。同时杜老还认识到，一个时代思潮是不会凭空产生的，正如恩格斯所说："每一历史时期由法权制度和政治制度以及宗教观念、哲学观念和其他观念构成的全部上层建筑，归根到底都是应由这个基础来说明的。"（同前）因此，哲学虽然是"更高高凌驾于空中的思想部门"（恩格斯：《致康·施米特书》），但毕竟为当时的社会经济所制约。而杜老在依次追踪各时代思潮的发展特点时，就是用社会存在决定社会意识这一历史唯物主义观点，来说明各个时代哲学思潮的产生及其演变的原因。

杜老对中国哲学思想的发展，认为"在中国学术的园地里，先秦诸子的思想，无疑的是第一批开出来的鲜艳美丽的花朵"，但诸子思想的产生并不是偶然的，"这自然有着它的社会根源"。杜老指出："因为那个时代，正是中国奴隶社会到封建社会的变革时代"，"学术史上的'百家争鸣'正好反映着社会史上的氏族贵族和新兴地主阶级的斗争。"(《杜国庠文集》，人民出版社1962年版，第5页。以下所引，只注页码) 到"战国末叶，已是奴隶制社会的结束阶段，故学术思想也到了可以总结的时候"，因而出现中国古代思想的综合者——荀子(第191页)。杜老认为："荀子时代，已是奴隶制社会接近私有土地的显著阶段，新的私有经济已将达到'取而代之'的时候。"(第202页)"这里反映着社会已到了变革的前夜，礼坏乐崩已达极点，礼学须有新的根据才能维系人心，至少新兴阶层是这样要求的。"(第201页) 因此，在反映新兴力量利益的"荀子的思想中，就可看出由礼到法的发展的痕迹"(第198页)。杜老并批评"过去许多腐儒，蔽于卫道的偏见，往往因性恶论而扬孟抑荀，因痛恨暴秦的焚书便以罪李斯罪荀卿，从来不肯用历史的观点去看学术。不知道礼论的发展，以及由礼到法的递嬗，是历史必然的发展的反映，不是某些人所能凭空构想出来的。所以'知人论世'，必须对于当时的历史有更深刻的认识"(第201页)。杜老说这番话，就是从当时社会经济的演变和阶级斗争的特点来说明荀子思想的必然趋向，从而对荀子思想作出历史唯物主义的评价。

战国以后，杜老认为"随着中国封建社会之渐趋确立，思想学术也逐渐地庸俗化并僵尸地教条化起来"(第299页)，这就是所谓定儒学于一尊。但为什么会出现这种现象呢？杜老指出：由于汉代"确实地奠定了封建社会的经济基础"，"并在这基础之上建立了经学一尊的一代的思想学术"。(第322页) 这即是说，中国奴隶社会到汉代已经完成向封建社会的过渡。所以他说："到了西汉时候，社会变革完成，思想界也就发生了'尊崇儒术，罢黜百家'的事件，要是把它简单地看做董仲舒个人所策动，汉武帝一时的高兴，那就错了。"(第5页) 杜老这番话，就是说明一个时代思潮的产生并不是决定于个别人的主观愿望，而是当时社会经济和阶级关系发生巨大变化的结果。

从两汉经学演进为魏晋南北朝的玄学，杜老亦是根据当时社会发展的特点来进行具体的分析。他认为："如果可说，两汉思想主潮的经学植基于县乡亭制下的比较巩固的土地制度，那么，魏晋南北朝的玄学主流便是那种土地制度动摇破坏了的时代的产物。因为兼并盛行，农民失所，社会的基础动摇以至破坏，必至引起经济的危机，发展为政治的危机，反映于思想学术，便不能不表现为浮华任诞的特色。"(第322页) 所以他说：

"正统经学之衰歇，主要原因固不由于玄学夺其席，而实由于它自身已失去了社会的根据。"（第 344 页）"按由清议到清谈的演变，本为社会经济上由'地著'到'萍浮'的反映。"（第 345 页）

唐宋以后，中国哲学转入反理学对理学的斗争，在这一阶段中，杜老特别注重对明清之际黄、顾、王、颜的哲学的研究。他说："在中国学术史上，明清之交（公元 17 世纪），是一个很值得注意的重要时代。这个时代之所以重要，是它总结了宋明五百余年的所谓'理学'。而完成了这一学术任务的，则为黄（梨洲）顾（亭林）王（船山）颜（习斋）诸人。"（第 377 页）由此可见，杜老对清初学者的研究，是从总结反理学斗争这一时代特点出发的。他认为"当南宋理学正盛的时候，已有和它对立的学说存在"，"明朝中叶以后，反理学的思想又见抬头"，但"没有取得支配学术界的地位而已"，"及至明清之交，受了'天崩地解'的刺激，遂汇为巨流，成为一种风气，终于表现于黄顾王颜的学术，而把理学结束了"。（第 378 页）

由上所述，可以见到杜老的研究是紧紧抓住各时代思潮的发展特点，并且从社会经济的发展和阶级关系的变化来深刻地说明思想变化的原因。正因为这样，所以他总是反对用形式逻辑的办法把思想学说看成是孤立不变的东西。他说："同是这个从人从二的仁字，有孔子'仁者爱人'的仁，有程明道'浑然与物同体'的仁"；"甚至以'冲决网罗'自命的谭嗣同，还替自己的哲学安上'仁学'的名称"。"真是'见仁见智'，一样商标，各种货色；稍不注意，真会叫你差之毫厘，谬以千里。满脑子牢记着哲学名词，不但一点没有用处，倒把思想弄湖涂了。"（第 6 页）杜老这番话，就是指出我们对古人的一些思想学说，不能单从所使用的名词术语上来形式地看问题。因为时代不同，所反映的社会基础不同，故必须把问题提到一定的历史范围之内，进行阶级分析，这样才能认清各种货色的本来面目，而给以正确的评价。

显然，杜老对中国哲学思想史的研究，首先表现出来的一个特点，就是有着鲜明的历史唯物主义观点。历史唯物主义认为，社会历史在其发展过程中是有它的实际内容的，就阶级社会来说就是阶级矛盾和阶级斗争。而杜老在中国哲学思想史研究中，其所以能够对中国社会各个时期的哲学思潮和思想家的哲学思想分析得那样深入、细致，那样合情合理，那样具有极大的说服力，就在于他坚持了马克思主义的阶级分析方法。从而科学地论证了,作为意识形态的哲学思想是上层建筑的一个方面,它总是为一定的经济基础服务,为一定阶级的政治服务的。超时代、超阶级的哲学思想从来就不存在。

但是,直至今天,在哲学史研究工作中,还有人认为马克思主义的阶级分析方法不能用来研究中国古代史和古代思想史;有人则提出所谓"普通形式的思想",并且认为这种超阶级的形式具有真实性。这些分歧,正是在学术研究中马克思主义与非马克思主义两条路线的分歧,是哲学上不同党派性的表现。

二

杜老对中国哲学史上唯物主义对唯心主义的斗争,态度一向是非常鲜明的,就是阐扬唯物主义,批判唯心主义。当时由于在国民党的反动统治底下,一般不容易发表直接宣传马克思主义的文章。因此,能够正确运用马克思主义观点,阐扬历史上的唯物主义和进步的社会思想,实质上就是加强了人民文化力量,杜老对中国历史上唯物论思想的阐扬,可以说是做到不遗余力的,他做的这项工作,对国民党政府所宣扬的反动思想是一个很大的打击,因之,在当时是有着极其现实的意义的。

从杜老的研究中,我们可以看出在中国哲学史上有着丰富的唯物主义传统。如在先秦诸子中,杜老就指出:"墨家逻辑可以说是集先秦逻辑思想的大成,是中国古代一家比较完备的唯物主义的逻辑"(第544页),而"荀子的宇宙观在先秦诸子中,是最富于唯物主义的因素的"(第39页)。因此,杜老特别着力于墨家的逻辑和荀子思想的研究,这做的就是阐扬中国历史上唯物主义思想传统的工作。

从杜老看来,中国古代唯物论思想亦是从对唯心论思想的斗争中得到发展的。如说荀子的宇宙观,就是和"西周以来的上帝神的天道观分手,同时也和宋尹学派之类的形而上学的天道观分手";即是说,荀子通过对这些有神论和形而上学天命思想的斗争,才能提出"明天人之分"的主张,而"建立了戡天思想"(第40页)。同样,汉代的王充亦是通过对当时唯心主义的灾异谴告说的批判,而发展了唯物主义自然观。

从汉以后到南北朝，宇宙本体的"有无"问题与形神关系问题，又逐渐成为唯物论与唯心论斗争的焦点。杜老一方面追溯墨家的有无观，认为是一种脚踏实地的科学的见解，是和道家所谓"天地万物生于有，有生于无"的玄学的有无观恰恰相反；另一方面指出这种合于常识和科学的有无观，发展到晋时裴頠所作的《崇有论》，更肯定宇宙中间是"有"从"有"生，批判了当时"无能生有"的唯心主义玄谈的说法，从而发展了唯物主义的本体论（第503～504页）。

对形神关系，杜老亦着重发掘和阐扬有关这个问题的唯物主义看法。如汉武帝时提倡嬴葬的杨王孙，杜老指出他的"精神离形""死者不知"的理论是范缜《神灭论》的先导（第320页）。又如魏晋间创立了一元宇宙论的杨泉，杜老亦指出他是一个唯物论者；同时指出他对人类形神关系的看法，以为人死神灭，主张"人死之后，无遗魂矣"（第357页）。这种神灭思想发展到齐梁之际，范缜就写出有名的《神灭论》，对佛教唯心主义神不灭思想给以致命打击。杜老在《范缜的唯物思想》一文中对《神灭论》曾作出全面考察，并从而肯定范缜的神灭思想"在中国的唯物史上占有很重要的地位"（第362页）。

唐宋以后，唯物主义的发展路线转到反理学斗争方面，因而杜老亦着重这方面的阐扬工作。如他指出南宋的杨万里用人事说《易》，正是针对着程朱等的"先天、后天""太极、无极"的玄学者"易说"而发，有意与之对立的（第378页）。又如指出陈亮曾从正面去反对"道德性命之说"，后来反对理学的人，大抵都继承着他"志存经济"这种倾向（第378～379页）。从杨、陈的反理学发展到明清之际，杜老更列举当时费密、黄宗羲、顾炎武、王夫之和颜元等诸大师，指出他们虽然出身不同，性格不同，造诣不同，但其间却在反理学上表现出共同的特点，认为这是时代的要求和社会发展的结果（第384页）。这就说明从宋明以来，反理学斗争已成为唯物主义思想发展的必然趋势。

但是，由于清初诸大师反理学的特点，往往不是从本体论方面来批判理学的唯心主义观点，而是多从"经世致用"这个角度来反对理学的"空谈心性"。因此有些人看不清这场斗争的思想实质，以致低估了明清之际反理学思潮的哲学意义。杜老卓越的贡献在于他不是教条地对待唯物主义与唯心主义的斗争，而是根据中国历史的特点，把"实事求是"作为中国哲学的精神，并从而阐明清初的"经世致用"思想的唯物主义实质，使之与玄幻的理学唯心主义相对立。如他指出费密所谓"道"，是"人道"而不是"天道"，这是一种重"致用"的见解，和杨万里、陈亮等反理学论调，有一脉相通之处（第382页）。对黄宗羲则指出他因挽救王学的流弊而侧重功夫，终而从重视"当世之务"而走到对理学的否定（第384页、388页）。对顾炎武，杜老则认为他所以反对理学，实由于他做学问的目的在于"经世致用"（第389页）。对颜元则指出他做人治学是怎样富于"实事求是"的精神，所以他能彻底批判理学（第400页）。

另外，杜老还注意到，由于中国被儒家经典支配了近两千年，一些被称为"异端"的唯物主义思想往往会披着"正教"的外衣出现。因此，他特别强调要人们多多努力发掘包裹在"正教"外衣里面的一些有价值思想的真面目，而他自己亦正是致力于这项工作。如他所写《披着"经言"外衣的哲学》一文，就是揭开戴震以疏证孟子为名的"经言"外衣，阐明戴氏哲学在认识论和宇宙论中的唯物主义实质及其在理欲论上反程朱理学的巨大意义（第370～372页）。

在阐扬唯物主义的同时，杜老对历史上的唯心主义思想和人物，则从来就是采取批判的态度。在先秦诸子中，他着重批判庄子和公孙龙，特别对庄子的滑头处世哲学，更给以辛辣的嘲讽（第36页）。至于对公孙龙的研究，则通过对他"离坚白"这一诡辩方法的分析，揭露他这种多元的客观唯心主义哲学的实质（第125页）。目的亦是作为反面教材来批判。

在先秦诸子之后，杜老特别着力抨击魏晋清谈（玄学）与宋明理学（道学）。他一方面指斥"清谈的士大夫的空谈无用"，而影响所及，却"助长了后来士大夫的所谓明哲保身的乡愿风习"（第353～354页）。对于理学，杜老亦认为是"空谈'道德性命'"（第379页），指出"玄幻的理学是怎样和现实的致用相反的"（第382～383页）。由于玄学与理学都一样在谈玄说虚，因此，杜老认为两者亦有着一脉相承的关系，即玄学"为道学埋下了种子"（第354页）。

面对着资产阶级玄学的猖獗一时，杜老写出一系列批判文章，揭开"新理学"提出的所谓"经虚涉旷"的玄学外衣，指出他们为统治阶级涂脂抹粉，而要劳动人民安命于阶级压迫这一奴隶哲学的反动实质。

杜老对"新理学"的批判，主要针对他们这种"经虚涉旷"的玄学作风。当时冯友兰先生要为他那一套"最玄虚的哲学"——"新理学"提高身价，曾写出《新原道》一书，企图建立起他的新道统，并自命为独接"中国哲学的精神"。与此针锋相对，杜老在《玄虚不是中国哲学的精神》一文中，一方面正确指出："中国哲学的精神，不是'经虚涉旷'，而是'实事求是'。"（第405页）即是说，只有从战斗中发展起来的唯物主义才是中国哲学的传统。同时，揭露"新理学"所自居于"接着"的只是几个唯心主义的传统，是"集道家、玄学、禅宗及宋明道学的'玄虚'之大成"（第438页）。这里杜老正是用鲜明的党性原则来划清中国哲学史上唯物主义与唯心主义两种对立的体系，从而揭穿"新理学"以"中国哲学之精神"自居，只不过是一块镀着金字的冒牌商标，而实际上所表现的却是早已发锈的"中国玄学之精神"。所以杜老说："如果单说它（指"新理学"）是玄学的精神的进展，倒也罢了"，"要是说成中国哲学的精神的进展，就得提出抗议了"。（第413页）

杜老对"新理学"的玄学精神，不但从哲学史的角度来加以揭露批判，指出这是"以玄学传统僭称中国哲学的精神，不合中国哲学的史实"（第416页），并且还直接指斥这些所谓"最玄虚的哲学"是怎样在为害人生。虽然当时冯友兰先生一方面说他的"新理学"是"无用底""空虚之学"，另一方面又说它有"无用之用""也可称为大用"。这说明"新理学"并不真的是什么"遗世独立"的东西，而是在当时起着反动的作用。

针对"新理学"这种企图，杜老写出《玄虚不是人生的道路》一文给以严正的驳斥。指出"这种宇宙人生观在实际上的弊害"：一方面美化统治者，说"专凭其是圣人最宜于作王"，"这种说法，势将助桀为虐，而误尽天下苍生"；另一方面说劳动人民只要能"即其所居之位，乐其日用之常"，一样地也可以做到圣人，这是"在精神上麻醉被压迫者，而松懈其斗志"，是"直接地替压迫者维持其腐败惨酷的统治，间接地阻碍了社会的革新"（第434～435页）。这样杜老就揭示了"新理学"的玄学外衣，暴露出这种"帮闲哲学"的反动实质。

显然，杜老对中国哲学思想史的研究，表现出又一个特点，就是在他的全部学术著作中，都是充满着革命的战斗精神。这是说，在杜老的研究工作中，不但具有严谨的科学性，而且还有着高度的革命性。由于杜老是站在无产阶级立场，是为党的革命利益来从事学术工作。因此，他在研究工作中，总是用无产阶级的宇宙观来批判旧事物、旧思想、旧习惯、旧传统。杜老运用马克思主义的批判方法来研究哲学思想史，就极其有力地宣扬了中国历史上各个时期唯物主义的发展路线，揭示出了中国古代唯物论思想总是从对唯心论思想的斗争中才得到发展的这个客观真理，表明了不破不立、不塞不流，确实是事物发展的规律；而杜老对古代哲学思想史的批判又总是和对当时资产阶级意识形态的批判紧密地结合起来。这样，杜老的研究工作，也就有所发现、有所发明、有所创造、有所前进，并最终落实到无产阶级的革命事业上来，为扩大和巩固无产阶级的思想阵地，作了孜孜不倦的战斗。

三

　　杜老不但是一个朴素严谨的学者，而且是一个英勇的革命战士。在杜老七十多岁高龄的一生中，有六十年是在旧社会里度过的。他早年留学日本，接触马克思主义比较早，在国内北洋军阀统治时期，他对中国的经济路线问题，已经主张要实行科学的社会主义。回国以后，1926年他在广州和郭老见面时，就高兴地说："我们是志同道合的，我们是马克思主义者。"当然，杜老这句话并不是说说就算了，他实际上为马克思主义做过不少翻译介绍的工作。更重要的是，他表现在革命实践上，无论在大革命失败后国民党白色恐怖统治底下，或在抗战时受到内忧外患交相煎迫期间，他总是能站稳立场，在党的领导下进行工作，进行战斗。因此，杜老最可贵之处，还不在于他懂得马克思主义的道理，而在于他在实际行动上是一个坚定的马克思主义者。

　　杜老从事学术研究，从来都不是为学术而学术的。虽然从他的文集看来，研究古代的东西比较多，但他的研究，都能贯彻"古为今用"和"有的放矢"的原则。他曾对侯外庐同志说过："新理学者玩弄古董走到哪里，我不得不跟到他哪里，予岂为古典而古典研究哉？予不得已也。"杜老这番话，说明他研究古典为的是要对当前形形色色资产阶级唯心主义哲学和复古主义进行批判，并不是脱离实际的为研究而研究。

　　正因为杜老是把学术研究作为革命工作的一部分，因此他的工作态度是极端严肃认真、一丝不苟的。凡是读过杜老学术著作的人，都可以看出他这种勤勤恳恳、踏踏实实的作风。他对学术问题的解决，可以说是一步一个脚印。如对先秦诸子中墨家、公孙龙、荀子以及礼法思想的研究，对中古唯物主义者的探索以至对清初诸大师反理学思想的研究，都有功力极深的著作。其中有不少独创性的见解，都是发前人所未发的。而杜老所以提出这些见解，亦并不是故意标新立异，其中每一个论断都有着坚实的科学根据，成为革命性与科学性相结合的榜样。

　　杜老逝世，到现在已经五周年了。缅怀杜老战斗的一生，更激发我们努力学习马克思列宁主义、毛泽东思想，从而更好地以马克思列宁主义、毛泽东思想为武器，并像杜老一样，把哲学史的批判同现实资产阶级意识形态的批判密切地结合起来，并以此作为我们在哲学史研究中的一项极其重要的战斗任务。

杨荣国学术小传

杨淡以

路，颗粒泥沙筑成；路，点滴汗水浇成。

杨荣国曾说过："我在求学、求知识的道路上，走过不少曲折的路。特别是在我的青年时代，国家危如累卵，路途更是艰辛与坎坷。"

1929年毕业于上海群治大学教育系的杨荣国，面临失业，找工作难。于是，他决心走学术研究之路。首先他向往的是"文艺学"。他曾在长沙编辑过文艺刊物《白日》。翻译过海涅的诗、柴霍甫的短篇小说《赛赌》、莎士比亚的《李尔王》等。

他写道："也就在1930年至1931年左右，自己感到搞文艺不行，于是转而搞史学。因自己读过七年的古书，对治中国历史是有基础的。故在这个时候，看过一些英美的史学书，如班兹的《新史学与社会科学》等，在探讨史学的过程中，感到搞史学非懂哲学、经济学，非懂点进化论不可。因之在哲学方面，读过莱布尼兹、费希特、倭坚、柏格森等人的唯心哲学，也读过霍布士等人的机械唯物论哲学；在经济学方面，读过亚当·斯密、李加图、李士特以及马尔赛斯等人的经济学，也读过马寅初《中国经济改造》；在进化论方面，读过达尔文的《人类原始及选择》及《物种原始》等作品。总的说来，我在1931年至1936年期间，所研读的都是资产阶级学术，因为想从这方面图发展、找出路。"

在私塾，他熟读了先秦诸子和唐宋诗词及其小说。他在《大众诗人白居易》一文中写道："我小的时候读诗，就有一个这样的癖性，关于那些写民间疾苦的诗，我就喜欢读，而关于那些言之无物的只是供人赏玩的诗，我就不喜欢读。比如：李商隐他们的所谓锦瑟诗和杨亿他们的所谓西昆体诗，我不是没读过，并且还读得不少，可是现在若有人叫我背诵他们的诗，我就一首都背诵不出。原因就是他们的诗只会堆砌词藻，没有什么内容，所以不大容易为人所记忆。至于小的时候之所以能背诵，那是因为在塾师威严之下，勉强读得成诵的，并没有怎么把它记牢固。那时最感兴趣的，就是杜甫和白居易他们的诗。杜甫，塾师说他是'诗圣'，《幼学》上也介绍过，'诗称李杜'。可是我倒不是因为塾师的称说和《幼学》的介绍才喜欢读他的诗，事实上是由于他的诗能反映时代，能将当时社会的实况——政治的纷乱和民间的疾苦，忠实地写了出来。如他的《石壕吏》之类，就深深地感动了我。"

私塾为他后来研究中国历史奠定了良好的基础。背诵，培养了他的记忆力、理解力。清晨起床，他做的第一件事是背诵白居易等人的诗，一直到他晚年。20世纪70年代，有几个学生来找他谈学习，谈到《红楼梦》时，他流畅地背诵出《红楼梦》中的诗与文竟达一个多小时。事后，为此我问过他，他告诉我十四五岁时，他读《红楼梦》读到第五遍时，已能将它背诵了。

俄国十月革命一声炮响，马列主义逐渐在中国传播。后来，民族抗日的呼声响彻中国大地，不少知识分子投身到抗日中去，投身到革命中去。杨荣国参加了革命，加入了中国共产党。

他曾说："参加了救国会以后，我才开始学习马列主义。当时，马列主义书籍很少，我所读到的有索连翻译的西洛可夫的《辩证唯物论与历史唯物论教程》和他的《社会学大纲》。还有记不清是谁翻译的《资本论入门》，日本河上肇的《经济学》，还有沈志远翻译的米丁的《辩证唯物论与历史唯物论》，还有他人翻译的经济学书籍。另一方面也看过如波格达诺夫的《经济学》、拉发格的《思想起源论》、黑格尔的《伦理学》和一些机械唯物论的书，如《机械论入门》《人与机器》，还看过《研究与批判》等。"

继而他还谈到："我入党前后，……那时译著的马列主义书较多，我看过列宁的《两个策略》《唯物论与经验批判论》和斯大林的《列宁主义问题》等，还看过马克思的《资本论》，以及艾思奇等有关新哲学的著作。"以后，他不仅对上述的这些著作反复读过很多遍，还继续读过斯大林《联共（布）党史》。他说："当时，支部生活就是学这些书，它们对我的帮助是很大的。理论上、政治上都对我有很大的启发。"

在这期间，他先后担任过《观察日报》《民族呼声报》《民族呼声·前进联合周刊》《民族呼声·火线下联合旬刊》等报刊的编辑、主编，写了不少宣传抗日救国，或介绍新书、进步书籍的文章。

活跃在长沙抗日救亡活动中的杨荣国，于1937年冬，被选为湖南长沙文化抗日协会的理事。1950年初期的长沙中学课本和唐人写的《金陵春梦》都提到过他。

上述种种活动，对他在文字通俗化、条理化方面是一个极好的锻炼。他一再教育青年哲学史学工作者，写书是为了使广大读者能够读懂，必须在通俗简明上狠下功夫，才能起到应有的作用。由于培养出写文章大众化、通俗化的格调，在其著作中，如《孔墨的思想》《中国古代思想史》等，都反映出他把自己特有的风格，应用到古奥难懂的、抽象枯燥的哲学思想史的著述与教学中去，深受广大读者与学生们的欢迎。

他对毛泽东的著作，如《新民主主义论》《在延安文艺座谈会上的讲话》《论联合政府》等都仔细读过。其中，特别要指出的是《辩证唯物论提纲》，这是当时只在地下党员中传读的油印本，未公开发表。它是毛泽东在"抗大"的哲学讲义，是毛泽东哲学思想的主要内容，即是《实践论》《矛盾论》的前身。他将这本油印本随身保留了数年。在1946年他用"季絜"的笔名为此提纲写了前言，由桂林文化供应社出版了，印发了两千多册。这本提纲，他读过不知多少遍！受到了深刻的教育与启示。他接受了毛泽东同志关于"全部哲学史，都是唯物论和唯心论两个互相对抗的哲学派别的斗争和发展史"，"所有哲学学说，表现着一定社会阶级的需要，反映着社会生产力发展的水平和人类认识自然的历史阶段"的观点。他以此为指导思想，运用史论结合的方法，写出了《中国古代唯物论研究》《孔墨的思想》《中国十七世纪思想史》《中国古代思想史》《谭嗣同仁学思想》等著作。

杨荣国在接受了马克思主义后，运用马克思主义的观点来研究中国历史。正如他的学生邝柏林曾写道："杨荣国在中国历史和中国思想史的研究和教学中，十分自觉地坚持应用马克思主义唯物史观的观点和方法。"（《杨荣国治学方法论》，《湖南社会科学》2003年第5期）跟随杨荣国多年的吴熙钊曾写道："《孔墨的思想》发表于1943年，这是杨荣国运用马克思主义观点和方法研究思想史的实践的结晶。文中不仅是对孔墨的评价问题，而且是对当时国民党统治区'尊孔谈经'思潮的异议。是沿着五四以来先进知识分子打倒孔家店的道路继续前进。"（《中国现代社会科学家传略·杨荣国传略》）

杨荣国曾自述："1939年，在辰豀才开始运用马列主义以研究中国历史与中国思想史。当时着手写了篇《论墨子》，此文于1940年在当时重庆出版，沈志远主编之《理论与现实》上发表。接着又写了关于老子、杨朱和王充的几篇，并关于墨子的那篇，印成单行本，定名为《中国古代唯物论研究》，由写读出版社出版。"

在那个时代，书的出版也会遇到阻拦。杨荣国写道："为新知书店写了本《清代思想史》，约30万字，但送审时，为国民党反动派的审查机构所扣，没有留底稿。"关于此事，编者杨淡以在《情留人间——记父亲杨荣国二三事》［注：见邵华、薛启亮主编《我们的父辈》（社会科学家卷，河北少年儿童出版社1993年版）］一文中，有过这么一段述说："父亲以茹苦如饴的精神，锲而不舍的毅力，辛勤地写了四年之久的一部30万字《清代思想史》，在1945年送交当时'图书出版审查委员会'审查时，竟全部被扣！这就是当时国民党标榜所谓'出版自由'！当时，所有图书刊物都得送审，多少学者、作家的智慧、心血就这样被查封了！《清代思想史》全部被扣留，这出其不意的打击，使他几年的心血毁于一旦，他几乎气晕了！由于生活极度的困难，那时的父亲，不仅不能养活一家五口人，连他自己起码的生活条件都难以维持。他没有钱买更多的稿纸。这件事使他长时间不能平静！对此事愤怒的火焰在他心中更加燃烧！"

《中国古代思想史》初稿的诞生地——牢房，他自己用八块砖垒起来的小小砖桌上。这是他向监狱官坚决要求读古书斗争得来的结果！此书出版不久，即被译成俄、越等文。当时莫斯科大学教授维诺格拉多娃在她评俄译本《中国古代思想史》的文章中指出："杨荣国所著的《中国古代思想史》是第一本译成俄文的以马克思主义观点说明中国公元前1500年至公元300年间古代思想的变革、哲学的产生和发展的论著。"他为祖国争得了一定的荣誉。

杨荣国以他勤奋、好学，以他顽强的意志，坚韧不拔的精神，克服重重困难，走出了一条具有他自己的特点、风格的治学之路，正如吴熙钊教授对我说："杨老所走过的治学道路是沿着五四以后左翼知识分子前进的道路。"（注：这句话是吴熙钊教授参加了社科界一个学术性会议，他将会议上对杨荣国的评价告诉我的。）

二〇〇四年五月九日于医院

杨荣国学术编年

1929 年，在上海群治大学教育系毕业。

1930—1936 年，在长沙。

发表在《青春》周刊上的论文有：《白居易之同情妇女》《诗经中之植物名词解释》《孟子与小说》《青年人应以事业为重》《如何学习英文》，还有介绍马寅初著《中国经济改造》的文章。

发表在《市民日报》的有：《在一年来文坛上之损失》。

译文有：柴霍甫著《赛赌》等短篇小说、莎士比亚的《李尔王》。

发表在《周行》杂志上的有：《韩非子》。

1936—1939 年，在长沙、邵阳。

发表在《今日评论》上的有：《存在是现实吗?》。

发表在《持久战》（广东曲江版）的有：《三民主义是反帝反侵略的》。

另外，在《湘流》《力报》《集纳》《中苏月刊》《开明日报》《文抗会刊》等报刊上，发表宣传抗日救亡的文章。

1940—1941 年初，在桂林。

《论墨子》：载《理论与现实》，1940 年。

《中国古代唯物论研究》：写读出版社 1940 年版。

《封建社会是什么》：桂林文化供应社出版。

《资本主义是什么》：桂林文化供应社出版。

《西洋经济史》：桂林文化供应社出版。

《理论中国化》：桂林文化供应社出版。

《日本帝国主义的故事》：新知书店出版。

《西洋现代史常识》：火石出版社出版。

《从孟子的"民为贵"说起》：载《民主世界》。

《论墨子的哲学思想》：载《理论与实践》，1940年5月第2卷第1期。

1941—1946年，在四川。

《致宋室于倾覆者，果王安石新法乎?》：载《中国学术》，第1卷第1期。

《阳明先生在宋明理学中的地位》：载《广西日报》（南宁版），1941年12月29日第4版。

《鲁迅先生的哲学思想》：载《中苏文化》，1941年10月11日。

《孔墨的思想》：生活书店1943年版。

《关于继承墨学遗产》：载《新华日报》，1943年5月24日。

《墨子思想商兑》：载《群众》，1943年第8卷第20、21期合刊。

《清代思想史》：1943年完稿，因送审被扣，原稿遗失（原由新知书店约稿）。

《中国十七世纪思想史》：东南出版社1944年版。

《谭嗣同仁学思想》：载《中华论坛》（章伯钧主编）。

《康有为的"泛仁论"和他的"孔教大同主义"》：载《大学》，1944年第4卷第4期。

《顾亭林论社会的实践和他的民主主义倾向》：载《中苏文化月刊》，1945年第16卷第12期。

《大众诗人白居易》：载《中山文化》，第2卷第2期。

《戴东原的哲学思想》：载《中山文化》，第1卷第4期。

《章实斋的史学思想》：载《中山文化》。

《鲁迅先生的人生观》：载《读书月刊》（读书生活社出版）。

1946—1949年，在广西。

《荀子的教育思想》：载《广西教育季刊》，1947年第1卷第3期。

《荀子的经济思想》：载《大学月刊》，第4卷第7、8期。

《庄子的反经济观点》：载《理论与现实》，1946年第3卷第3期。

《谭嗣同的思想比较观》：载《民主世界》，第3卷第9期。

《康有为的思想与学术》：载《读书与出版》，1947年1月30日第2卷第3期。

《梁启超的思想与学术》：载《读书与出版》，1946年9月第2卷第3期。

《王国维的思想与学术》：载《读书与出版》，1947年第2卷第3期。

《吴虞的思想》：载《读书与出版》，第2卷第8期。

《李守常先生的思想》：载《读书与出版》，1947年第2卷第1期。

《论三民主义与民主主义的新趋势》：载《民主世界》，第2卷第8、9期。

《关于研究中国思想史诸问题》：载《青年学习》（章伯钧主编），1946年2月第1卷第3期。

《从历史上看中国思想史之发达》：载《广西日报》，1946年11月17日。

中华人民共和国成立后，杨荣国曾一度回湖南大学任教。由于全国高等院校院系调整，1953年，他调到广州中山大学，先后在历史系、哲学系任教，直到1978年8月去世。现将他这个时期的论著，分专著与论文两部分，按照编年顺序加以叙述。

《中国古代思想史》：生活·读书·新知三联书店1954年5月版。

本书论述从殷周到春秋战国时期思想发展的历史，作者持殷周为种族奴隶制国家之说，认为到西周末年，开始了种族奴隶制向封建制转化的过程，到春秋战国时代，就先后出现代表保守、进步两面的孔、墨显学的论争，以及继之而起的孟、荀学派。作者对道家的逻辑派也作了批判；指出真正代表封建制度的是荀子，荀子适应新兴势力的要求，并给法家集大成者韩非以直接的影响。

《谭嗣同哲学思想》：人民出版社1957年5月版。

本书是研究近代中国思想家的专著，作者将谭嗣同的哲学思想特点归结为属于"唯物论体系的'泛神论'的'泛仁论'思想"，是属于"反封建经济与促进资本主义经济的思想"，又是属于"民主主义与改良主义"兼有的政治思想。作者认为，谭嗣同的泛仁论哲学总的精神是从反对封建主义中寻求"理性自由的解放"。

《初学集》：生活·读书·新知三联书店1961年4月版。

本书系选辑作者从1951年至1960年发表过的论文11篇，内容有关中国历史、中国哲学思想史和对学术思想的批判讨论等。

《简明中国思想史》：杨荣国主编，陈玉森、李锦全、吴熙钊编著，中国青年出版社 1962 年 5 月版。

《简明中国哲学史》：杨荣国主编，李锦全、吴熙钊编著，人民出版社，1973 年 7 月版。

本书是在 1962 年出版的《简明中国思想史》的基础上修订改写而成。原书是一部通俗读物，共分十二章，概括阐述了从先秦到近代思想发展的历史过程，力求对每位思想家作出比较符合实际的评价。本书是 1972 年被指定约稿，内容同样概述了从先秦到近代中国哲学思想发展的历史。由于根据哲学斗争是社会上阶级斗争的反映的观点，书中着重阐述了中国哲学史上唯物主义与唯心主义两条思想路线的斗争。

《反动阶级的"圣人"——孔子》：人民出版社 1973 年 12 月版。

本书内容着重论述孔子生活的时代及其一生经历，他的政治立场和哲学思想。

以上是对专著的介绍，下面按发表顺序编列论文：

《胡适的反动观点和他对中国古代哲学的歪曲》：载《中山大学学报》，1955 年第 1 期。

《梁漱溟的"乡村建设运动"如何为国民党反动统治服务》：载《中山大学学报》，1956 年第 1 期。

《春秋战国时代学术上的"百家争鸣"》：载《人民日报》，1956 年 8 月 3 日。

《如何评价历史人物》：载《文汇报》，1958 年 8 月 11 日。

《韩愈思想批判》（上、下）：载《理论与实践》，1958 年第 11 - 12 期。

《李翱思想批判》：载《哲学研究》，1959 年第 8 - 9 期。

《批判刘节先生的〈中国史学史〉讲话》：载《理论与实践》，1959 年第 2 期。

《从曹操的历史时代看曹操》（与李锦全合作）：载《光明日报》，1959 年 6 月 2 日。

《张载的唯物主义思想》（上、下）：载《理论与实践》，1959 年第 10 - 11 期。

《关于"五千言"老子的思想》：载《上游》，1959 年第 13 期。

《林则徐坚决抵抗侵略的思想》：载《中山大学学报》，1960 年第

4 期。

《邵雍思想批判》：载《历史研究》，1960 年第 5 期。

《学习毛泽东同志的阶级分析的方法——学习〈毛泽东选集〉第四卷笔记》：载《广州日报》，1961 年 1 月 3 日。

《庄子思想探微》：载《哲学研究》，1961 年第 5 期。

《周敦颐的哲学思想》：载《学术月刊》，1961 年第 9 期。

《论孔子思想》：载《学术研究》，1962 年第 1 期。

《服务与改造——学习〈在延安文艺座谈会上的讲话〉的一点体会》：载《学术研究》，1962 年第 3 期。

《关于孔子的讨论》：载《学术月刊》，1962 年第 7 期。

《对研究王船山哲学思想的几点意见》：载《江汉学报》，1962 年第 12 期。

《科学和科学方法》：载《学术研究》，1963 年第 2 期。

《龚自珍思想初探》：载《中山大学学报》，1963 年第 3 期。

《刘节先生历史观的哲学基础的剖析与探源》：载《学术研究》，1963 年第 5 期。

《杨泉的唯物论思想》：载《人民日报》，1963 年 5 月 30 日。

《洪亮吉的无神论思想》：载《学术研究》，1965 年第 4 – 5 期。

《学习杜国庠同志研究哲学史的革命精神》（与李锦全合作）：载《学术研究》，1966 年第 1 期。

《春秋战国时期思想领域内两条路线的斗争》：载《红旗》，1972 年第 12 期。

《孔子——顽固地维护奴隶制的思想家》：载《人民日报》，1973 年 8 月 7 日。

《两汉时代唯物论反对唯心论先验论的斗争》：载《人民日报》，1973 年 8 月 13 日。

《林彪贩卖孔孟哲学"天才论"的反动实质》：载《南方日报》，1973 年 9 月 17 日。

《桑弘羊的哲学思想》：载《历史研究》，1974 年第 1 期。

《林彪、孔丘都是开倒车的反动派》：载《南方日报》，1974 年 3 月 5 日。

《先秦儒法两家思想是根本对立的》：载《光明日报》，1974 年 8 月

24日。

《中国哲学史研究工作必须为现实斗争服务》:载《光明日报》,1976年5月11日。